Charlatanes

Charlatanes

Cómo estafadores, farsantes y embaucadores manipulan a los medios, a los mercados y a las masas

Moisés Naím y Quico Toro

Traducción de
María Luisa Rodríguez Tapia

Papel certificado por el Forest Stewardship Council®

Primera edición: enero de 2026

Printed in Spain – Impreso en España

ISBN: 979-13-87600-42-6
Depósito legal: B-19.688-2025

Compuesto en M. I. Maquetación, S. L.

Impreso en Liberdúplex, S. L. U.
Sant Llorenç d'Hortons (Barcelona)

C 6 0 0 4 2 6

Para Susana
Para Kanako

Índice

Prefacio

En noviembre de 1589, el Senado de Venecia eligió a un nuevo alquimista oficial para la Serenísima República. Venía de Chipre y declaró que se llamaba Marco Bragadino, aunque se decía que su verdadero nombre era Mamugnà.

Tenía un carisma fascinante y corrían abundantes historias sobre él. No era casualidad: Mamugnà llevaba años sembrando con sumo cuidado el rumor de que había conseguido descifrar el viejo secreto de cómo convertir metales comunes en oro.

El revuelo llamó la atención de los senadores. Venecia sufría una crisis fiscal: el comercio con Oriente estaba debilitándose debido a las nuevas rutas marítimas desde Portugal y España hasta Asia y América. La antigua ciudad de la laguna, que había sido una superpotencia mediterránea, perdía poder poco a poco desde hacía tres generaciones; lo único que podía cambiar su suerte era un milagro. Y el Senado decidió que Mamugnà sería ese milagro.

Lo alojaron en un lujoso palacio de la isla de Giudecca, con todos los gastos pagados por la ciudad. Allí, Mamugnà cultivó un halo de misterio mientras exhibía su enorme riqueza. No decía de forma explícita que podía fabricar oro, pero su llamativa facilidad para gastar dejaba escaso margen para la duda. El recién llegado organizaba unos bailes de tanta opulencia y hacía una ostentación tan generosa de su fortuna que nadie se atrevía a dudar de él.

En una demostración pública, el alquimista enseñó a los asombrados patricios cómo calentaba una pequeña cantidad de metal común, le añadía una sustancia secreta y, con un destello y una explosión, lo transformaba en una pepita maciza de oro.

Las descripciones contemporáneas muestran a un hombre de encanto magnético, que solía aludir a los conocimientos secretos que había adquirido de joven en el Oriente místico, en la lejana Chipre. Era cuestión de tiempo, aseguraba, que el proceso funcionara a una escala lo bastante grande como para resolver la crisis presupuestaria de la ciudad.

¿Cuánto tiempo?

Un poco menos de ocho años, decía.

Mientras tanto, por supuesto, Mamugnà pretendía llevar una vida de lujos y excesos a costa del tesoro público. Los nobles desfilaban por su salón, acompañados de sus familias, soñando con casar a sus hijas con el hombre que literalmente podía fabricar oro. Mamugnà se divertía como si cada día fuera el último y su *palazzo* se convirtió en el centro de la cultura veneciana de las fiestas y los banquetes. Los mandatarios de la ciudad hacían todo lo posible por mantenerlo contento; cualquier atisbo de crítica a su extravagante estilo de vida hacía que Mamugnà se enfureciese y amenazara con irse a trabajar para alguno de los rivales de Venecia.

Eso los mantenía controlados.

No le faltaban las ofertas. El gran duque de Toscana pujó por sus servicios, igual que las autoridades de la ciudad de Padua, la antigua rival de Venecia en el interior. Incluso el papa quiso convencer a Mamugnà para que fuese a Roma. En Venecia, nadie se atrevía a ir en contra del misterioso chipriota: nadie quería ser el hombre que desperdiciara la oportunidad de Venecia de restablecer su gloria.

Esta historia, narrada en la magistral obra de Grete de Francesco *Die Macht des Charlatans* (*El poder de los charlatanes*), de 1939, presenta a un hombre que conocía bien a sus víctimas.[1] Los nobles de Venecia no estaban dispuestos a renunciar a su sueño de poder y gloria mundiales. Les habían enseñado a creer que el destino de su ciudad era gobernar el Mediterráneo y ocupar la cima de la riqueza y el poder del mundo occidental. El mundo que conocían solo tenía sentido si Venecia lo dirigía, como había hecho durante siglos.

Mamugnà explotó ese sueño sin piedad; lo convirtió en sinónimo de apoyo a su persona. Y, como la identidad de sus partidarios en el Senado estaba tan asociada a ese sueño, hacían lo que fuera —lo que fuera— para protegerlo. Empleaba técnicas de *jiu-jitsu* psicológico para engañarlos y persuadirlos de que protegerlo a él significaba proteger el sueño de restaurar el poder y la gloria de Venecia.

Les tomó el pelo de forma increíble, pero no tuvo que convencerlos de nada. Querían creer, así que se convencieron ellos solos.

Este libro trata de esos personajes públicos que tienen un don para manipular a grupos de personas y ganarse su confianza para poder aprovecharse de ellas sin recurrir a la coacción descarada. Son los charlatanes, y las personas de las que se aprovechan son sus víctimas: se dejan engañar y se fían tanto de ellos que acaban participando con entusiasmo en su propia explotación.

La charlatanería es un fenómeno muy antiguo y las técnicas que utilizan hoy en día los embaucadores de más talento no son muy distintas de las que empleaba Mamugnà para engatusar a los nobles de Venecia. Ahora bien, aunque las técnicas no hayan cambiado, el contexto en el que los timadores ejercen su oficio se ha transformado por completo.

En el siglo XXI, los charlatanes tienen acceso a muchas más presas —o víctimas— de lo que jamás había sido posible. Algunos utilizan la televisión para hacer llegar su propaganda a los hogares. Pero las nuevas tecnologías permiten orquestar estafas digitales, virales, escalables y potencialmente globales. Ofrecen formas totalmente nuevas de engañar a más gente con argumentos más variados que nunca.

La variedad es realmente desconcertante: en el capítulo 2, veremos a un osado charlatán que defendía el sueño de la sencillez rural turca para captar a las madres de clase media de Estambul. En el capítulo 5, conoceremos a una estafadora que diseñó una campaña de marketing digital específica para llegar a personas que estaban pensando seriamente en el suicidio. Quizá no sabíamos que muchos urbanitas turcos sienten nostalgia por un pasado agrario más simple; quizá no se nos habría ocurrido que alguien quisiera aprovecharse de una persona que está planeando suicidarse. Pero hay charlatanes que se dieron cuenta de que esas personas constituían un nicho de mercado que estaba vacío y se inventaron unas historias que les granjearon un grupo de devotos seguidores y les permitieron ganar millones de dólares.

Hace tiempo, el charlatanismo se encontraba más bien en los márgenes de la sociedad. Ahora está cada vez más cerca del centro. En 2025, un tsunami de charlatanes llegó a Washington y se hizo con el control de las instituciones gubernamentales de la única superpotencia mundial. Por eso, comprender el charlatanismo es más urgente que nunca.

El lado de la oferta no es lo único que ha cambiado por completo en la charlatanería del siglo XXI. Las mismas tecnologías que facilitan la captación de personas también las aíslan más y las vuelven más vulnerables porque las dejan sin unos vínculos sociales que podrían haberlas protegido de los embaucadores. En 2023, el responsable de Salud Pública de Estados Unidos presentó un documento en el que advertía sobre una epidemia de soledad y aislamiento que estaba desembocando en un grave deterioro de todos los indicadores de bienestar social. En el informe se señalaba que «entre 2003 y 2020, el tiempo medio que pasaban los jóvenes en compañía de sus amigos disminuyó casi un 70 por ciento».[2] Presentaba pruebas de que el uso cada vez mayor de la tecnología como medio facilitador de las relaciones sociales «sustituye al diálogo personal, monopoliza nuestra atención, reduce la calidad de nuestras interacciones e incluso reduce nuestra autoestima», lo que puede «derivar en más soledad, miedo a la marginación, conflictos y menos vínculos sociales».[3]

Este es un campo de investigación que no deja de evolucionar, si bien, en muchas de las historias de charlatanería que vamos a ver, parece que el aislamiento contribuye de manera fundamental a que las víctimas sean vulnerables a la explotación. Conoceremos a inmigrantes aislados, apartados de los vínculos sociales con su país de origen, a los que unos astrólogos a pie de calle estafan y roban miles de dólares; a cristianos devotos que, desconectados de las iglesias locales, caen en las garras de unos televangelistas estafadores que les venden un absurdo evangelio de la prosperidad; y a miles de entusiastas de Trump para quienes los vínculos imaginarios de la comunidad QAnon sustituyen a los vínculos locales de los que carecen.

Las personas socialmente aisladas son presa fácil para los charlatanes. Y estos tienen una habilidad especial para convertirlas en las peores enemigas de sí mismas. Pero ¿cómo lo logran? ¿Qué es exactamente lo que hace que alguien sea vulnerable a este tipo de victimización?

En el primer capítulo analizamos de qué manera los charlatanes consiguen inmiscuirse en los sueños de la gente: identifican una creencia esencial a la que se aferra con pasión un grupo determinado de personas y la defienden con fervor y carisma para ganarse su confianza. Mamugnà sabía que los nobles de Venecia necesitaban creer a cualquier precio que era posible restaurar el poder y la gloria de la ciudad, así que se presentó como el único capaz de hacerlo realidad. Los nobles venecianos querían creer en ese sueño, así que quisieron creer en Mamugnà.

En otras épocas, antes de que la tecnología facilitara la microsegmentación en función de los sueños de cada uno, los charlatanes tenían que limitarse a un par de nichos cuyo gran atractivo estaba sobradamente demostrado. La palabra «charlatán» procede de la Italia del siglo XVII, en la que los *ciarlatani* —algo así como «bocazas»— iban de pueblo en pueblo vendiendo curas milagrosas para tratar los problemas de salud que ningún médico conseguía sanar. Con los siglos, surgieron estafadores similares en muchos lugares diferentes. En Estados Unidos, hay una rica tradición popular sobre los vendedores de aceite de serpiente que recorrían el viejo Oeste contando historias fantasiosas sobre el poder curativo de los dudosos brebajes que despachaban.

En realidad, hasta hace poco, casi todos los charlatanes tenían una de estas dos especialidades: colocar algún plan para enriquecerse rápidamente o vender curas milagrosas. La gente siempre ha soñado con hacerse rica de golpe y con recuperar la salud. Estos dos tipos de estafas son los eternos invencibles de la charlatanería y, como veremos, siguen teniendo una presencia desmesurada en la panoplia de estratagemas que emplean los charlatanes del siglo XXI.

Hoy en día, sin embargo, los algoritmos de búsqueda alimentados por la inteligencia artificial permiten rebuscar con mayor facilidad en muchos otros tipos de sueños: el sueño de una unión perfecta con nuestra alma gemela; el sueño de una conexión cósmica con la divinidad; el sueño de vencer a la muerte; el sueño de crecer espiritualmente y vivir en una comunidad sin fricciones; el sueño de la reconciliación racial o, por el contrario, de la pureza racial; el sueño de recuperar el vínculo con el alma agraria del país; el sueño de trascender por completo el dinero.

Este tipo de sueños eran demasiado específicos como para que las generaciones de charlatanes de otras épocas se fijaran en ellos; ¿cómo iban a encontrar suficientes personas que los compartieran para explotarlas? La tecnología actual ha resuelto el problema y ha dado pie, entre otras muchas cosas, a una especie de edad de oro del charlatanismo, en la que cualquier sueño que tengamos, por difícil de entender que parezca, puede convertirse en una vulnerabilidad de la que cualquier embaucador con talento puede aprovecharse.

Los charlatanes modernos utilizan las mismas técnicas que los *ciarlatani* de hace siglos. Aprovechan los mismos puntos débiles del raciocinio humano que los timadores del viejo Oeste. Se ganan la confianza de sus víctimas. Las manipulan hábilmente defendiendo sus sueños con pasión y carisma. Luego las explotan. Y las víctimas caen en la trampa, una y otra vez, con la misma frecuencia que entonces.

Sin embargo, los charlatanes de hoy pueden hacer mucho más daño.

No falta mucho tiempo para que un ejército casi ilimitado de estafadores pueda escoger a sus víctimas de manera individual. Como ha explicado el historiador Yuval Harari, las nuevas formas de inteligencia artificial permiten a cualquiera «producir intimidad en masa», puesto que ahora los bots cumplen a la perfección el papel de confidentes, mentores o sacerdotes.[4] Internet ha digitalizado la charlatanería, las redes sociales la han vuelto viral y la inteligencia artificial está permitiendo que adquiera una escala nunca vista. Algunos de los charlatanes de más éxito ya llegan a todo el planeta y esta inteligencia está creando las condiciones para que haya muchos más como ellos.

El advenimiento de este tipo de charlatanes es la conclusión lógica de unas tendencias que existen desde hace muchos años. Durante las tres primeras décadas de este siglo, los charlatanes han adquirido unas herramientas que burlan las fronteras y la geografía y han utilizado la maquinaria del capitalismo de la vigilancia del siglo XXI para los fines más perversos.[5] El número de víctimas posibles se ha multiplicado de las pocas decenas que podía reunir un *ciarlatano* subido a un estrado en un día de mercado a los miles de millones materialmente repartidos por todo el mundo.

El poder que ejercen hoy los charlatanes de las tecnologías digitales y el hecho de que ahora la vida social se desarrolle en gran parte por internet les ofrecen unas condiciones ideales para actuar. En vez de tener que recurrir a unos pocos temas universales, como las curas milagrosas de la Italia del siglo XIII o el Oeste norteamericano, pueden especializarse en cumplir —o fingir que pueden cumplir— unos sueños basados en una variedad mucho mayor de necesidades humanas. Lo consiguen porque los sueños de los que se aprovechan hunden sus raíces en cosas que todo el mundo necesita: salud, dinero, amor, seguridad y compañía.

Los charlatanes, por definición, son explotadores: se dedican a convencer a la gente para que haga cosas que van en contra de sus propios intereses. En consecuencia, las víctimas se quedan en una posición peculiar y contradictoria: están felices de ser víctimas, acaban estando entre quienes con más fervor apoyan y defienden al charlatán, y en muchos casos tienen un papel protagonista en la captación de nuevas víctimas.

Todo esto sucede pese a que el charlatán dice cosas que, en cualquier otro contexto, parecerían demenciales: con una manera de expresarse que normalmente haría saltar todas las alarmas, asegura que tiene acceso exclusivo a conocimientos secretos, poderes especiales y revelaciones ocultas. Los charlatanes suelen convencer a sus víctimas de que tomen medidas extremas: que rompan toda relación con sus familiares más queridos, que se acuesten con personas con las que nunca se les habría ocurrido y, por supuesto, que les den todo su dinero.

¿Cómo puede la gente ser tan crédula? ¿Cómo puede dejarse engañar con tanta facilidad?

Estas son las preguntas que no dejábamos de hacernos mientras estudiábamos a los charlatanes sobre los que hablaremos en las próximas páginas. No son preguntas muy caritativas. Cuando se oye hablar de algún embaucador, el primer instinto de casi todo el mundo es menospreciar a sus víctimas.

Seguro que las víctimas no son muy listas. O quizá tienen pocos estudios. La imagen que solemos hacernos es la de gente mayor, pobre, con pocos estudios y simple. Tal vez son personas muy necesitadas, muy inseguras o muy ignorantes. Quizá les falta una familia, unos amigos o una comunidad que habría podido protegerlas de las sugestiones de los charlatanes. Es posible que sufran por un amor no correspondido, la pérdida de un ser querido, una crisis espiritual o problemas económicos y eso las convierte en presa fácil de individuos sin escrúpulos y más inteligentes. Por lo que sea, queremos creer que hay algo que falla en ellos.

Pero eso no puede ser verdad. Basta con pensar en las víctimas de algunos de los charlatanes más notorios de este siglo: Elizabeth Holmes, del laboratorio de análisis de sangre Theranos, o el financiero Bernie Madoff, cuya estafa en inversiones costó miles de millones a los perjudicados. Nadie podrá decir que sus víctimas fueran estúpidas o simples. Holmes engañó a las mentes más reputadas de Estados Unidos e incorporó al consejo de administración de su empresa a personajes como los exsecretarios de Estado Henry Kissinger y George Schultz, además de una lista de exgenerales de cuatro estrellas, antiguos miembros del Gobierno y altos cargos de la sanidad pública de ese país. Bernie Madoff estafó a todo tipo de gente, desde Steven Spielberg y Kevin Bacon hasta el premio Nobel de la Paz Elie Wiesel.

Los ricos y poderosos que se dejaron engañar por estos charlatanes muestran un rasgo en común con la gente corriente que cae presa de estafas: todos tienen necesidades. Necesidades distintas. Necesidades normales. Necesidades legítimas. Y estas se expresan a través de deseos profundos y pertinaces, el tipo de deseos que se convierten en el centro de nuestra identidad, incluso de toda nuestra vida. A esos anhelos tan arraigados los llamamos «sueños».

Soñar es humano; nuestra capacidad para soñar es infinita. Cualquiera que haya estado enfermo ha soñado con recobrar la salud. Cualquiera que haya sufrido un desengaño amoroso ha soñado con el amor. Cualquiera que haya sido pobre ha soñado con ser rico. Y cualquiera que se haya sentido solo ha soñado con tener compañía.

En el primer capítulo, pues, ahondaremos en los mecanismos específicos que utilizan los charlatanes para alimentarse de los sueños de las personas, sean cuales sean. Veremos que, para ellos, nuestros sueños son una vulnerabilidad que pueden explotar para lucrarse. Comprobaremos que algunos sesgos cognitivos habituales crean resquicios que los charlatanes pueden aprovechar para hacerse con el poder sobre sus víctimas.

En los capítulos sucesivos analizaremos la historia de veinticuatro charlatanes contemporáneos de enorme éxito. Son personajes de todo el mundo que explotan a ricos y pobres, jóvenes y ancianos, hombres y mujeres, personas religiosas y laicas.

Nuestro método ha consistido en seleccionar a una gran variedad de charlatanes, de todos los ámbitos de la vida y de diferentes geografías y edades, que manipulan deliberadamente todo tipo de sueños. Daremos a conocer a charlatanes de países ricos y pobres, charlatanes que se dirigen a personas analfabetas y a doctores, charlatanes de los que todo el mundo ha oído hablar y otros de los que no ha oído hablar nadie, incluso charlatanes que se engañan entre ellos.

Como es inevitable, la mayoría de las cosas de las que nos quieren convencer estos engatusadores no nos resultan atractivas y enseguida nos damos cuenta de que son estafas o manipulaciones. Un dato sorprendentemente uniforme que hemos observado al contar estas historias es que, para la gente que no pertenece al grupo que le interesa a un charlatán, sus argumentos suelen resultar completamente disparatados. Porque lo difícil no es detectar a los charlatanes que quieren aprovecharse de otras personas. Lo difícil es detectar a los que quieren embaucarnos a nosotros.

Si hemos hecho bien nuestro trabajo, habrá por lo menos un charlatán que podría haberle engañado a usted. Tal vez incluso lo haya logrado. En ese caso, es posible que ver la historia de su torturador al lado de las de otros tantos charlatanes de los que nos podemos reír sin más nos ayude a pensar en él, o ella, con otros ojos.

Hemos escrito este libro para llamar la atención sobre nuevas formas de engaño y manipulación que no encajan del todo en las categorías que solemos aplicar a este tipo de cosas. Los charlatanes no son simples estafadores o timadores, como los que utilizan esas llamadas automáticas que tratan de robarnos la identidad y que seguramente recibimos muy a menudo; los charlatanes son personajes públicos que mantienen un pie en el mundo legal, transparente y honesto, mientras desarrollan sus engaños y los explotan.

Vamos a conocer a charlatanes que controlan imperios multimillonarios mientras fingen ser santos yoguis sin ninguna posesión; charlatanes que convencieron a millones de turcos para que invirtieran los ahorros de toda su vida en granjas digitales; charlatanes que engañan a los telespectadores de los programas matutinos en Estados Unidos para comprar suplementos vitamínicos sin valor; y otros que convencen a sus víctimas de que la única forma de entrar en el reino de los cielos es entregarles a ellos todo su dinero. Conoceremos a un charlatán que vendía cursos fraudulentos para enriquecerse rápidamente en el sector inmobiliario y tuvo tanto éxito que acabó en el Despacho Oval de la Casa Blanca. Y a tantos charlatanes de tantos ámbitos que, al final, seguro que empezará a sospechar lo mismo que nosotros: que nadie está a salvo.

Los gobiernos, las universidades, los hospitales, el Ejército, las iglesias, las empresas y los medios de comunicación están fracasando estrepitosamente a la hora de proteger a las personas vulnerables de los charlatanes. No es extraño. Los charlatanes se mueven a la velocidad de los electrones, mientras que las instituciones encargadas de controlarlos siguen el ritmo de la burocracia. Les cuesta colaborar con los organismos de otros países y no tienen ni idea de qué hacer para perseguir una forma de explotación que convierte a los estafados en entusiastas defensores de los estafadores. Cuando la explotación no entraña violencia ni coacción visible, nuestros mecanismos habituales para combatirla se bloquean y dejan de funcionar. Los charlatanes lo saben y lo consideran en sus cálculos.

Hemos escrito este libro porque nos dimos cuenta de que saber detectar a los charlatanes que quieren aprovecharse de nuestros sueños es fundamental para sobrevivir en el siglo XXI. Ya va siendo hora de dejar claro que la charlatanería es la lacra de nuestra época, porque es imposible resolver un problema hasta que se aborda y es imposible abordarlo hasta que se le da un nombre.

Como es evidente, Mamugnà no tenía ningún método secreto para transformar los metales comunes en oro.

La demostración con el destello, la explosión y la pepita de oro no era más que un juego de manos, el mismo tipo de truco que utilizan hoy en día los magos en las fiestas infantiles, un oficio que Mamugnà había estudiado con mucha más atención que la alquimia. Poco antes de fallecer, Mamugnà confesó que llevaba la pepita de oro escondida en la manga y que la dejaba caer mientras los asombrados espectadores tenían la vista fija en una explosión química que no tenía nada que ver.

En 1590, después de incumplir una serie de plazos que le habían impuesto los venecianos para enseñar sus avances, Mamugnà se las vio venir y decidió marcharse a otra corte. Escribió al rey de Francia para ofrecerle sus servicios, pero este lo rechazó. Pasó un tiempo refugiado en casa de una familia noble de Padua hasta que dio con un filón en Múnich, donde el duque Guillermo V de Baviera se enfrentaba a la total bancarrota. El duque, al que los textos contemporáneos califican de imbécil, no era rival para Mamugnà, que se ganó su confianza casi al instante. Una noche, varios nobles bávaros, alarmados, capturaron al chipriota, lo interrogaron, le arrancaron una confesión y lo ejecutaron antes de que el duque pudiera intervenir.

La historia de Mamugnà parece lejana. Sin embargo, ya entonces, en el siglo XVI, encontramos todos los elementos del arte del charlatán; en el fondo, el modelo de negocio esencial de todos los charlatanes sigue siendo el mismo. Tal como hacía Mamugnà, identifican un sueño —una idea que para algunas personas es tan importante que no soportan que se dude de ella— y se convierten en sus mayores defensores, con firmeza, autoridad y elocuencia. Lo defienden con tanta habilidad que las personas que comparten ese sueño no tienen más remedio que creer en ellos, hasta el punto de que la fe en el sueño se mezcla con la fe en el charlatán y ambos acaban pareciendo inseparables.

Mamugnà nunca convenció a las autoridades de Venecia de nada; no lo necesitó. Defendió sus sueños de riqueza y gloria, y se presentó a sí mismo como el único capaz de hacerlos realidad. Después, ni siquiera le hizo falta pedirles elogios, palacios o hijas: ellos mismos se apresuraron a ofrecérselos voluntariamente.

1

Pirateando el sistema operativo humano

Para comprender cómo consiguen los charlatanes que una persona se convierta en la peor enemiga de sí misma, vamos a tener que dar un rodeo por el fascinante y vertiginoso mundo de la psicología cognitiva, la ciencia que estudia cómo pensamos. La conclusión es que, a pesar de las enormes turbulencias tecnológicas ocurridas entre la época de Mamugnà y la nuestra, las vulnerabilidades que explotan los charlatanes modernos son las mismas de las que se aprovechaba él hace siglos. Y estas vulnerabilidades están profundamente arraigadas en la manera de funcionar de nuestro cerebro; no podemos librarnos de ellas.

Las personas nacen con una especie de sistema operativo cognitivo preinstalado en la mente, un marco de pensamiento con raíces profundas en la arquitectura del cerebro. Lo llamaremos «sistema operativo humano» o, para abreviar, «HumanOS». Igual que ocurre con un sistema operativo informático, HumanOS no determina lo que pensamos, pero sí cómo pensamos.

En general, HumanOS es un software magnífico: le permite a una persona llevar a cabo hazañas increíbles, desde leer esta frase hasta diseñar una nave espacial o componer una sinfonía.

Pero, como cualquier software, HumanOS también tiene sus errores y puntos débiles, y estos pueden causarnos problemas. Igual que un pirata informático descubre las vulnerabilidades en el código y obliga al ordenador a actuar de manera perjudicial para su dueño, los fallos de HumanOS nos dejan expuestos a los ataques de personas que quieren convertir nuestra mente en un arma contra nosotros mismos.

En relación con los charlatanes, HumanOS tiene tres puntos que son especialmente vulnerables y que están integrados en la arquitectura de nuestro pensamiento, así que todos los tenemos. El primero es el «sesgo de confirmación»: la tendencia a querer corroborar nuestras corazonadas y no arriesgarnos a verlas refutadas. Esta es una característica universal del pensamiento humano que se manifiesta de forma más enérgica cuando están en juego nuestras convicciones más preciadas. En esos casos, la persona muestra una marcada inclinación al segundo punto, el «razonamiento motivado», es decir, parte de la conclusión que desea y desarrolla el argumento a la inversa para buscar los motivos que la sustentan.

El tercer punto tiene que ver con la mentalidad de rebaño: la sensación instintiva de que, si mucha gente como nosotros piensa de una manera, nosotros también deberíamos pensar así. Los psicólogos sociales y los especialistas en marketing denominan a este fenómeno «prueba social»: la tendencia a sustituir nuestro propio juicio por el de los demás. Veremos que suele ir de la mano de las técnicas del charlatán para hacer que empecemos por comprometernos ligeramente con sus planes y luego vayamos implicándonos cada vez más, poco a poco. Esta «escalera del compromiso» consigue que las personas se mantengan fieles al charlatán y participen en su propia explotación con un entusiasmo cada vez mayor.

Por supuesto, Mamugnà nunca había oído hablar de nada de esto; los términos se acuñaron cientos de años después de su época. No importa, porque tenía un conocimiento intuitivo de los rasgos eternos del ser humano que las palabras intentan capturar. Y, sobre todo, tenía un don especial para aprovecharse de las vulnerabilidades creadas por esos rasgos. Los charlatanes modernos hacen exactamente lo mismo, pero con la ventaja de las nuevas y poderosas tecnologías que les permiten ampliar su alcance y el daño que infligen.

El oficio de Mamugnà, su arte, como el de los charlatanes de todas las épocas, consistía en hacer creer a la gente cosas que no les beneficiaban. Sabía que, para conseguirlo, debía ganarse su confianza. Una vez que la tenía, no le hacía falta coaccionar a nadie para obtener lo que quería. Dinero, sexo, poder, lo que fuera: los augustos senadores de Venecia hacían cola para ofrecérselo de forma voluntaria.

Los relatos de los charlatanes, independientemente del ámbito en el que operen, sea la religión, la política, los negocios, la salud, el bienestar o cualquier otro, se apoyan siempre en una misma estructura, una especie de gramática universal de la charlatanería. Los charlatanes construyen una profunda conexión con sus víctimas basándose en sus creencias más profundas, en aquello que las víctimas más necesitan creer que es verdad: sus sueños.

La gente se aferra tenazmente a sus sueños. Los charlatanes lo saben y por eso se interponen entre las víctimas y sus sueños, y las convencen de que ellos son los únicos que pueden hacerlos realidad. Ese es el método que emplean para lograr toda una proeza: que los deseos más profundos de las personas se vuelvan en su contra.

Para comprender exactamente cómo lo hacen, es útil repasar lo que han descubierto las investigaciones de psicología cognitiva sobre los mecanismos de nuestra mente. Ello nos ayudará a entender que lo que hacen los charlatanes, en realidad, es aprovechar algunos de los fallos más conocidos de nuestra forma de procesar la información.

Fallos en el sistema operativo humano

HumanOS es un software de una potencia increíble. Lo utilizamos para ejecutar una enorme cantidad de aplicaciones mentales, cada una relacionada con una necesidad humana diferente. En gran parte se ejecuta en segundo plano, sin que seamos conscientes de ello: HumanOS nos permite respirar, mantener el equilibrio y hacer la digestión sin que tengamos que realizar absolutamente nada. La conciencia solo interviene cuando HumanOS ejecuta programas de nivel superior, como los que nos permiten alimentarnos y vestirnos, los que nos vinculan a nuestra familia y nuestra comunidad, y los que dan sentido al mundo que nos rodea.

Pero incluso en ese caso, los mecanismos del sistema operativo están, en gran parte, ocultos: llevamos a cabo muchas actividades sin ser conscientes de lo que estamos haciendo. Y, como cualquier otro sistema operativo, HumanOS tiene sus defectos. Algunas cosas las hace bien y otras mal. Algunas de las cosas que hace mal crean vulnerabilidades frente a los intrusos malintencionados, los piratas decididos a volver esos instrumentos en nuestra contra.

Las vulnerabilidades de las que hablamos no son una enfermedad. No son un fallo moral. Y no son únicas, ni mucho menos. Son causas de errores sistemáticos del pensamiento humano que los psicólogos llevan generaciones estudiando. Las llaman «sesgos cognitivos» y las experimentamos todos.

Usted también.

La madre de estas vulnerabilidades es el denominado «sesgo de confirmación»: nuestra tendencia a procesar la información nueva de manera coherente con lo que ya pensamos, independientemente de que esté justificado pensar así.

El sesgo de confirmación es una característica básica del pensamiento humano y una de las vulnerabilidades mejor documentadas de HumanOS. Desde hace cincuenta años, se han dedicado miles de estudios a comprenderlo con exactitud. Hay mucha bibliografía y las conclusiones están llenas de sutilezas. La idea fundamental se ha reproducido en entornos muy variados: numerosos estudios sucesivos han revelado que el sesgo de confirmación es omnipresente y poderoso. Actúa de forma inconsciente, o más bien preconsciente, incluso antes de que hayamos tenido tiempo de reflexionar sobre lo que pensamos.

Es decir, actúa en el plano de la intuición.

Para ser una idea que explica tanto sobre cómo piensa el ser humano, el sesgo de confirmación tiene un nombre bastante inadecuado. Procede de una peculiaridad relacionada con su primer uso. En 1960, el psicólogo cognitivo británico Peter Wason, del University College de Londres, estaba investigando un aspecto técnico muy concreto de las estrategias que utilizaba la gente para encontrar información que confirmara o refutara una hipótesis determinada. Vamos a echar un vistazo a ese trabajo original, que hoy es un estudio clásico con el aburrido título «Sobre la imposibilidad de eliminar hipótesis en una tarea conceptual».[1]

Wason metió a un grupo de estudiantes universitarios en un laboratorio y les mostró una sencilla serie de tres números: 2-4-6.

Les explicó que la secuencia seguía una regla concreta. Su tarea consistía en deducir cuál era esa regla.

Los invitó a proponer sus propias secuencias de tres números y anunció que él les diría si sus propuestas seguían o no la regla que él tenía en mente. Los participantes podían proponer tantas series de tres números como quisieran para comprobar sus pálpitos. Cuando estuvieran seguros de haber entendido la regla básica, podían decirla en voz alta para confirmar si tenían razón.

Hagamos la prueba. ¿Por qué secuencia de tres números empezaría usted para saber si sigue la misma regla que 2-4-6? Casi todo el mundo intuye que la regla básica es probablemente «sumar 2 al número anterior». Es bastante natural.

Pero lo interesante es lo que hicieron los alumnos a continuación. Una y otra vez, los participantes, primero, trataron de comprobar su hipótesis proponiendo secuencias como 4-6-8 o 10-12-14, es decir, otras series que también seguían la regla en la que estaban pensando. Da la impresión de que su objetivo era que el director del experimento asintiera. Cuando lo conseguían, lo interpretaban como una confirmación de su hipótesis.

En realidad, la regla básica que había utilizado Wason era «cualquier secuencia ascendente de números».

Es decir, 4-6-8 sigue la regla. Pero también lo hace 4-6-7. También 0-1-894. Pero no se han recogido muchas secuencias como estas.

Algunos participantes en el experimento de Wason pensaron que la regla podría ser «múltiplos del número base», pero luego propusieron secuencias que se ajustaban al patrón que les sugería su intuición, secuencias como 3-6-9 o 4-8-12. Buscaron pruebas que confirmaran que su hipótesis era acertada mediante lo que Wason denominó «inducción enumerativa», es decir, probando una y otra vez secuencias que seguían la regla que intuían.

¿Qué tiene esto de malo? Para un lógico, la inducción enumerativa es una estrategia terrible para comprobar si una hipótesis es acertada. La forma inteligente de comprobar la hipótesis «+2» es proponer una secuencia como 2-4-5. Si alguien propone 2-4-5 y le contestan que también sigue la regla oculta, entonces queda claro que puede descartar la hipótesis que consideraba.

Según una famosa demostración del filósofo Karl Popper, acumular una confirmación tras otra nunca puede demostrar que una hipótesis es correcta.[2] El razonamiento científico funciona a base de refutar las hipótesis equivocadas, no de confirmar las acertadas. Y la secuencia 2-4-5 refuta la hipótesis «+2» de forma inequívoca, más de lo que la propuesta 4-6-8 podría hacerlo jamás. Un científico comprueba una hipótesis intentando refutarla. Wason concluyó que, en el mundo real, casi nadie comprueba las hipótesis como Popper pensaba que se debe hacer.

A HumanOS se le da mal el razonamiento científico. Cuando una persona trata de demostrar una hipótesis, su instinto le dice que intente confirmarla, no refutarla. Este puede parecer un aspecto técnico, pero no lo es, porque lo que erróneamente intuimos sobre cómo comprobar una hipótesis tiene efectos perversos: quienes creen que piensan de forma lógica y fiable acaban fiándose todavía más de unas conclusiones que están claramente equivocadas.

En las siete décadas transcurridas desde el estudio original de Wason, los psicólogos han llevado a cabo miles de experimentos con el propósito de comprender detalladamente este mecanismo. Han sometido a muchos sujetos a sofisticados escáneres cerebrales para medir qué áreas se activan cuando intentan evaluar pruebas. Han alterado los elementos de muchos modos. Un investigador que revisó el enorme corpus de estudios inspirados en las ideas originales de Wason resumía así sus conclusiones: «Numerosas pruebas empíricas sustentan la idea de que el sesgo de confirmación es amplio y sólido, y que aparece de muchas maneras. Las pruebas también corroboran la opinión de que, una vez que alguien ha adoptado una posición sobre un tema, el objetivo principal es defender o justificar esa posición. Es decir, independientemente de que la forma de abordar las pruebas antes de adoptar una posición fuera imparcial o no, puede volverse muy sesgada después».[3]

Cuando la gente oye hablar por primera vez del sesgo de confirmación, suele considerarlo un error que comete una persona al evaluar pruebas. Es una perspectiva equivocada. Un sesgo no es un error. Un error implica que se ha intentado resolver un problema, pero no se ha acertado con la respuesta. Un sesgo no requiere ningún esfuerzo. Los fallos de HumanOS son tan útiles para los atacantes malintencionados porque son inconscientes: están integrados en procesos que se ejecutan en segundo plano. En otras palabras, hacemos algo sin saber que lo estamos haciendo.

En 2002, Daniel Kahneman ganó el Premio Nobel de Economía por sus análisis sobre algunas de las consecuencias del sesgo de confirmación. Para explicar sus conclusiones, aseguraba que muchos errores de ese tipo tienen un mismo origen: son el resultado de pensar rápido.[4]

Cuando le mostramos antes la secuencia 2-4-6 y le pedimos que pensara en una regla que pudiera generar esa secuencia, es muy probable que lo primero que le viniera a la mente fuera la regla «+2».

Se le ocurriría al instante.

No pensó en la regla «+2» después de valorar con detenimiento las pruebas; su corazonada no fue producto de ningún razonamiento consciente. Eso es lo que entendemos por «intuición»: las ideas que, en apariencia, nos vienen a la mente de inmediato, antes de que hayamos tenido la oportunidad de pensar en ellas de forma consciente.

Por supuesto, la intuición solo parece inmediata. En realidad, para formularla debe transcurrir antes un breve lapso de tiempo. Los científicos, en el laboratorio, han empezado a comprender qué ocurre exactamente en esa fracción de segundo que tardamos en dar forma a una corazonada. El orden específico de los acontecimientos que se suceden en las cuatro décimas de segundo que tardamos después de recibir un estímulo es objeto de intensas investigaciones científicas.[5] La línea que va desde la identificación del estímulo hasta la búsqueda de nuestras propias asociaciones emocionales avanza más deprisa que el proceso de pensamiento más rápido. Lo que sentimos ante un estímulo está al alcance de nuestra conciencia antes de que podamos formular un primer conato de pensamiento.

Los resultados de las investigaciones son sorprendentes. El primer paso de este proceso dura apenas doscientos milisegundos, es decir, la quinta parte de un segundo. En ese tiempo, comparamos la información nueva con las asociaciones que tienen importancia emocional para nosotros, y el resultado de esa comparación no es un pensamiento sino una sensación intuitiva.

Todo esto ocurre en mucho menos tiempo del que tardamos en formar un pensamiento consciente. Aunque parezca ilógico, las investigaciones demuestran que sabemos lo que sentimos respecto a una idea nueva antes de saber lo que pensamos sobre ella.

Si nos dan un segundo o dos, sí se nos ocurren razones para apuntalar nuestros sentimientos. Pero esas razones vienen después del sentimiento. Su función es justificar y defender una conclusión a la que hemos llegado antes de haberla pensado. En realidad, en muchas más ocasiones de las que nos gusta reconocer, el razonamiento es una racionalización.

Tener una idea clara de las consecuencias de este fallo es el primer elemento necesario para entender cómo los charlatanes consiguen crear un vínculo con sus víctimas.

Los charlatanes saben que una persona siempre tiende a aceptar las pruebas que confirmen lo que cree; de hecho, no podemos evitarlo. Por eso nunca tratan de cambiar las creencias de sus víctimas. La persuasión no es nunca un factor de la ecuación.

Por el contrario, los charlatanes se aferran a lo que sus víctimas ya creen y confirman una y otra vez esas ideas. De esa forma, se ganan su confianza.

Y todo esto ocurre antes de que nos hayan dado tiempo para pensar.

Razonamiento motivado

El sesgo de confirmación no es una vulnerabilidad aislada del sistema operativo humano, sino más bien toda una familia de vulnerabilidades; es más, aunque los psicólogos han propuesto numerosos sesgos cognitivos distintos, algunos investigadores sostienen que el origen de todos ellos es «la combinación de una creencia previa fundamental y la tendencia humana a procesar la información en consonancia con nuestras creencias», es decir, que todos los sesgos cognitivos son un tipo de sesgo de confirmación.[6]

Centenares de estudios demuestran que, incluso en cuestiones sobre las que a nadie le interesa mucho cuál es la verdadera respuesta, las personas tienen una tendencia arraigada a procesar la información nueva de manera coherente con sus creencias previas. Ahora bien, cuando se las saca del ámbito del razonamiento abstracto y se les pregunta por temas que sí les importan en lo personal, esa tendencia se agudiza enormemente.

De hecho, da la impresión de que el contexto en el que más interviene el sesgo de confirmación es el de lo que nos importa de verdad. Los experimentos de laboratorio demuestran que hay sentimientos intensos que «surgen automáticamente, en cuestión de milisegundos, ante un objeto o acontecimiento sociopolítico conocido».[7]

Estas sensaciones intuitivas casi instantáneas son todavía más intensas cuando el objeto tiene un gran poder emocional y, sobre todo, cuando se trata de las creencias más preciadas de las personas. El sesgo de confirmación se multiplica cuando afecta a nuestros sueños.

Los charlatanes lo saben y se aprovechan sin piedad de ello.

Cuando se ponen en duda los compromisos emocionales de una persona, se le da un fuerte motivo para procesar la información nueva de una manera que le permita seguir creyendo lo mismo. Por eso los psicólogos lo llaman «razonamiento motivado», un razonamiento que se desarrolla a la inversa: a partir de la conclusión que deseamos, nos sentimos motivados para buscar las razones por las que defendemos esa conclusión.

En esta interpretación de HumanOS, la razón no da una imagen muy razonable, pero los investigadores ponen mucho énfasis en lo que sucede cuando intentamos razonar sobre temas con connotaciones emocionales o políticas. En lugar de ser la fuerza motriz, la razón se somete a nuestras intuiciones. En palabras de Jonathan Haidt, la razón actúa como «la secretaria de prensa de nuestra intuición»: como cualquier buen relaciones públicas, su trabajo consiste en buscar pruebas que hagan quedar bien al jefe. Las intuiciones sujetan las riendas; la razón interviene después para sugerir por qué nuestra intuición ha acertado desde el principio.[8]

Nos resulta fácil —incluso natural— pensar motivos por los que nuestra intuición debe ser acertada, pero doloroso y laborioso considerar la posibilidad de que pueda estar equivocada. Para poner en tela de juicio nuestra intuición, necesitamos lo que Daniel Kahneman denomina «pensar despacio»: un proceso pausado que cuestiona nuestra intuición en lugar de mimarla. Para pensar despacio, hay que esforzarse. Es un trabajo arduo. Y el hecho de proponernos deliberadamente refutar nuestras creencias nos resulta casi doloroso.

Pensar rápido nunca es incómodo. Es intuitivo, automático, natural y, lo más importante, queda fuera de nuestro control consciente. Esa automaticidad parece ser la raíz de su asombrosa capacidad para empujarnos al error y mantenernos atrapados en él.

Para aprovechar el poder del pensamiento rápido en beneficio de su causa, al charlatán le basta con apoyar nuestros sueños, con atreverse a decirnos, lleno de pasión, que pueden volverse realidad y que lo van a ser. El sesgo de confirmación hace que, cuando una persona actúa así, confiemos en ella antes de saber muy bien por qué; por eso, mostrar a las víctimas sus propios sueños reflejados, como en un espejo, es el primer truco en el repertorio de todo charlatán.

El razonamiento motivado es «un concepto teórico esencial del discurso académico en los campos de la psicología, la ciencia política y la comunicación de masas».[9] Cuando surgen temas delicados, siempre acabamos cayendo de varias maneras en las garras del razonamiento motivado: «En las investigaciones psicológicas se demuestra constantemente que [a las personas] les cuesta menos encontrar pruebas que corroboren lo que quieren que sea cierto que pruebas que sustenten lo que quieren que sea falso».[10] Además, las pruebas que se les presentan las interpretan de forma sesgada, para respaldar la conclusión que prefieren. Cuando dan con una proposición con la que quieren estar de acuerdo, tienden a preguntarse: «¿Puedo creérmela?». Por supuesto, como señalan Nicholas Epley y Thomas Gilovich, «este criterio probatorio es fácil de cumplir; al fin y al cabo, es normal encontrar pruebas incluso para proposiciones muy dudosas».[11]

En cambio, cuando una persona da con una proposición que prefiere pensar que es falsa, se pregunta: «¿Debo creérmela?». Este criterio probatorio es más difícil de cumplir; al fin y al cabo, se pueden encontrar pruebas contradictorias para casi cualquier proposición.[12]

Lo que ocurre con las ideas sociales y morales en general ocurre todavía más cuando se le pregunta a alguien sobre sus compromisos más profundos, sobre sus sueños. En ese caso, el efecto es abrumador y nos ciega a las incongruencias que resultan indudables a cualquiera que no comparta nuestro sueño.

Empezamos a comprender por qué el sesgo de confirmación y el razonamiento motivado no son, ni mucho menos, abstrusos fallos técnicos de HumanOS, sino vulnerabilidades fundamentales de las que se aprovechan los charlatanes. Estos sesgos cognitivos nos inclinan a cometer errores sistemáticos, y no errores de cualquier tipo, sino errores graves que destrozan vidas y que los charlatanes nos hacen cometer una y otra vez.

La bibliografía sobre el pensamiento motivado es casi tan extensa como la que hay sobre el sesgo de confirmación y tan deprimente como ella. Los errores de razonamiento motivado son tan omnipresentes como graves. Es fácil provocarlos enseñando a la gente a pensar de determinada manera. Y parece que, cuanto más se subraya la relación de una idea con la identidad de una persona, más fuerte es el efecto.

En un trascendental estudio de 1979, unos investigadores preguntaron a un grupo de estudiantes de la Universidad de Stanford si estaban a favor o en contra de la pena de muerte.[13] Después mostraron a los participantes un artículo que parecía probar la eficacia de la pena de muerte y otro que parecía demostrar que la pena de muerte no disminuye la delincuencia; ambos eran falsos. Como era de prever, los estudiantes pensaron que el artículo que confirmaba su opinión era convincente, sólido y preciso, mientras que encontraron todo tipo de fallos en el estudio que contradecía sus creencias. Los investigadores llegaron a la conclusión de que los sujetos «son propensos a aceptar las pruebas "confirmatorias" sin pensárselo y, por el contrario, someten las pruebas "refutatorias" a una evaluación crítica; en consecuencia, corroboran inmerecidamente sus posiciones iniciales a partir de hallazgos empíricos ambivalentes o aleatorios».

Peor aún, al terminar el experimento, los estudiantes a los que se les habían mostrado textos que contradecían sus ideas previas aseguraron que estaban más seguros de ellas que al principio, como si el hecho de entrar en contacto con pruebas que las refutaban los hubiera afianzado aún más en sus convicciones. Es lo que se denominó «efecto contraproducente», que generó su propia bibliografía académica.[14]

Parece que, cuanto más piensan las personas en términos políticos, más fuerte es el efecto. Por ejemplo, si se le pide a un republicano estadounidense que piense en la identidad de su partido, su opinión sobre la Ley de Asistencia Asequible (más conocida como «Obamacare») es mucho más negativa que si se le pide que piense en los problemas de la sanidad.[15]

Los propios políticos son propensos a dicho efecto: un estudio sobre políticos daneses reveló que estos se aferraban a sus creencias previas con la misma tenacidad que sus votantes. Peor aún: cuanta más información recibían, más se empeñaban en aferrarse a ellas.[16]

Pero no necesitamos un montón de artículos académicos para que nos convenzan de ello. Basta un poco de introspección. Nos duele ver cómo se profanan las verdades sobre las que hemos construido nuestra identidad. Lo sentimos como un ataque personal, como una herida. Nos lastima. Nuestro instinto es rechazarlo.

Ocurre sobre todo cuando nuestro sentimiento de identidad deriva de saber que formamos parte de una comunidad que comparte esa creencia; esa es una de las razones por las que muchos de los charlatanes que describimos en este libro parecen desviarse hacia el terreno de las sectas. Las personas valoran ese sentido de pertenencia a un grupo estrechamente unido de «personas con ideas afines».

El razonamiento motivado tiene sus raíces en nuestra identidad. Cuanto más vinculada está la identidad de una persona a una afirmación determinada, más fuerte es la influencia del razonamiento motivado y mayores oportunidades se le abren a un charlatán.

A la gente le gusta ver que alguien defiende sus sueños, porque le encanta que se reafirme su identidad. No hay nada más convincente que otra persona que nos dice que las verdades en las que se basa nuestra identidad son fundamentales y correctas. Por eso, las empresas dueñas de redes sociales, que tienen grandes incentivos económicos para mantenernos con la vista pegada a sus páginas, saben cómo cultivar nuestros sueños y nos sirven contenidos que confirman nuestras creencias más preciadas.

Es nuestra debilidad.

Y las empresas son conscientes de ello.

El sesgo de confirmación y el razonamiento motivado son vulnerabilidades de HumanOS que tienen consecuencias graves en el mundo real. Veremos cómo de graves a medida que analicemos los distintos casos en las páginas que siguen. Son unos fenómenos tan importantes que usted aprenderá enseguida que se trata de mucho más que de fallos cognitivos o errores del sistema operativo humano. Son, más bien, el mecanismo de defensa que utilizamos para proteger nuestro sentimiento de identidad: nuestra percepción más profunda y fundamental de quiénes somos y de cómo funciona el mundo.

Prueba social

Hay otra peculiaridad de HumanOS que debemos tener presente para comprender cómo nos atrapan los charlatanes. Como ocurre con la mayoría de los sesgos cognitivos, gran parte del tiempo esa peculiaridad es flexible, pero puede convertirse en una vulnerabilidad que hace siglos que los charlatanes utilizan en nuestra contra y que explica algunos de los comportamientos más extraños y autodestructivos que relataremos en los próximos capítulos.

Imaginemos esta situación: vamos caminando por una concurrida acera de Nueva York y de pronto vemos a una persona que observa fijamente un edificio al otro lado de la calle. ¿Qué hacemos? La mayoría seguimos andando. Ahora bien, ¿y si son cinco personas las que contemplan el edificio? Entonces es mucho más probable que nos paremos. Nuestro instinto nos dice que, si todas miran hacia arriba, debe de haber algo interesante que ver. ¿Y si son quince personas? Ahí hay todavía más probabilidades de que nos paremos: el mero hecho de que tantas personas miren se convierte en una prueba social, una razón de peso para hacer lo mismo.

El experimento callejero original que instauró la prueba social como concepto psicológico se remonta a 1969.[17] En las décadas transcurridas desde entonces, ha sido objeto de numerosos estudios e investigaciones que han confirmado que la mentalidad de rebaño ejerce una enorme influencia sobre nosotros. Cuando vemos a otros comportarse de una manera determinada, tendemos mucho más a comportarnos de ese mismo modo.

Se han encontrado pruebas en distintos trabajos que demuestran el poder de la verdad social en ámbitos inesperados de todo tipo. En un famoso estudio se demostró que, cuando se les dice a los huéspedes de un hotel que la mayoría de los demás huéspedes reutilizan las toallas antes de enviarlas a lavar, se avienen mucho más a hacerlo ellos también que si se les transmite un mensaje sobre el coste medioambiental de lavar constantemente las toallas.[18]

En otro estudio muy conocido se reveló que el mensaje más eficaz para animar a alguien a votar es, con gran diferencia, decirle que la mayoría de sus vecinos votan.[19]

En situaciones en las que no está claro cómo se debe actuar, una persona busca pistas en el comportamiento de quienes la rodean. Ello puede dar buen resultado o no. En un experimento llevado a cabo en el Bosque Petrificado de Arizona, se demostró que normalizar un comportamiento indebido puede fomentarlo. Los investigadores pusieron carteles en los que se pedía a los visitantes que no se llevaran madera petrificada y se añadía que muchos visitantes lo hacían y estaban destruyendo la belleza natural del parque. En las semanas sucesivas, el número de visitantes que robaron madera petrificada del parque se triplicó. Cuando «normalizamos» un comportamiento, lo estamos fomentando, queramos o no.[20]

Por supuesto, los profesionales del marketing saben desde hace mucho tiempo cómo utilizar la prueba social para impulsar las ventas: los mensajes sobre lo popular que es un producto siempre han demostrado gran eficacia publicitaria. Todo el ecosistema del comercio por internet —con sus valoraciones de cinco estrellas y sus opiniones de los usuarios— es una prueba social digitalizada que nos da pistas de que comprar un producto determinado es «normal» para personas como nosotros.

Y funciona. Somos seres sociales. Queremos encajar en nuestro grupo, e imitar el comportamiento de quienes nos rodean es una forma segura de no llamar la atención. En otras palabras, la prueba social está profundamente integrada en HumanOS.

Por desgracia, lo que percibimos como un comportamiento normal puede haber sido manipulado o incluso fabricado, lo que significa que la prueba social añade una vulnerabilidad que cualquier intruso malintencionado puede utilizar. Y eso es algo que los mejores charlatanes intuyen a la perfección. Como veremos, entre sus argumentos persuasorios suele haber afirmaciones sobre lo que el charlatán ha hecho en beneficio de «personas como tú», un mensaje que puede resultar enormemente eficaz para vencer la resistencia a dar el primer paso y confiar en él. Y ese primer paso es crucial, porque los charlatanes tienen toda una panoplia de trucos para asegurarse de que, una vez que la víctima lo ha dado, dé muchos más.

Los charlatanes saben que no pueden pedir demasiado a una víctima demasiado pronto, así que suelen estructurar sus planes para ir avanzando poco a poco. Es lo que los expertos en marketing llaman «escalera del compromiso»: una sucesión de peticiones cada vez mayores que se formulan a los clientes, o a las víctimas.

La escalera del compromiso funciona porque, cuando una persona ha puesto un pie en el primer peldaño, hace lo necesario para no tener que reconocer que ha cometido un error. Siempre es más fácil subir un peldaño que bajarlo. Los charlatanes lo saben por instinto y se aprovechan de ello.

Para conseguirlo, nos hacen asumir gradualmente compromisos cada vez mayores y más firmes. En una escalera del compromiso bien pensada ningún peldaño resulta demasiado alto, todos parecen seguros y, con cada escalón, da la sensación de que subir otro es más fácil que empezar a bajar.

Los charlatanes saben que, a medida que ascendemos por la escalera del compromiso, el coste psíquico de dar marcha atrás es cada vez mayor. El razonamiento motivado garantiza que la escalera les resulte favorable, porque, cuando ya estamos en ella, nos empuja a esforzarnos cada vez más para convencernos de que hemos hecho bien al subir otro peldaño.

La escalera del compromiso y la prueba social van a la par: la primera suele estructurarse para ser pública, destinada a una comunidad con las mismas ideas, que sube junta y se anima entre sí. Cuando las personas con las que nos identificamos deciden subir un peldaño más, la prueba social nos asegura que tiene sentido que lo hagamos nosotros también.

Para los nobles venecianos intrigados por la propuesta de Mamugnà, expresar escepticismo sobre sus afirmaciones, al principio, no era muy arriesgado. Sin embargo, una vez que empezaron a ascender por la escalera del compromiso, se hizo terriblemente difícil retroceder. Después de invitar a Mamugnà a su ciudad, el coste psicológico de reconocer que se habían dejado engañar empezó a ser cada vez mayor. Y, cuando lo alojaron en uno de los palacios más famosos de la ciudad, aumentó todavía más. Mientras observaban boquiabiertos y deslumbrados su espectacular demostración, el precio de aceptar el engaño seguía creciendo. Y, después de asistir a varios de sus bailes e intentar convencerlo de que se casara con alguna de sus hijas, ya era inimaginable. Mamugnà manipulaba la percepción de «la gente como vosotros» (en este caso, los nobles venecianos), de modo que, cuando un senador veía que todos los demás se postraban ante el embaucador, lo hacía él mismo: un ejemplo muy llamativo de la acción conjunta de la prueba social y la escalera del compromiso para empujar a las personas a tomar decisiones cada vez peores.

La escalera del compromiso hace que a una persona no le quede más remedio que defender una mala decisión anterior con otra decisión todavía peor. En cada peldaño, el empeño de la víctima en evitar la angustia de reconocer que la han engañado va en aumento y la gimnasia mental que está dispuesta a hacer para defender su decisión inicial es cada vez más retorcida. Mientras siga viendo que otras personas «como ella» ceden ante el charlatán, dejará que esa prueba social la guíe.

En este libro vamos a presentar a unos charlatanes que saben construir muy bien escaleras del compromiso y utilizan técnicas de prueba social para conseguir que sus víctimas caigan en la trampa, unas técnicas que funcionan hoy igual de bien que hace cuatrocientos cincuenta años.

Estas tres vulnerabilidades tan estrechamente relacionadas —el sesgo de confirmación, el razonamiento motivado y la prueba social— son suficientes para comprender por qué la gente ha caído presa de los charlatanes con tanta asiduidad durante siglos. El placer que nos da sentir que tenemos razón y el dolor que nos causa sentir que nos hemos equivocado están entre los rasgos más estudiados de la cognición humana. Pero son sensaciones que nos hacen cometer errores predecibles una y otra vez. Crean puntos débiles que un agresor hábil puede utilizar en nuestra contra. Y eso, como vamos a demostrar, es a lo que se dedican los charlatanes.

Esa es la verdadera respuesta a la cuestión que planteábamos al principio de este capítulo: ¿por qué somos tan crédulos? Cuando oímos historias sobre personas a las que han llevado a cometer actos autodestructivos en defensa de creencias claramente absurdas, no podemos evitar preguntarnos: «¿Cómo es posible que alguien las haya convencido de hacer esa estupidez?».

Pues bien, a estas alturas ya deberíamos tener cierta idea de cuál es la respuesta. No se trata de persuasión, en absoluto. Lo único que nunca hace un charlatán experto es intentar que cambiemos de opinión. Su manipulación no consiste en lograr que abandonemos nuestras creencias, sino en cultivarlas. Su manera de ganarse la confianza es defender lo que creemos, y así nos aprisiona en una celda formada por nuestros propios compromisos.

Imaginemos a Mamugnà en su opulento palacio veneciano. Engañó a toda la élite de una gran potencia europea (aunque estuviera en declive) sin tener que esforzarse para persuadir a nadie de nada. Los senadores de Venecia le proporcionaron todo el material que necesitaba para trabajar: las creencias que ya tenían. Desde antes estaban convencidos de que el hierro podía transformarse en oro. Querían evitar como fuera afrontar la realidad de que los tiempos de gloria de Venecia eran cosa del pasado. Y, cuando vieron que dar un trato deferencial a Mamugnà era «lo normal» en su grupo, todos se unieron al rebaño, con el argumento de que, si los demás actuaban así, debía de ser lo apropiado.

Lo único que tuvo que hacer Mamugnà fue mostrar a sus víctimas su propio sueño reflejado. Defenderlo; algo que hizo con carisma, elocuencia y persistencia. Cuanto más defendía aquel sueño, más deseaban creerle.

Y cuanto más le creían, más poder ganaba sobre ellos.

Esa es, en resumen, la estructura que tiene la forma de proceder de todos los embaucadores, la gramática universal del oficio del charlatán. Los charlatanes nunca pretenden convencer a nadie; no lo necesitan. No quieren. Son conscientes de que no pueden. La persuasión nunca es su objetivo.

Los charlatanes saben que lo que dicen suena absurdo para quienes no comparten el sueño sobre el que construyen su teatro. Pero no les importa. Lo único que les interesa es que están defendiendo un sueño que un grupo de gente considera fundamental para su identidad.

La defensa del sueño de las víctimas crea un poderoso sentimiento de identificación. Prepara el terreno para lo que vendrá después. Predispone a los ingenuos a creer que el charlatán es verdaderamente especial, que tiene una visión única de la auténtica naturaleza de la realidad que se le escapa a los simples mortales. Por eso, cuando asegura que posee un conocimiento o un poder especial, siempre encuentra algún grupo de personas dispuesto a creerlo.

Cuando se inmiscuyen así en nuestros sueños nos convertimos en nuestros peores enemigos, en unos seres incapaces de distinguir nuestros propios intereses de los de quien quiere aprovecharse de nosotros. En las páginas siguientes, vamos a mostrar cómo se puede aplicar esta fórmula a cualquier tipo de sueños: virtuosos y mezquinos, generalizados y muy particulares. Da igual en qué consistan.

¿Qué es un charlatán?

Ha llegado el momento de proponer una definición: un charlatán es un personaje público que defiende el sueño común de un grupo de personas para manipularlas y explotarlas sin coaccionarlas abiertamente, y hace que sus víctimas participen con entusiasmo de su propia explotación.

Esta definición es amplia y restrictiva al mismo tiempo. Es amplia, pues engloba a toda la enorme variedad de charlatanes que hemos reunido en los siguientes capítulos. Incluye tanto a los grandes farsantes, que tienden sus redes a gran escala y engañan a todo un país, como a los pequeños charlatanes, que se conforman con hurgar en la vida de un puñado de seguidores.

Pero también es restrictiva porque nos ayuda a entender lo que no es un charlatán. Un charlatán se diferencia de un estafador en que es una figura pública: las personas que aparecen en este libro no utilizan seudónimos ni identidades falsas. No se esconden, sino que actúan a la vista de todos, con frecuencia en una ambigua zona gris entre la legitimidad y la ilegalidad. Y sus presas no son meras víctimas pasivas del fraude, sino que predican el evangelio del charlatán. Una y otra vez, comprobaremos que estas se convierten en el mayor activo del charlatán, sus mejores agentes de reclutamiento y sus defensores más leales.

Si este tipo de explotación asoma una y otra vez desde hace siglos, en todo tipo de contextos y con distintas apariencias, es porque los mecanismos que aprovecha esta fórmula son eternos. Los fallos que utilizan los charlatanes están muy incrustados en HumanOS; toda la estructura de la cognición humana hace que seamos vulnerables a ellos.

Ahora que hemos sentado las bases teóricas, podemos sumergirnos de lleno en el tema. Los charlatanes que encontraremos a lo largo de este libro son muy diferentes a primera vista, pero muy similares en el fondo.

2

El lado oscuro del emprendimiento

Todo el mundo, en algún momento de su vida, ha soñado con ser rico. Lo sueñan los pobres, lo sueña la clase media e incluso los ricos sueñan con ser todavía más ricos. Y, donde hay un sueño, hay charlatanes dispuestos a engatusar a los soñadores.

Este anhelo, como todos los demás, tiene su origen en una necesidad humana legítima. Todos necesitamos recursos para vivir y más aún para prosperar. Esos recursos escasean y, para adquirirlos, necesitamos dinero; por consiguiente, es muy natural que tratemos de conseguir ese dinero.

Para algunos, esa búsqueda se convierte en un sueño. En realidad, uno de los sueños más antiguos del mundo. La fantasía de hacerse rico rápidamente es de lo que viven las loterías y los casinos de todo el planeta. Y, en manos de un charlatán, estos sueños comunes a tanta gente son un objetivo tentador.

Por eso, los charlatanes llevan vendiendo a sus víctimas planes para enriquecerse en un abrir y cerrar de ojos desde que existen ingenuos. Para convencerlas, casi siempre recurren a fingir que son algo que no son: emprendedores legítimos.

Es la tapadera perfecta. Los emprendedores tienen una imagen excelente en el mundo actual. Hay un amplio consenso sobre el hecho de que el emprendimiento es el motor que impulsa la prosperidad de las sociedades modernas. Si alguien convence a los demás de que es un emprendedor legítimo y conoce un sistema especial para ganar mucho dinero, esas personas harán colas interminables para darle lo que sea.

Para la gente corriente, distinguir entre un emprendedor legítimo y un charlatán no es fácil. Desde lejos, ambos pueden parecerse mucho. Las aptitudes que necesita un emprendedor para prosperar son de gran utilidad para un charlatán. Si quieren triunfar, los empresarios deben tener una forma original de pensar, ser carismáticos y estar dispuestos a asumir riesgos. Han de saber dirigir a otras personas y poseer el talento necesario para vender un sueño. En una persona con principios, estas características son un gran motor para el progreso humano. En manos de charlatanes, son el camino hacia la ruina.

Hoy en día, un charlatán no puede triunfar sin una vena emprendedora.

Y, en cierto modo, los dos se parecen: tanto el objetivo de los emprendedores legítimos como el de los charlatanes del mundo de los negocios es ganar todo el dinero posible.

Pero hay una diferencia. Los emprendedores saben que necesitan crear algo que tenga valor para las personas. Los charlatanes se centran en dar la impresión de que venden algo que tiene valor, muchas veces sin pensar en el contenido necesario para mantener esa impresión.

En este capítulo, vamos a examinar con detalle a tres charlatanes que acabaron en la cárcel por inculcar el sueño de que es posible enriquecerse rápidamente, a pesar de que, en algún momento, debieron de comprender que nunca podrían cumplir. Los presentaremos por orden de importancia, empezando por el joven turco, visionario de la informática, que estafó decenas de millones de dólares a conciudadanos movidos por el patriotismo, pasaremos al aspirante a magnate de Hollywood que estafó cientos de millones a sus inversores, y terminaremos con el gigante de las finanzas mundiales al que hoy se acusa de hacer perder miles de millones de dólares a varios de los inversores más sofisticados del mundo.

Son tres personajes muy diferentes en ciertos aspectos, pero con historias extrañamente similares. En los tres casos, se trató de variantes de un tipo de estafa que ha quedado asociada al nombre de un vago y caradura italiano. Así pues, para comprender lo que hicieron aquellos tres, tenemos que empezar por entender lo que hizo este último.

Charles Ponzi

Nació en un pequeño pueblo de la región de Emilia-Romaña, en el norte de Italia, y fue bautizado como Carlo Pietro Giovanni Guglielmo Tebaldo Ponzi, pero la historia lo conoce como Charles Ponzi. A primera vista, no había muchas diferencias entre él y los cientos de miles de italianos que llegaban a Estados Unidos cada año a principios del siglo XX. Después de dejar la carrera de Derecho, hizo algunos trabajos en bancos de Estados Unidos y Canadá durante unos pocos años, mientras perfeccionaba los planes para el inmenso fraude que llevaría su nombre para siempre.

Ponzi se dio cuenta de que estaba rodeado de inmigrantes italianos que pasaban grandes apuros y sufrían la angustia de querer ganar dinero enseguida para ayudar a sus seres queridos, a quienes habían dejado en la más absoluta pobreza en su país natal. El sueño de lucrarse rápido se basaba en una necesidad real y apremiante, y Charles Ponzi intuyó que, si lo manipulaba, podría conseguir que le entregasen todo el dinero que tenían.

Los convenció de que se apuntaran a un complicado plan de inversión, difícil de comprender salvo para unos pocos. Tuvo cuidado de pagar dividendos espectaculares a los primeros inversores. Su historia se difundió y atrajo a muchos más inversores. El problema era que el dinero con el que pagaba no era el de los beneficios, sino el que le pagaban los nuevos inversores. El plan funcionó muy bien hasta que dejó de haber nuevos inversores que siguieran inyectando dinero en su estafa. Entonces se vio que no era más que una gigantesca estafa piramidal. Cuando todo se vino abajo —como es inevitable que ocurra con las estafas piramidales—, miles de inversores pobres acabaron siendo todavía más pobres de lo que eran antes.

Al contar la historia de las maniobras de Ponzi, se suele olvidar que, al principio, tenía una idea de negocio muy sólida. Se le había ocurrido una idea legal que, en manos de una persona honrada, podría haber dado pie a un negocio moderadamente rentable.

En la época de la gran inmigración europea a Estados Unidos —las décadas de 1910 y 1920—, las cartas eran la única forma de mantenerse en contacto con los familiares que se habían quedado en el Viejo Continente. Pero el franqueo internacional era caro. A los parientes pobres que estaban en Europa, en general, les resultaba muy difícil pagar los sellos necesarios para responder a las cartas que recibían de sus hermanos o hijos en Estados Unidos. Para solucionarlo, los servicios postales de ambos lados del Atlántico instauraron un sistema de cupones de respuesta internacional: el International Reply Coupons o IRC, que permitía al remitente de una carta pagar el coste de la respuesta, fue un servicio muy popular, bien recibido y plenamente legal.

Charles Ponzi fue el primero en darse cuenta de que el sistema IRC se podía piratear para sacarle provecho. Las monedas europeas se habían devaluado enormemente después de la Gran Guerra, pero los precios relativos de los IRC seguían vinculados a los tipos de cambio anteriores. Ponzi se percató enseguida de que en Nápoles se podía comprar un IRC por mucho menos dinero que el mismo IRC en Nueva York.

Hizo sus cálculos y vio que en Italia se podían adquirir con un dólar los IRC que en Estados Unidos costaban dos dólares. Para obtener beneficios, bastaba con comprar IRC al por mayor en Europa, enviarlos a Estados Unidos, convertirlos en sellos estadounidenses al tipo vigente en ese país —cosa que permitían las normas de los IRC— y luego venderlos por su valor nominal.

La idea no tenía nada de ilegal y, en principio, los rendimientos que se pueden obtener de este tipo de arbitraje son elevados, además de que no implican riesgos.

Para ponerlo en marcha, Ponzi necesitaba dinero por adelantado; y, para conseguirlo, tuvo que ofrecer a los inversores unos rendimientos muy atractivos.

Reunió a toda velocidad un fondo —1.800 dólares de dieciocho inversores—, pero advirtió que la operación de transferir el dinero a Italia, adquirir los IRC, enviarlos de vuelta a Estados Unidos y venderlos como sellos postales iba a ser muy complicada, se alargaría mucho y entrañaría un sinfín de trámites complejos.

Y él tenía poco tiempo. Ponzi necesitaba ofrecer rendimientos inmediatos a los primeros inversores para atraer más dinero y, tal vez, solo tal vez, creyó que, mientras tanto, podía fingir que todo iba bien: pagar a los primeros inversores con el dinero de los últimos, sin esperar a las ganancias del programa IRC. Eso sería mucho más sencillo. Claro que, una vez que empezó, le fue increíblemente difícil parar.

Que no haya equívocos: muchos esquemas de Ponzi son meras estafas criminales desde el principio. Todo indica que él mismo, por ejemplo, fue plenamente consciente de que estaba llevando a cabo un timo desde el primer momento.

Sin embargo, otros caen en el delito casi a su pesar: un empresario astuto con más ambición que escrúpulos comienza con una idea de negocio en la que cree, pero pronto se da cuenta de que el espejismo de un buen negocio es mucho más fácil de vender que la realidad.

No es extraño que los charlatanes acaben siempre al frente de fraudes de este tipo: los esquemas de Ponzi, impulsados por los sueños, alimentados a base de palabras y regados con el dinero de los incautos, son perfectos para que los pongan en marcha personas con grandes sueños y un carisma todavía mayor.

En otras palabras, personas como Mehmet Aydın.

Mehmet Aydin

Lo primero que llama la atención de Mehmet Aydın es su cara de niño. No solo es que sea un tipo rechoncho, es que tiene un rostro especial, redondo, suave y angelical, y el aspecto de no hacer daño ni a una mosca. Aydın sabía que su rostro podía ser su superpoder: una prueba irrefutable e inmediata de sus buenas intenciones.

Pero Aydın siempre fue mucho más que sus encantadores hoyuelos. En su interior, era un chico malo. Antes de comprarse el Ferrari y el yate, antes de que su empresa desatara la locura en toda

Turquía, antes de convertirse en un nombre conocido en su país y en una obsesión para los periodistas sensacionalistas, antes de todo eso, más o menos desde 2012, Mehmet Aydın tenía un sueño: convertirse en una superestrella del hiphop turco.

No contaba con mucho a su favor: para un veinteañero que había abandonado los estudios en una escuela religiosa de una pequeña ciudad de provincias en Turquía, no parecía fácil entrar en el mundo del espectáculo. Para triunfar se necesita dinero, y él no lo tenía. Con el fin de ganar algo, se dedicó a vender unas falsas «gafas de rayos X» que supuestamente permitían ver a las personas desnudas, pero pronto se dio cuenta de que aquello no llevaba a ninguna parte.[1] Así que empezó a ganarse la vida lavando platos o sirviendo mesas en un café de su ciudad. Llegaba tarde a casa, cansado, y grababa algunas canciones de rap en el ordenador portátil antes de irse a dormir.[2]

Eso o se ponía a jugar a Farmville.

¿Se acuerda de Farmville? Estuvo muy de moda en Facebook entre 2013 y 2015. En la descripción técnica se lo describía como un «simulador de granjas», y permitía a personas aburridas de todo el mundo soñar con un futuro bucólico. Para un chico como Mehmet, que se había criado en una familia de agricultores en Bursa, a dos horas al sur de Estambul, aquel idilio rural digital era un consuelo: los recuerdos más reconfortantes de su infancia servidos en formato electrónico.

Pronto, Aydın se puso a pensar. Farmville no estaba mal, pero le faltaba algo. Todo era virtual, artificial, falso. No había vacas reales, ni cultivos, ni pollos; solo píxeles. ¿Y si pudiera haber un Farmville que tuviera un reflejo en el mundo real? ¿Y si las vacas de la pantalla fueran representaciones digitales, la imagen de unas vacas de verdad, en un pasto de verdad de una granja de verdad en el mundo de carne y hueso?

Si Farmville era adictivo, ¿no lo sería diez veces más un Farmville en el mundo real?

Aydın no sabía programar videojuegos, pero tenía amigos que sí. En poco tiempo, el chico gordito que soñaba con ser una estrella del hiphop estaba dirigiendo un pequeño equipo de programadores que crearon una imitación de Farmville. A simple vista, el Çiftlik Bank —que en turco significa «Banco Agrícola»— era poco más que una copia del juego original; las funciones de cuidar la cosecha y el ganado digitales estaban prácticamente calcadas de su competidor. Pero este Banco Agrícola sería diferente, pues tendría una dimensión real. La empresa anunció que iba a gestionar granjas verdaderas, en las que los jugadores podrían invertir dinero auténtico a través de la aplicación del mundo ficticio. Y que, además —y esa debería haber sido la primera señal de alarma—, los jugadores recibirían una pequeña recompensa en dinero real por cada nuevo jugador que trajeran a la comunidad.[3]

El Çiftlik Bank salió al mercado a principios de 2016 y fue todo un éxito. El juego era divertido y pronto corrió la voz de que la cantidad de dinero que se podía ganar con la granja era alucinante. Los primeros inversores recibían cheques sustanciosos por correo una vez al mes: eran, según les decían, los dividendos de las actividades agrarias del banco en el mundo real. Todo parecía auténtico: el joven director ejecutivo de la empresa, Mehmet Aydın, aparecía en todos los medios de comunicación cortando cintas inaugurales de grandes explotaciones agrícolas comerciales. Los medios de comunicación cubrían estos actos con enormes despliegues: las fotos mostraban a un regordete Aydın rodeado de funcionarios provinciales mientras inauguraba granjas en terrenos embarrados.

A las granjas había que añadir la red de distribución. Pronto surgieron en toda Turquía puestos de venta de productos del Banco Agrícola. Aproximadamente por cien mil liras turcas (unos veintisiete mil euros en aquel entonces), se podía comprar una franquicia y abrir una tienda en la que vender salchichas, queso, mantequilla, miel y otros productos agrarios turcos.

Todos los productos llevaban el inconfundible logotipo del Çiftlik Bank, muy propio de Facebook: una vaca de dibujos animados con grandes ojos en una exuberante granja rodeada de montañas escarpadas. En su mejor momento, en 2017, llegó a haber ciento cincuenta tiendas del Banco Agrícola que vendían queso teóricamente procedente de las granjas de la empresa (ninguno lo era). Y los inversores recibían sus dividendos de dos formas:

el 95 por ciento en efectivo y el 5 por ciento restante en cupones, que podían gastar en esas tiendas.

Más tarde, Mehmet Aydın aseguró que su intención nunca había sido que la situación se le fuera tanto de las manos: no era más que un chico de campo al que se le había ocurrido una nueva manera divertida de que los turcos invirtieran en la agricultura de su país. Puede ser. Pero, en ese caso, ¡ay!, cuán poco duró el sueño original ante el torrente de dinero que pronto comenzó a inundar su vida.

Durante 2016 y 2017, el Çiftlik Bank creció a un ritmo espectacular. Lo que más valoraba la empresa fundada por Aydın era el aumento del número de socios, y con razón. Siguiendo el modelo de Ponzi, pagaba los dividendos de los antiguos inversores directamente con el dinero que aportaban los nuevos. Y, cuando alguien se adentra en *Villaponzi*, la directriz principal está clara: mantener el sueño con vida el máximo tiempo posible y seguir atrayendo nuevos inversores a toda costa.

El Çiftlik Bank invirtió mucho en publicidad en internet y se aseguró de que cada jugador nuevo estuviera al corriente de que recibiría una recompensa si llevaba a más jugadores. Cuando se vio que eso no bastaba, la empresa empezó a emitir en televisión anuncios muy bien producidos que vendían el sueño del Banco Agrícola a las masas.

La campaña de marketing del Çiftlik Bank apenas mencionaba la parte de videojuego que tenía el negocio, sino que apelaba al deseo de los jóvenes urbanos turcos de reconectar con la Turquía de verdad, es decir, la Turquía rural. Las imágenes idealizadas de la campiña turca eran el eje central de su publicidad.

Para uno de los anuncios, la empresa contrató al legendario actor turco Mehmet Çevik. El corpulento Çevik interpretaba a un granjero anatolio bueno, honrado y sencillo que daba consejos en tono solemne a su hijo, un niño de rostro redondo y aspecto serio que debía de ser muy parecido a Aydın con diez u once años.

«Escúchame, hijo —dice el sabio y anciano granjero, en medio de un campo lleno de vegetación y bajo un cielo azul resplandeciente—, si te importan el país y la nación, tu objetivo debe ser claro, tus horizontes amplios, tu corazón tan vasto como el cielo azul y tu cabeza estar bien alta».

La cámara se acerca al granjero, que pone la mano sobre el hombro del hijo mientras suena una música de película. «Encontrarás obstáculos. Intentarán hacerte tropezar, pero no caigas, no te hundas y nunca te rindas».[4]

Si Aydın era un charlatán, los anuncios de televisión fueron su tribuna. Había dado en el clavo de algo importante: una idea que ya existía y que podía aprovechar. Millones de habitantes de las ciudades turcas sentían nostalgia por la vida rural que habían conocido de niños o que les habían contado sus padres. Tenían una visión idealizada de la vida en el campo. Sentían que esa era la verdadera Turquía. Creían que, para ser un auténtico turco, había que conectar con ese mundo anticuado del duro trabajo del agricultor. De modo que los mensajes que reforzaban esa creencia les sonaban sinceros ya antes de haber reflexionado al respecto. Su filtro intuitivo estaba preparado para aceptar el mensaje que quería venderles Aydın, que no tenía que hacer nada más que dejar que el sesgo de confirmación se encargara de todo.

Según dicen muchas víctimas, el anuncio protagonizado por un actor tan querido como Mehmet Çevik fue lo que realmente popularizó el Banco Agrícola entre los turcos. La gente no podía imaginar que un negocio promocionado por una figura tan familiar y tranquilizadora no fuera honrado, igual que nadie sospecha de Nespresso después de ver los anuncios de George Clooney. (A Çevik no se le acusó personalmente de ninguna irregularidad en relación con el escándalo).

Todos los anuncios televisivos del Çiftlik Bank se apoyaban firmemente en la tradición turca del nacionalismo agrario. Uno mostraba imágenes de archivo de Kemal Atatürk, el poco menos que mítico fundador del Estado turco moderno, dirigiéndose a sus seguidores en la década de 1920. «¡La nación turca es trabajadora! —grita Atatürk en el viejo fragmento de sonido chirriante—. ¡La nación turca es inteligente!».

Después, un locutor actual declara con tono solemne: «La orgullosa marca turca Çiftlik Bank está dando firmes pasos para convertirse en una marca global y transformando sus ganancias del sector del videojuego en inversiones reales destinadas al sector agrícola y ganadero», mientras la pantalla se llena de imágenes de instalaciones agrarias de vanguardia.

«Al mismo tiempo que competimos con los gigantes mundiales del sector del juego en línea —continúa el anuncio—, hacemos cada día nuevas inversiones en las tierras que nos han visto nacer. Seguiremos siendo una fuente de seguridad y estabilidad para la economía turca, y compartiendo el entusiasmo de producir juntos».

Al público le encantó, el Banco Agrícola empezó a crecer sin parar y ganar montones de dinero e inició una expansión internacional.

A mediados de 2017, Aydın ya había puesto en marcha sendas versiones de la aplicación en Alemania y Azerbaiyán. Viajó a Argentina y Uruguay, y consideró la posibilidad de formar un equipo para desarrollar una versión en español. El Çiftlik Bank era digital, viral y escalable desde el principio; ahora, Aydın parecía empeñado en que tuviera además una dimensión mundial, que fuera un gigante imparable. En la dirección, a los veintiséis años, Aydın se estaba convirtiendo en el vivo ejemplo de una concepción del director ejecutivo triunfador en el sector tecnológico que era característica de Turquía: innovador y atrevido, pero con las raíces en el corazón rural del país y en sus valores conservadores.

Durante todo ese tiempo, Aydın había estado haciendo lo mismo que Charles Ponzi casi cien años antes: pagar a los primeros inversores con el dinero invertido por los nuevos. En consecuencia, el boca a boca iba creando una reputación excelente para el Banco Agrícola. ¿Quién no iba a querer participar en un juego divertido y patriótico que además te hacía rico? Todo el mundo salía ganando.

En cambio, vistas desde dentro, las cosas eran muy distintas. El principal desarrollador de software del Banco Agrícola, Cudi Cumhur Yurdakul, de veintisiete años, empezó a sospechar que algo no iba bien cuando se dio cuenta de que Aydın tenía unos gastos descontrolados. Descubrió un informe interno en el que se indicaba que Aydın había pagado 162.000 dólares por fletar un avión privado para desplazarse con otras tres personas de Montevideo (Uruguay) a Estambul, incluido un recargo de diez mil dólares para que su esposa pudiera fumar cigarrillos a bordo.[5] Daba la impresión de que Aydın estaba comprando mansiones, yates y coches de lujo a diestro y siniestro, un estilo de vida que no encajaba con su imagen pública de persona formal procedente de una familia de agricultores.

En un esquema de Ponzi, lo más importante de todo es que inviertan cada vez más personas durante el mayor tiempo posible: mientras haya un flujo constante de nuevos inversores, siempre habrá más dinero para satisfacer a los inversores anteriores. Esta dependencia es lo que hace que sean tan vulnerables a cualquier noticia negativa que pueda ahuyentar a los recién llegados. Y eso es precisamente lo que ocurrió en noviembre de 2017, cuando el periódico progubernamental *Sabah* empezó a hacer preguntas comprometidas sobre las finanzas del Çiftlik Bank.

Sabah advirtió que las cuentas de la empresa estaban registradas a nombre de sociedades fantasma y domiciliadas en bancos del norte de Chipre, un área que controla Turquía. Los turcos saben muy bien que el norte de Chipre es un centro de blanqueo de capitales, un lugar en el que se establece una compañía cuando quiere ocultar sus finanzas. Ante esta denuncia, las autoridades turcas, por fin, tomaron nota. Los inspectores del Ministerio de Aduanas y Comercio empezaron a investigar las finanzas de la empresa. En cuanto dicha investigación se puso en marcha, la caída del Banco Agrícola era inevitable.

Es sorprendente que, en diciembre de 2017, Aydın siguiera «inaugurando» nuevas granjas lecheras e invitando a las autoridades provinciales a cortar cintas y hacerse la foto correspondiente; en realidad, eran explotaciones comerciales ya existentes que la empresa compraba, pero sin cambiar a los administradores.

Sin embargo, se avecinaban problemas.

Los pagos a las tiendas de la marca en las que los inversores del Banco Agrícola creían que estaban comprando productos de sus granjas se interrumpieron sin explicación alguna. En febrero de 2018, con la llegada de nuevos inversores reducida a un goteo, el banco también se estaba retrasando mucho en los pagos a los inversores iniciales. Las webs de reclamaciones de los consumidores empezaron a recibir avalanchas de quejas de los engañados por el Çiftlik Bank.

A principios de marzo de 2018, los inspectores del Ministerio de Aduanas y Comercio tenían pruebas suficientes para demostrar que el Çiftlik Bank era una empresa fraudulenta. Pero tardaron demasiado en actuar. Para entonces, Mehmet Aydın ya había huido con ochenta millones de dólares robados a los inversores.

Fue en ese momento cuando los medios de comunicación turcos empezaron a informar de manera frenética y exhaustiva sobre el Banco Agrícola retransmitiendo sin cesar las redadas policiales en las pocas granjas que sí funcionaban, con imágenes en directo que mostraban a los agentes confiscando los pollos de Aydın.

Mientras tanto, circulaban todo tipo de rumores y el paradero de Aydın se convirtió en una obsesión para los turcos. ¡Lo habían visto en Ucrania! ¡No, está en Panamá! ¡No, en Canadá! ¡Mentira, lo acabamos de ver en Honduras! ¡No, se equivocan, se ha tirado por una ventana de un rascacielos! Las noticias falsas se dispararon y todo el país parecía consumido por un nuevo juego aún más adictivo que el Banco Agrícola: ¿Dónde está Mehmet Aydın?[6]

Los rumores en los periódicos sobre el estilo de vida de Aydın eran cada vez más escabrosos. Su guardaespaldas contaba historias sobre juergas en el norte de Chipre llenas de cocaína y apuestas, y rematadas con prostitutas, lo que causó que la población estuviera cada vez más segura de que se había fugado allí. El mismo guardaespaldas hizo público que el Çiftlik Bank también los había estafado a él y a su familia, que habían invertido el equivalente a 47.000 dólares y no habían recuperado más que 34.000 antes de que la empresa quebrara.[7]

En realidad, Aydın estaba donde cabía esperar: en uno de los lugares que había explorado para abrir nuevas franquicias del Banco Agrícola. En marzo, un turco residente en Montevideo advirtió su inconfundible rostro infantil conduciendo temerariamente (y mal) un Ferrari blanco nuevo y lo grabó con el móvil: la primera prueba clara de su paradero.[8]

Así que Aydın volvió a huir.

A finales de marzo de 2018, parecía que no tenía claro si intentar limpiar su nombre o pasar inadvertido y oscilaba entre las dos estrategias. Publicó una larga y confusa grabación de audio en la que proclamaba su inocencia, aseguraba que nunca había tenido la intención de defraudar a nadie, echaba la culpa de los problemas del Banco a sus empleados y prometía quedarse y devolver el dinero a todos los que habían invertido en la empresa.

A esas alturas, Interpol había emitido una notificación roja en la que alertaba a las fuerzas de seguridad de todo el mundo para que detuvieran a Aydın dondequiera que estuviera. Los inversores estafados por el Çiftlik Bank se agruparon para contratar a un detective que lo buscara por todo el planeta. Le llevó un tiempo, porque Aydın debió de darse cuenta de algo en Uruguay y moderó sus gastos, pero poco después fue localizado en un elegante barrio residencial de São Paulo, en Brasil. Entonces, los inversores publicaron su dirección.

Al comprender que el cerco se estrechaba, Aydın se entregó al consulado turco en São Paulo el 1 de julio de 2020. Lo enviaron rápidamente de vuelta a Turquía, donde declaró que las autoridades uruguayas le habían confiscado el Ferrari y el yate. El único dinero que le quedaba, dijo, eran los trece dólares en efectivo que llevaba en la cartera. En solo dos años, el Çiftlik Bank había sustraído alrededor de doscientos cincuenta millones de dólares a 132.000 inversores. De ese dinero, Aydın se había quedado con unos ochenta millones de dólares, que había gastado en apenas tres años.[9]

A principios de 2025, un tribunal de Estambul sentenció a Aydın a 45.376 años de prisión por fraude.[10]

Zach Horwitz

Por supuesto, para cada persona que sueña con hacerse rica a toda velocidad hay un tipo específico de charlatán. Mehmet Aydın encontró su nicho apelando a nobles ideas de patriotismo y renovación rural, unos mensajes que piratearon el sistema operativo humano de sus víctimas y le permitieron ejecutar su propio software en ellas para lucrarse. Otros, sin embargo, parten de sueños más sencillos, como la admiración elemental e infantil que suscitan las estrellas de cine.

Un ejemplo de ello es Zach Horwitz. De adolescente, en Fort Wayne, Indiana, Zach llamaba la atención por su aspecto de astro de la pantalla. Pero ¿por qué conformarse con llamar la atención? Lo que más quería Horwitz en el mundo era ser una auténtica estrella de Hollywood. Sabía que sus posibilidades eran de una entre un millón, y pronto convirtió esa certeza en su lema personal: «Cuando se tiene una probabilidad entre un millón, hay que aprovecharla».

A principios de 2011, después de graduarse en Psicología por la Universidad de Indiana, Zach se mudó a Chicago para abrir una cadena de bares de zumos y sándwiches saludables, donde servía platos como el sándwich de berenjena a la parrilla con pimiento rojo asado, rúcula, mozzarella fresca y parmesano rallado (¡solo 474 calorías!). La llamó «FÜL», abrió el primer local en la zona de North Broadway de Chicago y contrató a un nutricionista para que asesorara a los clientes (y les vendiera suplementos). Desde fuera, podía parecer una tiendecita de bocadillos como otra cualquiera, pero Horwitz soñaba con abrir franquicias por todo el país.[11]

Antes de lo que nadie podía imaginar, su genio para los negocios empezó a obtener reconocimiento. Un día, a finales de 2011, Horwitz llegó a casa con muchas ganas de enseñarle a su novia, Mallory, el correo electrónico que cambiaría la vida de ambos para siempre. Era de Maveron, el fondo de capital riesgo valorado en miles de millones de dólares propiedad de Howard Schultz. Sí, ese Howard Schultz, el multimillonario e hiperconectado visionario que fundó Starbucks.

Era un correo extraño. Más que FÜL, lo que interesaba a Maveron era su fundador. Querían invertir en su futuro. En realidad, lo que le ofrecían era un trabajo: lucrativo, glamuroso y... en Los Ángeles. Era la oportunidad soñada; no podía plantearse renunciar a ella. Así que FÜL cerró solo seis meses después de abrir y Horwitz y su novia se marcharon a Los Ángeles.

Horwitz siempre había soñado con dedicarse al cine, así que en Los Ángeles encontró la manera de compaginar las exigencias de su nuevo trabajo en Maveron con un curso intensivo sobre «El mundo de la actuación», dirigido a los recién llegados a la ciudad como punto de partida para hacer realidad sus sueños hollywoodienses. Ahora bien, si la idea de compaginar un trabajo muy lucrativo y absorbente en el sector del capital riesgo con un programa intensivo de formación como actor parece disparatada es porque lo es.

A decir verdad —y esto no saldría a la luz hasta mucho más tarde—, no había ningún trabajo en Maveron. Nunca existió. Los correos de la empresa de Howard Schultz no eran más que los primeros de una larga serie de mensajes y documentos que Horwitz se iba a inventar. Por lo visto, lo hizo porque necesitaba una excusa para convencer a su novia de que se mudara con él a Los Ángeles.

Pero no pasaba nada, se dijo a sí mismo, porque pronto triunfaría en Hollywood. El plan era muy sencillo: fingiría hasta que llegara su momento.

El primer paso era inventarse un nombre artístico. A efectos profesionales, Zach Horwitz sería Zach Avery. El segundo paso era buscar unos socios —en este caso, los hermanos y directores mexicanos Julio y Diego Hallivis— y fundar una productora.

En su declaración de objetivos, convirtieron su lema en política oficial de la empresa: «Creemos que, cuando la probabilidad es de una entre un millón, hay que aprovecharla». Llamaron a la empresa 1inMM Productions.

La prensa especializada de Hollywood informó sobre sus planes: «Hemos creado 1inMM Productions para producir películas de género destinadas al gran público, con un enfoque narrativo provocador y único», declararon los hermanos Hallivis a *Deadline* en un comunicado.[12] Por su parte, Horwitz explicó en *Variety* que estaban «especialmente interesados en títulos de terror, acción, ciencia ficción y suspense que sean comerciales».

En 2013 se pusieron en contacto con una empresa de Miami dirigida por un antiguo ejecutivo de Fox para poner en marcha una alianza «con el fin de adquirir largometrajes en inglés para distribuirlos en todos los países latinoamericanos a través de salas de cine y otras plataformas».[13] Hablaban bien y cumplían lo que decían.

Sin embargo, Zach Avery no perdía de vista su meta. Comprar la licencia de películas dobladas para el mercado latinoamericano estaba muy bien como forma de recaudar dinero, pero el objetivo de ese dinero era convertirlo en una gran estrella de cine internacional. 1inMM se puso manos a la obra. En 2014, la empresa financió su primera producción protagonizada por Zach Avery. Era un cortometraje de ciencia ficción titulado *Shifter* y dirigido por Diego Hallivis. Zach interpreta a un tal James Striker, que transfiere su conciencia a un clon para derrocar al gobierno opresor que ha aplastado las libertades en Estados Unidos.[14]

Era terrible. No lo vio nadie.

Hay indicios sólidos de que, en los primeros años, Zach y los hermanos Hallivis hicieron todo lo posible por convertir 1inMM en una empresa seria. La compañía produjo seis largometrajes de bajo presupuesto en los dos primeros años, en general títulos de terror y ciencia ficción dirigidos al gran público. Todos fueron un fracaso.

Parece que entonces las cosas cambiaron de repente. Quizá Zach llegó a la conclusión de que sus películas fracasaban porque la empresa no era lo bastante grande. Con presupuestos reducidos, las películas resultaban pequeñas en pantalla. Para ser una gran estrella, hacía falta que la película tuviera la calidad de una gran producción. Pero las películas que parecen caras son caras. Así que Zach iba a necesitar más dinero. Y, para conseguirlo, tendría que elevar sus mentiras a una dimensión completamente nueva.

Zach llevaba tiempo interesado en el mercado de las licencias en Latinoamérica. Por supuesto, este es un modelo de negocio legítimo, en el que participan muchas empresas reales. Buscan películas producidas a bajo coste, compran los derechos, las agrupan y luego venden licencias a cadenas de televisión o salas de cine en el extranjero para que se proyecten en mercados de todo el mundo. Si alguna vez ha visto una película estadounidense de bajo presupuesto en una habitación de hotel en México, Argelia o Sri Lanka, lo más probable es que haya llegado allí así: alguien compró los derechos y los vendió a una cadena de televisión local.

Este mercado, no obstante, es de una competitividad brutal y los márgenes suelen ser muy reducidos. Hay mucho contenido entre el que elegir y los compradores saben lo que quieren: no van a gastar sin motivo una barbaridad de dinero en una porquería de película. Así que el negocio resultó ser mucho menos rentable de lo que había soñado Zach. Sin embargo, la «ilusión» del negocio era algo muy distinto.

Zach se puso pronto en contacto con su antiguo compañero Jake Wunderlin, a quien había conocido en la facultad, cuando estudiaban en el frondoso campus de la Universidad de Indiana, en Bloomington. Jake trabajaba en la división de gestión patrimonial de JP Morgan en Chicago y parecía que le había ido bastante bien.[15] Zach se dio cuenta de que ahí había dinero. Le habló a Jake sobre los acuerdos de licencia que decía estar negociando. Los acuerdos no eran auténticos, sino un invento totalmente falso, supuestos contratos con empresas como HBO y Netflix para vender licencias de contenidos a los mercados hispanohablantes de Latinoamérica. Le aseguró que los acuerdos ya estaban cerrados y que podía enviarle la documentación si la necesitaba.

Entonces hizo la jugada definitiva y le prometió a Wunderlin nada menos que un rendimiento del 35 por ciento de su inversión en un solo trimestre. Aseguró que garantizaría personalmente la inversión: si algo salía mal, le devolvería el dinero de su propio bolsillo.

Zach conocía lo suficiente a Jake como para saber cuál era su sueño: la riqueza, hacerse muy rico. Pero no solo eso, sino el tipo de riqueza glamurosa que procede de la taquilla, gracias a la relación con una auténtica estrella de Hollywood.

Es difícil entender cómo un profesional de las finanzas tan preparado pudo dejarse engañar por una propuesta como esta: un 35 por ciento en tres meses no es un rendimiento esperable en ningún sector que no sea el negocio de la cocaína. Sin embargo, Horwitz le había mostrado los acuerdos de licencia, totalmente falsos, pero de aspecto bastante creíble. Además, eran viejos amigos. Se conocían desde hacía mucho tiempo. Jake pensó que se había topado con una oportunidad increíble. Zach se aprovechó del miedo de Jake a perder esa oportunidad y le vendió una historia en la que quedaba como un héroe por haber descubierto un negocio redondo antes que nadie. Así que Jake le entregó 37.000 dólares. Y, en efecto, tres meses después, recibió su primer pago de 13.000 dólares.

Aquí es donde nos encontramos con el sesgo de confirmación: al entregarle ese primer cheque de 13.000 dólares, Zach le dio a Jake pruebas sólidas de que el contrato era tan jugoso como había prometido. A la gente le encanta que se confirmen sus sueños, y ese pago era la única prueba que necesitaba Jake Wunderlin. Pronto llegó otro acuerdo de licencia y fue todavía mayor, por valor de trescientos mil dólares. Wunderlin tuvo que recurrir a algunos amigos y familiares para reunir una suma tan elevada. Pero también salió rentable, y con creces.

Es el patrón que vemos tantas veces en este tipo de estafas: una escalera de compromiso. Los tipos como Horwitz empiezan por «tantear el terreno» con un compromiso menor, una oportunidad para demostrar que son genuinos. Luego, poco a poco, van subiendo el listón. Las escaleras de compromiso ascienden peldaño a peldaño y cada escalón es una prueba que confirma que la víctima ha hecho «bien» en confiar en el charlatán. Después de unos cuantos ciclos así, el sesgo de confirmación hace la parte más difícil. Es decir, el charlatán empieza con una apuesta pequeña y se gana la confianza y la solidaridad de su víctima cuando le muestra los primeros resultados. Si la apuesta sale bien, el sesgo de confirmación se encarga del resto. La víctima, entonces, aumenta la apuesta y, si esa también sale bien, apuesta más. Al llegar al tercer o cuarto peldaño de la escalera, ya es creyente. A esas alturas, ya está totalmente comprometida. Reconocer que nos han engañado desde el principio es tan desagradable que hacemos lo que sea con tal de evitarlo. Y los charlatanes saben cómo aprovechar ese mecanismo.

Funciona con los patanes. Funciona con los ejecutivos financieros. Funciona. No hay más.

Y Jake Wunderlin, pues... se dejó arrastrar. Desde principios de 2015, Wunderlin fue el primero de una serie de «superrecaudadores» encargados de buscar inversores iniciales que inyectaran dinero en el plan de producción de Horwitz. Con su experiencia financiera en Chicago, Wunderlin sabía cómo obtener capital. Dejó el trabajo para dedicarse a tiempo completo a una sociedad cuyo único objetivo era canalizar dinero hacia 1inMM. Durante la existencia del esquema de Ponzi ideado por Zach, la red de recaudación de fondos de Jake Wunderlin aportó a 1inMM la asombrosa cifra de 485 millones de dólares.

Zach no tardó mucho en darse cuenta de que, para vivir como una estrella de cine, no hacía falta serlo. Ahora que 1inMM atraía unas cantidades de dinero sin precedentes, debía fingir que pertenecía a los mejores círculos de Hollywood. A estas alturas, no es ninguna sorpresa que uno de sus principales gastos fueran los vuelos en avión privado (siempre hay un avión privado), que le costaron 137.000 dólares. Gastó otros 125.000 dólares en viajes a Las Vegas. Luego estaban los coches de lujo (165.000 dólares); la mansión de seis dormitorios y ocho baños en Beverlywood, con sala de proyección, gimnasio y una bodega con mil botellas (5,7 millones de dólares); el servicio de suscripción de relojes de lujo (55.000 dólares); los asientos de pista para los partidos de los Lakers (5.000 dólares); y el servicio de bebidas por el que una vez intentó dar propina a una camarera... por el servicio completo (otros 5.000 dólares).[16]

Se podría pensar que Horwitz no estaba más que dándose la gran vida, pero no era exactamente así. Zach necesitaba proyectar una imagen de éxito. Era imprescindible. ¿Quién iba a invertir millones de dólares en un tipo que conducía un Honda Civic de hacía siete años? En las estafas piramidales, el gasto extravagante no solo es un incentivo, sino también un requisito.

Mientras tanto, Zach Avery había conseguido pequeños papeles en películas comerciales cada vez más creíbles. Interpretó un personaje secundario en *The White Crow* (*El bailarín*), una película biográfica sobre la leyenda del ballet ruso Rudolf Nuréyev dirigida por Ralph Fiennes. Y, por supuesto, siguió protagonizando películas de terror espantosas que 1inMM pagaba y nadie veía.

Horwitz parecía seguir pensando que el estrellato cinematográfico era la forma de salir del enorme agujero financiero en el que se estaba metiendo a toda velocidad. Los pequeños papeles en grandes películas no servían de nada, pero los grandes papeles en películas pequeñas tampoco funcionaban. Lo que necesitaba, en su opinión, era un papel protagonista en una película junto a auténticas estrellas de Hollywood.

El único problema, como pronto quedó claro, era que Zach Avery es un actor horroroso. En una entrevista con Evan Osnos, de *The New Yorker*, cuyos reportajes nos han sido muy útiles para escribir sobre este asunto, un colega de Zach Avery confesó que compartir escena con él era como compartirla con una banana.[17]

Seguramente había calculado que podría sortear ese pequeño inconveniente con dinero; el dinero de los inversores de 1inMM, por supuesto.

Zach tenía un amigo en el mundo del cine, Andrew Levitas, que quería poner en marcha una productora, pero necesitaba capital para hacerlo. Puso a su disposición veintiún millones de dólares (de nuevo, de sus inversores). Fundaron Rogue Black y, cuando llegó el momento de elegir el reparto de la primera gran película que iban a producir, en 2018, ¿hay alguna duda de para quién fue el papel principal?[18]

Last Moment of Clarity, titulada *Bajo la misma piel* en español, se promocionó como un «thriller neo-noir», rodado con todos los lujos en París y Los Ángeles.[19] La trama se desarrolla en torno al asesinato de la hermosa prometida de Sam (Zach Avery) ordenado por la mafia, pero ¿está realmente muerta? Un taciturno Avery aparece meditando como corresponde a los taciturnos en localizaciones parisinas de lo más elegantes y trabajando en una cafetería regentada por Gilles, al que interpreta Brian Cox. Sí, Brian Cox, el aclamado actor que encarnaría a Logan Roy en la aclamada serie de HBO *Succession*.

La novia asesinada pero que quizá no ha muerto está interpretada por la impresionante y conocida actriz australiana Samara Weaving. Udo Kier encarna a uno de los malos. Es decir, en el reparto había estrellas auténticas y rentables, todas ellas en papeles secundarios por detrás de Zach Avery.

En retrospectiva, ese fue el momento decisivo para 1inMM. Zach necesitaba que *Last Moment of Clarity* fuera un tremendo éxito de taquilla para poder tener alguna esperanza de liberarse de todas las mentiras que había ido amontonando. Pareció que había hecho todo como era debido: un gran presupuesto, unos coprotagonistas famosos, unas localizaciones impresionantes, un argumento que sin ninguna duda daba dinero. Había trabajado mucho para conseguir su gran papel. Y este había llegado.

Tenía que salir bien, porque las finanzas de Zach estaban al borde del abismo.

A finales de 2019, podía presumir de haber recaudado 358 millones de dólares solo en ese año.[20] Sin embargo, se avecinaba el destino que sufren todos los esquemas de Ponzi: llega un momento en que es inevitable que se agoten los nuevos inversores y, en realidad, la empresa no tiene activos que generen ingresos, o no los suficientes, de modo que los pagos se interrumpen. Y vaya si se interrumpieron.

Al llegar el Día de Acción de Gracias de 2019, Zach ya tenía problemas para pagar a los primeros inversores. Por asombroso que parezca —y este detalle es una prueba inequívoca de su estafa—, Horwitz consiguió mantener vivo su plan otros seis meses más. Esquivaba preguntas, mentía y cambiaba de tema; y contaba a los inversores que los que se retrasaban en los pagos eran sus clientes, Netflix y HBO. Luego, en marzo de 2020, llegó la pandemia, que le proporcionó otra rica veta de excusas. Al mes siguiente, Mallory dio a luz a su segundo hijo, Cameron.

Más excusas. Más ganar tiempo.

Zach necesitaba solo un poco más de tiempo: *Last Moment of Clarity* estaba a punto de estrenarse. En cuanto reventara la taquilla, llegaría dinero fresco. Llegarían nuevos papeles. El éxito genera éxito y el dinero genera dinero, y con esta película daría la vuelta a la tortilla.

El único inconveniente era el problema de todas las producciones de 1inMM: la película era, una vez más, horrible. Distintos críticos coincidieron en usar la misma palabra para destrozarla:

«Hitchschlockiana».* En lugar de inspirarse en viejas obras maestras de Hitchcock, como *La ventana indiscreta*, la película las plagiaba descaradamente. Los giros de la trama eran tan obvios que los críticos, exasperados, ponían los ojos en blanco. Y la actuación de Zach, pues... más valía no decir nada al respecto.

La crítica de *The Guardian* fue implacable:

> Zach Avery debe de tener mucho dinero o una capacidad de persuasión increíble, porque ha conseguido reunir un reparto secundario y un presupuesto para su primer *thriller* muy por encima de lo que parece merecer el guion. En el fondo, *Last Moment of Clarity* es una película de serie B ligera y con poca imaginación, que, más que evocar *La ventana indiscreta* y *Vértigo*, de Alfred Hitchcock, las plagia descaradamente, para conseguir un flojo *neo-noir* que se desarrolla en las calles de París y en elegantes apartamentos de Los Ángeles.[21]

En su último momento de lucidez, Zachary Joseph Horwitz debería haberse dado cuenta de que *Last Moment of Clarity* no iba a sacarlo de la situación imposible en la que se había metido. Pero no le quedaban opciones. Cuando la película fracasó, se encontró sin ningún plan alternativo.

En marzo de 2020, los inversores de Zach empezaron a contratar abogados para averiguar qué estaba pasando exactamente con los contratos de 1inMM. Se les podía haber ocurrido hacerlo antes de invertir todo ese dinero en la empresa de licencias de un actor desconocido, pero los rendimientos del capital eran demasiado golosos como para comprobarlo. Todo estalló cuando los abogados que estaban revisando uno de los contratos incumplidos de 1inMM se pusieron en contacto directo con el departamento jurídico de Netflix para preguntar por el retraso en los pagos: entonces se les informó de que Netflix nunca había oído hablar de 1inMM.

* Juego de palabras entre «hitchockiano» y «schlock», que quiere decir «barato», «cutre», «de mala calidad». *(N. de la T.)*

Lo llamativo es que hubo que esperar al 6 de abril de 2021, nueve meses después, para que el FBI entrara por fin en la mansión de Horwitz en Beverlywood. Aún más sorprendente es que su esposa, Mallory, no fue consciente de que su marido estuvo llevando a cabo una estafa piramidal hasta el momento en que los agentes federales irrumpieron en su casa con las armas desenfundadas. (Mallory no está acusada de haber cometido ningún delito).

Al acabar la semana, había solicitado el divorcio. Para entonces, no tenía en el mundo más que 175 dólares en una sola cuenta corriente.[22]

Cuando los fiscales terminaron de investigar, acusaron a Horwitz de cinco delitos de fraude bursátil, seis delitos de fraude electrónico y dos delitos de robo de identidad agravado.[23] En el expediente de imputación se afirmaba que, entre 2014 y 2019, alrededor de 250 inversores habían inyectado un total de 650 millones de dólares en 1inMM. De ellos, perdieron un mínimo de 227 millones. Entre las víctimas figuraban no solo el antiguo compañero de universidad Jake Wunderlin, sino también los hermanos, los padres y los abuelos de Zach. En febrero de 2022, Horwitz fue condenado a devolver 230 millones de dólares a sus inversores y a veinte años de prisión federal como cerebro de la estafa.[24] En la cárcel creó un blog que llamó *Be That 1*.[25]

La fanfarronería que exhiben las personas como Mehmet Aydın y Zach Horwitz es una fuente inagotable de fascinación y la dimensión que alcanzaron sus planes es casi aterradora. Los dos utilizaron de forma magistral la prueba social y convencieron a sus víctimas de que invertir dinero en sus planes era precisamente lo que hacían otros «como ellos». Ambos diseñaron una escalera de compromiso que facilitó la tarea de arrastrar a las víctimas cada vez más al interior de su mundo.

Ahora bien, lo cierto es que, en comparación con el charlatán que estamos a punto de conocer, Aydın y Horwitz eran meros aficionados. Ni se acercaban al verdadero maestro de los esquemas de Ponzi del siglo XXI: Arif Naqvi.

Arif Naqvi

Cuando, en abril de 2010, el presidente Barack Obama convocó una cumbre presidencial sobre emprendimiento, a nadie le sorprendió ver a Arif Naqvi entre los nombres más destacados del encuentro.[26] El financiero paquistaní, que aún no había cumplido los cincuenta años, había surgido de la nada y se había convertido en una de las figuras empresariales más influyentes del mundo en desarrollo. La empresa que dirigía, Abraaj Capital, iba camino de ser la mayor firma de capital riesgo de Oriente Medio, encargada de gestionar catorce mil millones de dólares que utilizaba para comprar y reorganizar empresas en todo el mundo, desde Perú hasta Pakistán.

Pero Abraaj no era solo una inmensa máquina de hacer dinero. En los días del encuentro, la empresa ya era también uno de los socios fundamentales de la Administración Obama en una gran iniciativa para transformar Oriente Medio gracias al poder del espíritu emprendedor. La institución financiera estadounidense dedicada al desarrollo, Overseas Private Investment Corporation, estaba a punto de invertir ciento cincuenta millones de dólares de los contribuyentes en Abraaj: el máximo reconocimiento oficial por parte del Tío Sam.[27] Los enterados susurraban el nombre de Naqvi como futuro primer ministro reformista de Pakistán. Rodeado de otros titanes de las finanzas para el desarrollo, durante los debates de la cumbre presidencial, Naqvi empezó a sermonear a altos funcionarios del Gobierno estadounidense sobre lo que debían hacer para llevar la prosperidad a Oriente Medio.

Naqvi no venía exactamente de la nada, pero, en comparación con las personalidades con las que se codeaba, venía casi de la nada. Su padre poseía una pequeña empresa de fabricación de plásticos en Karachi, Pakistán. No era ningún magnate, pero ganaba lo suficiente para pagar la elevada matrícula de la Karachi Grammar School, la institución fundada por británicos a la que los pakistaníes deseosos de pertenecer a la élite competían por enviar a sus hijos.

El joven Arif era inteligente y carismático, eso era muy evidente. La familia estaba deseando darle la mejor educación posible en el Pakistán posterior al Raj. También era ambicioso, tremendamente ambicioso. Y eso también era evidente para todo el mundo.

Cuando llegó el momento de ir a la universidad, se marchó a la prestigiosa London School of Economics, se formó como contable y se propuso labrarse un nombre en los círculos empresariales de Oriente Medio. Empezó trabajando en Arthur Andersen en Londres y American Express en Karachi, pero su gran momento llegó cuando se incorporó al Olayan Group a principios de los años noventa.

Olayan es un gran conglomerado diversificado y enormemente rentable, propiedad de Suliman Olayan, un acaudalado empresario saudí que, en aquel momento, era el hombre más rico de su país. Naqvi llamó la atención del jefe por su gran inteligencia y su ambición ilimitada. Parece que Olayan, desesperado por evitar que Naqvi se fuera, le dijo en una ocasión que podía escoger el trabajo que quisiera en la empresa.

—Pero no puede darme el puesto que quiero —Naqvi recordaba haberle contestado.

—Vaya —respondió el plutócrata saudí, sorprendido—, ¿y qué puesto es?

—El suyo —dijo Naqvi.

Según *The Key Man*, el apasionante libro que narra la historia de Naqvi, publicado en 2021 y escrito por Simon Clark y Will Louch, los periodistas de *The Wall Street Journal* que acabaron derribando su imperio, esta broma sobre su ansia de poder y la riqueza de Olayan era típica de Naqvi y una anécdota que le encantaba repetir.[28]

Pero eso llegaría más tarde. En 1994, sin haber cumplido todavía los treinta y cinco años, dejó Olayan y abrió oficinas en Dubái para organizar la compra de Inchcape, una empresa importadora de automóviles y otros productos para varias regiones de África.

En 2001, Naqvi tenía la mirada puesta en un blanco más desmedido. Organizó la primera adquisición por parte de inversores de Oriente Medio de una sociedad cotizada en bolsa en Estados Unidos. El objetivo era una empresa de paquetería muy rentable con sede en Amán, Jordania, que se inspiraba en los primeros años de American Express y se llamaba Arab American Express, o Aramex para abreviar. Con miles de empleados y una red logística que abarcaba toda la región, Aramex era un ejemplo de éxito extraordinario.

Arif Naqvi decidió comprarla.

Nunca se había intentado nada parecido, pero Naqvi estaba convencido de que podía reorganizar Aramex para multiplicar su valor de aquel momento.

Entonces ocurrió una catástrofe que dio pie a la oportunidad.

Los atentados del 11 de septiembre de 2001 en Washington y Nueva York hicieron que los inversores huyeran de Oriente Medio y el precio de las acciones de Aramex se desplomara. Naqvi sintió que ahí había una oportunidad y formó un grupo de inversores para intervenir y completar la adquisición. Naqvi pagó 65 millones de dólares para convertirse en el accionista mayoritario de Aramex. Privatizó la empresa, la retiró del Nasdaq, la reorganizó y, cuatro años más tarde, volvió a sacarla al mercado en la bolsa de Dubái. Gracias a esta venta, Naqvi ganó 270 millones de dólares y consolidó su reputación como una gran figura de las finanzas de Oriente Medio.[29]

La operación de Aramex hizo multimillonario a Arif Naqvi. Se compró un avión Gulfstream para sus frecuentes viajes entre Dubái, Londres, Oxfordshire, el norte de Pakistán y Karachi, lugares donde poseía lujosas viviendas.

Pero no era su enorme riqueza lo que lo hacía único: hay muchos millonarios en el mundo, especialmente en Oriente Medio, y la mayoría de ellos no terminan en la tribuna de una cumbre presidencial de emprendedores dando lecciones a funcionarios del Gobierno estadounidense sobre cómo hacer su trabajo.

Para adentrarse aún más en las filas de los verdaderos jefes mundiales del capitalismo, Naqvi tendría que volver a diferenciarse. Recibía frecuentes invitaciones a reuniones de los personajes más poderosos del planeta —los directores ejecutivos de grandes empresas, los principales líderes políticos y los financieros responsables de los mayores acuerdos internacionales—, en las que los grandes lamentos por la situación de los pobres del mundo eran lo habitual.

En su mayoría eran tópicos vacíos, pero Naqvi vio una oportunidad. El torrente de clichés indicaba que había una mina de conciencias agitadas. Las personas más poderosas del mundo aspiraban a cuadrar el círculo entre su riqueza y el bienestar de los más pobres. A muchos les causaba frustración que los pusieran constantemente en la picota por contribuir a las desigualdades extremas. La élite mundial quería sentirse bien con su riqueza, convencerse de que no solo era buena para ellos, sino también para el mundo. Soñaban con dar la impresión de utilizar el dinero para mejorar la vida de los pobres.

Naqvi percibió ese sueño y de inmediato lo identificó como una vulnerabilidad.

Si convencía a esas personas ricas y poderosas de que hacer el bien era rentable, podría sacarles todo el dinero que quisiera.

De modo que se puso manos a la obra. En las reuniones de máximo nivel, desde Davos hasta Sun Valley, Naqvi presentó Abraaj no solo como una buena inversión, sino, sobre todo, como una fuerza contra la pobreza y la desigualdad en el mundo. Era una estrategia para convertir las inseguridades de los ricos en una fuente de ingresos para él. Con el tiempo, Arif Naqvi aprendió a dominar el arte de abrir las carteras más abultadas del mundo a base de cultivar de forma magistral el sentimiento de culpa.

Fue una genialidad.

En aquella época, la «inversión de impacto» empezaba a ser una tendencia muy popular. La expresión, acuñada en una conferencia de la Fundación Rockefeller en 2007, daba a entender que los inversores no tenían por qué elegir entre obtener grandes beneficios y ayudar a los más pobres: podían hacer ambas cosas si encauzaban su capital hacia empresas que operaban en lo que el mundo financiero denominaba «mercados emergentes»; es decir, los países en vías de desarrollo.

Abraaj estaba en una posición ideal para sacar provecho de esta tendencia. Sus primeros acuerdos se centraban totalmente en ese tipo de mercados. En 2008, Naqvi había decidido meterse de lleno en el sector y reorientó Abraaj para aprovechar el auge inminente de la inversión de impacto. Eso quería decir transformar la imagen de la empresa. Lejos de cualquier connotación negativa asociada a los codiciosos especuladores corporativos de Wall Street de los años ochenta, la promesa era que Abraaj iba a ser una firma de capital privado diferente, tan preocupada por la repercusión de sus decisiones en la vida de los pobres como por el balance económico.

Fue una jugada maestra, que logró que Abraaj ascendiera rápidamente al más alto nivel del capitalismo global. Poco después estaba recaudando miles de millones de dólares para sus fondos de inversión, y ya no solo de los millonarios de Oriente Medio. Se sumaron al proyecto varios inversores internacionales de primer orden, como Deutsche Bank, y empezó a llegar dinero de todas partes.

Subido a la ola de la inversión de impacto, Naqvi fue objeto de perfiles de lo más elogiosos en las páginas económicas de *Forbes* y *The New York Times*, que lo aclamaban como el visionario responsable de un nuevo tipo de capitalismo en Oriente Medio: penetrante, agresivo, pero socialmente inclusivo.[30] En torno a él empezó a construirse una pequeña mitología, a medida que varios intelectuales de prestigio empezaron a decir que Abraaj era un modelo de inversión de alto impacto para la región. Su siguiente gran operación, la arriesgada compra apalancada de Karachi Electric —una compañía de servicios públicos en crisis de la capital económica de Pakistán—, fue el tema de un estudio muy adulador de Harvard escrito en 2012, que ensalzaba al fondo inversor por haber conseguido «grandes avances en la reestructuración de la empresa» en solo dos años.[31]

Naqvi había triunfado. La empresa ya era socio estratégico del Gobierno estadounidense y de la Fundación Gates. Los graduados de las mejores escuelas de negocios rechazaban ofertas de trabajo de los gigantes de Wall Street para trabajar con él. Y su agenda de contactos era tan extensa como impoluta era su reputación. El público acudía en masa a las conferencias organizadas por Abraaj.

Según *The Key Man*, cuyo relato seguimos fielmente a continuación, durante ese periodo Naqvi emprendió una frenética campaña de contratación para atraer a las mejores mentes del sector financiero de Dubái y encontrar a negociadores dispuestos a entrar en los mercados más difíciles del mundo y acaparar empresas.[32] Los directivos de Abraaj empezaron pronto a recorrer el mundo cerrando acuerdos. Entre muchas otras empresas, compraron una fábrica de colchones en Nigeria; una empresa de venta de hierbas y especias en Sudáfrica; una compañía de procesamiento de pagos en los Emiratos Árabes Unidos; la mayor clínica oncológica privada de Casablanca, Marruecos; una cadena hotelera de ecoturismo panameña y un grupo de ganadería lechera en Turquía (por desgracia, no Çiftlik Bank).[33]

En un día cualquiera, Abraaj podía estar cerrando un acuerdo para adquirir una empresa fabricante de helados en Ghana por trescientos millones de dólares o disponiéndose a adquirir una cadena de hospitales en Pakistán por 254 millones de dólares.[34]

De ahí, Naqvi pasó al nepotismo y empezó a contratar a los hijos y familiares de los grandes jefes con los que hacía negocios. En *The Key Man*, Clark y Louch cuentan que contrató al hijo de un primer ministro malasio, a la hija de un dueño de fondos de riesgo de Sri Lanka y a un sobrino del rey de Jordania y pariente de John Kerry, entonces secretario de Estado de Estados Unidos.[35] En 2013 organizó en el campo de críquet de su finca de Oxfordshire un partido benéfico en el que participó el excapitán del equipo de Pakistán Imran Khan, que casualmente se presentaba a las elecciones a primer ministro de su país en ese momento. La nebulosa «organización benéfica» a la que iban destinados los fondos recaudados resultó ser el partido político de Khan.[36]

Naqvi trabajó sin descanso para relacionar a Abraaj con algunos de los principales nombres de los negocios y las finanzas mundiales. Pagó una suma enorme para contratar como consultor de los fondos del sector sanitario a sir David Nicholson, que acababa de ser director ejecutivo del inmenso Servicio Nacional de Salud británico. Se reunió con el rey Carlos del Reino Unido, entonces príncipe de Gales, y participó activamente en una de sus organizaciones benéficas, el British Asian Trust.[37] En septiembre de 2017 contrató a Kito de Boer, que había iniciado las actividades de la legendaria consultora McKinsey en Oriente Medio y había dejado hacía poco el respetadísimo puesto de jefe de misión de la Oficina del Cuarteto (formado por Naciones Unidas, Estados Unidos, la Unión Europea y Rusia), cargo en el que su predecesor inmediato había sido Tony Blair.[38] No podía contratar a nadie más prestigioso, salvo que considerase a un secretario de Estado norteamericano que acababa de quedarse sin trabajo, como John Kerry, a quien Naqvi también intentó reclutar, pero sin éxito.[39]

Según la información de Clark y Louch, Naqvi dirigía el imperio que había construido con mano de hierro. Los empleados describen una cultura empresarial que rayaba en el culto a la personalidad y cuentan que Arif Naqvi tomaba personalmente todas las decisiones importantes, no solo sobre los acuerdos que cerraba la empresa, sino también sobre los más mínimos detalles de la remuneración y el ascenso de los empleados. Era conocido por trabajar muchas horas y enviar a los empleados a la oficina muy tarde para ver cuáles de sus subordinados trabajaban tanto como él, hasta altas horas de la noche. Entregaba primas generosas a sus directivos favoritos, con prebendas como estancias en sus grandiosos apartamentos de Londres o en su finca de Oxfordshire, cruceros en su superyate valorado en cincuenta millones de dólares y vacaciones en su extenso complejo de lujo en las montañas del norte de Pakistán.[40]

En 2013, Naqvi se marcó como objetivo al que seguramente era el inversor más prestigioso del mundo.

Desde principios de los años noventa, Bill Gates dirigía la que hoy es la mayor organización filantrópica del mundo. La Fundación Bill y Melinda Gates creció hasta convertirse en un gigante de cien mil millones de dólares, una potencia del ámbito del desarrollo internacional capaz de rivalizar con muchos gobiernos donantes. Nada podía transmitir más «seriedad» en el mundo de la inversión de impacto que el respaldo de la Fundación Gates. Y, para Naqvi, que recorría los lugares frecuentados por los multimillonarios internacionales sermoneando sobre el capitalismo ético, el imprimátur de los Gates representaba una sonora señal de respetabilidad que otros grandes inversores oirían alto y claro. No hay prueba social de más altura que esta.

Naqvi sabía que el objetivo principal de la filantropía de Bill Gates era llevar la sanidad a las personas más pobres del mundo, así que se dispuso a crear un fondo concebido específicamente para atraer a su fundación. Cuando puso en marcha el Fondo Abraaj para la Salud en Mercados en Crecimiento, Naqvi se propuso contratar a diez mil profesionales sanitarios para que trabajaran en las grandes ciudades más pobres del mundo con el fin de atender a más de dos millones de pacientes. El fondo acabaría siendo propietario de «veintiséis hospitales, dieciocho clínicas y cuarenta centros de diagnóstico, además de terrenos urbanizados y sin urbanizar en India, Pakistán, Kenia y Nigeria».[41]

Naqvi presentó personalmente el fondo a Bill Gates en su enorme finca de Oxfordshire. Y Gates aceptó financiarlo. La Fundación Gates se comprometió a aportar cien millones de dólares al fondo de salud de Abraaj. El patrocinio de Gates abrió las puertas a otros socios: el Banco Mundial y los gobiernos de Estados Unidos, Reino Unido y Francia. En total, recaudó mil millones de dólares, con lo que se convirtió en el mayor fondo de capital privado del sector sanitario que había existido jamás en el mundo en desarrollo.

Abraaj se estaba expandiendo a una velocidad de vértigo y recibía montones de dinero de todo el mundo. Era inevitable que, a medida que la empresa crecía, no todas las inversiones se convirtieran en oro, como había pasado con las de Inchcape y Aramex.

Clark y Louch cuentan que, en 2013, varios contratos de Abraaj ya estaban dando señales de tener una rentabilidad no precisamente estelar. Según ellos, en enero de 2014, había cada vez más operaciones que no generaban los ingresos previstos y la empresa tuvo por primera vez dificultades económicas, que hicieron que a Naqvi le costara mucho cumplir los pagos prometidos.[42]

Según alegaron más tarde los investigadores de Estados Unidos, este fue el momento en que Naqvi pasó de ser un advenedizo ambicioso a ser un delincuente financiero. Que no haya equívocos: podría haber sido sincero y honrado con sus inversores y darles la mala noticia de que algunas operaciones no habían salido según lo previsto y la empresa iba a necesitar nuevo capital para reforzarlas.

Pero eso habría proyectado una imagen de debilidad. Y Arif Naqvi no estuvo dispuesto jamás a ello. Es más, todavía hoy, Naqvi insiste en que es inocente y niega categóricamente todos los cargos que se le imputan.[43]

A principios de 2014, parece que la empresa, y Naqvi personalmente, gastaban dinero a tal ritmo que pronto empezó a escasear en algunos de los fondos, mientras que en otros había gran cantidad de efectivo esperando a que lo invirtieran. Sin una nueva inyección de dinero, la empresa no podría cumplir con su siguiente ronda de pagos, ni siquiera la nómina de mayo de 2014. Los pagos a los inversores y la deuda con los bancos entrarían en mora si la firma no encontraba alguna manera de reunir esos millones.

Fue así como Naqvi, presuntamente, cruzó el Rubicón de los delitos financieros. Los fiscales alegan que, para cubrir el déficit de ciertos fondos, ordenó a sus subordinados que asaltaran un fondo concreto que todavía tenía efectivo disponible.[44]

Por lo visto, Naqvi confiaba en cubrir rápidamente las pérdidas con una victoria en otro sector. Si lo conseguía, recuperaría lo perdido, devolvería el dinero que había extraído de manera ilegal y nadie tendría por qué enterarse. Pero las cosas nunca salen como uno quiere, ¿verdad? Igual que un jugador atrapado en una espiral de apuestas a doble o nada, los problemas de Naqvi fueron ahogándolo cada vez más.

Después de cruzar el Rubicón, Naqvi se vio envuelto enseguida en una maraña de mentiras cada vez más densa.

Los periodistas que sacaron a la luz el caso, Simon Clark y Will Louch, refieren que, poco después, en Abraaj había dos libros de contabilidad distintos.[45] Uno, el que el departamento de contabilidad de la empresa mostraba a las autoridades, mantenía la ficción de que los fondos de la compañía estaban cuidadosamente separados; otro, celosamente custodiado por Abraaj y un puñado de sus colaboradores más cercanos, contenía la terrible verdad de una empresa cada vez más dispuesta a trasladar dinero de un fondo a otro para tratar de mantenerse a flote, aunque fuera de manera temporal.

Esta locura de malabarismo no podía durar mucho tiempo. El problema fundamental era que, a pesar de todas las veces que había asegurado que la empresa era sólida, Naqvi había cometido demasiados errores. Había pagado demasiado por empresas situadas en países en crisis, las había cargado con deudas en dólares estadounidenses y luego había visto cómo el balance se hundía cuando la moneda del país se desplomaba en los mercados internacionales. Naqvi intentaba consolarse pensando que algunos de sus fondos no tenían más que pequeñas dificultades de liquidez de vez en cuando. Pero la verdad era mucho peor: Abraaj en su conjunto estaba al borde de la insolvencia y el valor de su deuda superaba cada día más el valor de sus activos.

Por eso, igual que Mehmet Aydın y Zach Horwitz, Arif Naqvi acabó encerrado en el castillo de mentiras que él mismo se había construido. Seguía viajando sin parar entre sus lujosas propiedades, asistiendo a esas conferencias deslumbrantes y codeándose con los inversores. Y seguía acumulando galardones y premios y disfrutando del fulgor que le proporcionaban tantos artículos periodísticos encandilados con él.

Aunque los problemas financieros de Abraaj se multiplicaban, la lista de distinciones de Naqvi seguía creciendo. Con su fama y su reputación de poseer una fortuna digna de Creso, fue nombrado presidente del Comité Asesor del British Asian Trust y miembro del Consejo Asesor del Centro de Estudios sobre Oriente Medio de la London School of Economics and Political Science. Formaba parte del consejo de administración del Institute for Management Development Foundation y de Endeavor Global, ayudaba a dirigir el Fondo de Desarrollo Humano de Pakistán y era miembro del Consejo Asesor del Centro de Estudios sobre Oriente Medio de la Universidad de Columbia.

En 2013, Naqvi recibió el Premio Oslo Business for Peace que otorga un comité de selección compuesto en su totalidad por nobeles de la Paz y de Economía; la ceremonia de gala se celebró en la misma sala donde se entregan los Premios Nobel. Después se incorporó como miembro al Pacto Mundial de las Naciones Unidas, un deslumbrante grupo que reúne a los dirigentes empresariales más respetados del mundo y que se encarga de asesorar al secretario general de la ONU en materia de estrategias de desarrollo.

La gloria se extendió a su esposa, Fayeeza, que creó una fundación benéfica con él y recibió el premio BNP Paribas Grand Prix 2017 a la filantropía individual por su labor. «No recuerdo un foro en el que [Naqvi] o su gente no estuvieran presentes, ni un premio que no les hayan otorgado», sentenció Paul Polman, director ejecutivo de Unilever.[46] (Fayezza no está acusada de ningún delito).

Mientras Naqvi y su esposa derrochaban con creces su presupuesto de carbono en los vuelos privados de una capital a otra para recoger esos premios y honores, las finanzas de Abraaj iban de mal en peor. El pecado original de 2014 —vaciar de forma fraudulenta un fondo para pagar los gastos corrientes de Abraaj— se había vuelto habitual; y, aparte del círculo más cercano de asesores de Naqvi, casi nadie lo sabía.

En un giro especialmente interesante relatado por Clark y Louch, a Naqvi lo incorporaron al consejo de administración de la Fundación Interpol, el organismo encargado de recaudar fondos para el consorcio mundial de cuerpos policiales. Eso le granjeó un codiciado «pasaporte Interpol», un documento internacional especial que le garantizaba viajar sin problemas a cualquier parte del globo. Según informaron posteriormente sus empleados, a Naqvi le encantaba presumir de sus vínculos con la Interpol y, en las negociaciones, dejaba caer sin disimulo que tenía línea directa con la policía internacional para intimidar a la otra parte. Y otro detalle todavía más irónico: le pidieron que formara parte del comité especial de asesoría de la Fundación Interpol para la lucha contra la delincuencia financiera mundial.

Cuesta imaginar cómo conservó Naqvi la cordura entre las presiones simultáneas de ser —presuntamente— uno de los mayores estafadores del mundo y uno de los mayores colaboradores de la policía en la lucha contra los delitos financieros. Quizá no la conservó. Los directivos de Abraaj revelaron a Clark y Louch que su vieja propensión a humillar a los subordinados empeoró en este periodo, cuando a un Naqvi agobiado le estaba siendo difícil mantener las apariencias.[47]

Aun así, durante cuatro largos e insoportables años, Arif Naqvi siguió manteniendo un equilibrio imposible: captar cada vez más dinero de los inversores y desviar millones para tapar los agujeros financieros dejados por las recolectas anteriores.

Durante todo ese tiempo, Arif mantuvo un estilo de vida provocador y opulento, incluida la tradición de montar juergas cada vez más decadentes en los actos de la empresa. Clark y Louch afirman que había una intensa presión social para beber en exceso en las fiestas corporativas. Según algunas fuentes, la costumbre de los ejecutivos de Abraaj de tener aventuras despreocupadas con las secretarias de la empresa era un secreto a voces.[48]

No podía durar. Al final, lo que hundió a Arif Naqvi fue su mayor conquista. En 2017, Andrew Farnum, el directivo de la Fundación Gates encargado de supervisar la inversión de cien millones de dólares en el Fondo Abraaj para la Salud en Mercados en Crecimiento, se dio cuenta de que había algo raro en la contabilidad de la inversión, como si Abraaj se hubiera limitado a guardar en sus arcas doscientos millones de dólares de los inversores, en lugar de utilizarlos para comprar empresas de atención médica y construir hospitales en el sur de Asia y África, tal como prometía el folleto.

Cuando empezó a hacer preguntas, recibió evasivas, lo que aumentó su desconfianza. Farnum, pues, se puso en contacto con otros inversores del fondo, como las corporaciones de desarrollo de los gobiernos estadounidense, británico y francés. Abraaj trató de explicarles la discrepancia. En un momento dado, relata Farnum con asombro, Abraaj proporcionó datos contradictorios sobre el paradero de grandes sumas de dinero de los inversores. «¡No se puede olvidar dónde se han invertido 240 millones de dólares!», exclamó.

Con las sospechas disparadas, Farnum aconsejó a la Fundación Gates y a otros tres inversores que contrataran a Ankura, una empresa de contables forenses, para investigar el asunto. Cuando la noticia se publicó en *The Wall Street Journal*, el 2 de febrero de 2018, los acontecimientos empezaron a sucederse muy deprisa.[49]

Por aquel entonces, Naqvi estaba recaudando dinero para el mayor fondo que había creado, el Abraaj Private Equity Fund VI o APEF6. Ya había captado inversores por valor de tres mil millones de dólares, la mitad del gigantesco fondo de seis mil millones que aspiraba a crear para invertir en empresas que prestaran servicios a las clases medias de las megaurbes más grandes del mundo en desarrollo.

Si Abraaj hubiera cobrado por el APEF6 la comisión de gestión habitual del 2 por ciento, habría ganado nada menos que ciento veinte millones de dólares al año. Quizá Naqvi pensó que eso bastaría para ocultar los problemas de la empresa. Sin embargo, su intento de hacerse con esta nueva mina de oro no le acarreó más que nuevos problemas: los investigadores estadounidenses acabaron acusándolo de fraude por inflar la valoración de las inversiones anteriores de Abraaj a fin de hacerla más atractiva a ojos de los posibles inversores del APEF6.

En cualquier caso, ya era demasiado tarde: en cuanto se publicó la noticia de las sospechas de la Fundación Gates, los inversores empezaron a examinar las declaraciones de Abraaj con mucha más rigurosidad. Y se encontraron con que, en demasiados casos, las únicas respuestas posibles a unas preguntas razonables suscitaban todavía más preguntas.

En 2018, mientras decenas de inversores de Abraaj demandaban a Naqvi por el hundimiento de su participación en los fondos, la empresa inició una caída en barrena de la que nunca se recuperaría. Los directivos de Abraaj huyeron en tropel para tratar de reparar su reputación. En realidad, da la impresión de que Naqvi había ocultado la auténtica situación financiera de la empresa incluso a numerosos altos directivos. Muchos de ellos, como Kito de Boer, el antiguo ejecutivo de la consultora McKinsey, se mostraron genuinamente perplejos al descubrir la verdad que escondía la empresa a la que se habían incorporado el año anterior.

En un primer momento, Abraaj —que en su apogeo gestionaba catorce mil millones de dólares de inversores y era la mayor empresa de capital riesgo de los mercados emergentes— se dividió en dos, pero más tarde tuvo que declararse en quiebra, obligada por los acreedores. El que fuera director financiero durante muchos años, Mustafá Abdel-Wadood, acabó en el módulo de alta seguridad del Centro Correccional Metropolitano —la misma prisión de Manhattan en la que se suicidó Jeffrey Epstein— tras declararse culpable de los cargos federales de fraude y conspiración, que podrían suponerle hasta ciento veinticinco años de cárcel. Otro alto cargo, Sivendran Vettivetpillai, también se declaró culpable en un tribunal federal estadounidense de unos delitos que podrían acarrearle una pena de hasta ciento quince años. Tres años después de sus acuerdos con la fiscalía, ambos continúan a la espera de confirmación de condena, lo que indica que siguen cooperando con las autoridades norteamericanas que investigan a Naqvi.

En cuanto a este, los mercados financieros de Dubái lo expulsaron de por vida y tuvo que pagar una multa de 135 millones de dólares por su contribución a la quiebra de Abraaj.[50] Permanece bajo arresto domiciliario en Londres, a la espera de ser extraditado a Estados Unidos, donde afronta unas acusaciones que podrían desembocar en una pena de hasta doscientos noventa años de cárcel. Cuando la policía británica lo detuvo en el aeropuerto de Heathrow, descubrió que Naqvi seguía viajando con el pasaporte de la Interpol que tanto valoraba como símbolo de su condición de intocable.[51]

La historia de Arif Naqvi es peculiar. No fingió que todo iba bien hasta que fue así, sino que dio la vuelta al viejo cliché. Primero consiguió triunfar, a lo grande, y no empezó a fingir hasta mucho después, cuando sus inversiones empezaron a fallar. Tal vez el ego de Arif no pudo soportar la pérdida de estatus que habría supuesto aceptar que la situación financiera de Abraaj no era tan sólida como parecía. Reconocer sus problemas habría significado renunciar a la apariencia de éxito perfecto que llevaba varios decenios construyendo. Era más fácil cometer un fraude. O eso le pareció en aquel momento. Seguramente, el peso de doscientos noventa años de prisión le haya dado otra perspectiva.

Arif Naqvi no era un charlatán cualquiera. De todos los personajes que analizamos en este libro, fue casi el que llegó más alto. No engañó a pequeños inversores, sino a algunas de las personas más ricas, poderosas y sofisticadas del mundo. No pretendía ganar millones ni decenas de millones, sino cientos y miles de millones. Su estafa fue monumental.

Sin embargo, lo extraordinario es que, en cierto modo, su historia no es muy distinta de la de tipos como Mehmet Aydın y Zach

Horwitz. Igual que ellos, identificó un sueño común a muchas personas y se lo vendió, rebosante de entusiasmo. Igual que ellos, aprovechó la prueba social para que confiaran en sus promesas.

Cuanto más se analiza, más claro queda que Arif Naqvi no hizo nada muy diferente de lo que han hecho tantos otros estafadores con esquemas de Ponzi, salvo que le dio una dimensión mundial.

Eso, en sí mismo, es interesante. Siempre es tentador culpar a las víctimas de los charlatanes, imaginar que las han estafado porque no son suficientemente buenas, inteligentes o sofisticadas y que, si hubieran sido listas —tanto como nosotros—, no les habría pasado nada.

No obstante, estas tres historias demuestran que esa idea está muy equivocada. Las mismas estratagemas que llevan a una ama de casa turca a entregar los ahorros de toda la vida pueden ser eficaces con los profesionales expertos de la Corporación de Inversiones Privadas en el Extranjero del Gobierno de Estados Unidos. Las mismas estrategias que engañan al antiguo compañero de residencia en la Universidad de Indiana pueden funcionar con Bill Gates.

Es un dato que da que pensar, pero hay otra conclusión más optimista: si estos tres charlatanes ascendieron de la misma manera en la sociedad, también es cierto que los tres cayeron de forma muy similar. Por muchas diferencias de riqueza y sofisticación que haya entre unos charlatanes de tres al cuarto como Aydın y Horwitz y un trotamundos habitual entre las élites capitalistas como Arif Naqvi, los tres acabaron envueltos en telarañas de mentiras parecidas mientras intentaban ocultar los agujeros negros financieros de su imperio.

Las víctimas más sofisticadas no están mucho más preparadas que las más simples. Pero tampoco los charlatanes más sofisticados están mucho más preparados que los más simples.

3

El poder de una estrella: la estafa más antigua del mundo

Un niño de ocho años entra en un exuberante bosque tropical en el corazón de una frondosa isla caribeña. Ve un pajarito. El pájaro está herido, gimiendo, tendido en el suelo. ¿Tiene rota el ala? El niño se conmueve profundamente; siente el dolor del pajarito.

Extiende la mano y agarra al animalito asustado. En ese momento siente una sacudida; una energía misteriosa lo recorre.

El pájaro está curado y sale volando sin esfuerzo.

Según Walter Mercado, ese fue el momento en el que supo que era diferente. Sucedió a principios de la década de 1940, cuando el joven Walter luchaba por encontrar su lugar en el Puerto Rico provinciano y conservador de su infancia.[1]

Ya entonces, todo el mundo se daba cuenta de que Walter era diferente. Mientras la mayoría de los niños de su edad montaban a caballo y jugaban a los indios con pistolas de juguete, Walter quería disfrazarse, y no siempre de chico. Todo lo que brillaba le llamaba la atención y, cuando descubrió que existía una cosa denominada teatro, no quiso dedicarse a nada más.

Walter pasó su juventud queriendo ser famoso. Se formó como bailarín de ballet y más tarde como actor, y tuvo una carrera de éxito moderado en los escenarios y la televisión de Puerto Rico. Por sus venas parecía correr la sed de glamour. Era guapo, con una impresionante melena rubia, pero no parecía que le interesara el estilo varonil tradicional del hombre puertorriqueño implacablemente obligatorio en aquella época. Y nunca se olvidó de aquel pájaro que había rescatado de niño ni de la promesa del toque mágico que su recuerdo parecía encarnar.

El ballet, los aires extravagantes y la androginia deliberada provocaban especulaciones inevitables sobre su sexualidad. Walter Mercado se negó toda la vida a dejarse arrastrar. Vivió dentro y fuera del armario al mismo tiempo, como si lo trascendiera. No binario antes de que existiera cualquier etiqueta de ese tipo, disfrutaba de su lado femenino sin cuestionarse nunca su condición de hombre.

Y podría haberse quedado en eso. Walter Mercado podría no haber sido más que un actor de género fluido, de poca monta pero con carisma, en Puerto Rico. Pero un día, en medio de un programa en directo de la televisión puertorriqueña, se encontró con que tenía que rellenar diez minutos de emisión y se le ocurrió leer en voz alta el horóscopo.

Téngase en cuenta que no hay ningún indicio de que Walter Mercado hubiera prestado mucha atención a la astrología antes de aquella trascendental tarde de 1970, cuando un invitado contratado para participar en un programa de variedades de sobremesa canceló su aparición en el último momento y obligó a la cadena a buscar desesperadamente una forma de llenar el tiempo. Walter dijo más tarde que improvisó un horóscopo sobre la marcha, solo para ocupar el vacío.

A los espectadores les fascinó. Según cuenta *Mucho mucho amor*, el documental hagiográfico de Netflix sobre Mercado, protagonizado por Lin-Manuel Miranda, empezaron a llegar llamadas a la emisora preguntando cuándo volvería a leer el horóscopo. Así que Mercado volvió a leerlo la semana siguiente y la de después. Y siguió durante cuatro décadas, hasta convertirse en una de las figuras más reconocibles de América Latina: un ídolo popular y muy querido que paraba literalmente el tráfico allá donde iba.

Nos perturba un poco atrevernos a llamar charlatán a Walter Mercado. Lo hacemos con los ojos bien abiertos, plenamente conscientes de que, en comparación con muchos de los monstruos depredadores que llenan estas páginas, Mercado parece casi un monaguillo. Sus horóscopos, invariablemente optimistas y positivos, y su distintivo lema —«¡Mucho mucho amor!»— dibujan la imagen de una figura más bien benigna en la vida de sus seguidores: un simple entretenimiento ligero que se emitía en la televisión de mediodía para una enorme audiencia de madres y amas de casa latinoamericanas ávidas de algo de magia que diera vida a una existencia rutinaria.

Y eso es cierto, pero solo hasta cierto punto. Al fin y al cabo, un charlatán es una persona que habla como si supiera lo que es imposible que sepa y como si pudiera hacer lo que es imposible que haga; se gana la confianza de sus seguidores y la utiliza en su propio beneficio. De acuerdo con este criterio, no hay duda de que Walter Mercado fue un charlatán: daba consejos muy personales sin tener nada en que basarse; cuando la honradez obligaba a la incertidumbre, soltaba certezas para que sus espectadores se sintieran mejor —desde luego, se sentían mejor después de escucharlo— y mentía para aprovecharse de ellos.

Introducción a la astrología

Hace ochocientos años se creía que los insectos nacían espontáneamente de las hojas podridas, que las enfermedades estaban causadas por una misteriosa sustancia invisible en el aire llamada «miasma» y que se podían curar aplicando sanguijuelas al enfermo para sangrarlo (salvo si tenía sífilis, para la que se requería aplicar mercurio directamente sobre las llagas), que las confesiones de los criminales no eran de fiar a menos que se hubieran arrancado con torturas y que el destino de una persona, por alguna razón, lo determinaba la posición de las estrellas y los planetas en el cielo en el momento de nacer.

Si damos un salto hasta el siglo XXI, veremos que nos deshicimos de todas estas creencias bárbaras después de que entraran en devastadora colisión con la ciencia.

De todas menos la última.

En una encuesta efectuada por YouGov en 2022, se reveló que el 27 por ciento de los estadounidenses cree en la astrología y otro 22 por ciento no sabe qué pensar.[2] Lo sorprendente es que los jóvenes son más propensos a creer que los mayores: el 37 por ciento de la población de entre 18 y 29 años considera que la posición de las estrellas y los planetas influye en la vida de las personas, frente al 16 por ciento de los mayores de 65 años. En un estudio de 2020, el 36 por ciento de los canadienses de entre 18 y 36 años decían creer «decididamente» o «probablemente» en la astrología.[3] Un estudio llevado a cabo por la Comisión Europea en 2001 mostró que más personas están convencidas de que la astrología es una ciencia (53 por ciento) que de que la economía lo sea (42 por ciento), un dato que quizá pueda atribuirse, en parte, a la confusión con el término «astronomía».[4] En 2019, el 33 por ciento de los argentinos creía en la astrología, un incremento respecto al 26 por ciento de 2008.[5] El 20 por ciento de los británicos afirmaba en una encuesta de 2015 que se pueden saber cosas de uno mismo o de otra persona a partir de su signo del Zodiaco.[6] Y en 2020, el 41 por ciento de los franceses estaba de acuerdo en que los signos del Zodiaco explican el carácter de una persona.[7]

De todas las subcategorías de la charlatanería, la astrología es, sin duda, la de linaje más antiguo. Desde que existimos, los seres humanos hemos observado el firmamento y nos hemos preguntado qué significa. El primer sistema organizado de creencias astrológicas identificado por los arqueólogos se remonta a la época de los babilonios, hace aproximadamente cuatro mil años. Asociaban cada objeto celeste con un dios concreto y buscaban en el cielo pistas sobre cómo podría actuar cada uno. Cuando había un signo de mal agüero, como un eclipse lunar, llevaban a cabo complejos rituales para apaciguar a los dioses del cielo antes de que desataran su ira.

Le siguió, varios cientos de años después, la era astrológica de China, basada en el mismo ciclo de sesenta años del Zodiaco que todavía hoy celebran los chinos en el Año Nuevo lunar. Los faraones egipcios, los emperadores japoneses, los rajás hindúes y los papas católicos tenían su séquito de astrólogos, tanto para elaborar el calendario como para predecir el futuro a partir de las estrellas. Ningún general griego o romano se atrevía a tomar una decisión de Estado sin consultar primero a su astrólogo; claro que tampoco se le ocurría a Nancy Reagan, primera dama y esposa del cuadragésimo presidente de Estados Unidos.

A todos ellos les parecía imprescindible consultar a los sabios para saber cómo podía influir tal o cual estrella en el curso de los acontecimientos humanos. De hecho, «influencia» fue originalmente un término astrológico: proviene de la antigua creencia romana de que las estrellas desprenden una sustancia llamada «fluido etéreo» que llega hasta las personas.

Ya nadie cree en la existencia de ese «fluido etéreo», por la sencilla razón de que no hay absolutamente ninguna prueba que lo respalde. Tampoco nuestro signo del Zodiaco es el que creemos: debido al impacto de la precesión (el «bamboleo» que experimenta la Tierra a causa de la gravedad lunar mientras gira sobre su propio eje), la coincidencia tradicional —de dos mil años de antigüedad— entre la fecha de nacimiento y las constelaciones tiene hoy un desfase de casi un mes, lo que significa que el «verdadero» Zodiaco de la mayoría de las personas no es el que creen que es.[8]

En este caso, la palabra «verdadero» se merece con creces las comillas irónicas, porque no hay ninguna conexión detectable entre el momento en el que nace una persona y su personalidad.

Cuando los astrólogos han aceptado someter sus teorías a una prueba científica —lo cual ha ocurrido pocas veces—, han fracasado estrepitosamente. En un destacado estudio publicado en 1985 en la revista *Nature*, los investigadores se fijaron en treinta prestigiosos astrólogos estadounidenses y europeos, y les pidieron que revisaran las cartas astrales de 116 personas a las que no habían visto en persona. Después les proporcionaron tres descripciones de la personalidad de cada uno de los 116 sujetos, de las cuales en realidad solo una correspondía a esa persona, mientras que las otras dos eran descripciones de la personalidad de otros. A continuación, les pidieron que relacionaran cada carta natal con cada descripción de la personalidad y descubrieron que solo acertaron en aproximadamente la tercera parte de los casos; más o menos el mismo porcentaje que se habría obtenido al azar.[9] En otras investigaciones más recientes, se ha demostrado que los astrólogos no solo no logran relacionar la personalidad real de un individuo con su carta astral, sino que, además, tampoco suelen coincidir entre ellos sobre lo que se supone que determinada carta astral debe revelar sobre una persona.[10]

Parece que tratar de refutar a través de la ciencia una creencia tan deliberadamente anticientífica como la astrología es demasiado fácil; seguro que por eso no se hace casi nunca.

En todo caso, vale la pena detenerse un instante a pensar en lo demencial que es creer que el sitio del cielo nocturno en el que vemos una estrella puede influir en nosotros, porque las estrellas ni siquiera están donde las vemos. Lo que llega a nuestra retina son los fotones que emanaron de cierta estrella hace muchos años: el tiempo que ha tardado la luz en viajar desde la estrella que la originó hasta su meta terrestre. Lo que es indudable es que, cuando la vemos, ya no está ahí.

La teoría de la relatividad de Einstein demuestra que las estrellas ejercen sobre nosotros una fuerza gravitatoria que se puede calcular, pero, como el valor de esa fuerza nos lo da el cuadrado de la (enorme) distancia que nos separa de ellas, el efecto real es tan infinitesimal que equivale a prácticamente cero y, desde luego, resulta mucho menor que la fuerza gravitatoria de una hormiga cercana. Sin embargo, por alguna razón, nadie nos predice el futuro basándose en la posición de las hormigas que nos rodeaban al nacer.

La peculiaridad de la astrología contemporánea es que quienes la practican, como Walter Mercado, nunca ven la necesidad de proponer una explicación nueva que sustituya a la pseudociencia ya desacreditada sobre la influencia de los fluidos etéreos. En vez de escoger algún otro mecanismo más creíble para explicar la relación entre unas estrellas remotas y nuestra vida, los astrólogos actuales suelen eludir por completo el embrollo de causa y efecto y fingen que la relación entre los lejanos fenómenos astrales y nuestra vida es tan evidente que no necesita ninguna explicación.

Por supuesto, ponernos a divagar sobre la relación entre las personas y las estrellas en términos científicos es salirnos enormemente del tema que nos importa. Los millones de admiradores que devoraban las palabras de Walter Mercado no lo hacían pese a la falta de toda base científica, sino precisamente por ella. La astrología explota un sueño muy extendido: que cada persona está inmersa en un orden del universo que significa algo, que tal vez es mágico, desde luego místico, y que, afortunadamente, queda fuera del alcance de la ciencia moderna. Si la astrología obtuviera confirmación científica, perdería gran parte de su atractivo.

Por eso Walter Mercado no habría intentado jamás explicar cómo influyen exactamente las estrellas en nuestra vida. Walter se dirigía a sus legiones de seguidores apelando a la pura emoción. En él, y en todos los astrólogos, lo que importa es el estilo.

Y vaya si tenía estilo. Desde el principio, Walter Mercado, que falleció en 2019, cultivó una imagen inconfundible: mitad Elvis en sus últimos años, mitad adivino de feria, Mercado era el brillo personificado. Su interminable colección de grandes y estridentes capas, tachonadas de lentejuelas y gemas, hacía que fuera imposible dejar de mirarlo cuando aparecía en televisión. Rodeado de decorados que abarcaban la era de Acuario, se envolvía en una especie de sincretismo feliz que incluía budas sentados junto a figuras del niño Jesús, estatuillas rituales de santería y el dios Ganesha: una mezcolanza espiritual que daba vagamente a entender una iluminación integral, libre de las ataduras de ninguna doctrina concreta.

Luego estaban el maquillaje, el peinado y el lenguaje corporal deliberadamente andrógino, que, sumados, creaban un conjunto totalmente fabuloso. Cuando un hombre con ese aspecto y esa forma de vestir habla con tan aparente certeza sobre lo que depara el futuro, la gente presta atención. Mucha atención. Y los latinoamericanos le prestaron atención durante años y más años. En el apogeo de su fama, a principios de este siglo, Mercado tenía una audiencia diaria de más de cien millones de personas. Eso es poder: el poder de las estrellas, en más de un sentido.

¿Y dónde está el problema?, cabe la tentación de preguntar. No es más que entretenimiento ligero, ¿no?

La teoría que propone Lin-Manuel Miranda en su hagiográfico *Mucho mucho amor* es que, en realidad, Walter no lo hacía por dinero. Lo que anhelaba era la adoración del público, la confirmación de que tenía una gran cantidad de seguidores y el estilo de vida que eso implicaba. Las limusinas gigantescas, las fabulosas suites de hotel, las entrevistas con famosos y las muchedumbres de admiradores: esa era la recompensa que buscaba Walter Mercado y, poco a poco, a lo largo de los años, se reinventó minuciosamente hasta ser el personaje que más podía atraerlos.

Pero no es posible atraer a un público tan numeroso sin arrastrar también a parásitos decididos a sacar provecho económico y, con el tiempo, eso acabó siendo la perdición de Walter Mercado.

El nombre del que se convertiría en el tormento de Walter Mercado es Guillermo «Bill» Bakula. Promotor profesional de conciertos, Bakula fue el primero en darse cuenta de las enormes posibilidades de ganar dinero con el ingente número de seguidores de Mercado. A mediados de los años noventa, se convirtió en su representante y a partir de entonces tejió una red de contratos comerciales y de derechos con los que Mercado pudo salir de Puerto Rico y cobrar fama en todo el mundo, con acuerdos para aparecer desde Alaska hasta la Patagonia, y en lugares tan alejados como Gran Bretaña y los Países Bajos.

Pero Bakula quería más. Más espectadores, más fama y, sobre todo, más dinero. Utilizó el nombre de Mercado para crear un imperio multimillonario en el turbio mundo de las líneas de teléfono para consultas astrológicas (las líneas 1-900 en Estados Unidos), en las que el público pagaba hasta ocho dólares por minuto para que unos operadores del servicio de atención les leyeran la carta astral y les dieran consejos astrológicos «personalizados».

Los centros de llamadas atendían a toda Latinoamérica, con una actividad especialmente rentable en Brasil. Los clientes, en general, procedían de los sectores más pobres de la sociedad: personas desesperadas, dispuestas a pagar una suma que no se podían permitir por un consuelo que era un espejismo.

Incluso aunque Mercado estuviera verdaderamente convencido de que poseía poderes místicos, tenía que saber que las líneas 1-900 no eran más que una estafa diseñada para robar a personas vulnerables un dinero que necesitaban para alimentar a su familia. Pese a ello, se entregó en cuerpo y alma a una agresiva campaña de marketing que promocionaba su línea telefónica de consejeros y videntes entre los sectores más vulnerables de toda la región.

La prueba social consistía en testimonios de la calle sobre los increíbles resultados que conseguían quienes pagaban por las lecturas. «En una semana encontré un empleo fijo», proclamaba un cliente satisfecho después de una teatral declaración de Mercado: «¡Las runas te dicen la verdad!».[11]

«Mis videntes —asegura Mercado en el spot— son almas iluminadas y te van a ayudar».

«Es el mayor y más poderoso astrólogo del mundo» se pregonaba en un anuncio de Mercado en Brasil al tiempo que aparecía el número de teléfono de las consultas con sus videntes.[12] Omnipresente en televisión durante años, esta publicidad siempre ponía de relieve testimonios que aseguraban que la vida les había cambiado después de llamar.

Para Mercado, la mera realidad de su popularidad era la prueba social: su programa parecía gustarles a todas las mujeres de Latinoamérica. Durante años, las líneas telefónicas de videntes fueron el motor de los beneficios de su imperio y los horóscopos televisados se convirtieron en una especie de gancho: un reclamo muy visible para atraer clientes a las llamadas de pago.

Pero el negocio no consistía solo en las líneas telefónicas. En 1995, Mercado empezó a aparecer en canales de televisión de toda América promocionando kits para fabricar collares mágicos de cuentas que, según él, podían curar migrañas, disfunciones sexuales e incluso la pobreza. Parecía un simple disparate; en realidad, era un disparate muy elaborado. Los collares mágicos formaban parte de un complejo plan de marketing a varios niveles que, con el tiempo, estafó a unas dieciséis mil personas, a las que arrebató noventa millones de dólares. El promotor acabó condenado a catorce años de prisión. El plan, que nunca habría podido funcionar sin la aprobación de Mercado, le permitió ganar veinticinco mil dólares en concepto de ingresos por patrocinio, más el 12 por ciento de las ventas al por menor. Varios «inversores» en el plan, después de perder los ahorros de toda su vida, presentaron una demanda colectiva contra Mercado alegando que se habían dejado engañar influidos por él.[13]

En definitiva, la charlatanería de Walter Mercado no era precisamente un delito sin víctimas. Tal vez él no era un estafador propiamente dicho, pero durante varias décadas estuvo, por así decir, bordeando la estafa: prestó su nombre en numerosas ocasiones a estafadores que alquilaban su carisma para obtener beneficios. Y las consecuencias las sufrieron personas reales. Incluido él.

Da la impresión de que, con el tiempo, Bill Bakula fue demasiado lejos en su empeño por exprimir hasta el último centavo a Walter Mercado. Según los documentos judiciales, en 2006 consiguió que Mercado suscribiera un contrato asombrosamente sesgado que este aseguró haber firmado sin contar con la debida asesoría y sin haber leído los papeles.[14] El contrato cedía todo el control de las actividades de Mercado a Bakula con carácter perpetuo. Se incluían no solo el catálogo entero de las apariciones televisivas de Mercado, sino también su imagen, sus reproducciones y hasta el propio nombre. El contrato provocó una dramática y prolongada batalla judicial entre ambos, durante la cual las cadenas de televisión dejaron de emitir sus programas. En 2012, cuando al fin un tribunal le devolvió a Mercado el control de su nombre, su salud estaba ya deteriorada. Nunca volvió a las ondas, hasta que el documental de 2020 rescató su recuerdo y restableció su imagen. Meses después murió de insuficiencia renal en un hospital de Puerto Rico.

El hecho de que su reputación no haya hecho más que mejorar desde su muerte es una prueba del carácter atemporal de la estafa de Mercado. Su imagen aparece en miles de camisetas y llaveros kitsch y su icónica cabellera rubia sigue formando parte del alma latinoamericana, igual que cuando estaba vivo. Walter Mercado pasó cuatro décadas soltando patrañas sobre las estrellas ante las cámaras de televisión, estafó a millones de seguidores, a quienes robó una cantidad inimaginable de dólares mediante el fraude de las líneas telefónicas de videntes, y, a cambio, la recompensa fue la inmortalidad.

Los timos como el de Mercado tienen éxito porque apelan a unas necesidades muy arraigadas contra las que no es posible razonar, pues no es la razón lo que las suscitó. La fe en la astrología empieza con el rechazo del razonamiento científico y el apego al pensamiento mágico.

Por supuesto, si usted tiene tendencia a pensar que es posible que haya algo de cierto en la astrología después de todo, es probable que a estas alturas esté bastante harto y no parece que haya nada que podamos hacer para que cambie de opinión.

No obstante, hay tal vez una pequeña posibilidad de que reflexione si se fija en un sistema de creencias que tiene la misma estructura que la astrología, pero en un contexto completamente diferente.

Los tipos sanguíneos japoneses

Yoshi es serio y ordenado; Masahiro es apasionado y creativo. A sus amigos no les sorprende: Yoshi es del grupo sanguíneo A y Masahiro es del tipo B. Por su parte, la simpática Yoriko es del tipo O, así que, como es natural, es una líder excelente. Y Yukio, que tiene talento pero es un poco rebelde, es una peculiar amalgama de seriedad y pasión: típico de los AB.

Bienvenido al mundo de la «*humánica* de los grupos sanguíneos», la pseudociencia japonesa que estudia la relación de los grupos sanguíneos con la personalidad humana. En Japón —y más recientemente en Corea del Sur—, estas creencias, que tienen su origen en la ciencia racista nazi de los años veinte y se popularizaron entre el público aficionado a las historias sensacionalistas a través de una serie de libros superventas de los años setenta, son asombrosamente parecidas a las teorías que proliferan en Occidente sobre el Zodiaco.[15]

Durante años, las revistas y los periódicos populares estuvieron llenos de artículos sobre cómo preparar a un hijo del tipo O para los exámenes de acceso a la universidad, consejos para llevarse bien con el jefe, un hombre difícil porque era del tipo B, o sugerencias para atraer a esa persona del tipo AB que te gusta. Las listas de los libros más vendidos de Japón estaban encabezadas por títulos como «Manual de instrucciones para tratar con un novio tipo A», y las pintorescas ideas sobre cuáles eran los grupos compatibles para casarse penetraron hasta tal punto en la sabiduría popular que la población empezó a pensar que eran mero sentido común.[16]

Ni que decir tiene que no hay ninguna prueba de que la presencia o ausencia de ciertos antígenos en la superficie de los glóbulos rojos tenga ninguna influencia en nuestra personalidad, ni mucho menos en la forma de relacionarnos con los demás. Las glicoproteínas que determinan el grupo sanguíneo desempeñan un papel importante en el sistema inmunitario humano y, sin duda, determinan quién puede donar sangre a quién, pero no tienen nada que ver con la personalidad. Para un científico, esa afirmación es un galimatías absurdo, tan indefendible como la idea de que hay una sustancia misteriosa que fluye desde las estrellas hasta nuestro cuerpo. Pero tampoco en este caso parece que eso importe.

Algunos escritores populares como Toshitaka Nomi hicieron fortuna con una serie de libros superventas con títulos como *Eres tu grupo sanguíneo*,[17] y llegó un momento en el que había tanta gente que los conocía que se volvió imposible refutar la teoría. En los años noventa, las consolas de Nintendo preguntaban a los usuarios cuál era su grupo sanguíneo durante la configuración.[18] Se convirtió en toda una industria.

Y era una industria con un lado oscuro. En 2004, la Organización para la Ética y la Mejora de la Programación Audiovisual de Japón (BPO) —un organismo regulador del sector— advirtió a las cadenas de televisión que redujeran las historias de interés humano sobre los estereotipos de los grupos sanguíneos, después de haber comprobado que se habían emitido más de setenta programas nacionales sobre el tema ese año.[19] Según señaló la BPO, estaban aumentando los casos de discriminación por grupo sanguíneo y las personas del grupo B eran especialmente propensas a sufrir acoso. Es más, según una encuesta llevada a cabo por el profesor Shigeyuki Yamaoka, de la Universidad de Seitoku, tres de cada cuatro personas del tipo B denuncian haber sido objeto de acoso verbal debido a su grupo sanguíneo.[20] Y muchos japoneses no saldrían jamás con una persona de sangre B.

Si esto suena disparatado, pensemos que el 42 por ciento de los estadounidenses interesados en la astrología aseguran que jamás saldrían con una persona géminis.[21]

Siempre existe la tentación de considerar que este tipo de prejuicio es cosa exclusiva de palurdos: personas sin estudios, con escaso capital social o cultural, en busca desesperada de consuelo y dispuestas a aceptarlo de cualquiera que se lo ofrezca con aire de tener muchas certezas.

Ojalá no fuera más que eso. La astrología tiene tantos seguidores entre los titulados superiores como entre las personas de cualquier otro ámbito. Durante gran parte de los años ochenta, los planes de viaje del presidente de Estados Unidos no se concretaban sin antes haber consultado a una señora de California que no tenía autorización de seguridad, ni nada que ver con los servicios de inteligencia, ni experiencia gubernamental de ningún tipo.[22] Joan Quigley, una de las astrólogas más carismáticas de la época, entabló amistad con la primera dama, Nancy Reagan, poco después del atentado contra el presidente, el 30 de mayo de 1981.

Quigley aseguró a la primera dama de Estados Unidos que supo con antelación que iban a atentar contra Reagan ese día y que lo que más lamentaba era no haber tenido una línea directa con la Casa Blanca para alertarlos. Ahora que la tenía, Nancy Reagan la consultaba constantemente. Hubo que concebir complicadísimas estratagemas para garantizar que las chifladuras que aconsejaba Quigley se llevaran a cabo sin que se pudiera descubrir su origen. En un momento dado, la carta astral de la primera dama la convenció de que, para evitar una desgracia en un viaje al extranjero, el Air Force One tenía que despegar exactamente a las 2:11 de la madrugada del día señalado. Lo absurdo es que se salió con la suya: un extraño caso de diplomacia mundial que siguió un calendario determinado por sandeces centenarias.[23]

Quigley fue una excepción, por supuesto. Durante años, la mayoría de los astrólogos no fueron más que timadores de poca monta que utilizaban su carisma para atraer a clientes uno a uno y ofrecerles lecturas de la carta astral que podían empezar costando veinte dólares e ir aumentando hasta cifras mucho más elevadas si pensaban que el cliente era lo bastante prometedor como para invertir tiempo y esfuerzo en él.

Los astrólogos que cometen estafas a pie de calle siguen siendo un sector próspero. Sin embargo, la conectividad gratuita ha abierto un espacio para escoger objetivos a una escala mucho mayor y para aplicar las poderosas técnicas de marketing de la era de internet a la captación de nuevas víctimas. Por eso la astrología es un buen punto de partida para observar cómo está evolucionando el fraude en el siglo XXI.

Sylvia Mitchell

Todos los hemos visto. Si caminamos por cualquier calle de una gran ciudad, en cualquier parte del mundo, descubrimos anuncios en los que astrólogos y videntes ofrecen «lecturas» que prometen revelar el futuro. Lo normal es que no les prestemos mucha atención —¿para qué?— y, si dedicamos un instante a pensar en ellos, suponemos que se trata de unas sesiones breves, entretenidas y teatrales que no tienen por qué costar más de los veinte dólares que anuncian en el cartel.

Eso suele ser lo más habitual. Algunos astrólogos a pie de calle se limitan exclusivamente a este tipo de lecturas y quizá las llevan a cabo de forma regular entre unos cuantos clientes fijos que, por lo que sea, no se sienten cómodos acudiendo a un profesional de la salud mental y encuentran en ellos una especie de sustituto de la terapia.

Pero hay una cara más oscura al acecho.

Para un buen número de astrólogos, esa «lectura» inicial es un filtro: la primera oportunidad para juzgar hasta qué punto es vulnerable un cliente. El mero hecho de que haya decidido entrar en el local de un astrólogo ya es información útil; y, a partir de ese momento, todo lo que diga, cada gesto, todo lo que haga, será objeto de un cuidadoso análisis en busca de indicios de vulnerabilidad.

Quienes entran sin pedir cita y parecen escépticos o a gusto con su vida o cuentan con una buena red de apoyo de amigos y familiares no son precisamente prometedores. A estos suelen hacerles una lectura a toda prisa y luego se despiden con un adiós, muy buenas. Pero si, durante esa primera lectura, el cliente revela alguna vulnerabilidad, la cosa cambia. Puede ser alguien que está pasando por momentos de gran tensión psicológica. Quizá sus respuestas revelan que se encuentra socialmente aislado o predispuesto a creer en historias rocambolescas. En ese caso, el riesgo de acabar siendo víctima de una estafa que le arruine la vida aumenta de forma vertiginosa.

Ejemplo de ello es la experiencia de Debra Saalfield, profesora de bailes de salón que participaba en competiciones.[24] En el transcurso de una horrible semana de 2008, se quedó sin trabajo y una relación que mantenía desde hacía mucho tiempo llegó a su fin. Desesperada, entró en Zena, un local de videntes que había visto muchas veces, en parte para fastidiar a su ya exnovio, que le había advertido que no lo hiciera. Debra Saalfield tenía todos los requisitos para sentirse vulnerable en ese momento y la adivina que la atendió, Sylvia Mitchell, sabía muy bien qué hacer.

Después de una primera lectura (por 75 dólares), Mitchell le dijo a Saalfield que iba a necesitar otra sesión más a fondo para llegar a la raíz de sus problemas. Era mucho dinero, sí, pero le aseguró que el origen de sus problemas estaba en una vida pasada en la que había sido una princesa egipcia y que hacía falta una intensa labor de sanación espiritual para liberarla de la maldición que la apresaba. Su actuación fue convincente y, para una Saalfield desolada, en el estado de ánimo en el que se encontraba, pagar mil dólares entraba dentro de lo que consideraba lógico.

Con cada visita, Mitchell pedía más dinero. Era la clásica escalera del compromiso y Mitchell la utilizó de forma magistral. Cada peldaño parecía casi razonable, en vista de todo lo anterior. Hay que recordar que Saalfield no tenía nadie más a quien acudir para contarle sus problemas, y que Mitchell irradiaba empatía.

De modo que, cuando la vidente la apremió a abandonar su obsesión por los bienes materiales y demostrar su confianza entregándole un cheque por valor de 27.000 dólares —que Mitchell le prometió que, por supuesto, le devolvería—, Saalfield obedeció... pero se arrepentiría de inmediato.

No sabía que Sylvia Mitchell era una experta depredadora, con años de experiencia en aprovecharse de gente en plena crisis personal. A otros les había ido incluso peor que a Saalfield. Más o menos en esa misma época, Lee Chong, una profesional de las inversiones de Singapur, fue a ver a Mitchell para contarle la tremenda desilusión que sufría por un amor no correspondido.

El problema, según le explicó Mitchell, era que su familia había hecho daño al hombre al que amaba en una vida anterior y eso había provocado una maldición que podía eliminarse, pero el remedio no era rápido ni barato. En las sesiones posteriores, Lee Chong le entregó alrededor de 120.000 dólares a Mitchell, que le aseguraba cada vez que le devolvería el dinero si los remedios no funcionaban. En efecto, nunca se lo reembolsó.

Cuando testificaron contra Mitchell ante el juez, Saalfield, Chong y otros subrayaron que habían tenido dudas sobre lo que estaban haciendo casi desde el principio.

De ser así, ¿por qué volvían una y otra vez?

Daba la impresión de que incluso a ellos mismos les costaba mucho entenderlo. Pero había una pista importante en todos los casos: se sentían solos. No tenían a nadie más con quien hablar. E, hiciera lo que hiciera, Mitchell por lo menos los escuchaba con lo que parecía una profunda empatía. Por eso volvían.

Lo único que tiene de excepcional el fraude astrológico de Sylvia Mitchell es que acabó en juicio y ella condenada a una pena de entre cinco y quince años de prisión por sus delitos.[25] La realidad es que pocos casos de este tipo se denuncian y todavía menos llegan a los tribunales. Las víctimas se avergüenzan de contar su historia a la policía, porque les abochorna haberse dejado engañar. No hace falta callarlas; se callan solas.

Peor aún, cuando presentan una denuncia, con frecuencia topan con la incomprensión y la condescendencia, en el mejor de los casos, y con hostilidad y burlas en el peor. Los policías no creen que hayan sido tan tontos como para dejarse engañar de esa manera. No se toman en serio los casos, así que no suelen investigar a fondo.

Algunas estafas relacionadas con la astrología pueden alcanzar proporciones verdaderamente escandalosas. En 2018, se descubrió que una astróloga que usaba los nombres de Sally Ann Johnson, Angela Johnson, Angelina Johnson y Sally Reed había estafado a una anciana vulnerable y le había arrebatado más de 3,5 millones de dólares.[26] La condenaron a veintiséis meses de prisión, no por la estafa en sí, irónicamente, sino, como en el caso de Al Capone, por no pagar los impuestos correspondientes (el juez le ordenó abonar multas por valor de 725.000 dólares a la agencia tributaria estadounidense).

Parece mucho dinero, ¿verdad?

Pues no lo es.

Las mayores fortunas que genera hoy la astrología multiplican por mucho esa cifra. Y no las investiga la fiscalía; en ellas se invierten millones de capital riesgo.

Chani Nicholas

Le presentamos a Chani Nicholas. Esta joven emprendedora tecnológica de la Columbia Británica es exactamente lo que parece: descarada, fuerte y discretamente atractiva, con la aspereza de las películas del Oeste. Criada en un pueblo hippy y progresista de la costa oeste de Estados Unidos, se siente muy cómoda entre los sistemas de creencias alternativas que constituyen hoy el núcleo de su imperio virtual, valorado en cincuenta millones de dólares.

Nicholas se ha distinguido por sus opiniones políticas abiertamente de izquierdas y por propugnar una especie de astrología impregnada de justicia social que mezcla los consejos astrológicos con un programa claramente izquierdista. Asegura que su aplicación es «la forma más empoderadora de usar la astrología».

El contraste con Walter Mercado es muy llamativo: Nicholas nunca ha tenido ninguna intención de permanecer en el armario; habla a menudo y con cariño sobre la relación con su esposa y se califica a sí misma como «una feminista enfadada a la que le interesa la astrología».[27]

Se autodenomina astróloga profesional y se dedica a leer la carta astral de otras personas desde que era adolescente. En su mundo la consideran apóstata, no por hacer cartas astrales, sino por utilizar una aplicación para teléfonos móviles.

Cuando consiguió trabajo como astróloga habitual en la revista de Oprah Winfrey, Nicholas se vio por primera vez escribiendo para el gran público.[28] Cada semana visitaban su blog un millón de personas, hasta que decidió poner en marcha su aplicación: una plataforma de elegante diseño, disponible tanto para iOS como para Android, que garantiza análisis astrológicos personalizados.

En las diferencias entre Walter Mercado y Chani Nicholas vemos un microcosmos del cambio radical que están suponiendo las nuevas tecnologías para el mundo de la charlatanería. Frente a las décadas de esfuerzo que Mercado dedicó a construir su audiencia, espectador a espectador, Nicholas puede emplear todo el poder de la magia algorítmica de Silicon Valley para identificar nuevas víctimas. Si escribimos «horóscopo» o «carta astral» en un motor de búsqueda en Norteamérica, la maquinaria del imperio de Chani se pone en marcha, se fija en esa persona y la bombardea a requerimientos hasta que se descarga la aplicación «gratuita» CHANI.

En la aplicación, la escala del compromiso tiene una capacidad inmensa de personalizarse para cada usuario. Igual que muchas otras aplicaciones, ofrece algunas funciones básicas gratis. Pero las funciones más avanzadas, como la carta natal personalizada y los horóscopos semanales personalizados, tienen un coste adicional: 11,99 dólares al mes o 107,99 dólares al año.[29]

Por puro interés científico, y para evitárselo al lector, nos registramos para comprobar qué perlas de sabiduría nos reservaba la aplicación CHANI.

En una sección dedicada a talleres, se nos sugería que engalanáramos un altar dedicado a «la luna nueva en Leo» con «flores de colores vivos, como amarillo, naranja o rojo, y colocar además oro, rubíes, granates y piezas de cuarzo citrino (en representación del sol), azafrán, incienso o manzanilla, y quizá jengibre, naranjas, limones y cúrcuma». Se nos recomendaba que escribiéramos en un diario de qué formas «estamos mostrando buena fe y bondad en [nuestras] amistades y en la comunidad en general» y se nos animaba a llevar a cabo un ritual en el momento exacto de la luna nueva (a las 22:55 del 28 de julio), en el que deberíamos encender una vela e incienso, sentarnos frente a nuestro altar, meditar y «aclarar las intenciones [que tuviéramos] para los próximos seis meses». Luego se nos instaba a repetir tres veces una afirmación con un vaso de agua delante y, acto seguido, beberlo, «conscientes de absorber su mensaje».

Era muy farragoso, así que pasamos a la sección de la carta natal, en busca de más claridad. Después de introducir la hora y el lugar exactos de nacimiento, nos presentó un examen más detallado de la posición de las estrellas en el momento de nacer y su influencia en nuestra vida. A uno de nosotros (Quico) le dijo que, como su signo ascendente era Virgo, era «sabida [su] capacidad para lograr que la información [a la que tenía acceso] fuera útil para los demás»; y nuestra reflexión fue que la información a la que tenía acceso Quico en ese instante era que la aplicación CHANI es una gran estafa.

Y continuaba la aplicación: «Tu Mercurio está en Géminis», lo cual significa que «eres el poeta, el reportero, el chismoso del barrio que lo sabe todo y está dispuesto a poner al día a todo el mundo».

Interesante.

Claro que, como «tu Venus está en Cáncer», eso implica que «todas las conexiones son valiosas y cada amistad, cada relación romántica y cada vínculo familiar que vale la pena merece nuestro cuidado y nuestra lealtad atenta».

¿Sigue sin convencerse?

Bueno, probablemente sea porque «tu Saturno está en Cáncer», así que «eres profundamente sensible y tienes un radar muy afinado para detectar las necesidades de los demás y una gran intuición sobre las condiciones necesarias para cultivar cualquier cosa, ya sea una persona, una mascota o una familia».[30]

Si parece que estas frases nos definen, es porque son lo bastante vagas como para servir para prácticamente cualquiera. Ese es, por supuesto, el oscuro secreto que esconde la palabrería astrológica del charlatán: más que engañarnos, nos da las herramientas que necesitamos para engañarnos a nosotros mismos.

El mecanismo esencial es conocido desde hace muchas décadas, cuando a finales de los años cuarenta se llevaron a cabo varios experimentos revolucionarios (para la época) en psicología social. En un trascendental estudio de 1948, el doctor Bertram Forer, entonces un investigador recién salido de la Universidad de California en Los Ángeles, reunió a varios estudiantes y les hizo un «test de personalidad» detallado.[31] Una semana más tarde, el doctor Forer envió a uno de los estudiantes la siguiente evaluación:

1. Sientes una gran necesidad de que los demás te quieran y te admiren.
2. Tiendes a ser crítico contigo mismo.
3. Posees un gran potencial que no aprovechas.
4. Aunque tienes algunas debilidades de carácter, en general eres capaz de compensarlas.
5. Tu ajuste sexual ha sido problemático.
6. Por fuera eres disciplinado y controlado, pero por dentro tiendes a sentir preocupación e inseguridad.
7. A veces tienes serias dudas de haber tomado la decisión acertada o haber hecho lo que debías.
8. Prefieres cierto grado de cambio y variedad y te sientes insatisfecho cuando te lo impiden las restricciones y limitaciones.
9. Presumes de ser un pensador independiente y no aceptas las afirmaciones de los demás sin pruebas convincentes.
10. Crees que no es prudente abrirse demasiado a los demás.
11. A veces eres extrovertido, afable y sociable, mientras que otras veces eres introvertido, precavido y reservado.
12. Algunas de tus aspiraciones son muy poco realistas.
13. La seguridad es uno de tus principales objetivos en la vida.

Sin que ellos lo supieran, todos los estudiantes recibieron la misma nota. En realidad, los trece puntos estaban copiados de un libro de astrología muy vendido en la época. Cuando el doctor Forer le pidió a cada uno que evaluara hasta qué punto era acertada la descripción, del 0 (nada acertada) al 5 (totalmente acertada), la puntuación media de todas las respuestas fue de 4,3.

El denominado «efecto Forer» es la razón de que la astrología siga atrayendo a tanta gente. Equivale a un sesgo de confirmación llevado al extremo: ante unas frases vagas pero más bien positivas que podrían referirse a nosotros, nuestra mente se aferra a lo que parece que coincide e ignora el resto. Así es como los astrólogos nos convencen de que unas ambiguas paparruchas que podrían aplicarse a cualquiera y significar todo o nada revelan alguna verdad profunda sobre nosotros.

El truco funciona incluso cuando tenemos plena constancia de lo que está pasando. Si, al leer la nota anterior que describe los rasgos de personalidad, alguien se ha pillado a sí mismo intentando comprobar, aunque sea de forma semiinconsciente, cómo encajan algunas de esas afirmaciones en su propia vida, ha sucumbido al efecto Forer.

El sesgo de confirmación es una droga potente, ¿verdad?

La aplicación CHANI aprovecha el efecto Forer gracias al mágico capitalismo algorítmico, en el que venderse a un público concreto y bien definido puede ser increíblemente rentable.

No sabemos cuántos suscriptores de pago tiene CHANI, pero sí que su empresa de astrología dona «el 5 % de todos los ingresos de la empresa y el 100 % de los beneficios de CHANI x Gifted by FreeFrom directamente a personas queer, trans, negras, indígenas, de color y/o discapacitadas y supervivientes de violencia de género a través de freefrom.org».[32] Sabemos que en la App Store de Apple hay 15.500 personas que se han molestado en valorar la aplicación. Si deducimos que tiene aproximadamente ese número de suscriptores de pago, ganaría más de 1,6 millones de dólares al año.

Los discursos que se supone que nos revelan hondas verdades sobre nosotros nos atraen irresistiblemente. Los astrólogos lo saben. Chani Nicholas tuvo la visión de crear una aplicación en consonancia. Pero la pregunta sigue siendo: ¿es Chani Nicholas una charlatana?

Cuanto más investigábamos sobre el imperio CHANI, más difícil nos resultaba tacharla de charlatana con los mismos criterios que a los demás sujetos de este libro.

Como hemos visto, a Walter Mercado no se le podía aplicar verdaderamente la etiqueta de «delito sin víctimas», pues era evidente que explotaba a los clientes de su línea telefónica con ánimo de lucro. La explotación es la base de nuestra definición de charlatán. Pero ¿qué ocurre entonces con Chani? ¿Es explotación lo que hace ella?

No se puede afirmar que lo sea. Cuando se pasa un tiempo leyendo los cientos de reseñas de sus seguidores en la App Store, se ve con claridad que hay pocos que se sientan engañados. Más bien al contrario. Un seguidor escribe entusiasmado: «No puedo expresar cuánto ha significado para mí esta aplicación. Cada semana, las lecturas personalizadas me hacen llorar de emoción de saber la verdad: o describen a la perfección lo que me está pasando o me dicen a la perfección lo que tengo que hacer para avanzar. Chani ha "predicho" tal cual mi obligación de aceptar la sobriedad y siempre me ha ayudado a enderezarme cuando estoy pasando un mal momento. Es como una amiga que siempre te da el mejor consejo para cada situación, el apoyo exacto que necesitas sin presionarte ni juzgarte».

Otro añade con emoción: «Las lecturas semanales son muy informativas y útiles, y ofrecen un mapa excelente de lo que puede suceder durante la semana, lo que nos permite afrontar con más audacia lo desconocido y devorar todos los bocados de magia y abundancia al alcance de nuestra conciencia. Mi más sincero agradecimiento a Chani y a todos sus colaboradores por crear un lugar de encuentro tan significativo, auténtico y valioso del que todos podemos disfrutar y aprender».[33]

Hay centenares de reseñas en la misma línea. Independientemente de lo que el doctor Bertram Forer descubriera en su laboratorio, la realidad es que miles de personas pagan con gusto a Chani Nicholas por un servicio de características que comprenden bien y que les son útiles.

Si cambia la situación, cancelar la suscripción a CHANI es muy sencillo, igual que manifestar descontento con el servicio, aunque no parece que sea el caso de muchos. Es de suponer que Chani Nicholas tendrá clientes decepcionados, pero no hemos encontrado pruebas de que haya arruinado la vida de nadie.

Que Chani Nicholas reparte consejos inútiles basados en conocimientos absurdos es, al menos para nosotros, indudable. Por eso no contratamos sus servicios. Otros tienen sus motivos para no estar de acuerdo y es evidente que hallan satisfacción en la experiencia de que les cuenten mentiras agradables. En cierto modo, Chani Nicholas ha dado con la tecla: se acerca al límite de la charlatanería sin cruzar nunca el umbral de la explotación.

Visto con ojos benévolos, lo que hace Nicholas es una especie de terapia personalizada en masa: ofrece a sus clientes margen para sentirse mejor mediante una serie de mensajes positivos que casualmente están envueltos en el lenguaje de las estrellas. A veces, en sus declaraciones públicas, la propia Nicholas casi reconoce que en eso consiste precisamente su negocio.

«La astrología —le contó en una ocasión a un entrevistador de la cadena estadounidense NPR— tiene raíces científicas y, dado que estudiamos los movimientos de los cuerpos planetarios durante mucho tiempo y vamos averiguando datos sobre ellos, no se puede decir que no haya nada científico en la astrología, pero, por supuesto, también consiste en un lenguaje simbólico».[34]

Si dejamos a un lado los disparates sobre la circulación de las estrellas, nos encontramos de lleno en el terreno de la autoayuda. Los charlatanes dejan tras de sí una estela de vidas destrozadas. Por lo que hemos podido ver, la aplicación CHANI está muy por debajo de ese umbral.

Y, desde luego, la aplicación tiene mucho margen de crecimiento: aunque solo la usaran los aficionados a la astrología más devotos de Estados Unidos, eso equivaldría a un público de millones de personas. Tal vez por eso Chani se toma con tanta tranquilidad a quienes dudan de ella: «No necesito que me aprueben, no necesito que les guste nada de lo que hago —declaró en 2017 a *Los Angeles Times*—. Me encantan los escépticos, creo que son fantásticos. Creo que todos deberíamos ser escépticos».[35]

La astrología es charlatanería «sencilla»: las personas que se sienten atraídas por ella están anunciando, en realidad, que están dispuestas a que las engañen y los charlatanes no necesitan que les insistan mucho. En el efecto Forer vemos un sesgo de confirmación descontrolado: entre todas las afirmaciones vagas de los astrólogos, da la impresión de que el cliente se fija solo en las que parecen referirse a él y descarta el resto.

Los astrólogos digitales utilizan estas técnicas a una escala imposible en siglos anteriores. La tecnología digital de primera generación, la televisión, bastó para convertir a Walter Mercado en una megaestrella regional. Las tecnologías digitales de segunda generación, en internet, permiten una segmentación mucho más sofisticada y potencialmente mucho más rentable. A medida que se incorporen a esta mezcla los algoritmos de inteligencia artificial, con su capacidad para producir en masa una intimidad simulada, es evidente que se multiplicarán las probabilidades de causar daño. Es posible que Chani Nicholas sea una astróloga escrupulosa, pero la aplicación CHANI es una prueba de concepto que seguramente imitarán otros con menos sentido ético.

Desde las lentejuelas y capas de Walter Mercado hasta el esplendor de las hombreras en la Casa Blanca de Reagan y desde las lecturas en locales a pie de calle que acaban siendo estafas millonarias hasta las hábiles aplicaciones de astrólogos algorítmicos, el mundo del Zodiaco es un terreno de caza propicio para los charlatanes. Y, ahora que las nuevas generaciones están cada vez más dispuestas a creer en las predicciones de los astrólogos y la tecnología de la información perfecciona sin cesar su capacidad de emparejar a los charlatanes con posibles víctimas, se nos viene encima un mercado en auge.

Está escrito en las estrellas.

4

Megaiglesias y megadólares: los que convierten a Dios en el becerro de oro

Imaginemos que alguien es un charlatán y quiere ganar dinero. Mucho dinero. A primera vista, el cristianismo no parece la mejor forma de conseguirlo. Al fin y al cabo, Jesús —al menos el de los Evangelios— deja bastante claro lo que piensa del dinero: es malo. Muy malo.

Es tan malo que le provoca un ataque de furia. Hace falta mucho para que Jesús se enfade. En el Evangelio solo lo vemos perder los estribos una vez: cuando se topa con los mercaderes en el templo lucrándose con la fe de la gente. Se enfurece y los expulsa a latigazos. Jesucristo. A latigazos.

En los momentos de calma, su mensaje no es muy diferente. En Mateo 6:24 nos enseña de forma muy explícita que podemos dedicar nuestra vida a servir a Dios o a hacernos ricos, pero no a ambos afanes: «Ninguno puede servir a dos señores; porque o aborrecerá al uno y amará al otro, o estimará al uno y menospreciará al otro. No podéis servir a Dios y a las riquezas».

Hay muchos aspectos de la doctrina en los que los cristianos tienen que hacer malabares al leer el Evangelio para interpretar lo que debía de pensar Jesús. Por ejemplo, el trato a los homosexuales o la anticoncepción se abordan de pasada o no se abordan. Aun así, eso no impide que algunos líderes cristianos pontifiquen sonoramente sobre estas cuestiones.

Sin embargo, en relación con el dinero, la codicia y la avaricia, no hace falta forzar nada. El Jesús de los Evangelios era ruidoso, insistente, repetitivo, casi obsesivo en su mensaje: la devoción a la riqueza es un escándalo. Quienes se obsesionan con el dinero tendrán su recompensa en este mundo, pero no en el próximo. Se podría pensar que no hay más que hablar. ¿Verdad?

Pues no es así.

Hay demasiado dinero en el cristianismo como para que los charlatanes lo dejen pasar. Y algunos de los charlatanes más emblemáticos de la actualidad han amasado su fortuna precisamente así.

Elegir los casos de estudio de este capítulo ha resultado muy difícil. No es casualidad: la religión siempre ha impulsado los sueños a los que se aferra una persona a lo largo de la vida y, donde hay sueños, siempre aparecen charlatanes dispuestos a aprovecharse de ellos.

Por desgracia, tampoco es casualidad que el protestantismo sea un imán que atrae especialmente a algunos de los charlatanes más desvergonzados y explotadores de nuestra época. Con una teología que siempre ha subrayado que Dios muestra sus preferencias otorgando riquezas a los elegidos, el protestantismo era perfecto desde el principio para que lo explotaran personas sin escrúpulos.

En realidad, de la teología expuesta por Martín Lutero en el siglo XVI a la degeneración del siglo XXI que exploran todos los charlatanes de este capítulo no hay más que un paso: el evangelio de la prosperidad. En esencia, consiste en llevar al extremo la idea de que el dinero fluye de acuerdo con las preferencias de Dios y tergiversarla en su propio beneficio.

Por supuesto, los líderes protestantes más moderados siempre han proclamado que el evangelio de la prosperidad es una blasfemia y uno incluso lo calificó de «herejía condenatoria que allana el camino al infierno».[1]

Estas críticas no evitan que la gente sin escrúpulos aproveche sus oportunidades de ganar dinero. Había decenas de pastores dedicados al negocio entre los que elegir, pero en este capítulo nos limitamos a tres de los profesionales más consumados: individuos que han perfeccionado el arte de volver el evangelio del revés hasta límites insospechados. Prepárese.

Kenneth Copeland

Nuestra primera parada es en el este de Texas, tal como era hace unos ochenta años. En el oeste del estado un niño llamado Kenneth, de una estricta familia cristiana evangélica de Lubbock, vivía junto a una base aérea recién construida. A Kenneth Copeland le gusta describir en detalle el asombro que le causaban todos aquellos aviones relucientes que despegaban hacia el cielo. Era 1942, en plena Segunda Guerra Mundial.

Cuando Kenneth cumplió seis años, el Cuerpo de Marines de Estados Unidos construyó una base aérea junto al lago Eagle Mountain, treinta kilómetros al norte de Fort Worth y varios cientos de kilómetros al este de Lubbock. El Grupo de Cazas Nocturnos de los Marines utilizaba las nuevas instalaciones para entrenar a los pilotos en el manejo de los Grumman F6F Hellcats y los F7F Tigercats, a fin de atacar a los nazis y a los japoneses de noche.[2] Kenneth no lo sabía entonces, pero este nuevo aeródromo de Eagle Mountain iba a ser el escenario en el que se desarrollaría gran parte de su extraordinaria vida.

Según contaba el reverendo Copeland décadas después, en aquella época él no era más que un chico de un pequeño pueblo del oeste de Texas al que le encantaban los aviones y la música, y que luchaba con todas sus fuerzas contra la tentación. No se crea usted que contra la tentación en general, sino contra una tentación concreta.

El pequeño Kenneth quería decir palabrotas. Sí, utilizar lenguaje soez, maldecir.

En aquella época, en el Texas temeroso de Dios y amante de la Biblia, decir palabrotas no era ninguna tontería. Ni mucho menos. Copeland aprendió que decir palabrotas es la forma que tiene Satanás de lograr que nos acostumbremos a pecar. Y eso no tiene nada de gracioso.

Décadas más tarde, el reverendo deleitaría a sus feligreses con historias populacheras sobre lo que luchó cuando era niño para resistirse a la mala costumbre de decir palabrotas.[3] Con su voz grave y cantarina y su acento del oeste de Texas, los seducía y les contaba que ese impulso, esas ganas de maldecir, es el modelo exacto de la forma de actuar del diablo en el mundo, de empujarnos hacia el pecado.

«Los pecados fáciles son aquellos de los que no quieres apartarte, las cosas cómodas. Satanás no viene a gritarte: "¿Por qué no te haces prostituta?"».

La congregación suelta risitas nerviosas, pero Copeland no ha hecho más que empezar.

«¿Por qué no te haces asesino? ¡Nadie nace siendo asesino! Se empieza poco a poco y luego se va a másss», vocifera alargando el sonido final.[4]

Es una actuación apasionante, una furiosa denuncia de los perjuicios que entraña dejar que Satanás siembre una semilla en nuestra mente cuando maldecimos. El dominio que tiene Copeland de las Escrituras y las cadencias de la predicación sureña es absolutamente perfecto.

Nacido en el seno de una familia evangélica, Copeland se formó como piloto y estudió en la Universidad Oral Roberts, entonces la institución evangélica más importante de Estados Unidos. Allí su pasión por volar le resultó muy útil, puesto que trabajó como chófer y piloto del propio Oral Roberts, el predicador más influyente de la época.[5]

Con su bonita voz de cantante, Copeland coqueteó con la música e incluso llegó a grabar un sencillo («Pledge of Love»), que tuvo éxito y entró en el top cuarenta en 1957.[6] Estudió las Escrituras y, en 1967, fundó su propia iglesia junto a la antigua base aérea del Cuerpo de Marines de Eagle Mountain, que había caído en desuso.

Llamó a su iglesia Eagle Mountain International Church, en honor al enorme lago que se encuentra junto a ella. Después, la iglesia pasó a ser una parte más de lo que ahora es Kenneth Copeland Ministries, un nombre que ya no es tan modesto. Allí pasó décadas advirtiendo a sus feligreses sobre los peligros espirituales del lenguaje soez, porque, según él, el diablo nos incita a usar malas palabras con el fin de preparar el terreno para cosas mucho peores en el futuro.

El diablo tiene que actuar así, pues todas las cosas siguen la ley de Dios, es decir: «siembra la semilla y crecerá». Esa, asegura él, es la ley del Génesis, esa es la realidad; tiene que empezar con una semilla que planta justo ahí, en la mente. Cuando éramos niños, el diablo no nos empujaba a desear ser un sicario de la mafia; hacía que nos preguntáramos qué pasaría si decíamos una palabrota.

Este es un tipo de estribillo que emboba a sus feligreses. Y más le vale, porque lo que Kenneth Copeland llama «el principio de la semilla» es el eje central de su discurso: una metáfora bíblica que, en manos de personas sin principios, se convierte en una licencia para estafar.

La metáfora de la semilla aparece constantemente en el evangelio de la prosperidad, una rama del cristianismo plagada de charlatanes que predica que Dios quiere recompensar a los fieles con salud, riqueza y felicidad en este mundo, no en el siguiente.

Que no haya equívocos: este no es un cristianismo normal. Para los cristianos tradicionales, rezar por la felicidad terrenal es una herejía, francamente. No en un sentido metafórico, sino en el sentido más literal y teológico de la palabra: una creencia contraria a la doctrina religiosa ortodoxa. Es fácil entender por qué. El Jesús que aparece en los Evangelios dedica la mitad de su tiempo a aconsejar a las personas que no se obsesionen con lo mundano y la otra mitad a advertir sobre los falsos profetas, es decir, sobre los predicadores que tratan de tergiversar sus palabras para que signifiquen lo contrario de lo que sostienen.

Pero, claro, esos no son los pasajes de la Biblia en los que a Kenneth Copeland le gusta detenerse. Tiene sus propios versículos preferidos, minuciosamente escogidos del Antiguo y del Nuevo Testamento: unos versículos en los que Dios parece derramar abundantes bienes terrenales sobre quienes le son fieles, empezando por Job. Seleccionados uno a uno y presentados con la elocuencia habitual en él, esos fragmentos permiten que Copeland construya una especie de teología inversa, en la que el mayor deseo de Jesús es que vivamos en una mansión y tengamos un coche de cien mil dólares en este mundo, antes de subir al paraíso a recibir nuestra recompensa celestial.

Planta una semilla y crecerá.

Cinco sencillas palabras de sentido común del de toda la vida.

Pronto queda claro que la semilla de esta metáfora es el dinero y que, cuando Kenneth Copeland habla de «plantarla», se refiere a donarla a Kenneth Copeland Ministries.

Los primeros discursos televisados de Copeland se remontan a 1971, pero su gran oportunidad llegó en los años ochenta, cuando logró incorporarse a la primera gran ola de telepredicadores evangélicos.[7] La expansión de la televisión por cable y por satélite estaba empezando a romper el oligopolio de las tres cadenas en la programación televisiva, y una serie de predicadores sureños llenos de ambición comenzaba a entrar en el salón de millones de estadounidenses para pedirles dinero.

En la década de 1980, el ministerio televisivo de Copeland era relativamente discreto, pero a principios de los años noventa hubo varios escándalos sexuales que alcanzaron gran notoriedad, en los que se vieron envueltos algunos de los nombres más importantes del televangelismo. Cuando unas cuantas estrellas como Jimmy Swaggart, Jim Bakker y su mujer, Tammy Faye Bakker, tuvieron que abandonar las ondas evangélicas, dejaron un enorme vacío en el mercado que otros predicadores más jóvenes como Kenneth Copeland llenaron encantados.

El programa de Copeland, *Believer's Voice of Victory* (*La voz de la victoria del creyente*), encontró una gran y rentable audiencia en Trinity Broadcast Network, la cadena cristiana más grande del país. Bajo una enorme pancarta que decía «Jesús es el Señor», Copeland acumuló seguidores en toda la nación, cristianos devotos seducidos por su estilo sencillo y su voz suave y melodiosa.

¿Pedía dinero en su programa? Por supuesto que sí, aunque de forma discreta. Para la venta agresiva, era preciso ir a verlo en persona.

Durante décadas, la estrategia de Copeland fue cuidadosa, comedida y muy inteligente. En pantalla daba la imagen de un predicador evangélico carismático, con cabello repeinado, bastante ortodoxo en sus enseñanzas. El objetivo parecía ser adquirir más popularidad, conseguir cada vez más público en sus apariciones en persona. Viajaba por todo Estados Unidos y celebraba reuniones evangélicas espirituales en estadios y pabellones deportivos. Y ahí era donde daba verdadera rienda suelta a su locura.

En esas reuniones Copeland imponía las manos sobre los enfermos y les prometía que la fe los curaría mediante su contacto. Y en esas reuniones quedaba en evidencia el lado oscuro de la metáfora de la semilla.

Planta una semilla y crecerá.

En persona, el lema se convirtió en una forma agresiva y manipuladora de arrebatar el dinero de los fieles. Cuando cita versículos de la Biblia sobre el diezmo, Copeland se asegura de dejar claro a los asistentes que, si hacen grandes ofrendas, recibirán grandes bendiciones y que no vale entregar menos. Las reuniones presenciales son, en gran parte, actos interminables pensados para manipular y recaudar fondos, que prometen curas milagrosas prácticamente para cualquier enfermedad a cambio de un precio. Bombardea al público con historias de personas curadas de todo tipo de males, desde acné hasta cáncer, después de aportar una donación monetaria a la iglesia. Todo ello, en un ambiente festivo de reavivamiento y devoción intensa que logra que cualquier duda parezca una herejía.

Estas reuniones —la verdadera fuente de ingresos del imperio de Copeland— se celebran por todo Estados Unidos. Y lo que pasa con Estados Unidos es que es un país muy grande. Para ir de una reunión a otra, Copeland necesita volar muy a menudo. Pero eso no es ningún problema: a Kenneth Copeland le encantan los aviones. Le gustan tanto que, según antiguos miembros de su congregación, obligó a la iglesia a comprar tres: un Cessna Citation II de 1998, con capacidad para él y otras cinco personas, para vuelos cortos; un Cessna Citation X, más grande, construido en 2005, con capacidad para doce personas, para vuelos más largos; y un proyecto especialmente querido para él, un Beechcraft Model 18 de 1962 restaurado, que prometió a la iglesia que utilizaría para llevar suministros de emergencia a zonas afectadas por catástrofes.[8]

Claro que cualquier viejo rico puede comprarse un avión; pero hace falta ser un auténtico megalómano para comprar un aeropuerto entero, y eso es precisamente lo que hizo Kenneth Copeland. Puesto que la discreción es algo que desconoce, ¿cómo iba a llamarlo? Kenneth Copeland Airport.[9] Kenneth Copeland Ministries compró una antigua base aérea de la Infantería de Marina y más de trece hectáreas de terreno muy cotizado a orillas del lago, en uno de los barrios más caros a las afueras de Fort Worth.

Un poco más allá, en el mismo recinto, se encuentra el Kenneth Copeland Bible College, situado junto al templo de Eagle Lake International Church, con capacidad para diez mil personas; también están cerca los estudios del Victory Channel, con una audiencia habitual de setenta y cinco mil espectadores, según la iglesia, y parte de un imperio multimedia que también supervisa la dinámica presencia de Copeland en las redes sociales y publica una revista.[10] El Victory Channel tiene su propia división de informativos que transmite noticias y opiniones de extrema derecha impregnadas de Dios directamente a los hogares de los fieles vía satélite o, para los más jóvenes, mediante la aplicación GO VICTORY (disponible tanto para iOS como para Android, por supuesto).

Kenneth Copeland no necesita preocuparse en absoluto por las infraestructuras públicas para moverse por este pequeño reino. Puede ir y venir entre su iglesia, su escuela bíblica, su cadena de televisión, su aeropuerto y su casa sin pisar nunca un terreno que no sea de su propiedad.

Sorprendentemente, el origen de sus problemas no estuvo en la enorme megaiglesia, ni en la cadena de televisión, ni en el instituto bíblico. Ni siquiera en el aeropuerto y los tres aviones.

No, lo que finalmente lo llevó a los titulares fue su rectoría.

Si la palabra «rectoría» evoca una pintoresca casita de piedra en la parte posterior de una bucólica iglesia británica, la imagen se queda corta. La rectoría de Copeland tiene «una enorme escalera de caracol y un puente que atraviesa el salón y conecta las dos alas de la casa», según revela el Comité de Finanzas del Senado de Estados Unidos en un informe que cita el *Houston Chronicle*.[11]

En la misma investigación se apuntaba que «también tiene arañas de cristal y, según Gloria Copeland, unas puertas procedentes de un castillo». El dormitorio cuenta con un «enorme proyector y pantalla que descienden del techo». En total, esta monstruosidad de seis dormitorios y seis baños tiene 16.722 metros cuadrados de superficie habitable, lo que equivale aproximadamente a cuatro canchas de baloncesto.

Erigida en medio del agua, ofrece 270 grados de vistas del lago Eagle Mountain. En el exterior hay pistas de tenis y dos garajes más grandes que una casa normal. En la orilla hay un embarcadero cubierto con tres amarres.

El complejo en su conjunto parece, más que la vivienda de un pastor, la ostentosa mansión de un millonario hortera, que es precisamente lo que es.

En el mercado libre, probablemente alcanzaría un valor superior a los siete millones de dólares. Y, sin embargo, por este Xanadú, Kenneth Copeland Ministries no pagó ningún impuesto en absoluto sobre el patrimonio, porque recordemos que es una rectoría y, en Texas, las viviendas del clero están exentas de impuestos.

En 2021, la Eagle Mountain International Church aprovechó las normas fiscales favorables a las iglesias para pagar por sus extensas propiedades en Texas —alrededor de 560 hectáreas de terreno residencial, de excelente calidad en muchos casos, en Fort Worth— no más de 23.000 dólares en impuestos sobre bienes raíces. Un propietario normal, por el mismo volumen de tierras, habría pagado alrededor de un millón de dólares.[12]

Este escándalo, que salió a la luz por una investigación de Jay Root, del *Houston Chronicle*, abrió un nuevo debate en Texas sobre los abusos en las exenciones fiscales a las iglesias. Pero Copeland no siente ninguna vergüenza por la grandiosidad de su residencia. En la retorcida lógica del evangelio de la prosperidad, los excesos horteras de su mundo demuestran que Dios aprueba su ministerio y lo ha bendecido.

Esa es una interpretación. La otra es que Kenneth Copeland tiene organizada una de las estafas religiosas más logradas y depredadoras de nuestra época.

En televisión, Copeland suele animar a sus espectadores a enviar a su iglesia «peticiones de oración» en sobres llenos de dinero y promete incluirlas todas en sus plegarias. En 2007 un antiguo empleado declaró que Copeland ni lee las peticiones: los sobres se abren para sacar el dinero y luego se colocan las cartas, sin abrir, en un gran montón sobre el que rezan los pastores adjuntos. Según el antiguo empleado, durante el tiempo que trabajó en la iglesia de Copeland, cada semana llegaban miles de sobres.[13]

Copeland declaró que era multimillonario en 2008; varias estimaciones independientes sitúan su patrimonio neto en cientos de millones de dólares. Esa cifra lo convierte seguramente en el pastor más rico de Estados Unidos y en uno de los charlatanes que más ha triunfado en el país.[14]

La rendición de cuentas, si es que ha existido, ha sido suave.

La pandemia de la COVID-19 trastocó el modelo de negocio de Copeland, que se basaba en el uso de estrategias agresivas durante las reuniones presenciales. La pandemia pareció sacar lo peor de él y puso al descubierto sus tácticas fraudulentas de curación por la fe. Un vídeo de abril de 2020 lo muestra soplando directamente a la cámara y declarando con estilo teatral al nuevo coronavirus: «¡Te arrojo el viento de Dios! ¡Estás destruido para siempre y nunca volverás! ¡Gracias, Señor!».[15]

Después proclamó que las órdenes de vacunarse contra la COVID-19 eran el motivo de que tuviera que volar en avión privado, que la vacuna era «la marca de la bestia» y que nadie podía pretender que viajara en un avión comercial, pues estaban todos llenos de «demonios».[16] En un momento dado, en medio de los despidos masivos por la pandemia, advirtió a los feligreses que se habían quedado sin empleo que no dejaran de pagar el diezmo ni se les ocurriera reducir las donaciones en tiempos difíciles, puesto que el verdadero origen de su riqueza no era el trabajo, sino Jesús.[17]

Un testimonio anónimo de un antiguo miembro de la iglesia describe un ambiente de control absoluto en la organización y señala que cuestionar al líder era impensable.[18] Después cuenta con detalle que Copeland arrastraba a las personas con ingresos limitados a una situación todavía más desfavorecida porque las empujaba a vaciar sus escasos ahorros para donarlos a la iglesia.

Con frecuencia, quienes ofrecen la imagen más clara de un charlatán son los familiares de sus víctimas. Maud Newton ha escrito sobre su madre, una mujer de salud precaria y situación económica apurada, que no dejaba de hacer donaciones proporcionalmente abundantes a Copeland y vivía en una burbuja informativa en la que todas las noticias le llegaban a través del Victory Channel.[19] Dada la envergadura del imperio de Copeland, hay miles de personas en todo Estados Unidos con historias similares.

En comparación con otros evangélicos estadounidenses, Copeland es en general un predicador apolítico. Sin embargo, no fue ninguna sorpresa ver que se sumaba a los demás grupos religiosos y se subía al carro de Donald J. Trump. Considerado oficialmente «asesor espiritual» de Trump, en agosto de 2020 organizó un mitin para recaudar fondos al que asistieron dos mil quinientas personas, a pesar de las restricciones por la COVID y en contra de las constantes peticiones de las autoridades sanitarias locales para que no lo hiciera.[20]

Lo menos sorprendente de todo fue su reacción cuando Trump perdió las elecciones de 2020. Justo después de que se conocieran los resultados, Copeland organizó con sus feligreses un extraño y demente ataque de risa de noventa segundos ante la idea de que Joe Biden fuera a ser presidente: «¡Sí, claro, va a ser presidente y Mickey Mouse va a ser rey!», decía entre carcajadas.[21] Al mes siguiente, en tono más sombrío, aseguró a sus seguidores que el diablo había robado las elecciones para poder seguir matando bebés, en una aparente referencia al debate sobre el aborto.[22]

Da la impresión de que la rápida acumulación de titulares negativos ha empujado a Trinity Broadcasting Network a cancelar por fin el programa de televisión de Copeland —después de cuatro décadas en la parrilla— y a sustituirlo por un pastor más joven y más adecuado para Instagram.[23] Por supuesto, Kenneth Copeland sigue siendo dueño de su propio canal de televisión, así que no ha desaparecido por completo de la pequeña pantalla, pero ahora llega a un público mucho más reducido.

Sigue ahí, estafando, volando en sus aviones privados desde su aeropuerto privado, recaudando millones de dólares libres de impuestos para las arcas de su iglesia. No hay quien pare a Kenneth Copeland.

Ahora bien, con toda su grandilocuencia y todos sus millones, Kenneth Copeland no es, ni mucho menos, el peor de los estafadores evangélicos. No; para ver a quién corresponde esa distinción tenemos que volar hacia el sur, nada menos que hasta Brasil.

Edir Macedo

Adéntrese con nosotros en el mundo de la Iglesia Universal del Reino de Dios. Y prepárese para ver una muchedumbre. La estridente y desmesurada sede de la iglesia, una reproducción del Segundo Templo de Salomón digna de Las Vegas, deja pequeños los edificios cercanos a São Paulo, la ciudad más grande de Brasil. Construido con piedra transportada desde Jerusalén, se dice que esta gigantesca edificación de dieciocho plantas costó 249 millones de dólares.[24]

La iglesia presume de que esta monstruosidad desbordante de mal gusto es ya el destino turístico más importante de Brasil, con unos dos millones de visitantes al año, más que la emblemática estatua del Cristo Redentor en Río. Además —se apresuran a añadir—, el templo es el doble de alto.

En 2014, Dilma Rousseff, la primera mujer que ocupó la presidencia de Brasil, estuvo presente en la inauguración; a pesar de ser de izquierdas y supuestamente atea, no podía permitirse el lujo de desairar a los millones de fieles de la Iglesia Universal. Durante la ceremonia, la presidenta elogió el papel de la Iglesia en la sociedad brasileña mientras inspeccionaba la imponente nave del templo, que, según la iglesia, tiene el tamaño de dieciséis campos de fútbol —en Brasil todo se mide en términos futbolísticos— y capacidad para diez mil fieles.[25]

Se llena todas las semanas, igual que centenares de salas más de la Iglesia Universal en todo el mundo, durante unos servicios que distorsionan el significado del cristianismo hasta los límites de lo imaginable.

Debemos olvidar todo lo que creemos saber sobre las iglesias. En la Iglesia Universal, todo es posible. El servicio dura al menos dos horas y los feligreses pasan la mayor parte del tiempo de pie, con los ojos cerrados, cantando y rezando con fervor, mientras los pastores auxiliares, cubiertos con falsos chales de estilo judío, recorren los pasillos tratando de encontrar señales de posesión demoniaca, porque los demonios... los demonios están por todas partes en la Iglesia Universal. Luchar contra ellos es un trabajo a tiempo completo.

De vez en cuando, esos pastores novatos descubren a un feligrés con síntomas inequívocos de la presencia del diablo y se aproximan para obrar un exorcismo, un ritual violento en el que le imponen las manos y ruegan al demonio que se vaya. El poseído se retuerce en el suelo. La multitud se emociona, sube el volumen de la música: Dios está presente.

Lo sienten. Todos lo sienten.

La intensidad emocional de los servicios religiosos de la Iglesia Universal asombra a los no iniciados. Una vez a la semana, la iglesia envuelve a sus fieles en una experiencia que afecta a todo el cuerpo, un viaje espiritual diseñado para sacudirlos hasta lo más hondo. No solo hay música; también hay teatro: casi todas las semanas se representan pequeñas obras con moraleja, seguidas de testimonios emotivos y desgarradores.

También hay sermones, por supuesto. Pero, cuando está en el púlpito, el pastor dedica poco tiempo a las prédicas tradicionales. En realidad, los sermones no suelen mencionar a Jesús.

Lo más importante para la Iglesia Universal —presente hasta en el logotipo mundialmente conocido de la silueta de una paloma blanca sobre un corazón rojo— es el Espíritu Santo. En su teología, la iglesia define al Espíritu Santo como una fuerza presente en el mundo, que revolotea en lucha constante contra los demonios que acechan a nuestro alrededor y, en muchas ocasiones, en nuestro interior.

Los demonios son la explicación de todo: todo lo que va mal en nuestra vida. Nuestros problemas económicos. Nuestros problemas amorosos. Nuestros problemas laborales. Nuestros problemas de salud. Cualquier problema. Todos los problemas. Es más, el mero hecho de tener un problema lo demuestra: la culpa tiene que ser de un demonio.[26]

¿Y quién puede deshacerse de los demonios? Es fácil de adivinar: la Iglesia Universal del Reino de Dios.

La iglesia es la única que sabe qué hacer.

Pero hay un pequeño inconveniente: no es barato.

La última media hora de cada sesión del Servicio Universal está íntegramente dedicada a la colecta. Aquí debemos olvidarnos por completo de todo lo que creemos saber sobre cómo funciona una iglesia. Esto no consiste en pasar tímidamente el cepillo entre los feligreses mientras se formula una discreta petición de ayuda. Es extorsión.

Huelga decir todo lo que se presiona a los feligreses para que paguen el diezmo, para que donen de manera habitual el 10 por ciento de sus ingresos a la iglesia. Pero eso no es más que el principio, lo mínimo. Como suele recordar el pastor, si una persona quiere de verdad que el Espíritu Santo la ayude, debe estar dispuesta a hacer una donación cuantiosa.

A la hora de recaudar fondos, la organización pone en marcha todas sus herramientas teatrales. Las campañas de recaudación se denominan «misiones» y son el corazón de la labor espiritual de la iglesia. Para la Iglesia Universal, escenificar el valor de cada donativo es una auténtica obsesión: a veces montan en el altar una pequeña réplica en piedra del Monte Carmelo bíblico y se fuerza a los fieles para que suban en peregrinación por la ladera y depositen sus donativos en la cima.[27] En otras ocasiones, se coloca una Biblia abierta para servir casi de fetiche y se presiona a los fieles para que amontonen riquezas sobre ella: dinero en efectivo, por supuesto, pero también cheques e incluso joyas y relojes.[28]

La iglesia no tiene ningún reparo en dejar claro lo que pretende: si hay que pedirle un gran favor al Espíritu Santo, la ofrenda debe ser proporcional a la petición. Pedir una bendición generosa a cambio de una donación mezquina no solo es ingenuo, sino que corre el riesgo de ofender a Dios.

Los estudiosos de las religiones denominan a todo esto «neopentecostalismo», un retoño nacido de un brote surgido en una rama de la Reforma protestante del siglo XVI; precisamente esa que inició Martín Lutero, indignado porque la Iglesia católica vendía al mejor postor billetes para el cielo disfrazados de «indulgencias». Lutero se quedaría espantado al ver un servicio de la Iglesia Universal, en el que los milagros se venden de forma muy explícita a precio fijo.

La diferencia es que la Iglesia Universal no solo promete la salvación en la otra vida, sino también riquezas en esta: paga hoy y tendrás gran abundancia tanto en esta vida como en la próxima.

Los servicios de la Iglesia Universal —tanto en persona como en sus omnipresentes emisiones televisivas— son asombrosamente parecidos a los publirreportajes que se emiten a altas horas de la noche.[29] Tienen muchas técnicas en común. Los testimonios sinceros ocupan un lugar destacado: historias cargadas de emoción que hablan de personas caídas en desgracia, gente que reúne sus ahorros y se las arregla para juntar una suma considerable de dinero y donarla, con la convicción de que se lo devolverán multiplicado por diez.

El énfasis que se pone en los vídeos de la iglesia en exhibir los primeros testimonios es un ejemplo clarísimo de prueba social: se trata de mostrar a los fieles que otras personas como ellos han visto el beneficio de hacer grandes donaciones. Está demostrado desde hace tiempo que, en situaciones sociales ambiguas, este tipo de técnicas influyen en la toma de decisiones. Y la Iglesia Universal emplea un marketing muy agresivo. Como dice un antiguo miembro de la iglesia: «Lo que creemos es que, sacrificando nuestro dinero, podemos complacer a Dios, es decir, cuanto más dinero damos, más nos bendice Dios».[30]

El descaro con el que la iglesia empuja a sus miembros a arriesgarlo todo —a veces literalmente— con la entrega de dinero es asombroso. Y, como forma de piratear el HumanOS, pocos charlatanes han utilizado la prueba social de forma tan agresiva como Macedo.

En un vídeo, una mujer brasileña cuenta que vendió todos los muebles de su casa para poder juntar la donación que le pedía la iglesia. Cuando resultó que no era suficiente, prosigue, salió a la calle a recoger latas de aluminio para venderlas como chatarra.[31]

Esta no es ninguna revelación escandalosa descubierta por detractores o periodistas de investigación deseosos de denunciar a la

Iglesia Universal. Es el mensaje que transmite la propia Iglesia Universal en sus programas nocturnos de televisión. Valió la pena, concluye sonriendo a la cámara la mujer que rebuscaba en la basura, porque el milagro que Dios le concedió hizo que todo le compensara los esfuerzos.

Se subraya sin cesar la cuestión del sacrificio: la Iglesia Universal no es partidaria del tipo de cristianismo de dar lo que se pueda porque todo ayuda. A los feligreses les dicen que el Espíritu Santo siempre los ayudará, pero solo si ellos también lo ayudan de verdad, con donativos que representen un verdadero sacrificio para ellos. Al fin y al cabo, si no demostramos un compromiso profundo, ¿por qué vamos a esperar un milagro que nos cambie la vida?

Estas cosas no se insinúan, sino que se proclaman a los cuatro vientos: las grandes donaciones traen grandes milagros que cambian la vida. Las donaciones que no suponen un sacrificio real para el donante no significan nada para Dios. Cuanto mayor sea el sacrificio, mejor. La Iglesia Universal no quiere parte de tu dinero. Lo quiere todo y más.

Por supuesto, para que el Evangelio encaje con el mensaje de Macedo, hace falta editarlo mucho. Todas las «tonterías» que dijo Jesús en la montaña de que aquellos que buscan la riqueza y el poder en esta vida «ya han recibido su recompensa» en este mundo y no la obtendrán en la siguiente tienen que suprimirse con sumo cuidado.

Pero, entonces, la Iglesia Universal del Reino de Dios es cristiana en el mismo sentido que Kentucky Fried Chicken es sureño: en teoría, vagamente, en abstracto, pero de ninguna manera que resista el más mínimo escrutinio.

Como ya habrá adivinado usted, un sistema tan astuto solo podía salir de la imaginación de un charlatán verdaderamente dotado y de categoría mundial. Vamos a conocerlo.

Sus seguidores lo llaman el Obispo y sus obispos lo llaman *o chefe*, el jefe, pero su nombre, según figura en la lista de multimillonarios de Forbes, en la que ha conseguido entrar, es Edir Macedo.[32]

Flaco, calvo, de barba larga pero rala, Macedo recuerda a un familiar frágil, algo tímido y discreto. Sin embargo, al escuchar sus sermones, su intensidad espiritual nos invade gradualmente, poco a poco, con sus largas homilías sobre las influencias demoniacas presentes en todas partes, pero sobre todo en la izquierda política.

Macedo no grita; seduce. En voz baja. Y vuelve una y otra vez sobre los peligros del mundo lleno de demonios de los incrédulos, los escépticos, los izquierdistas, los católicos, y sobre los poderes mágicos de ofrecer un sacrificio económico a Dios; es decir, a él mismo, por supuesto.

Nacido en 1945 en São Paulo, Macedo se educó en la fe católica, pero se convirtió al pentecostalismo cuando tenía veinte años. En aquella época, no había casi protestantes en Brasil; él fue uno de los primeros. Después de una breve trayectoria como pequeño funcionario de la lotería, decidió fundar su propia iglesia y construir su teología a partir de una versión descarada y sin reservas del evangelio de la prosperidad que deja pequeña la de Kenneth Copeland.

Macedo, como otros predicadores del evangelio de la prosperidad, afirma que Dios expresa su agrado por los fieles derramando sobre ellos bienes materiales. Pero, a diferencia de otros predicadores, su enfoque es explícitamente mercantil. Para Macedo, el dinero es bueno y la única forma de adquirir más es darlo todo a su iglesia.

Desde el punto de vista político, Macedo es tan reaccionario como es de esperar; movilizó activamente a sus seguidores para votar por Jair Bolsonaro en 2018, cuando fue elegido por primera vez, y en 2022, cuando no alcanzó la reelección. No obstante, Macedo es demasiado astuto como para enfrentarse abiertamente al partido en el poder y declaró que, aunque había rezado por la victoria de Bolsonaro, también había rezado para que se hiciera la voluntad de Dios y, como la voluntad de Dios había sido que ganara Lula, le dio la bienvenida y «le perdonó sus antiguos pecados».

Sobre todo despotrica contra sus rivales: contra otras confesiones protestantes que le arrebatan fieles de los que quiere aprovecharse y contra los musulmanes, por supuesto, pero, ante todo, contra la aborrecidísima Iglesia católica.

El cristianismo de Macedo, que poco tiene de Jesús, se basa sobre todo en una extraña versión de la teología del Antiguo Testamento. Los templos de Macedo están construidos con la idea de que se parezcan al antiguo templo judío, porque su teología tiene una fuerte influencia de la Torá. Destacan las menorás y las réplicas de los arcos de la Biblia, tal como explica en su libro: «Ser evangélico en Brasil es como ser extranjero en Egipto en la época de los faraones».

«La misión de Moisés era liberar al pueblo de Israel, recuperar su ciudadanía y guiarlo hasta ser dueños de su propio reino —sostiene en su obra *Plano de poder: Deus, os cristãos e a política* (Plan de poder: Dios, los cristianos y la política)—.[33] Este libro es como la zarza ardiente en la que Dios se reveló a Moisés con su gran proyecto nacional».

Así que, ya sabe, no pasa nada por no apoyarlo… siempre y cuando no nos importe acabar sufriendo varias plagas bíblicas, como les sucedió a los faraones egipcios.

Macedo es despiadado. Lo que comenzó en 1977 con una sola iglesia en São Paulo creció con rapidez hasta convertirse en una empresa multinacional dedicada a quitarles el dinero a los fieles. La estafa de la Iglesia Universal concebida por él es increíblemente rentable, con miles de millones de dólares que salen del bolsillo de personas que se encuentran entre las más pobres del mundo para ir directos al suyo.

Ya en los años noventa, el mayor problema de Macedo era cómo blanquear el dinero de las fantásticas ganancias de su iglesia. Como era una organización sin ánimo de lucro, la Iglesia Universal no tenía que pagar impuestos, pero tampoco podía invertir en actividades rentables. Por consiguiente, si quería desviar dinero de la iglesia hacia otros negocios, siempre tendría que ser al margen de la ley.

Así y todo, consiguió blanquearlo. ¿Cuál fue su primer objetivo? Los medios de comunicación.

En 1989, Edir Macedo compró Rede Record, una histórica cadena brasileña de radio y televisión que atravesaba dificultades. Empezó a invertir grandes sumas de dinero de las que los fiscales siempre han sospechado —pero nunca han demostrado— que procedían del blanqueo de fondos de su iglesia.

Muy pronto, Macedo estaba presidiendo un conglomerado mediático gigantesco. Rede Record posee veintitrés cadenas de televisión y cuarenta y dos emisoras de radio, según un cálculo, y es el segundo grupo mediático más grande de Brasil, hoy con el nombre de Record, sin más.

En 2013, Macedo se expandió al sector de los servicios financieros con la compra del 49 por ciento de Renner Bank; en 2020 amplió su participación hasta el 89,9 por ciento. El Banco Digimais, nombre con el que lo rebautizó Macedo, no es uno de los grandes bancos de Brasil, pero tampoco es pequeño: en el segundo trimestre de 2024 tenía 213.889 clientes y se dedicaba sobre todo a los préstamos para comprar automóviles.[34]

Para que luego hablen de Dios y el becerro de oro.

Si le da a usted la impresión de que esta forma de pensar y actuar no es simple explotación, sino un claro delito, puede estar tranquilo, porque es la misma impresión que han tenido una gran variedad de investigadores de todo el mundo. El propio contable de Macedo lo ha denunciado por ilegalidades. En 1992, Macedo estuvo brevemente en la cárcel en Brasil por charlatanería. Pero el primer atisbo de lo que se avecinaba se manifestó cuando tuvieron que ponerlo en libertad porque miles de sus seguidores acamparon frente a la comisaría en la que estaba detenido.

La Iglesia Universal está oficialmente catalogada como secta peligrosa en Bélgica y se la investiga por blanqueo de capitales en Estados Unidos. En 2002 se descubrió que el representante colombiano de la iglesia vivía en una propiedad perteneciente a un destacado capo de un cártel de la droga. La fiscalía del estado de São Paulo acusó a Macedo y otros altos cargos de la iglesia de malversar aproximadamente dos mil millones de dólares de la iglesia entre 2003 y 2008, tras una investigación de diez años sobre las finanzas de la organización, que reveló la intrincada red de sociedades ficticias en paraísos fiscales como las islas del canal de la Mancha y las Islas Caimán que utilizaba Macedo para desviar dinero destinado a obras benéficas.[35] En 2019 los investigadores de Río de Janeiro presentaron pruebas que vinculaban a la iglesia con una operación de blanqueo de más de mil millones de dólares solo en los doce meses anteriores.[36]

Nunca se ha podido sostener ninguna acusación. A Macedo jamás lo han condenado por nada. Todo lo contrario. Desde 2006 su esposa y él viajan con pasaporte diplomático brasileño, un privilegio que antes solo se concedía a altos cargos del Estado, miembros de la élite política y empresarial, y obispos católicos de alto rango, pero que ahora también ostenta él, con la consiguiente inmunidad diplomática en el extranjero.[37]

Aparte de aquellos once días de 1992, Macedo nunca ha rozado la cárcel. Una y otra vez ha salido impune, con un ejército de abogados que siempre va un paso por delante de la ley.

Es una verdad universalmente conocida que un charlatán poseedor de una gran fortuna necesita influencia política, y Edir Macedo no es ninguna excepción. En 2005 fundó su propio partido político, el Partido Republicano Brasileiro, y los miembros de su iglesia empezaron a presentarse como candidatos a elecciones en todo Brasil. En 2022 los republicanos brasileños tenían 43 de los 513 escaños de la Cámara Baja del Congreso; 212 alcaldes, entre ellos el de Río de Janeiro; y 2 de los 27 gobernadores estatales. El presidente del partido, Marcos Pereira, fue ministro del Gobierno y ahora es vicepresidente de la Cámara de Diputados de Brasil. En sus horas libres, ejerce como obispo de la Iglesia Universal.

Se dice que Edir Macedo es la única persona en Brasil que puede presumir de ser dueño de una iglesia, un partido político, un banco y una cadena de televisión.[38] También tiene un pequeño ejército: el servicio de seguridad de la Iglesia Universal es tan numeroso y está tan bien financiado como el resto de su imperio. Hay distintas opiniones sobre cuál es el centro de poder de Macedo. Seguramente ese honor le corresponde a Record: la línea directa con millones de hogares brasileños es la razón de que Macedo sea un poderoso agente político insustituible en su país.

Los charlatanes de nuestra época llevan a cabo estafas digitales, virales y expandibles, pero pocos han logrado implantar su visión a escala tan global como Macedo. Su iglesia tiene hoy presencia en

Portugal, España, Reino Unido, Alemania, Francia, Países Bajos, Bélgica, Luxemburgo, Italia, Suiza, Polonia, Rusia, Letonia, Suecia, Ucrania, Rumanía, Angola, Sudáfrica, Mozambique, Cabo Verde, Kenia, Lesoto, Gabón, Costa de Marfil, Malaui, Uganda, Botsuana, India, Singapur, Malasia, Hong Kong, Filipinas, Japón, Taiwán, Tailandia, Macao, Timor Oriental, Emiratos Árabes Unidos, Corea del Sur, Papúa Nueva Guinea, Nueva Zelanda y Fiyi.

En la actualidad, la Iglesia Universal del Reino de Dios es sin ninguna duda la mayor exportación de Brasil. La iglesia de Macedo presume de tener seguidores en 128 países.[39] McDonald's solo opera en 114 países.

Aun así, Macedo nunca ha perdido de vista de dónde viene: el poder de su iglesia sigue concentrado de manera abrumadora en Brasil, donde cuenta con ocho millones de fieles y donde su patrimonio, su peso mediático y sus devotos seguidores lo han convertido en una de las figuras más influyentes del país.

Pocos charlatanes pueden presumir de un éxito comparable al de Edir Macedo. En cualquier lugar en el que vivamos, es probable que haya una Iglesia Universal del Reino de Dios a poca distancia. Cualquiera puede pasar un domingo a echar un vistazo. Verá personas cantando. Verá personas rezando. Las verá dando el diezmo. Encantadas.

Pese a lo sorprendentes que son las historias de Kenneth Copeland y Edir Macedo, en cierto modo son la misma: dos pastores carismáticos, centrados en el lucro, que exprimen a sus feligreses hasta la última gota. Es un formato popular; no faltaron personajes entre los que elegir en esta categoría de charlatanes y podríamos haber escogido una docena más.

Pero esta manera de utilizar el cristianismo para engañar a los ingenuos no es, ni mucho menos, la única. Hay muchas otras. Y una de las más creativas la perfeccionó nuestro siguiente charlatán, que aprendió como nadie el arte de convertir una universidad evangélica sin ánimo de lucro en el monedero que sufragaba sus extrañas perversiones sexuales.

Jerry Falwell Jr.

Quienes tienen hijos lo entienden bien: esa punzada de preocupación cuando su hija preadolescente va a un gran concierto por primera vez. Es un rito de iniciación, sin duda, pero es difícil no darle vueltas a la idea de que le puede pasar algo terrible. Y algunas veces pasan cosas terribles.

¿Pero enviar a Donald Trump a la Casa Blanca?

Por descabellado que parezca, la cadena de acontecimientos que se desencadenó cuando la hija preadolescente de nuestro próximo charlatán les dijo a sus padres que necesitaba como fuera entradas para la actuación de Justin Bieber en el programa de televisión *Today* tuvo unas consecuencias que cambiaron el mundo.[40]

Cuesta recordar aquellos días felices de la Biebermanía, pero, allá en 2014, *Biebs* era el cantante más popular del mundo. Era difícil conseguir entradas para sus conciertos y todavía más para una actuación en directo en televisión. Se necesitaban contactos. Y los padres de nuestra preadolescente tenían muchos. Michael Cohen, el hombre de confianza de Donald J. Trump, no era más que uno de ellos. Y si algo tenía Michael Cohen, eran más contactos.

Así que, cuando Cohen se enteró de que a la hija de uno de los personajes más influyentes en la política republicana le estaba costando encontrar entradas para ver a Bieber, supo exactamente lo que convenía hacer. Se puso manos a la obra, le consiguió unas entradas estupendas y se reservó el episodio en su densa red de relaciones de reciprocidad. Le había hecho un favor y ya le sacaría a cambio otro un poco mayor.[41]

La preadolescente en cuestión no era una chica cualquiera: era la hija de Jerry Falwell Jr. y su esposa, Becki, es decir, la heredera de una de las familias más poderosas de Estados Unidos, nieta del fundador de la muy politizada derecha evangélica, uno de los bloques electorales más formidables del país. Y ese pequeño favor, unas entradas para un concierto, derivó en una amistad que, con el tiempo, crecería hasta ser una de las alianzas más insólitas de la política estadounidense: la extraña pareja formada por un libertino tres veces casado y dos veces divorciado y el grupo de presión de los valores familiares evangélicos.

Retrocedamos un instante. ¿Quién es exactamente Jerry Falwell Jr. y cómo ha llegado a estar en una posición que le permite orientar millones de votos estadounidenses a favor de cualquiera, sobre todo de una figura tan tóxica y anticristiana como Donald Trump?

Falwell Jr. fue rector de la Liberty University de Lynchburg, Virginia. La universidad, fundada en los años sesenta por su padre, Jerry Falwell Sr., con el nombre de Lynchburg Baptist College, era la mayor institución cristiana evangélica de enseñanza superior del país y uno de los centros más influyentes de la política republicana.

Con 15.500 estudiantes en su extenso campus de 2.800 hectáreas y 95.000 estudiantes más en línea, Liberty es el hogar espiritual y académico del cristianismo politizado de derechas que Falwell Sr. predicaba en los años setenta y que dirigió hasta su muerte en 2007.

Jerry Falwell Sr. no fue un mero televangelista más de los años ochenta. Fue, desde todos los puntos de vista, uno de los líderes políticos más influyentes de Estados Unidos desde la década de 1970. La organización política que fundó para los cristianos conservadores, la Mayoría Moral, revolucionó la política estadounidense y movilizó a los cristianos evangélicos como nunca en torno a un único partido político.

Hoy en día, en Estados Unidos, estamos tan acostumbrados a pensar que los cristianos evangélicos son conservadores y siempre votan a los republicanos que nos cuesta imaginar una época en la que no era automáticamente así. Sin embargo, hasta los años setenta, la mayoría de los cristianos evangélicos se enorgullecían de ser apolíticos, porque creían que las cuestiones de este mundo eran secundarias frente a la verdadera labor de la salvación. Y quienes participaban en política tenían tantas probabilidades de ser de izquierdas como de derechas; por ejemplo, un devoto y poco conocido profesor de catequesis y cultivador de cacahuetes de Georgia llamado Jimmy Carter.

Fueron necesarias décadas de trabajo incansable para politizar a este gigante dormido y aliarlo firmemente con la derecha, y el hombre que llevó a cabo la mayor parte de ese trabajo fue Jerry Falwell Sr. Predicador de extraordinario talento, Falwell se convirtió en la voz de un país olvidado de cristianos devotos y chapados a la antigua que creían que afirmar la fe en Jesucristo salvador equivalía a «renacer» en la tierra.

Los cristianos renacidos, que fue el nombre que adoptaron, siempre habían despreciado las tentaciones de este mundo en favor de un orden austero y patriarcal basado en la oración y la devoción a las Escrituras. Vivían con arreglo a un código que consideraba que la familia era sagrada y el divorcio pecaminoso, y sostenían que el sexo solo era permisible dentro del matrimonio entre «un hombre nacido naturalmente y una mujer nacida naturalmente».

Adversarios implacables de los nuevos códigos morales laicos de sexualidad abierta, los derechos LGBT y, en especial, el aborto legal, los seguidores de la corriente cristiana de Falwell se propusieron hacerse con las riendas del Partido Republicano. Empezaron por dejar su huella en el mapa electoral de 1980, cuando votaron en masa por Ronald Reagan (que, irónicamente, no era cristiano evangélico) frente al presidente en ejercicio, Jimmy Carter, que sí era un cristiano renacido.

El ministerio televisivo de Jerry Falwell Sr. logró congregar a un gran número de seguidores que, en los años noventa, se habían convertido ya en el mayor bloque electoral del Partido Republicano.

Sin un apoyo sustancial de los cristianos renacidos, ningún aspirante republicano tenía serias posibilidades de ser candidato del partido a la presidencia, lo cual, para un mujeriego empedernido con dos divorcios a sus espaldas, era un ligero problema. Donald Trump necesitaba como fuera entrar en la burbuja de la derecha evangélica. Y dio la casualidad de que, un par de años antes, su abogado había ayudado al personaje más importante de la política evangélica a conseguir para su hija unas entradas para ver a Justin Bieber.

Según cuenta en el libro, Michael Cohen y la familia Falwell se hicieron muy buenos amigos en los meses posteriores. Los Cohen y los Falwell se visitaban, quedaban para tomar una copa y salían de fiesta juntos.[42]

En comparación con el mundo reservado de los devotos creyentes de Falwell, la vida acelerada del abogado neoyorquino que tenía a Donald Trump entre sus clientes era la locura. Los Falwell se dieron cuenta enseguida de que con él podían hablar de temas de los que no podían hablar con nadie más.

Por eso, cuando en su vida surgió un problema mucho mayor, supieron a quién llamar.

La mayoría de los charlatanes que aparecen en este libro son tipos habladores, a quienes les encanta ser el centro de atención, contar historias que dejan a su público boquiabierto y aprovechar su encanto para conseguir riquezas, poder o sexo. Jerry Falwell Jr. no es así. Él es, tal vez, otro tipo de charlatán menos frecuente: tranquilo, más cómodo en la penumbra que siendo el centro de atención.

Con formación de abogado y experiencia profesional en promociones inmobiliarias y financiación de deudas, Falwell Jr. no es un predicador evangélico. Nunca ha pretendido ser un líder religioso. En la eterna rivalidad entre Dios y el becerro de oro, siempre ha sabido de qué lado estaba.

Sin embargo, esto es lo bueno: por llamarse como se llama, no ha necesitado predicar ni reivindicar ninguna autoridad religiosa. Su nombre suscitaba el respeto y el afecto de millones de los evangélicos de mayor edad, para quienes su padre había sido la figura espiritual y política más importante de su vida. Jerry Falwell era una marca política tan asentada que el detalle de que al final se añadiera un «Jr.» no suponía apenas diferencia.

Al morir Falwell Sr. en 2007, Jerry Falwell Jr. lo sucedió como rector de la Liberty University. La universidad había sido uno de los proyectos preferidos de su padre: poner a disposición de los cristianos evangélicos una universidad de prestigio mundial similar a las que tienen los mormones con Brigham Young y los católicos con Notre Dame.

La Liberty University se concibió como un centro explícitamente religioso, una academia de formación para los cuadros profesionales del evangelismo político, con la misión de formar «adalides de Cristo en todas las áreas de estudio importantes».[43]

Como la mayoría de las universidades, Liberty es una institución sin ánimo de lucro y, por tanto, disfruta de grandes ventajas fiscales. Falwell Jr., siempre pensando en ganar dinero, vio pronto las enormes posibilidades que ofrecía. En todo Estados Unidos, los padres evangélicos estaban desesperados por enviar a sus hijos a una buena escuela respetuosa con Dios y sin el progresismo cultural que predominaba en los grandes campus. Falwell Jr. se dio cuenta de que estaban dispuestos a pagar mucho más por inscribir a sus hijos en Liberty y a no preguntar demasiado sobre la calidad de la educación que se ofrecía.

Pero eso fue solo el principio. En sus primeros tiempos, cuando no era más que el Lynchburg Baptist College y su misión era formar a nuevos pastores evangélicos, el centro había empezado a experimentar con las primeras formas de educación a distancia. En aquel entonces, ello consistía en enviar por correo sesiones de estudio sobre la Biblia dirigidas por Falwell Sr. y grabadas chapuceramente en cintas de VHS, junto con unos exámenes que se podían devolver a vuelta de correo para obtener créditos universitarios. Falwell Jr. intuyó que, si actualizaba la tecnología, podía convertirse en un mercado con gran margen de crecimiento.

En 2008 y 2009, en plenas secuelas de la crisis financiera que sacudió al mundo, Falwell Jr. se dio cuenta de que cientos de miles de cristianos evangélicos de todo el país se estaban quedando sin trabajo y encerrados en casa sin saber qué hacer. De repente, las viejas cintas de VHS se convirtieron en la inspiración que lo empujó a crear una audaz estrategia para que Liberty University recaudara millones de dólares.

Falwell Jr. comprendió que por cada estudiante capaz de pagar los veinte mil dólares anuales que costaba la matrícula en Liberty, habría muchos más deseosos de recibir una educación cristiana y tener la oportunidad de mejorar sus perspectivas laborales sin renunciar a su fe. Es un sueño intenso y Jerry Falwell sabía que se podía sacar dinero de él.

Como estableció Alec MacGillis en un reportaje de investigación fundamental publicado en *The New York Times Magazine*, lo que iba a subsanar este vacío en el mercado fue Liberty University

Online: una institución de educación por internet que pronto sobrepasaría a las instalaciones físicas de Liberty. El rector Falwell presionó a los miembros del claustro para que pusieran la mayor cantidad posible de sus materiales didácticos en formatos compatibles con internet para poder ofrecerlos a estudiantes de todo el mundo; pagando, por supuesto.[44]

Al principio, los profesores se rebelaron: era evidente que la oferta online de Liberty estaba pensada fundamentalmente para ganar dinero. Se les pedía que los materiales fueran lo más sencillos posible, las calificaciones automáticas, y que el costoso tiempo de relación personal entre profesores y alumnos se redujera al mínimo imprescindible.

El resultado fue una serie de cursos que abochornaban a los mejores profesores de Liberty: ejercicios propios de niños pequeños que eran imposibles de suspender. Los cursos eran baratos de producir y gratis de mantener, y se podían vender las veces que hiciera falta a unos estudiantes que apenas aprenderían nada, pero que, en muchos casos, se endeudarían para pagarlos.[45]

Era una fábrica de títulos, así de simple, aunque envuelta en el aura de santidad del nombre de su rector: Jerry Falwell... Jr.

Las historias de las vidas arruinadas por Liberty University Online son una lectura desoladora. El problema no es solo que Liberty vendiera títulos sin valor a estudiantes ingenuos, sino que se especializó en explotar justo al tipo de estudiantes evangélicos para cuyo beneficio se había fundado la universidad. Los alumnos confiaban en Liberty precisamente por su identidad evangélica y por el apellido Falwell. Por supuesto, una universidad creada para formar adalides de Cristo jamás estafaría a sus discípulos más vulnerables, ¿verdad?

Mentira.

Los estafó.

El reportaje de investigación de Alec MacGillis halló numerosas pruebas de que la gestión de Liberty Online tenía un implacable propósito comercial. En 2016, la universidad pagó a Google más de 16,8 millones de dólares en concepto de publicidad que abriera nuevas «vías de admisión» para posibles alumnos en línea.

Cuando alguien hacía clic en un anuncio —un anuncio que invariablemente pregonaba las virtudes cristianas de Liberty—, se le pedía que introdujera su número de teléfono. Un «agente de admisiones» de Liberty —o sea, un comercial— lo llamaba pocos minutos después con la exclusiva intención de vender, vender y vender.[46]

En su apogeo, Liberty University Online empleaba a cientos de agentes de admisiones que trabajaban en dos turnos, de ocho de la mañana a ocho de la tarde, en un centro de llamadas instalado en un antiguo local abandonado de Sears, en Lynchburg, Virginia.[47] Aunque las normas federales prohíben el establecimiento explícito de cuotas, todos los empleados del departamento de ventas sabían que, si no matriculaban a ocho estudiantes cada día, su puesto de trabajo corría peligro. No había forma de esconderse: las cifras de nuevas inscripciones del día anterior se publicaban en un lugar destacado de la sala y el nombre de quienes no habían conseguido inscribir a más de cuatro se destacaba en rojo. También se publicaban las cifras mensuales, con la misma tinta roja para avergonzar a los rezagados, mientras que a los mejores se les daba a entender que obtendrían un aumento de sueldo. Había otro grupo totalmente independiente de unos sesenta agentes de admisiones dedicados a los veteranos de guerra y las familias de militares. Este colectivo era objeto de atención especial, porque los fondos federales para la educación de los veteranos son cuantiosos. En un momento dado, aproximadamente treinta mil alumnos de Liberty Online habían entrado por la vía militar.

La investigación de *The New York Times Magazine* descubrió que, igual que los estafadores virtuales más sinvergüenzas, los agentes presionaban y acosaban durante las llamadas para averiguar cuánto se podía permitir pagar el estudiante. Primero agotaban ese límite y luego los animaban a pedir subvenciones federales y préstamos estudiantiles para financiar el resto. Algunos alumnos de Liberty Online acabaron con una deuda de casi cien mil dólares por unos títulos virtuales que a la universidad no le costaban casi nada: unos cursos simplificados en los que los estudiantes recibían poca o nula instrucción individual y hacían ejercicios que se calificaban de forma automática, de modo que pocas empresas se tomaban el título en serio.[48]

¿Y por qué no se tomaban en serio los cursos de Liberty por internet? Porque tampoco se los tomaba en serio Liberty. En 2017, la universidad no gastó más que 2.609 dólares de media por alumno, contando el aprendizaje en línea y el presencial. No revela cuánto gasta por cada alumno virtual, pero, dado que la educación presencial suele costar decenas de miles de dólares por estudiante, la cifra correspondiente al aprendizaje exclusivamente en línea debe de ser en verdad diminuta. Algunos años, Liberty gastó en la enseñanza real de sus alumnos menos de la mitad del dinero que recaudaba con las matrículas.

En 2016, los ingresos netos superaban los 215 millones de dólares al año, según se evidenció en la investigación de *The New York Times Magazine*.

Y, dado que estaba totalmente acreditada como universidad sin ánimo de lucro, los alumnos de Liberty Online también tenían derecho a recibir financiación del Gobierno. Falwell Jr. no escatimaba esfuerzos a la hora de buscar estas subvenciones. En 2017, Liberty recibió la sexta mayor cantidad de ayuda federal de todas las universidades de Estados Unidos: nada menos que 772 millones de dólares. Además, Liberty estaba ingresando ganancias por valor de 42 millones de dólares solo del Departamento de Atención a los Veteranos de Guerra. A la hora de la verdad, la mayor parte de los ingresos de Liberty la pagaban los contribuyentes.

Con esta forma de exprimir todo lo posible al Tío Sam, Liberty se convirtió en una máquina de hacer dinero, feroz cuando se trataba de recortar gastos y enormemente agresiva cuando había que recaudar fondos. Además, para ser una organización sin ánimo de lucro, era muy rentable. En los primeros diez años con Jerry Jr. al mando, los activos netos de Liberty crecieron de 150 millones de dólares a 2.500 millones.

Estas cifras no las reveló ninguna gran proeza del periodismo de investigación. Jerry Falwell Jr. nunca las ocultó, sino que le encantaba lucirlas. Presumía de la habilidad financiera de Liberty cada vez que tenía oportunidad. Más bien, decía estar sorprendido de que otras universidades no siguieran su método de recortes implacables de gastos, propuestas mínimas por internet y búsqueda constante de fuentes de ingresos.[49]

Jerry Jr. obtuvo grandes beneficios de esta bonanza. Su salario, 1,1 millones de dólares, lo convirtió en uno de los cincuenta rectores universitarios mejor pagados de Estados Unidos, por delante de los responsables de varias universidades de la Ivy League.[50] Pero no le parecía suficiente. Cuando llegó el momento de renegociar su paquete salarial, pidió a la junta directiva de Liberty (que, por supuesto, había atestado de amigos suyos) la asombrosa cantidad de dos millones de dólares. Con ese sueldo, se habría colocado entre los diez rectores mejor pagados de Estados Unidos, por encima de los de Harvard y Stanford.

Presentó argumentos convincentes. No se debía solo a todo lo que había aumentado la dotación, sino a la transformación que había experimentado el campus. Desde su llegada al cargo, Falwell Jr. había emprendido una frenética actividad constructora en las frondosas setecientas hectáreas que formaban el campus de Liberty en Lynchburg, Virginia: derribó los pobretones edificios provisionales que habían albergado a la universidad en sus inicios, en los años setenta, y levantó una serie de instalaciones elegantes y vanguardistas para todo tipo de actividades, desde el tenis hasta las artes escénicas. Al dirigirse a la junta directiva de Liberty, podía afirmar con seguridad que, aunque su padre había tenido la idea de crear la mejor universidad cristiana del mundo, era él, el hijo, quien la había hecho realidad.

Sin embargo, Falwell Jr. no aspiraba solo a un salario sustancioso. Consideraba que los activos de la universidad eran prácticamente suyos. Los agentes del Departamento de Policía de la Liberty University guardaban su residencia, que no estaba nada cerca del campus. Los bedeles de la universidad también se ocupaban del mantenimiento de su casa, pese a que no era tarea suya. El avión privado de Liberty se convirtió en un juguete especial: Falwell Jr. lo usaba para ir a Miami de vacaciones y la universidad pagaba la cuenta. ¿Por qué? Porque en Miami se hacía todos los años un examen médico y, como su contrato exigía un chequeo anual, decidió que el viaje entero era «cosa de la universidad».

Sin prisa pero sin pausa, Jerry Falwell Jr. había convertido el preciado proyecto de su padre de crear una universidad evangélica de primera categoría en un fondo propio para gastos personales, avión privado incluido.

Fue en uno de esos viajes de lujo a Miami en el que Jerry Falwell Jr. cometió el error que, años más tarde, contribuiría a poner a Donald Trump en la Casa Blanca. Jerry y su esposa, Becki, se alojaban en el famoso hotel Fontainebleau de Miami, donde todo es posible.

Mientras se relajaba en una tumbona que costaba ciento cincuenta dólares al día, Becki se fijó en el chico de diecinueve años que limpiaba la piscina y decidió de inmediato que no solo quería que le trajera una bebida.[51]

Se llamaba Giancarlo Granda. Alto e increíblemente guapo, era exactamente lo que parecía: un levantador de pesas de Miami Beach. Varias copas después, Becki ya no tenía reparos. Al poco rato estaba coqueteando con él. Minutos más tarde, lo invitaba a su habitación.

Sobre lo que sucedió después hay versiones encontradas. Los Falwell niegan la de Granda, que cuenta que, cuando llegó a la habitación de Becki, encontró a su marido, Jerry, sentado en un rincón. Sorprendido, hizo el gesto de marcharse, pero Jerry lo tranquilizó. «No te cortes», fue el mensaje que Granda dice haber recibido, y Becki se lo confirmaba: Jerry solo quería mirar.[52]

Hoy los Falwell reconocen que Becki tuvo una aventura con Giancarlo Granda, aunque siguen negando que Jerry tuviera nada que ver. Podría haberse quedado en un caso de su palabra contra la de él, salvo por un detalle, un detalle escandaloso que iba a cambiar el curso de la historia.

Había fotos.

Y esas fotos se habían tomado, sin ninguna duda, desde el ángulo en el que Giancarlo Granda afirmaba que Jerry estaba sentado.

Que no haya equívocos: lo que ocurrió entre Giancarlo Granda y Becki Falwell fue totalmente consentido. Si no estuviera involucrado el rector de la principal universidad de los cristianos renacidos de Estados Unidos, no sería ni digno de mención. Pero la Liberty University proclamaba a los cuatro vientos su devoción por los valores familiares.

Solo para poder matricularse, los estudiantes debían estar dispuestos a pagar una multa de quinientos dólares si los encontraban bebiendo e incluso podían correr peligro de expulsión. Como es evidente, no se toleraba ningún tipo de relación sexual entre personas que no fueran los mencionados «hombre y mujer nacidos naturalmente» y unidos en matrimonio. El código de honor de Liberty, conocido como The Liberty Way, era vinculante no solo para los alumnos, sino también para los empleados; incluido, por supuesto, el rector de la universidad.

No se sabe cómo, exactamente, fueron a parar esas fotos a manos de Giancarlo Granda y su socio. Lo que sí se sabe es que los Falwell se asociaron con él y le financiaron una inversión en un albergue juvenil de Miami que dirigía otro socio. En el momento en el que la relación comercial empezó a agriarse, Granda se dio cuenta de que poseía un arma imbatible que podía usar contra Falwell Jr. Y ahí es donde Michael Cohen, el abogado de Trump, vuelve a aparecer en nuestro relato.[53]

Es fácil imaginar la situación en la que se encontraban los Falwell y por qué recurrieron a alguien como Cohen para solucionarla. Cohen sabía cómo manejar situaciones así; lo había hecho muchas veces para su antiguo jefe, Donald Trump. En sus memorias, Cohen proclama que «se lanzó a la yugular» y dejó caer que pensaba emprender acciones legales implacables contra el socio de Granda a menos que este entregara todas las fotos y borrara todas las copias que pudiera tener.

Lo cual cumplió, a cambio de una recompensa que nunca se ha revelado.

Cohen, en cambio, no era tan de fiar. Cuando recibió las fotos, las borró todas excepto una, que guardó para utilizarla como arma contra Falwell llegado el momento.

Y ese momento llegó enseguida, en el verano de 2015, en la época en la que el jefe de Cohen empezaba a preparar en serio su improbable campaña para alcanzar la Casa Blanca y quería —mejor dicho, necesitaba— el respaldo de un evangélico muy conocido para consolidar su posición entre el bloque de votantes más influyente del Partido Republicano.[54]

Ahora es fácil olvidarlo, pero, a principios de 2015, la opinión general era que la candidatura presidencial de Donald Trump era una maniobra publicitaria para algún nuevo programa de televisión. La idea de que un magnate de los casinos con fama de mujeriego pudiera acabar siendo el líder de la derecha religiosa puritana resultaba extravagante, casi una broma. Los observadores políticos daban por sentado que la base evangélica del Partido Republicano se resistiría a la idea de votar por un hombre así. Sin duda, los defensores de los valores familiares se agruparían en torno a algún rival y ahí se acabaría Trump, ¿no?

Desde luego, esa era la estrategia del senador Ted Cruz. Cristiano devoto e hijo de un predicador renacido, Cruz dominaba el lenguaje del evangelismo. Había crecido en ese mundo y era uno de ellos; por eso hizo todo lo posible para conseguir el importantísimo respaldo de Jerry Falwell Jr. y por eso la mayoría de la gente daba por sentado que lo obtendría.

Lo que no sabía Cruz —lo que no sabía nadie aparte de un puñado de personas— era que Trump tenía *kompromat* (material comprometedor) sobre Falwell Jr.; así lo manifestó el propio Cohen.[55]

Así que, cuando Michael Cohen le reclamó a Falwell Jr. el favor que le debía —que ayudara a su jefe—, el predicador no pudo negarse. El respaldo de Jerry Falwell Jr. fue el primer apoyo evangélico de peso que recibió Donald Trump, un momento crucial en su recorrido hacia la presidencia. A partir de ese momento, la maquinaria imparable de Trump se volvió invencible. Trump fue arrasando en todas las primarias camino a la Casa Blanca.

«Entonces Steve Bannon me llamó y me dijo: "Has hecho posible que ganáramos las elecciones"», contó Jerry Jr. a *Vanity Fair*.[56] Y la comprometedora foto de Becki Falwell con Giancarlo Granda no salió del disco duro de Michael Cohen durante todo ese tiempo.

El ajuste de cuentas, cuando llegó, fue rápido y feroz. El 24 de agosto de 2020, Granda declaró públicamente que había mantenido una relación con Becki Falwell durante siete años y que su marido disfrutaba mirando. Primero habló con Reuters, que llevaba años siguiendo la pista de la historia. Luego recorrió los grandes medios de comunicación estadounidenses: ABC News, CNN, *Politico* y *The Washington Post*. Al acabar el día, el mandato de Jerry al frente de la Liberty University había terminado. Menos de un año después, Liberty había presentado contra él una demanda de millones de dólares por haber ocultado el asunto a la junta directiva.

Según Jerry Falwell Jr., Granda no es más que un chantajista que utilizó las pruebas de su aventura con Becki para intentar sacarle nada menos que dos millones de dólares. Falwell insiste en que él no sabía nada. Las preguntas sobre quién sacó las fotos que, al parecer, están en poder de Michael Cohen siguen sin respuesta.

La junta directiva de la Liberty University demandó a Falwell por diez millones de dólares en concepto de daños y perjuicios por una larga lista de incumplimientos de sus obligaciones fiduciarias. En la sórdida demanda de setenta y cuatro páginas, se explica con detalle que el estado habitual de ebriedad de Falwell le había alterado el juicio y lo había llevado a cometer una serie de errores que habían costado mucho dinero a la universidad. Falwell respondió con una demanda por difamación. Al final la disputa se resolvió fuera de los tribunales, en julio de 2024, cuando Falwell se disculpó por haber cometido «errores de juicio y equivocaciones», y Liberty University, por su parte, le pagó una cantidad no revelada en concepto de jubilación e indemnización por despido y mantuvo el derecho a seguir usando el nombre y la imagen de su padre con unas condiciones acordadas.[57]

Una de las certezas que tenemos después de escribir este libro es que hay muchas clases distintas de charlatanes. Jerry Falwell Jr. es único, sobre todo, porque heredó su estafa. O, mejor dicho, porque heredó una posición de poder en un movimiento político-religioso y la convirtió en una estafa. Aprovechó el sueño que a su padre le había costado décadas hacer realidad y utilizó sin piedad las reservas de buena voluntad que despertaba su nombre.

Igual que los fieles de la Eagle Mountain International Church y la Iglesia Universal del Reino de Dios, los estudiantes de Liberty cayeron en manos de unos charlatanes que no tenían ningún reparo en tergiversar varios mensajes fundamentales del Evangelio para engordar las cuentas bancarias de sus líderes.

¿Cómo lo consiguieron los estafadores? ¿Por qué son sus seguidores tan vulnerables al tipo de manipulación que Kenneth Copeland, Edir Macedo y Jerry Falwell Jr. ejercen con tanta habilidad? ¿Fue la sed de conexión espiritual de las víctimas lo que las debilitó o fue otra cosa?

Para responder a esta pregunta, conviene retroceder un poco y entender el papel que desempeña la religión —la religión tradicional— en la vida de los fieles.

Durante mucho tiempo la religión ha sido el andamiaje sobre el que las comunidades locales construyen los vínculos que alimentan la sociedad y ayudan a las personas a prosperar. En los mejores casos, las iglesias protestantes impulsan la participación comunitaria, son lugares en los que se crean y mantienen semana tras semana densas redes de lazos personales.

Este tipo de redes son fundamentales para el bienestar humano. Muchos estudios demuestran que las personas religiosas manifiestan un mayor grado de bienestar subjetivo y las que asisten a servicios religiosos no solo dicen ser más felices, sino que también exhiben menos comportamientos poco saludables como fumar o beber en exceso. Más de un metaanálisis muestra una correlación estadísticamente significativa entre la observancia religiosa y los parámetros de bienestar. En otros estudios se llega a la conclusión de que los resultados observados entre los cristianos son válidos también para los judíos y los musulmanes: las personas más observantes se manifiestan más satisfechas con la vida. La relación parece innegable y no es fácil de atribuir a factores externos.[58]

Tiene sentido, por tanto, que las personas deseen esa influencia positiva en su vida. En cambio, cuando las comunidades religiosas locales se deshacen, los individuos se aíslan y pierden el acceso a esa experiencia beneficiosa. En 1994, solo el 38 por ciento de los estadounidenses declaraban a la consultora Gallup que no iban a la iglesia nunca o casi nunca; en 2023, el porcentaje había subido al 57 por ciento.[59] Esta disminución del número de creyentes practicantes entraña un mayor aislamiento social, que deja a la persona a merced del tipo de explotación que hemos visto hasta ahora.

Pensemos qué tienen en común los casos que hemos visto hasta ahora: los tres imitan la dimensión comunitaria de las iglesias tradicionales, pero en una variante nueva, corrupta y explotadora. Las nuevas tecnologías desempeñan un papel importante, hasta el punto de que el portal de entrada a las nuevas formas de culto es una pantalla, en lugar de una interacción cara a cara.

Ahora bien, cuanto más analizábamos estos tres casos, más nos dábamos cuenta de que su atractivo no tenía nada que ver con el ámbito espiritual. La Eagle Mountain International Church, la Iglesia Universal del Reino de Dios y la Liberty University Online ocupaban un vacío que sentían unas personas deseosas de formar parte de una comunidad. Con todo, su promesa era falsa: en lugar de integrar a las personas en densas redes de conexiones humanas, las encerraban en redes de explotación dedicadas sin piedad a separarlas de su dinero.

Es un asunto al que volveremos más veces en este libro. A medida que las relaciones sociales se trasladan cada vez más del mundo real de los contactos cara a cara al mundo virtual de píxeles incorpóreos en una pantalla, la necesidad insatisfecha de interacción social deja a las personas cada vez más expuestas a la explotación.

Si los charlatanes de hoy en día son cada vez más digitales, en parte es porque el ámbito electrónico se está convirtiendo en el refugio de personas más aisladas socialmente, y ese aislamiento hace que corran más peligro de ser víctimas de explotación. Esta dinámica es omnipresente y perversa, y el ámbito en el que mejor se observa es el de las ciberestafas.

5

Nativos digitales: el amanecer de la estafa mediante inteligencia artificial

Hubo un tiempo en el que los charlatanes tenían que trabajar mucho para encontrar víctimas o incluso personas que pudieran llegar a serlo. Tal vez sea verdad que el mundo ha estado siempre lleno de ingenuos, pero encontrarlos exigía dedicarle tiempo y esfuerzo, y gastar mucha suela. Debían identificar a las víctimas una por una y cortejarlas una por una y, aun así, muchas podían largarse sin más. Era un trabajo laborioso y agotador.

Ese fue el modelo del siglo XX. Hoy en día, los charlatanes pueden evitarse todas esas molestias.

Lo que antes costaba meses ahora puede hacerlo cualquiera en cuestión de minutos gracias a internet.

Ha llegado la era de la estafa a través de la inteligencia artificial.

Los charlatanes de hoy, que toman prestadas las técnicas desarrolladas por empresas legítimas de internet para identificar nuevos clientes, son auténticos nativos digitales. En vez de trasladar al mundo en línea las estafas de toda la vida, las ponen en marcha directamente allí y crean unos personajes virtuales que prometen la luna y acaban causando mucho dolor.

Es fácil entender por qué: la inteligencia artificial permite a los charlatanes dirigirse a sus posibles víctimas con una rapidez y una facilidad sin precedentes. El quid de la cuestión es que «por sus búsquedas los conoceréis». Mientras la gente siga compartiendo en internet los más íntimos secretos de su vida, sus miedos y sus deseos más profundos, se expondrá a caer víctima de charlatanes fortalecidos por la inteligencia artificial.

Los casos que vamos a ver aquí tuvieron su origen en el ya casi anticuado mundo de los algoritmos de búsqueda de las redes sociales: el tipo de tecnología que Facebook y Google desarrollaron, en principio, para averiguar qué anuncio mostrar a cada internauta. Sin embargo, pronto habrá modelos completos de inteligencia artificial capaces de alimentarse de los historiales de YouTube y los perfiles de Facebook, que revelan los sentimientos de cada persona sobre sus familiares y amigos, su lugar en el mundo, sus miedos y sus deseos. A medida que mejore la tecnología digital, la capacidad de los charlatanes para atender exactamente a los sueños más íntimos de cada uno no hará más que aumentar. Y eso es peligroso. Convertir nuestros propios sueños en un arma contra nosotros mismos es el recurso habitual de los charlatanes, de modo que darles todavía más información a más charlatanes principiantes solo puede facilitar la victimización.

Ahora bien, no se trata solo de encontrar víctimas. Estas nuevas tecnologías tan sofisticadas se convierten en poderosos aceleradores del oficio del charlatán en todas sus dimensiones. Pero el charlatán digital no solo encuentra víctimas de forma más rápida y eficaz que sus predecesores con el contacto físico, sino que también puede indagar mucho más a fondo en su vida. Es una buena alternativa posible a la ampliación del negocio: algunos embaucadores dan con un nicho rentable a base no tanto de extenderlo a cada vez más personas, sino de profundizar en la vida de unas pocas.

Esto nos sorprendió. No nos habíamos propuesto escribir un capítulo sobre las sectas virtuales, pero, a medida que analizábamos las historias con más detalle, nos dimos cuenta de que eso era precisamente lo que estábamos haciendo. Resulta que los charlatanes digitales que más triunfan en la actualidad están siempre al frente de organizaciones que se parecen mucho a las sectas clásicas: unas organizaciones que toman el control de todos los aspectos de la vida de sus adeptos y se construyen en torno a unos líderes carismáticos que exigen lealtad total y obediencia absoluta.

Estas organizaciones nacen en internet, pero no se quedan ahí. Poco a poco van ocupando más espacio en la vida de sus seguidores hasta desplazar todo —y a todos— lo que no sean ellas.

Y lo que hemos visto en este ámbito no es más que un anuncio de lo que está por venir. A medida que la tecnología de inteligencia artificial mejore y más charlatanes neófitos empiecen a probar formas nuevas e imaginativas de utilizarla para alcanzar sus objetivos, los casos que describimos aquí podrían acabar pareciendo el prólogo relativamente inofensivo de otras sectas más destructivas.

Cada vez que algún charlatán actual tenga éxito, los que vengan detrás harán lo que siempre han hecho: aprender de sus tácticas, mejorarlas e intentar perfeccionarlas. Muchos fracasarán, algunos triunfarán y unos pocos conseguirán grandes ganancias, lo que suscitará su propia ola de imitadores y perfeccionadores. Así es como se han difundido siempre las tácticas para embaucar. Pero, con herramientas nuevas y mejores a su disposición, el mundo pronto descubrirá que estas maniobras digitales y virales también pueden ampliarse.

Bentinho Massaro

La primera vez que uno ve el Instagram de Bentinho Massaro, la reacción inicial es pensar que debe de ser un *influencer* del sector de la moda.[1] El joven y elegante gurú holandés está deseando parecerlo. Con grabaciones y fotos tomadas en lugares exóticos y la insistencia en su afición a los puros de calidad, la imagen pública de Massaro no encaja a primera vista con la iluminación espiritual.

Pero eso es solo hasta que se lo empieza a escuchar; porque, una vez sumergidos en sus vídeos, nos damos cuenta de inmediato de que Bentinho Massaro ha puesto en marcha una secta *new age* de enorme éxito a partir de su presencia en las redes sociales.

En cualquier caso, esa conclusión llega más tarde.

Lo primero que se percibe es una imagen de la vida a la que aspiran muchos jóvenes. Además de las fotos glamurosas de Massaro divirtiéndose en el obligatorio avión privado, vestido de traje y chaleco, hay vídeos suyos y, al final de muchos de ellos, una invitación a inscribirse en unos cursos que nos prometen la comunión con «la verdad absoluta del único creador infinito».[2]

Las iniciativas empresariales de Massaro —como la No Limits Society o la que tiene el imaginativo nombre de Trinfinity Academy— nacieron en el mundo digital. No utilizó la presencia virtual para trasplantarlas a un público ya existente, sino que procedió al revés: creó una comunidad de seguidores a partir de una página de Facebook, un canal de YouTube y un perfil de Instagram. En cada una de estas plataformas, Massaro publica contenido en el que destaca su atractivo hollywoodiense y se explaya sobre materias que van desde realidades paralelas en un tiempo no lineal hasta la conciencia especular. Luego se aparta y deja que los algoritmos hagan su trabajo.

Muchos vídeos de su canal de YouTube parecen casi sesiones de terapia, en las que Massaro escucha con comprensión los problemas de alguna de sus seguidoras —normalmente es una seguidora, en muchos casos una joven y guapa— y le ofrece consejos espirituales para superarlos. Una mujer en evidente situación de angustia emocional le cuenta que se pidió unas vacaciones en el trabajo para concentrarse en su estado espiritual, pero que acaba de pasar los tres primeros días llorando de forma desconsolada.[3] Massaro, que lleva una camiseta con el lema «Fuck Politics», no le plantea ninguna pregunta para intentar comprender el origen de su dolor. Lo que hace es aconsejarle que se entregue a la tristeza y reflexione sobre el hecho de que tres días, en realidad, es muy poco tiempo para alcanzar un nivel de conciencia superior.

Las enseñanzas espirituales de Bentinho Massaro son una mezcolanza de mística oriental, apresuradamente construida a partir de las lecciones que aprendió cuando era veinteañero y pasó un año sabático en unos *ashrams* (escuelas espirituales) de India. En sus retiros espirituales, habla largo y tendido de su idea sobre la unidad de la creación y el papel que nosotros desempeñamos en ella.

He aquí una muestra, de un retiro celebrado en Hawái en abril de 2018. Massaro, relajado pero concentrado, con una gorra de béisbol puesta hacia atrás, habló sin parar durante más de una hora, con perlas como esta:

> Tu conexión directa con la fuente ya existe. Es el yo desde el que ves, el yo desde el que oyes, el yo desde el que piensas. Pero existe antes que el pensador, es anterior, más original, más presente. Son pensamientos que debes incorporar cada día. Es un trabajo. Tienes que seguir añadiendo pensamientos a lo que es, a lo que eres, a lo que es tú. Ese «es», ese «yo soy» es tu puerta de entrada al reconocimiento directo, a la comprensión, la profundización, la purificación hasta ser fuente, hasta volverte transparente como entidad individualizada para ser esa fuente que trasciende la individualización, solo la unidad debajo de todas las cosas. Pero, si no puedes atravesar la basura mental en un momento dado con gran intensidad, alegría y sometimiento, ¿cómo vas a tener éxito en cualquier otra empresa?[4]

El término que define este tipo de discurso es «galimatías». Massaro domina el arte de las declaraciones sin sentido pero que parecen profundas. Sus conferencias están llenas de ideas que se quedan justo por debajo del umbral de lo inteligible, pero repletas de palabras de moda pensadas para dar la sensación de un significado trascendental.

Gracias a su excepcional habilidad de charlatán para lograr que lo corriente parezca extraordinario, Massaro, con estas enseñanzas, ha conseguido decenas de miles de seguidores en internet. ¿Y por qué no? Al fin y al cabo, Massaro «vibra a una frecuencia más alta» que los seres humanos comunes y corrientes, o eso dice él. Y puede enseñarnos a hacerlo nosotros también: el mero hecho de seguir sus tutoriales de meditación en YouTube puede «activar nuestra glándula pineal».[5] ¿Y quién no va a querer formarse como agente para contribuir al despertar global?

Qué, ¿se apunta? En ese caso, un retiro presencial puede ser justo lo que necesita.

Si todo esto le suena a patraña descomunal, lo más probable es que nunca haya visto a Massaro en internet. No tiene por qué. Bentinho Massaro es demasiado inteligente como para malgastar su presupuesto de marketing en alguien así.

Lo normal es que, si una persona contempla este tipo de argumentos con escepticismo, el algoritmo ya haya deducido que no es prometedora como cliente y esté mostrando la publicidad de Massaro a otros usuarios.

Ahora bien, si demostramos a la máquina que nos interesa el misticismo oriental, si vemos vídeos de meditación en YouTube o seguimos grupos de yoga en Facebook, si le damos a los cerebros artificiales los datos necesarios para que nos cataloguen como buenos candidatos para el consuelo espiritual que vende Massaro, entonces, posiblemente, tarde o temprano, nos aparezca un anuncio de alguno de sus vídeos en la pantalla.

No es necesario escribir su nombre en la barra de búsqueda: basta con haber visto contenido similar de otros creadores y el algoritmo hará el resto.

Tarde o temprano, YouTube nos mostrará un vídeo de Bentinho Massaro y nuestro Instagram empezará a llenarse de publicaciones suyas. La inteligencia artificial se asegurará de que sus mensajes espirituales parezcan tan reales y humanos como los sentimientos a los que astutamente apelan.

Quizá no cliquemos en ese vídeo. Seguramente no lo hagamos. Y a Massaro le da igual. No le hace falta que todos los que ven uno de sus anuncios hagan clic en uno de sus *posts*.

Le basta con que pinche un mínimo porcentaje de las personas que han visto su contenido. Y luego le basta con que un mínimo porcentaje se quede con él el tiempo suficiente como para interesarse seriamente por sus enseñanzas. Y luego le basta con que un mínimo porcentaje acabe comprando uno de esos cursos caros.

Con eso le basta.

Le basta para ganar dinero. Le basta para financiar su lujoso estilo de vida. Y le basta para seguir estando día y noche acompañado de bellas mujeres que creen que es un glorioso privilegio espiritual formar parte del mundo de Bentinho Massaro.

Es el mismo modelo de negocio que siguen todas las empresas que utilizan internet. Salvo que, en vez de vender velas perfumadas, vende iluminación.

Su objetivo es que sus conferencias espirituales formen parte de nuestra rutina diaria; por eso el vídeo es un elemento tan esencial del atractivo de Massaro. YouTube ha mostrado cientos de vídeos de Bentinho Massaro a sus casi 150.000 seguidores.[6] Son una mezcla de meditaciones dirigidas, enseñanzas espirituales y anuncios para asistir a los costosos seminarios presenciales.

Lo aterrador no es que esas cifras sean tan elevadas, sino que sean tan reducidas. En comparación con otros *influencers* de YouTube, Massaro es un don nadie: miles de creadores de contenido tienen más seguidores que él. Pero eso no le importa: su modelo de negocio valora más la calidad que la cantidad. Massaro no necesita decenas de millones de seguidores. No le hacen falta más que unos cuantos miles que estén verdaderamente comprometidos, dispuestos a entregarle su vida.

Las charlas de Bentinho Massaro son el típico batiburrillo *new age*. Si se limitara a escribir y vender libros, su negocio no se distinguiría del de muchos otros charlatanes espirituales que hay por ahí. La diferencia es que Massaro tiene también mentalidad comercial y la No Limits Society controla esa estética elegante y contemporánea, una especie de evangelio de la prosperidad con un toque oriental que dice que atraeremos la abundancia si nos dedicamos a su palabra.

Sin embargo, las tonterías no se quedan solo en internet. A sus víctimas más adineradas, Massaro les ofrece diversas opciones de «retiros espirituales» en lugares exóticos, desde Sedona (Arizona) y Ecuador hasta Egipto y Costa Rica, con precios en consonancia. En 2018 un equipo de videografía de *Vice* logró acceder a uno de estos retiros en un impresionante castillo neoclásico en los Países Bajos, país natal de Massaro.[7] En el vídeo vemos desfilar a personas bellísimas de todas las edades, con la esterilla de yoga a cuestas, dispuestas a pasar un fin de semana de iluminación.

Cada una de estas personas entra por la puerta con ganas de creer y se encuentra inmediatamente rodeada de otras que también están desesperadas por hacerlo. Pronto se instala una atmósfera de certeza que se retroalimenta, en la que la combinación del sesgo de confirmación, el razonamiento motivado y la prueba social permite que Bentinho Massaro piratee el sistema operativo humano de sus seguidores y convierta su cerebro en un instrumento a su disposición.

Vemos a los clientes sentados en silencio durante largos periodos de meditación y luego bailando entusiasmados. En un momento de descanso y diversión, se ponen el traje de baño y se arrojan agua unos a otros entre gritos de alegría. Parece una fiesta increíble y divertida, que solo se interrumpe de vez en cuando para escuchar las profundas charlas espirituales de Bentinho Massaro.

Todo es perfecto. ¿Demasiado perfecto? En un momento dado, el periodista de *Vice* entrevista personalmente a Massaro y le pregunta qué opina de las acusaciones que aseguran que su grupo es una secta.[8] Massaro se lo toma con calma y responde con una carcajada: «¡Claro que somos una secta! Somos una tribu curiosa, comprensiva y afectuosa».

«Cuando lo califican de "secta" —explica—, es porque no experimentan sus beneficios. Lo ven desde fuera y les recuerda algo que temen o que les han enseñado a temer».

Sin embargo, los antiguos miembros pintan un panorama mucho más sombrío y revelan que esos retiros alegres y entusiastas son un mecanismo de reclutamiento y un filtro para que los iniciados entren en el círculo íntimo de Massaro. Solo una vez allí, aseguran, se ponen de manifiesto los aspectos más extraños de su sistema de creencias: por ejemplo, la preocupación por preparar el alma para el contacto con seres extraterrestres superiores. Y las doctrinas peregrinas no son lo único que reserva para las reuniones presenciales: también todo el espectro de técnicas de control de una secta.

El compromiso incondicional con las enseñanzas de Bentinho Massaro se da por supuesto. Algunos de los que han abandonado la secta describen el ambiente de atontamiento: se somete a los miembros a agotadoras sesiones de «distorsión» en las que Massaro los obliga a examinar de forma cruel e indiscreta los defectos de cada uno.

Esas son, según él, las «distorsiones» que les impiden alcanzar la iluminación absoluta que dice encarnar. Durante horas, los miembros analizan con detalle todas las debilidades de carácter de los demás, en teoría con el propósito de «ayudar» a la víctima a superar sus distorsiones.

Varias mujeres del entorno de Massaro describen un terrible patrón de explotación. En el pódcast *A Little Bit Culty* (*Un poquito sectario*), que se dedica a denunciar las actividades de estos grupos, una antigua seguidora, Jacqueline Graham, cuenta que, poco después de unirse, Massaro le dijo que habían formado una «unión divina» que aceleraría el camino de ambos hacia la iluminación, siempre y cuando ella fusionara su (considerable) cuenta bancaria con la de él.[9] Según relata, a lo largo de varios meses de relación, se instauró una pauta de abusos emocionales, económicos y sexuales que consistía en que Massaro unas veces la colmaba de elogios y otras le negaba la atención y la trataba con frialdad para conseguir su total sumisión. Graham añade que, según Massaro, gran parte del dinero que ella le entregó lo perdió en varias inversiones que fracasaron, pero ella sospecha que, en realidad, lo escondió fuera de su alcance.

Las acusaciones son las mismas que hace Jade Alectra, otra antigua seguidora de la secta, que describe su brutal relación de explotación emocional y sexual con Massaro. Cuenta que este se acostaba sin esconderlo con varias jóvenes seguidoras al mismo tiempo, pero a ellas les prohibía acostarse con nadie más.[10] Dice que, para establecer su control psicológico sobre las mujeres de su entorno, les exigía que se desnudaran durante las discusiones en grupo, supuestamente para «ayudarlas» a librarse del engaño de la individualidad y cumplir la «ley del uno», la unidad con el propio universo. Estos episodios tan traumáticos culminaban a veces con la exigencia de que la mujer hiciera el pino, desnuda, delante del grupo. Alectra confiesa que el miedo al reproche, a meterse «en líos» con Massaro o a que él la rechazara la aterraba y la empujaba a obedecer.

Da la impresión de que la iniciativa empresarial original de Bentinho, la No Limits Society, sí tiene un montón de límites, todos relacionados con cualquier crítica, real o imaginada, respecto a su fundador. En las enseñanzas cósmicas de la secta, las entidades espirituales se dividen en dos grupos: las que están al servicio de sí mismas, que son malvadas y egocéntricas y absorben la energía espiritual de los demás, y las que están al servicio de los otros, unas entidades sagradas que trascienden el yo. Las primeras se consideran espíritus demoniacos que luchan por controlar a las personas y las alejan de la iluminación.

Es fácil deducir que así se crea un sistema lógico hermético para proteger a Massaro de las críticas. En *A Little Bit Culty*, Keilan McNeil, otro antiguo seguidor de su empresa espiritual, recuerda que cualquier comentario que se consideraba crítico con el líder o con su forma de dirigir el grupo se topaba de inmediato con acusaciones de posesión por demonios al servicio de sí mismos.[11] Al fin y al cabo, Massaro es un «espejo limpio», impecable y sin distorsiones, en perfecta resonancia con el universo. Por supuesto, las entidades al servicio de sí mismas se sienten amenazadas por él y quieren bajarle los humos. Por consiguiente, si alguien ve defectos en algo de lo que hace —sus caóticas finanzas, su forma de abusar emocionalmente de las mujeres con las que se acuesta, todo el sistema de adoración al gurú que ha construido a su alrededor o cualquier otro acto—, lo más probable es que esté poseído por un demonio.

McNeil denuncia un patrón recurrente de malos tratos, consistente en que Bentinho Massaro seleccionaba a ciertas seguidoras —por lo general, mujeres jóvenes, ricas y atractivas— para someterlas a abusos emocionales y económicos. Si se resistían de alguna manera, incluso si trataban de decir algo para defenderse, las acusaba inmediatamente de estar poseídas por el demonio y las descartaba para pasar a la siguiente víctima. Otros miembros de la secta se agrupaban en torno a él y se volvían en contra de cualquiera del que se acabara de descubrir que estaba bajo el control de un demonio «servidor de sí mismo». Alectra, la seguidora que acusó a Massaro de explotación sexual, corrobora estas denuncias y describe el pánico que sintió durante un retiro en Costa Rica cuando ella misma se convenció de que llevaba dentro una entidad servidora de sí misma que estaba atacando a Massaro.[12]

«Estaba sentada en mi habitación, temblando —cuenta Alectra al recordar el episodio—. Pensaba: "¿Qué coño hago?". Ni siquiera sabía cómo sacármelo de dentro. ¡¿Cómo había llegado a mí?!». Es una prueba extraordinaria del poder de Massaro: cuando acusa a los miembros de la secta de estar poseídos, ellos le creen.

Por supuesto, en los hilos de las redes sociales de Massaro no se ve a nadie acusado de posesión demoniaca. Lo que se difunde allí, a diario y a cualquier hora del día o de la noche, es la hermosa fantasía del estilo de vida de un *influencer*, que atrae a nuevos reclutas al mismo tiempo que, dentro del grupo, los episodios de manipulación psicológica y abuso se convierten en práctica habitual. Los algoritmos no lo saben; no pueden saberlo. Siguen haciendo la tarea para la que se los ha programado: enganchar al próximo grupo de víctimas.

Afectado por los dañinos relatos que cuentan los supervivientes de su secta en los medios de comunicación, Bentinho ha intentado protegerse obligando a sus seguidores a firmar unos contratos cada vez más restrictivos, que limitan su capacidad para revelar lo que observan durante el tiempo que están con él. En mayo de 2024, el periodista Matt Bruenig presentó una denuncia por prácticas laborales injustas ante la Junta Nacional de Relaciones Laborales de Estados Unidos, alegando que estos acuerdos tan restrictivos, que incluyen cláusulas de confidencialidad, sobre el contacto con los medios de comunicación, de no criticar, de no grabar ni usar cámaras y de arbitraje obligatorio, violan la legislación laboral estadounidense porque pueden silenciar a las víctimas de abusos. No ha habido ninguna decisión judicial al respecto.[13]

Pero Bentinho Massaro no es, ni mucho menos, el único charlatán que ha descubierto las infinitas posibilidades del mundo digital como herramienta de reclutamiento para sus planes.

Teal Swan

A unos minutos en automóvil al norte de la pequeña ciudad de Atenas, en Costa Rica, giramos a la izquierda por un camino de tierra y, al cabo de unos cientos de metros, lo encontramos. Situado en el corazón de un frondoso bosque tropical, el Centro Philia se autodescribe como «un espacio sagrado en el que la sanación se produce, sobre todo, a través de la conexión».[14]

Si nos apuntamos a uno de los retiros del centro —cinco mil dólares a la semana, sin incluir el billete de avión—, al principio podríamos pensar que estamos en un centro de bienestar *new age* como tantos otros: un lugar con mucho yoga, comida vegana y charlas sobre la alineación de los chakras. Y Philia es eso, sin duda, pero también es mucho más.

«Nuestro propósito en Philia —dice la web— es que cada persona experimente un nuevo nivel en las conexiones interpersonales, la intimidad emocional y las relaciones».

En el centro, los participantes se presentan y rápidamente se instalan en una serie de talleres de gran intensidad emocional, cuyo objetivo es sacar a la luz capas cada vez más profundas de sus traumas infantiles.

Para empezar, se los dirige a través de una meditación muy personal sobre su propia muerte: cómo ocurre, cómo se los llora, qué dejan atrás. La experiencia parece estremecerlos profundamente y muchos, al acabar, sollozan en silencio.[15]

Entonces llega la sorpresa.

Lo que acaban de experimentar, se les anuncia, no es mera imaginación. Acaban de tener una experiencia real, en primera persona, de lo que es dejar atrás verdaderamente esta vida.

No es una versión.

No es un símbolo.

Es la propia muerte.

¿Cómo es posible que varias decenas de personas aparentemente normales de Norteamérica y Europa paguen miles de dólares para experimentar por adelantado su propia muerte en una selva centroamericana?

Bienvenidos al extraño y peligroso mundo de Teal Swan.

Con los ojos de un azul verdoso profundo, la melena castaña hasta la cintura y una figura impresionante, Swan utiliza su atractivo sexual como parte de su estrategia de reclutamiento. Con treinta y siete años y varios divorcios a sus espaldas, Swan ofrece una imagen inteligente, elocuente y sensata: su carisma atrapa de inmediato.

Mary Teal Bosworth, que nació en 1984 y se crio en la pequeña ciudad de Logan, Utah, relata que desde muy niña se dio cuenta de que era diferente. Afirma tener sinestesia, un fenómeno neurológico peculiar que produce la sensación de que los sentidos están mezclados, de forma que una persona dice que «oye» los colores o «ve» la música, en sentido muy literal.[16]

Pero eso fue solo el comienzo. Desde siempre, Swan podía percibir ámbitos de la conciencia inaccesibles para la mayoría de las personas: familiares fallecidos, espíritus extraños y vidas pasadas. No una vida, sino muchas, incluidas algunas —según afirma— de antes de que se formara la Tierra.

Sus experiencias extrasensoriales le causaron una infancia y una adolescencia que califica de horribles, con una desgarradora historia de abusos psicológicos y sexuales. Swan describe abusos ritualistas y satánicos, cuyo objetivo era eliminar sus poderes especiales, y explica que todo ello la empujó a intentar suicidarse por primera vez a los diecisiete años.[17]

La experiencia de abuso constituye el centro de la presentación de Swan. Si puede ayudarnos a lidiar con nuestros traumas es porque ella misma ha sufrido algunos de los peores imaginables. Según cuenta, nadie tenía forma de ayudarla a reparar su profundo trauma de infancia. Así que creó un sistema.

El libro que publicó Swan en 2016, *The Completion Process* (*El proceso de culminación*), establece un proceso detallado para que las víctimas de graves traumas infantiles puedan recomponer su vida.[18] Tuvo enorme éxito.

Swan no tiene ninguna formación en salud mental, ni cree que la necesite.[19] La base de su atractivo es la crítica mordaz a los servicios convencionales de salud mental. Desprecia el enfoque pusilánime y consentidor de los profesionales, la manera en que eluden tímidamente los sentimientos y los temas más difíciles. Predica que hay que afrontar el trauma de cara y aconseja a sus seguidores que corran hacia el dolor, que no lo rehúyan. Solo enfrentándonos con sinceridad a los episodios de nuestro pasado que nos causan dolor, dice, podemos esperar la curación.[20]

Los seguidores de Teal Swan parecen ser en su mayoría personas emocionalmente frágiles, decepcionadas con la atención que reciben de los profesionales de la salud mental: individuos que atraviesan un duelo, una crisis económica o un amor roto. Han acudido a terapia y no les ha servido de nada. Casi todos aseguran estar desesperados, así que se aferran a un clavo ardiendo y buscan frenéticamente a alguien, a cualquiera, que tenga respuestas para su intenso dolor. A muchos les rondan la cabeza ideas suicidas.[21]

Estas son las personas a las que quiere atrapar Teal Swan, de forma muy consciente, muy estratégica, con una sofisticada campaña de marketing en internet que consigue atraer a clientes dispuestos a pagar.

Esta no es ninguna hipótesis.

Sabemos que es verdad, porque ella misma nos lo ha revelado. En una extraordinaria serie de pódcast producida por Gizmodo, Swan explica sus métodos con una sinceridad pasmosa.

«La mayoría de la gente estaba pasando por una crisis gigantesca, de esas de tener una pistola apuntada a la cabeza, escribían cosas como "¿Cómo puedo no suicidarme?" y entonces aparecían mis vídeos —le cuenta al periodista Jennings Brown—. Intento específicamente buscar etiquetas [...] que capten la atención del público, porque cuando una persona está desesperada, no piensa con claridad. Cuando la gente está en ese estado, escribe cosas como "Acaba de morir mi madre, ¿qué coño hago?" y ese es textualmente el mensaje que aparece en Google.

»De modo que —concluye—, incluso cuando hacemos vídeos, añadimos cosas así para que, si alguien siente deseos suicidas, o ha pasado por una ruptura sentimental, o lo que sea, ese sea el vídeo que aparezca».[22]

La optimización para los motores de búsqueda que lleva a cabo Swan es perfecta. No es casualidad que acudan a ella tantas personas con ideas suicidas. Ha configurado deliberadamente el algoritmo para buscar a esas personas y atraerlas.

Teal Swan pronto construyó una rueda sin fin a expensas de estas personas con inestabilidad emocional y terriblemente vulnerables. Su popularísimo canal de YouTube impulsa las ventas de sus libros, los libros atraen a la gente a los retiros, los retiros crean una fuente inagotable de voluntarios no remunerados para sus empresas, las empresas publican sus vídeos de YouTube y vuelta a empezar.

Los profesionales convencionales están muy preocupados por el tipo de mensajes que transmite Swan a las personas vulnerables que capta. Su «proceso de culminación», con la insistencia en afrontar de cara las raíces del trauma, parece ayudar a algunos perfiles, como atestiguan sus legiones de devotos seguidores. Sin embargo, para otros espectadores que están pensando seriamente en suicidarse, las técnicas de Swan pueden resultar peligrosas o incluso mortales.

Una preocupación particular es la que suscita la meditación sobre la muerte, en la que Swan anima a las personas a imaginar con detalle cómo será la suya propia. Muchos de sus fieles adoran la experiencia porque les permite reconcebir su vida actual en un marco trascendente. Sienten que salen beneficiados, y quizá sea así para algunos.

Pero impulsar a una persona con serios pensamientos suicidas a regocijarse en este tipo de ideas es arriesgado. Para un sector de las personas que piensan en suicidarse, imaginar el acto en sí puede empujarlas al abismo.

Y la cuestión es mucho peor cuando se mezclan ideas esotéricas sobre la reencarnación. Swan cree que la mayoría de las personas son alienígenas reencarnados procedentes de distintos planetas y que los peores son unos malvados reptiles.[23] Asegura que recuerda muchas vidas pasadas, por lo que, como es natural, quita importancia a la muerte: en el esquema cósmico de las cosas, tampoco es para tanto. Llega un momento en el que su perspectiva de las vidas múltiples puede convertirse casi en una apología del suicidio. En un vídeo de triste fama que publicó en 2012 y que después retiró de su canal de YouTube, Swan proclamaba que el suicidio era como un «botón de reinicio», una forma de empezar de nuevo si la vida actual no va bien:

> El suicidio es como pulsar el botón de reinicio. No es una decisión buena ni mala. No es algo que la fuente apruebe ni condene. No se puede decir que el suicidio está mal sin decir también que la muerte está mal. La muerte es siempre una elección. Eliges no participar, de la misma manera que al principio elegiste participar, porque eres dos puntos de vista.[24]

Está claro por qué este tipo de mensajes ponen los pelos de punta a los profesionales de la salud mental. Y, aunque Swan retiró ese vídeo, lo sustituyó por otro (titulado «Qué hacer si tienes pensamientos suicidas», con más de 151.000 visitas en YouTube) que es un poco más sutil, pero que transmite la misma idea: «La muerte no es más que una interrupción del impulso hacia delante y, desde ese lugar, descubrimos que deseamos más impulso, así que, después de la muerte, el único lugar al que podemos ir otra vez es hacia la vida. Por tanto, he aquí la pregunta dominante: ¿por qué marcharse? ¿Por qué no aprovechar al máximo la vida que ya has construido, lo que has adquirido, todo lo que has aprendido, en vez de empezar de nuevo, desde cero?».[25]

Después Swan propone un método para que las personas puedan «volver a comprometerse con la vida» (por supuesto, viendo más vídeos suyos en YouTube). Y hay que reconocer que muchos lo hacen. En cada acto presencial que organiza, Swan se encuentra con el mismo estribillo: «Me has salvado la vida» o «Le has salvado la vida a mi hermana». No hay nada metafórico en ello: hay personas que están a punto de quitarse la vida, encuentran consuelo en las enseñanzas de Swan y retroceden ante el precipicio.

Y no se trata de cifras pequeñas. La llamada «Tribu de Teal» es inmensa. Su cuenta de Instagram tiene más de seiscientos mil seguidores; su comunidad oficial en Facebook cuenta con más de 2,4 millones de miembros.[26] Los vídeos de YouTube se han visto, en total, ciento cincuenta millones de veces.[27] Eso es lo que ocurre cuando una estafa es digital, global y con capacidad de crecer.

El sueño en el que se fija Teal Swan es elemental: el de conseguir alivio de una vida de torturas psíquicas. Para muchas personas emocionalmente frágiles que se han sentido desatendidas por los métodos convencionales de salud mental, Swan se convierte en una guía, una defensora, una voz que las acompaña en medio de una vida de dolor.

Lo malo es que, como ocurre con muchos de estos grupos, da la impresión de que se ha formado un círculo externo de seguidores positivos, vitales y deseosos de ayudarse a sí mismos, mientras que el núcleo interno es mucho más sospechoso: en Philia, el centro de retiro en Costa Rica, no todo el mundo vuelve a casa al acabar la estancia. Un núcleo entregado de miembros de la tribu vive allí de forma permanente, en lo que ellos llaman una «comunidad de intenciones», pero que muchos calificarían de secta.

Conviene aclarar que Swan es muy consciente de las acusaciones y las niega enérgicamente. Hasta el punto de que, en 2020, su empresa contrató a una detective privada, Molly Monahan, para que investigara y elaborara un informe. Swan estaba tan segura de que un estudio minucioso de los hechos la iba a exonerar que aceptó de buen grado que un equipo de documentalistas dirigido por Jon Kasbe la acompañara.

«La organización de Teal —dice Monahan— me pidió que cooperara en todo».[28]

Lo que ocurrió a continuación es la pura definición de «caer en tu propia trampa». A medida que Monahan investigaba el grupo de Swan, descubría que cumplía cada vez más requisitos para ser una secta. Cuando indagaba el trato que recibían las personas que habían abandonado el círculo íntimo de Swan, para ver si había indicios de hostilidad, conoció a Jared, que describe la brutal despedida del grupo: «Lo último (creo que lo último) que me dijo, cuando me estaba yendo y todos se habían puesto en mi contra, fue: "Yo que tú me suicidaría, porque no hay esperanza para ti"».[29]

Y la cosa empeora. Más avanzada la investigación, Monahan se sorprendió al descubrir que el director comercial de Swan, Mathias, le había enseñado voluntariamente un documento de lo más incriminatorio: «Los puntos innegociables». La lista de condiciones que deben aceptar quienes quieran formar parte del círculo íntimo de Swan.

Parece un manual de abusos para sectas. Este es el resumen que hace Monahan de lo que dice:

- No se puede dar prioridad a la familia.
- Teal es lo más importante: si llama, hay que acudir.
- La máxima prioridad de toda la comunidad es lo que más favorezca los intereses de Teal; todo lo demás es secundario.

- No se puede tener límites personales que afecten de ninguna manera a Teal.[30]

Y eso no es todo, puesto que las expectativas de sumisión absoluta a Swan figuran de forma aún más explícita en el documento:

> Ahora entras en el mundo de la fama, lo que hace que las relaciones sean muy muy complicadas y, a menudo, dolorosas. En realidad, tus conexiones son el mayor lastre que puedes tener. Cualquier persona que introduzcas en la comunidad puede volverse contra Teal, chantajearla, dividir a la comunidad, presionar a Teal o a otros miembros de la comunidad. Cuando hay fama y dinero de por medio, no se puede confiar en nadie. Tu vida no se parecerá ni de lejos a una vida normal. Si quieres tener una vida normal, es mejor que no formes parte del círculo íntimo.

A Monahan no le quedó ninguna duda de que el círculo íntimo de Teal Swan cumplía los criterios clásicos de las sectas, lo cual la puso en una situación incómoda, puesto que la habían contratado específicamente para llegar a la conclusión opuesta. Como era de esperar, Swan montó en cólera al recibir el informe, culpó a Mathias y se declaró muy decepcionada, en plena exhibición de ira narcisista.

Ni que decir tiene que nunca se publicó el informe.

Lo que llama la atención no son las conclusiones de Monahan: cualquiera que tenga un mínimo de sensibilidad para detectar tonterías y vea el revelador nombre de «Tribu de Teal» se da cuenta, en los primeros cinco minutos de hacer la primera búsqueda en Google, de que tiene innegables rasgos de secta.

Lo extraordinario es la ingenuidad con la que los seguidores de Teal Swan muestran a los investigadores y documentalistas toda la información que los clasifica rotundamente como una secta y la genuina sorpresa que manifiestan cuando esas mismas personas les confirman: «Sí, es una secta».

Es como si estar cerca de un charlatán carismático cegara ante algo que es evidente para cualquiera que observa desde fuera.

El universo de las llamas gemelas

Para progresar de verdad en la era de los charlatanes de la inteligencia artificial, el aspirante necesita dos atributos: en primer lugar, un buen término de búsqueda, en consonancia con el sueño de las víctimas que quiere atraer. En segundo lugar, suficiente carisma como para convencer a la gente de que puede resolver sus problemas: no hace falta que sea mucha gente, ni siquiera tener mucho carisma, sino justo la gente y el carisma suficiente.

Y Jeff y Shaleia Ayan, sin duda, encontraron un término de búsqueda excelente: amor.

Hoy en día, millones de jóvenes buscan el amor en internet. La mayoría de ellos acaban en páginas de citas, por supuesto, pero, cuando llega la decepción, muchos buscan consejo en línea. Hay un mercado floreciente de consejos para conocer gente y relacionarse, y se puede encontrar un gurú casi para cualquier pregunta que se pueda imaginar. Pero pocos les clavan las garras a sus víctimas con tanta fuerza como Jeff y Shaleia.

Según se cuenta en *Twin Flames*, la fascinante serie de pódcast de Wondery en los que se examinó su historia, los dos jóvenes se conocieron por internet en algún momento de 2015 y enseguida se cayeron bien.[31] Muy bien. Jeff era un chico delgado de clase trabajadora, hijo de un inmigrante griego, recién salido de la Universidad de Western Michigan, donde se había graduado en Administración de Empresas.

Shaleia es de Ontario y llevaba años interesada en el misticismo: desde la astrología y el tarot hasta ideas más esotéricas sobre la comunión mística con la naturaleza. Cuando se conocieron, ninguno de los dos tenía mucho dinero, ni contactos, ni siquiera un lugar donde vivir.

Durante un tiempo, se alimentaron de perritos calientes para desayunar, almorzar y cenar, y se decían que eso era lo que quería la Madre Tierra.[32] Lo que tenían era… el uno al otro, además de la seguridad cada vez mayor de que su vínculo era especial.

Jeff y Shaleia estaban convencidos de que, más que almas, eran llamas gemelas: unos amantes perfectos y místicos, capaces de completarse mutuamente mediante una unión personal, sexual, emocional y espiritual total y perfecta. Lo llamaban «unión armoniosa», un estado de felicidad ininterrumpida que solo podía explicarse con una referencia a lo divino. Alegaban que no eran dos seres, sino uno solo, y que su separación iría en contra de las leyes del universo.

Entonces pusieron en marcha un canal de YouTube.

Twin Flames Universe, el grupo que construyeron Jeff y Shaleia, no era precisamente una idea nueva. El concepto de que los hombres y las mujeres son seres inacabados que solo se completan al unirse con su otra mitad mística data de hace 2.400 años, con Platón, e incluso la expresión «llamas gemelas» se remonta a escritos esotéricos del siglo XIX. Pero Jeff y Shaleia adoptaron estas antiguas ideas y las presentaron de forma totalmente nueva, como un sistema para dar consejos sentimentales que acabaría transformándose en una secta mística y llevaría a su comunidad de seguidores a extremos muy extraños.

Jeff y Shaleia aseguran que el grupo que crearon no es una secta, sino una comunidad basada en el amor y el respeto mutuo. Sin embargo, el grupo de fieles que han acumulado en YouTube promete no solo arreglar nuestra vida amorosa, sino también alinearnos con las fuerzas místicas fundamentales que están en el origen del universo. La unión con la llama gemela no es solo un objetivo de estilo de vida, sino un imperativo espiritual. Dios exige que alcancemos una unión armoniosa, porque los males del mundo —todos los males del mundo— surgen de las tendencias destructivas derivadas de la separación de las llamas gemelas.

Al entrar en su página de YouTube, destaca de inmediato la desconexión entre el mensaje y el aspecto y el tono de sus producciones. No tiene nada que ver con los vídeos hábilmente producidos de Teal Swan ni con los trajes de tres piezas de Bentinho Massaro; los valores de producción son rudimentarios. Solo se suele ver a la pareja sentada en un sofá y hablando directamente a cámara. Los fondos son chapuceros; no hay exuberantes jardines tropicales ni nada exótico. Y tampoco su forma de expresarse es tan cautivadora y elegante como la de Massaro o Swan. Jeff repite muletillas cada dos por tres.

Sus vídeos reciben miles de visitas, no cientos de miles. Su círculo exterior es pequeño, porque Jeff y Shaleia concentran casi toda su energía en el círculo interior: un selecto grupo de cien o doscientas personas totalmente comprometidas y que dedican casi todo su tiempo al universo de las llamas gemelas.

Su doctrina es simple: Jeff y Shaleia tienen línea directa con Dios. Saben cómo debemos vivir porque Dios se lo ha revelado. El plan de Dios es sencillo: conseguir que cada participante y luego todos los demás alcancen la unión armoniosa con su llama gemela. Su trabajo consiste en descubrir, con ayuda de Jeff y Shaleia, quién es su llama gemela para ir a buscarla. Pase lo que pase.

Suena extravagante, y sin duda lo es, pero, para algunas personas solitarias y sedientas de amor, la seguridad con la que Jeff y Shaleia transmiten este mensaje puede resultar embriagadora. No hay necesidad de vacilar, de darle muchas vueltas al asunto durante largo tiempo. No hay más que hacer lo que ellos dicen y la recompensa será una unión perfecta y armoniosa.

En la práctica, las personas que entran en la órbita de Twin Flames parecen tener mucho en común: en su mayoría son mujeres de mediana edad, solas y desesperadamente enamoradas de un hombre que no les hace ningún caso. Jeff y Shaleia refuerzan esos sentimientos: sí, el hecho de que estén tan enamoradas demuestra que han encontrado a su llama gemela.

Y entonces les dan unos consejos verdaderamente terribles. Las llamas gemelas son permanentes, eternas e inalterables, aseguran, pero es posible que la tuya tarde algún tiempo en darse cuenta de que lo es. Renunciar a él simplemente porque se niega a contestar tus llamadas no solo es un error: separar a las llamas gemelas es un verdadero pecado, una ofensa contra la voluntad de Dios.

La resistencia que siente tu llama gemela es muy natural, dicen, y la superará a su debido tiempo. Lo que tienes que hacer tú, que la buscas, es esforzarte más: ser más atractiva, más delgada, más guapa, más femenina, más seductora y, al final, negarte a aceptar un no por respuesta, pase lo que pase.

Parece una receta para el acoso, ¿verdad? Varios jueces así lo piensan. Al menos dos seguidoras de Twin Flames han acabado en la cárcel por seguir los consejos de Jeff y Shaleia. Una, llamémosla Katie, fue acusada de acoso y hostigamiento cuando infringió una orden de alejamiento que su supuesta llama gemela había solicitado después de sufrir sus presiones durante más de un año, tras una breve aventura en el festival Burning Man de 2012.

El tribunal escuchó cómo Katie había seguido al hombre objeto de su cariño por todo el mundo: voló a Alemania cuando se enteró de que él estaba allí, luego lo siguió de regreso a Estados Unidos y continuó acosándolo incluso después de que se le notificara la orden de alejamiento, que ella se negó a acatar. Lo inundaba a llamadas y mensajes de voz, que, por supuesto, terminaron siendo pruebas del delito. En uno de ellos, le dice: «Los policías no son Dios, no te van a proteger; Dios es el único que puede hacerlo». Curiosamente, cuando, una noche de agosto de 2018, ella lo siguió hasta su club nocturno habitual de San Francisco y él se puso en contacto con la policía para que la detuvieran, la única llamada que podía hacer Kate desde el calabozo la aprovechó para llamarlo a él. La acusaron de diecisiete delitos de acoso, hostigamiento e infracción de la orden de alejamiento.[33]

Dentro del pequeño y cerrado mundo de Twin Flames Universe, las excentricidades de Katie no fueron mal recibidas, sino todo lo contrario. Se convirtió en una especie de heroína popular en el grupo. El audio de su conversación telefónica con Jeff después de salir en libertad bajo fianza acabó en internet y apareció en el pódcast de *Twin Flames*. En la charla, Jeff insta a Katie a asumir su martirio a manos de la policía como un ejemplo de valentía y coraje. «Eres valiente», le dice. La anima a considerarse una maestra espiritual y le cuenta que su estancia en la cárcel le ha hecho (a él) tener «enorme confianza» en ella, «cuando antes no la tenía».

Katie se enfrenta ahora a unos cargos que podrían acarrear una pena de hasta cuatro años de prisión.

El poder que alcanza una secta incluso tan básica como Twin Flames Universe sobre personas como Katie es impresionante. Pero, por asombroso que resulte, conseguir que a alguien le parezca bien cometer delitos que pueden suponerle años de cárcel no es lo más destructivo que hacen estos charlatanes. No, para eso hay que conocer lo que ocurrió después, cuando Jeff y Shaleia empezaron a entrometerse todavía más en la vida de sus seguidores.

A medida que la secta virtual que dirigían entraba en su tercer y luego cuarto año, la situación de algunos de sus seguidores más devotos empezó a ser insostenible. Como declaró uno de los miembros (ahora exmiembro) más influyentes del grupo: «Había personas que llevaban mucho tiempo en la comunidad, entregadas, siguiendo todas las clases, asistiendo a sesiones de orientación cada semana, participando en los grupos de debate, cumpliendo todo, pero sin resultados, sin ninguna unión, sin ninguna llama gemela, sin nadie a su lado».

Algunas de esas personas habían cortado los vínculos con amigos y familiares de fuera de la comunidad; otro síntoma inequívoco de los abusos de una secta. Y no estaban con su llama gemela.

Una solución sencilla habría sido que Jeff y Shaleia hubieran declarado que varios miembros del grupo eran las llamas gemelas de otros y los hubieran despachado. Pero había un problema: su doctrina enseñaba que estas uniones siempre eran entre un principio divino masculino y un principio divino femenino, y no había suficientes varones en el grupo, ni divinos ni de ningún otro tipo. La comunidad estaba formada por una mayoría de mujeres —mujeres heterosexuales—: no había bastantes hombres para todas. Sin embargo, había una solución.

Ante todo, Jeff necesitaba reforzar su credibilidad frente al grupo y, para ello, proclamó que él mismo era un principio divino.

Lo ha leído bien: Jeff Ayan, el chico que comía perritos calientes tres veces al día, anunció al grupo que era el segundo advenimiento de Cristo. El Mesías, tal cual.

Para entonces se había dejado crecer el pelo y la barba, y se parecía bastante a la imagen de Jesús que presenta el catecismo. Explicó al grupo que aquello no era una coincidencia, que la imagen tradicional de Cristo, en realidad, era una profecía sobre él.

Esta revelación era tan extravagante que da la impresión de que algunos miembros del grupo empezaron a distanciarse. Pero, para los que se quedaron, esta nueva etapa tan explícitamente religiosa redobló su compromiso. Y más le valía a Jeff que estuvieran completamente convencidos de que quien tenían delante (o en la pantalla de Zoom) era Jesucristo en persona, si pretendía que aceptaran lo que se les venía encima.

A principios de 2020, Jesús, es decir, Jeff, explicó que las uniones de llamas gemelas siempre eran entre un principio divino masculino y un principio divino femenino, pero... La cosa no se quedaba ahí. No todos los principios divinos masculinos nacían en un cuerpo de varón. A veces, un principio divino masculino nacía en un cuerpo femenino. Y Jesús-Jeff, canalizando la mente divina, ya podía revelar a los miembros del grupo quiénes eran sus verdaderas llamas gemelas. En muchos casos, por mera necesidad matemática, las parejas estaban formadas por dos mujeres, pero con el detalle de que una de las dos no era verdaderamente mujer, sino un principio divino masculino atrapado en un cuerpo femenino. Para hacer realidad la unión de llamas gemelas, una tendría que cambiar de sexo.

Que quede claro que estas mujeres no tenían un diagnóstico de disforia de género. En la mayoría de los casos, el mensaje se dirigía a mujeres cisgénero heterosexuales que estaban ya en la mediana edad y nunca habían expresado ningún tipo de conflicto sobre su identidad de género. Jeff podría decir que era el Mesías todo lo que quisiera, pero aquello iba a ser un problema.

Los miembros del grupo se resistieron, evidentemente. Pero Jeff y Shaleia se mostraron implacables. Sus consejeros ordenaron a las seguidoras que acataran las instrucciones. Una mujer que expresó su malestar por que la hubieran designado como principio divino masculino fue objeto de una dura reprimenda: «Que tus gurús te den esta información es un gran honor; este es un mensaje de Dios transmitido directamente a través de Jeff y Shaleia y comunicado por tus antiguos consejeros. Negar la palabra de Jeff y Shaleia es negar la palabra de Dios. Debes tomar la decisión de seguir adelante pese a cualquier malestar y rendirte por entero a los métodos de Dios».

Algunas seguidoras iniciaron el proceso de transición: empezaron a usar pronombres masculinos, se cortaron el pelo, cambiaron de nombre, hicieron todo lo posible por adoptar su nueva identidad masculina y construir un futuro con su nueva llama gemela. Jeff y

Shaleia insistían en que ellos eran los únicos que tenían línea directa con Dios. Si decían que una persona era un hombre, era un hombre y no había más que hablar. Según un reportaje en profundidad que llevó a cabo Alice Hines sobre este periodo para *Vanity Fair*, no todas aceptaron la idea. Al menos cinco mujeres se resistieron a adoptar un nuevo sexo y acabaron abandonando el grupo.[34]

El artículo de *Vanity Fair* acarreó un grave coste para el grupo. El negocio se resintió y Jeff tuvo que volver a dar clases presenciales para obtener ingresos. No está claro cuántos miembros han aceptado vivir de forma permanente con una nueva asignación de género.

Lo más llamativo es que Twin Flames Universe ha dejado de crecer, pero no se ha derrumbado. Aunque el grupo solo existe en internet, sigue ejerciendo un control propio de una secta sobre gran parte de sus miembros y muchos de ellos permanecen fieles a Jeff y Shaleia incluso después de que se revelaran estos secretos tan perjudiciales. Las sectas cierran filas en torno a sus líderes; siempre ha sido así. Y eso es precisamente lo que han hecho, lo que están haciendo ahora: producir vídeos, vender cursos y seminarios, y esperar a que los curiosos los encuentren. ¿Dónde?

En internet, claro. ¿Dónde si no?

Bentinho Massaro, Teal Swan y Twin Flames Universe ejemplifican una característica sorprendente de la charlatanería digital. Cuando la estafa es virtual, un charlatán común y corriente puede acabar encabezando una secta en toda regla con una facilidad asombrosa. Si la inteligencia artificial se encarga de identificar a las víctimas, venderles el producto y atraerlas, al charlatán le es mucho más fácil dedicarse a los individuos más dispuestos a ceder el control de su cuenta bancaria, su mente y su cuerpo. Los charlatanes digitales hacen lo que han hecho todos los líderes de sectas durante generaciones, pero el ser digitales acelera el proceso. Con la inteligencia artificial ocupándose del trabajo pesado, las sectas, ahora, crecen más deprisa de lo que jamás había sido posible.

Una certeza que tenemos es que el éxito se propaga por internet. En este capítulo hemos visto tres variantes de este modelo de negocio, pero podríamos haber escogido cualquier otra de las decenas que existen. Las más atractivas se propagan. Las imitan, adaptan y modifican. En este juego artificial de selección natural, los propios algoritmos son el mecanismo de selección.

¿Y qué pasará en el futuro cuando alguien añada a un plan de este tipo una capa de intimidad simulada y producida en masa por inteligencia artificial?

Las fuerzas del orden duermen mientras los algoritmos se dedican a la pesada tarea de emparejar a los soñadores con los charlatanes. Hay millones de personas solitarias que buscan orientación espiritual, emocional y económica, y es, por tanto, inevitable que los gurús algorítmicos sigan proliferando. Por muy poco dinero, pueden llenar la parte ancha del embudo de reclutamiento: una afluencia constante de posibles candidatos a seguir proporcionándoles fondos, poder y gratificación sexual.

No les hace falta ni quitarse el pijama.

6

Confía en mí, soy un charlatán

Pena de muerte.

Ese es el castigo que propuso Paolo Zacchia, renombrado renacentista y padre de los estudios sobre derecho médico, «para cualquier médico o matasanos que venda medicamentos sin haber determinado primero la naturaleza y las causas de la enfermedad, o sin haber visto al paciente».[1] Corría el año 1621 y el problema del fraude médico ya era suficientemente grave como para que se plantearan medidas así.

La historia de los primeros tiempos de la charlatanería está llena de relatos sobre vendedores ambulantes de panaceas, las sustancias mágicas con las que prometían curar prácticamente cualquier dolencia. Tiene sentido: los pacientes desean estar sanos con una intensidad irracional y absorbente. Hasta el nacimiento de la medicina moderna, había pocas enfermedades que pudieran curarse de verdad. Los enfermos y los dolientes no tenían más lugar en el que depositar sus sueños de recobrar la salud que en manos de los charlatanes que vendían píldoras y pociones con la promesa de una recuperación milagrosa.

La práctica estaba tan extendida que fue necesaria una respuesta oficial. En 1638, la República de Venecia emitió un decreto para eliminar a los «vendedores ambulantes de elixires, polvos y aceites que trabajan sin licencia ni permiso del colegio de médicos» y señaló que «actúan en todas partes, en la ciudad de Venecia, en el continente y en las haciendas rurales».[2] Un siglo largo después, en 1760, los curanderos seguían aprovechándose de los venecianos desprevenidos y otro decreto impuso multas y penas de prisión a quienes vendieran remedios secretos en público o en privado. Ocho años más tarde, en 1768, la situación no había cambiado y el Senado reconocía que «se siguen vendiendo productos prohibidos, lo que perjudica la salud de los trabajadores rurales».

En realidad, como muestra Grete de Francesco en su libro de 1939, *El poder de los charlatanes*, las historias de matasanos estafadores existen desde que hay registros legales. En una época en la que la ciencia médica consideraba que las miasmas —el aire viciado— eran la causa de las enfermedades y se practicaban sangrías para casi cualquier dolencia, la distinción entre un médico auténtico y un charlatán sin escrúpulos no estaba tan clara como más adelante. No es extraño que a la gente le costara diferenciar entre unos y otros.

Se podría pensar que estas preocupaciones disminuirían a medida que avanzara la ciencia médica. Al fin y al cabo, la medicina moderna es uno de los grandes logros de la humanidad. En el transcurso de muy pocos siglos, nuestra especie ha pasado de la brutalidad de la cirugía sin anestesia a los milagros médicos cotidianos que se realizan en cualquier hospital actual. Las enfermedades que han asolado a la humanidad desde la antigüedad —de la peste bubónica a la tuberculosis— tienen hoy curas sencillas y rutinarias; y cada vez se descubren más. De todas las maravillas de nuestra época, hay pocas más maravillosas.

A primera vista, resulta inimaginable que haya quien le dé la espalda a una proeza humana tan monumental. Y, sin embargo, lo hay. En las encuestas, una minoría pequeña pero constante responde que confía poco o nada en la profesión médica. Todos hemos conocido a alguien que no confía en los médicos y evita consultarlos todo lo posible.

Hay razones para ello. Los sistemas médicos modernos pueden intimidar incluso a quienes son conscientes de sus beneficios. Son grandes burocracias impersonales dirigidas por personas falibles que deben hacer frente a una variedad casi infinita de males del cuerpo humano. Por supuesto, las experiencias de los pacientes varían. Muchas personas sufren terriblemente por enfermedades para las que la ciencia médica aún no tiene tratamiento. A otras las diagnostican mal, les dan tratamientos equivocados o sencillamente las ahuyentan el aspecto y el tono antisépticos de la atención médica moderna. No todo el mundo tiene una buena vivencia. Y quienes la han tenido mala pasan a ser de inmediato blancos atractivos para todo tipo de charlatanes.

Este problema se da en todo el mundo, pero parece especialmente grave en Estados Unidos, donde la cultura de áspero individualismo choca con un sistema sanitario carísimo y tristemente complicado. El resultado inevitable es el escepticismo y el descontento, personas furiosas por una visita al médico que ha dejado sus finanzas tambaleándose y su salud tan mal como antes.

No hacen falta muchos indignados de este tipo para ver una enorme oportunidad de mercado. Aunque el 90 por ciento de los estadounidenses estuvieran totalmente en sintonía con la ciencia médica convencional, el 10 por ciento restante representa alrededor de 26 millones de personas adultas. Y es probable que la cifra real de insatisfechos sea mucho mayor: en un estudio de 2014 publicado en la revista *The New England Journal of Medicine*, se reveló que solo el 58 por ciento de los estadounidenses estaban de acuerdo con la afirmación de que, «en general, los médicos de mi país son dignos de confianza».[3] Es decir, el 42 por ciento restante —más de cien millones de adultos— es vulnerable a las promesas de los charlatanes: un enorme mercado listo para ser explotado.

Y vaya si lo explotan.

Suplementos falsos, aparatos médicos sospechosos, excesiva promoción de las vitaminas, regímenes extravagantes, exaltación de las dietas depurativas, cuentos de hadas sobre nutrición, cristales curativos... En Estados Unidos existe toda una industria artesanal de impostura médica que crece sin parar y conecta a los charlatanes modernos con sus predecesores más antiguos. La propia palabra tiene su origen en los *ciarlatani*, los vendedores ambulantes de curas milagrosas en los mercados de la Italia del siglo XVII, y ha llegado hasta nosotros por medio, entre otros, de los famosos vendedores de elixires que salpican la historia del salvaje Oeste estadounidense. Desde que existen enfermos, ha habido personas que venden curas milagrosas discutibles.

La diferencia es que la tecnología de las comunicaciones de hoy en día les permite llegar a mucha más gente de forma mucho más rápida y barata que cuando se subían a un cajón en un mercado medieval. Por eso, el daño que causan los charlatanes médicos actuales es muchísimo mayor que el que podían causar sus predecesores.

Vamos a conocer a unos cuantos.

Joseph Mercola

Le presentamos a Joseph Mercola. Hijo de una familia de clase media asentada de Chicago, Mercola, que cursó el bachillerato en un instituto privado, se interesó desde muy joven por las prácticas curativas alternativas. Después de estudiar Química en la Universidad de Illinois, se formó como osteópata en Chicago.

Fue una elección reveladora: la osteopatía había nacido como un tipo de medicina alternativa por la que se inclinaban los profesionales que rechazaban el frío racionalismo de la medicina convencional y buscaban un enfoque más holístico de la salud.

En los años ochenta, cuando estudió Mercola, la osteopatía empezaba a abandonar sus raíces pseudocientíficas para adoptar prácticas médicas basadas en la ciencia. Él, en cambio, hizo el mismo camino en la dirección opuesta.

En 1985 se graduó como osteópata y empezó a utilizar el título que había obtenido legalmente: doctor.

A partir de ese momento, Joseph Mercola tuvo derecho legal a anteponer «doctor» a su nombre y lo convirtió en el eje central de una campaña de marketing tremendamente rentable: el respeto ligado al título pasó a formar parte fundamental de su marca.

Mercola, desde el primer momento, se presentó como crítico de la medicina convencional y se hizo eco de muchas de las recriminaciones que ya se alegaban contra la ciencia médica. A principios de la década de los noventa, cuando llevaba varios años de ejercicio, escribió una carta a sus pacientes en la que les anunciaba que iba a cambiar drásticamente su forma de practicar la medicina.

«Les dije: "Si no les parece bien dejar de tomar sus medicamentos, tendrán que buscarse otro médico" —recordaba tiempo después—. Perdí el 75 por ciento de mis pacientes».[4]

Más tarde, Mercola aseguró que el abandono en masa de sus pacientes había sido lo mejor que le había pasado jamás, porque le había permitido trabajar solo con quienes estaban dispuestos a acompañarlo hasta el final en la exploración de terapias alternativas. La relación con esos pacientes, cada vez más estrecha, lo ayudó a sentar las bases del enorme negocio de suplementos nutricionales que comercializó bajo la marca Dr. Mercola.

Como suele ocurrir, es difícil saber hasta qué punto Mercola se cree lo que vende y hasta qué punto se limita a aprovecharse de la fe de otros para ganar dinero. En su caso, hay más motivos de lo habitual para pensar que se lo cree de verdad. Sus compañeros de la facultad de osteopatía lo recuerdan como alguien decidido a llevar el paradigma alternativo hasta el límite de lo posible.[5] En cualquier caso, sean o no sinceros sus disparates, su éxito comercial es indudable.

Quizá porque comparte sus creencias, Mercola conoce a sus clientes. Los conoce bien. Muy bien.

Sus seguidores más fieles tienen un rasgo en común: han ido al médico y no lo han pasado bien. La experiencia les ha quitado la fe en el sistema y ha hecho que desconfíen de lo que dicen los profesionales. Están convencidos de que la Administración de Alimentos y Medicamentos (FDA) de Estados Unidos, las compañías farmacéuticas y el Gobierno no son más que piezas de una gran conspiración para engañar a los enfermos; y, en consecuencia, se ponen a merced de cualquier charlatán dispuesto a estafar a la gente enferma.

Como Mercola conoce a fondo a esas personas, entiende las suspicacias que les despiertan los «productos químicos» o cualquier cosa que parezca haber sido producida por la inmensa e impersonal maquinaria de la ciencia médica moderna. Les enseña que comparte su anhelo de reconectar con la naturaleza y su empeño en buscar remedios que consoliden esa conexión. Sabe que, para las personas dispuestas a creer lo peor sobre la clase médica, el simple hecho de criticarla le ayuda a ganarse su confianza. Un mero ataque a las grandes farmacéuticas le concede credibilidad ante su público, refuerza la idea de que es uno de los buenos, de los que entienden la situación. Y lo mejor de todo es que critica la ciencia médica al mismo tiempo que lleva una bata blanca y luce con orgullo el título de «doctor» delante de su nombre.

En efecto, ataca a las grandes farmacéuticas, con frecuencia y de forma muy eficaz. Y, lo que es más importante, lo hace en internet.

Mercola se adaptó a internet muy pronto y perfeccionó el arte de vender al público digital mucho antes que sus competidores. En todos sus vídeos se dirige directamente a la cámara y crea una imagen tranquila y afable, la del médico deseoso de contarnos unas verdades que la clase médica quiere ocultarnos. El discurso comienza con un rechazo total de la medicina moderna, construido a partir de una serie de teorías conspiranoicas cada vez más absurdas: desde una denuncia alarmista de la fluoración del agua hasta la repetición de viejas patrañas desmentidas muchas veces sobre los peligros del teléfono móvil para la salud.

¿Cuál es la solución?

Hay muchas: ayunar entre catorce y dieciséis horas al día; dormir en una jaula de Faraday —esas forradas con papel de aluminio— para protegerse de la radiación electromagnética; consumir trescientos cincuenta gramos de mantequilla al día; o atiborrarse de carne roja, pero negarse a comer pollo, entre otras.[6]

Y luego, por supuesto, están los suplementos; muchos suplementos. Todo tipo de suplementos imaginables, como zinc en gotas, L-treonato de magnesio y gotas de *ashwagandha* orgánica («la hierba por excelencia en la práctica tradicional ayurvédica de India; los expertos creen que los posibles beneficios de la raíz se deben al efecto sinérgico de todos los compuestos naturales que tiene: fitoesteroles, flavonoides, cumarinas y aceites esenciales»).[7] Todos ellos, en efecto, llevan un logotipo de Dr. Mercola bien grande en la etiqueta.

¿Nos preocupa el teflón? Él sabe que sí, porque acaba de dedicar una hora a crearnos paranoia sobre el tema. No pasa nada: entramos en su página web y nos compramos los utensilios saludables de cocina Mercola («sin metales» y «relativamente baratos», a 197 dólares el juego).

Mercola.com, que presume de ser la web de salud natural más visitada de internet, lleva muchos años haciendo un gran negocio. Las personas que acuden a Mercola en busca de pseudociencia se van enfureciendo cada vez más con la industria farmacéutica y, ya que están, compran algo. Es un modelo de negocio probado: el heredero directo del siglo XXI de los *ciarlatani* de Italia y los vendedores de aceite de serpiente del viejo Oeste.

Por supuesto, si Mercola vende un producto es porque cree en él y, si cree en un producto, no tiene reparos en escribir sobre él en su web y charlar al respecto en su pódcast. Es un círculo de marketing perfecto, en el que la pseudociencia se hace pasar por ciencia disidente y da paso a alegatos apasionados sobre las maravillas curativas de tal o cual píldora («¡que no quieren que conozcas!»), una píldora que, casualmente, se puede comprar en la misma web.

Joseph Mercola había perfeccionado esta estrategia de marketing mucho antes de que estallara la pandemia de COVID-19. Sus argumentos se basaban fundamentalmente en desinformación antivacunas, disfrazada de valiente revelación de la verdad. En realidad, la retórica antivacunas siempre ha sido una parte importante de su argumento de venta: cuando el vendedor convence a su público de que toda la comunidad médica es cómplice de una gran conspiración para hacer daño a los niños, lo tiene exactamente donde quiere.

Los antivacunas nunca van a escuchar a los médicos convencionales que acusan a Mercola de ser un charlatán, precisamente porque lo que tienen en común las víctimas potenciales es su desconfianza visceral hacia esos médicos convencionales. Si todo el sistema es corrupto, lo suficientemente corrupto como para poner en marcha una conspiración tan vasta y dañina como la inmunización infantil, entonces no se puede creer nada de lo que dicen sobre ningún tema. Hay que confiar en Mercola y solo en Mercola.

Y si alguien se cree su mensaje, es muy probable que compre sus pastillas.

Mercola fue un auténtico adelantado cuando empezó a decir que las pandemias son crisis fabricadas, inventadas desde cero por una malvada camarilla de empresas y gobiernos para arrebatarnos libertades. Ya en 2009, durante un breve periodo en el que un nuevo virus de la gripe aviar amenazaba con convertirse en pandemia, publicó *The Great Bird Flu Hoax: The Truth They Don't Want You to Know About the «Next Big Pandemic»* (*El gran engaño de la gripe aviar: la verdad que no quieren que sepas sobre la «próxima gran pandemia»*).

La mayoría de los ingredientes de las tonterías de Mercola sobre la COVID-19 ya están presentes en este libro, publicado once años antes de la verdadera pandemia. La estrategia típica de Mercola consistía en afirmar que los esfuerzos de los funcionarios de sanidad para prepararse ante una posible pandemia en el futuro eran la prueba de que estaban planeando inventársela, darle una dimensión desproporcionada y aprovechar el pánico que previsiblemente se generaría para enriquecerse y controlar a la población a base de administrarle medicamentos peligrosos, de eficacia no demostrada, etiquetados como «vacunas».

La gripe aviar se extinguió sin demasiados daños, pero Mercola ya tenía lista su estrategia comercial. Reciclaría los mismos argumentos cuando estallara el brote de SARS-CoV-2. Siguiendo su propia lógica, se podría alegar que, si Mercola sabía que era posible que hubiera una pandemia falsa antes de que ocurriera y ya había practicado su respuesta, entonces es muy probable que orquestara él la pandemia de 2020.

De un detalle no cabe duda: Mercola vendió muchísimos productos durante la pandemia de COVID-19.

La atención mediática provocada por el coronavirus hizo famoso a Mercola en todo Estados Unidos y empujó a muchos a calificarlo de «superpropagador» de la COVID-19 por la repercusión de sus informaciones falsas. Después de decir que la campaña de vacunación contra la COVID-19 era «la campaña de propaganda y lavado de cerebro más eficaz de la historia de la humanidad», se dedicó sin descanso a instigar a la gente para que desconfiara de las vacunas que se había comprobado que salvaban vidas y prefiriera las falsas curas que le permitieron ganar millones de dólares y dejaron a sus clientes expuestos a un virus mortal.[8]

En medio de la emergencia de salud pública desencadenada por la COVID-19, el mensaje antivacunas de Mercola se topó con intensas críticas. Las organizaciones profesionales le rogaron que desistiera. La FDA lo amonestó repetidamente por sus afirmaciones sin fundamento y le exigió que dejara de difundirlas.[9]

Con el tiempo, a Joseph Mercola lo incluyeron en «la docena de la desinformación», una lista de doce usuarios de redes sociales responsables de dos terceras partes de la desinformación sobre vacunas que se difundía en internet.[10] Ese fue el punto de inflexión. Las grandes plataformas de internet, desde Facebook hasta YouTube, lo expulsaron de sus webs, pero, como era de esperar, eso era lo que él quería.[11]

En el relato de Mercola, las presiones que sufría eran prueba fehaciente de la dimensión y el poder de la conspiración que había descubierto. Él era la única voz valiente, dispuesta a denunciar todo su plan corrupto. Los villanos querían impedírselo. Solo podían plantarles cara unas cuantas almas valerosas e ilustradas.

En parte por las repetidas advertencias de la FDA, en agosto de 2021 Mercola aceptó eliminar todo el archivo antiguo de su web, lo que privó a internet de joyas como «¿Podría el peróxido de hidrógeno tratar el coronavirus?», que se compartió alrededor de cinco mil veces en Facebook antes de que lo eliminara.[12]

Lo asombroso es que Mercola consiguió convertir incluso esto en una estafa. Ahora, si se busca cualquier término en su web, aparece este mensaje:

LA BIBLIOTECA CENSURADA DEL DOCTOR MERCOLA

> En agosto de 2021, todo el contenido de nuestro sitio web se eliminó debido a las amenazas de censura. La buena noticia es que, gracias a nuestra nueva web Substack, que protege la libertad de expresión, es posible acceder a muchos de esos artículos eliminados. Hasta ahora, hemos transferido el contenido de los últimos tres años —de los más de veinticinco de historia— a nuestra pági-

> na en Substack. Para contribuir al coste de esta protección, la suscripción mensual es de solo cinco dólares, o cincuenta dólares al año, que se donan a organizaciones sanitarias sin ánimo de lucro.

En resumen, todavía se puede acceder a las peligrosas tonterías de Joseph Mercola, ¡solo que ahora hay que pagar por el privilegio!

Con el desparpajo con el que se sostienen muchas actividades de Mercola, es natural suponer que no es más que un charlatán cínico que busca ganar dinero rápido. Desde luego, hay muchas pruebas de que le gusta ganar dinero fácil como a cualquiera. Por eso, cuando nos sumergimos en el extenso archivo de pódcast de este hombre mientras lo investigábamos para este libro, pensamos que no iba a ser más que un publirreportaje de su tienda en línea: puro marketing.

Pero nos encontramos con una sorpresa. Mezclado con los disparatados consejos dietéticos y las oscuras teorías conspirativas, vislumbramos a un hombre obsesionado con ideas que no parecía que fueran a reportarle dinero.

Una de las más importantes es la fijación con el hierro y su capacidad, según Mercola, para acumularse hasta niveles tóxicos en la sangre. No en el suero sanguíneo, sino en el interior de las células sanguíneas. Y en las mitocondrias dentro de cada célula, que son las que le proporcionan energía.

Afirmar que hay pocos datos científicos que sostengan esta interpretación es ser generoso. Los médicos convencionales conocen desde hace mucho la hemocromatosis, una enfermedad poco frecuente que afecta más o menos al 0,5 por ciento de la población adulta y que puede producir niveles nocivos de hierro en sangre.[13] La teoría de Mercola es que muchos adultos o incluso la mayoría sufren toxicidad por exceso de hierro.

Es completamente absurda. No hay ninguna prueba que demuestre esta teoría.

Pero aquí es donde la cosa se pone interesante. Podríamos pensar, tal vez, que Mercola pasaría de infundirnos el miedo a la hemocromatosis a vendernos algún tipo de pastilla para solucionar el problema. Esa es su manera de actuar en casi todo lo demás. Pero esta vez no.

Mercola asegura que el cobre presente en la dieta ayuda a regular los niveles de hierro en sangre, otra teoría disparatada ante la que los médicos convencionales se encogen de hombros. Le encanta explicar en gran detalle por qué lo cree así en peroratas envueltas en una neblina de términos de bioquímica molecular que pocos de sus oyentes pueden comprender. Y sí es verdad que Mercola vende en su web varios suplementos que contienen cobre. Pero no hace una promoción apabullante al respecto. Lo que promueve con insistencia es la donación de sangre.

Según Mercola, el problema del hierro en sangre estriba en que tenemos demasiada sangre; por tanto, la forma de solucionarlo es donar sangre con frecuencia. ¿Con qué frecuencia? «Como mínimo, dos veces al año; mejor aún, cuatro», afirma en un pódcast, para luego añadir que algunas personas quizá podrían hacerlo más a menudo en casa y echar la sangre en el jardín para que sirva de fertilizante.[14]

Mercola habría sido un excelente médico del siglo XVIII: está tan obsesionado como ellos por eliminar la sangre que sobra. En su pódcast pregunta siempre a sus invitados si acostumbran a hacerlo. Le gusta especialmente entrar en explicaciones detalladas sobre la falta de un mecanismo natural de eliminación del hierro y sobre los milagrosos y casi instantáneos efectos positivos que tiene donar sangre para la salud.

Por supuesto, hay pruebas científicas sólidas de que las personas que donan sangre tienen menor riesgo de muerte que las que no. Pero la diferencia es pequeña y «no puede interpretarse como una prueba concluyente de que [donar sangre] tenga un efecto beneficioso para la salud».[15] No se conocen bien los motivos de que los donantes de sangre vivan más tiempo, pero pocos investigadores creen que estén relacionados con el hierro. La hipótesis principal tiene que ver con el hecho de que la donación cambia la composición lipídica de la sangre del donante.[16]

No hay muchos médicos que defiendan que esta esotérica correlación probabilística es el mejor motivo para donar sangre. El motivo para donar sangre es salvar la vida de quienes la reciben. En comparación, los beneficios para el donante son insignificantes.

Es decir, Mercola hace bien en animarnos a donar sangre y tampoco se equivoca, exactamente, cuando dice que es bueno para el donante. Además, no tiene ningún interés económico visible en que se done sangre. No obtiene ningún beneficio ni participa en ello, que haya constancia. Aun así, no deja de promoverlo.

Y lo hace muy bien. Después de escuchar algunos de sus pódcast, nosotros mismos empezamos a pensar que probablemente deberíamos pedir cita para ir a donar sangre, algo que no habíamos hecho desde hacía mucho tiempo.

«Daño no va a hacer —pensamos, en contra de nuestro propio criterio— y, quién sabe, ¿y si es verdad lo del exceso de hierro?».

El hecho de que Mercola lograra convencernos incluso a nosotros, que estábamos escuchando su pódcast para criticarlo, lo dice todo sobre su talento como vendedor. Pero eso nunca había estado en duda. Lo que no estaba claro era si Joseph Mercola no es más que un oportunista cínico o si de verdad se cree sus propias tonterías. Y su obsesión con la hemocromatosis apunta seriamente a lo segundo.

Mercola parece estar tan ardientemente convencido de que donar sangre es beneficioso para el donante que dedica una parte considerable de sus recursos más valiosos —su voz y credibilidad ante su público— a convencer a otros de ello.

Ese no es el comportamiento de un estafador. Es el comportamiento de un auténtico creyente.

El resultado es un peculiar embrollo de paradojas éticas entrelazadas: un médico charlatán que utiliza la pseudociencia para convencer a sus oyentes de llevar a cabo algo seguro y legal que salvará vidas, aunque no por los motivos que piensa él, y ello a pesar de que no va a sacar ningún beneficio personal.

El exceso de hierro es una de sus obsesiones permanentes. Esta preocupación aparece una y otra vez en *Take Control of Your Health* (*Hazte con el control de tu salud*), su popular pódcast, en el que insiste constantemente en que la donación de sangre es tal vez el cambio más útil que podemos hacer en nuestra vida para mejorar la salud.[17]

¿Es este un caso del reloj parado que da la hora correcta dos veces al día? Quizá. Entre su defensa de una variedad de terapias desacreditadas, tratamientos no comprobados y oscuras fantasías sobre cómo conspiraron Bill Gates y Klaus Schwab (el fundador del Foro Económico Mundial) para desatar la pandemia, Joseph Mercola a veces ofrece consejos que harían bien en seguir las personas sensatas.[18] Eso no lo convierte en un héroe de la medicina.

Simplemente lo convierte en un charlatán de otro tipo, que se preocupa por el dinero, pero no solo por él. En ese sentido, hay que reconocer que la jugada le ha salido bien. Su empresa no cotiza en bolsa y, por tanto, no revela prácticamente nada sobre su situación financiera, pero, en una declaración jurada que presentó en 2017, Mercola declaró que su patrimonio superaba los cien millones de dólares.[19] Por cuánto, no lo sabemos. En cualquier caso, sus obsesiones le han salido fabulosamente rentables.

¿Cómo consiguió Joseph Mercola la fama necesaria para ganar tanto dinero? En gran parte, gracias al impulso que recibió al principio de su carrera, cuando lo invitaron a asesorar a una audiencia de millones de personas en un programa presentado por uno de los cirujanos cardiacos mejor dotados del mundo: el doctor Mehmet Oz.

Mehmet Oz

Hay muchos motivos para preguntarse si a Joseph Mercola le corresponde el título de doctor, pero nadie en su sano juicio cuestionaría las credenciales médicas del doctor Mehmet Oz.

En los años noventa, cuando era una joven superestrella de la medicina, el doctor Oz practicó y enseñó cirugía en una de las instituciones más prestigiosas del mundo: la Universidad de Columbia de Nueva York. Allí no solo era un médico de prestigio, sino también un investigador de primera categoría, que publicó o coeditó setenta y cinco estudios sobre cirugía cardiaca y torácica entre 1989 y 2010, y acabó con nueve patentes a su nombre. Este dato le perseguiría décadas después. Una publicación tan respetada como *The New York Times Magazine* le dedicó en 1995 un perfil de lo más halagador donde se aseguraba sin reparos que era «probablemente el mejor cirujano cardiotorácico de treinta y cinco años del país».[20]

Ya entonces, pese a estar en la cima del aparato médico académico de Estados Unidos, Mehmet Oz empezaba a coquetear con terapias poco convencionales que causaron revuelo entre los periodistas del *Magazine*. El reportaje cuenta que el doctor Oz operó a una paciente, Joyce Donadio, quien consintió en que, mientras tanto, dos especialistas en reiki le manipularan los flujos de energía invisible alrededor de los pies.

El reiki es una de esas modas *new age* que proclama un linaje ancestral, aunque, en realidad, su invento es reciente: lo creó en la década de 1920 un excéntrico curandero japonés, Mikao Usui, que dedicó su vida a formar personalmente a alrededor de dos mil profesionales. Reiki (霊気) significa «energía misteriosa», pero la palabra se parece sospechosamente a *rieki*, que en japonés quiere decir «beneficio».

El «-ki» de «reiki» procede del concepto espiritual chino del *chi*: una fuerza vital esencial y mística muy presente en numerosas tradiciones espirituales del Lejano Oriente. Los maestros de reiki describen el *chi* como una fuerza invisible «imposible de detectar por la ciencia». Los especialistas de la sala de operaciones creían que, al colocar las manos cerca de la paciente —sin tocarla—, podían redirigir el flujo del *chi* para acelerar su recuperación después de la gran cirugía torácica. Ahora, uno de los cirujanos jóvenes más de moda del país iba a comprobar científicamente si era verdad o no. Es comprensible que los periodistas estuvieran deseando informar del acontecimiento.

El doctor Oz había practicado la misma operación suficientes veces como para poder mostrar datos sobre su eficacia y, en apariencia, los primeros resultados sugerían que la presencia de los sanadores de energías era, en efecto, beneficiosa. Los pacientes a los que se practicaba reiki durante la cirugía parecían recuperarse más rápido que los que no habían tenido esa fortuna. Era un éxito en todos los sentidos.

¿O quizá no?

Las primeras incursiones del doctor Oz en la medicina alternativa coinciden con la época en la que conoció a Lisa Lemole, una devota maestra de reiki, con quien Oz se casó en 1985. La madre de Lemole era seguidora incondicional de los tratamientos de salud alternativos, mientras que su abuelo era un destacado cirujano. Ella se graduó en 1985 en el Bryn Mawr College, donde había sido capitana del equipo de tenis, y contrajo matrimonio con Oz en junio de ese mismo año.

El padre de Oz, Mustafá, consideraba que la decisión de su hijo de dedicarse a la medicina alternativa era un suicidio profesional y trató de disuadirlo. El doctor Mustafá Oz, un cirujano muy respetado, había emigrado a Estados Unidos desde Turquía en los años cincuenta y había empujado a su brillante hijo a seguir sus pasos. Pero el joven doctor Oz tenía ideas propias; o, mejor dicho, ideas de su esposa. Se graduó en Harvard —donde jugó en los equipos de fútbol americano y waterpolo— y después obtuvo una doble licenciatura, en Medicina y Administración de Empresas, por la Universidad de Pensilvania. Mehmet Oz era un estudiante auténticamente extraordinario.

En sus investigaciones médicas durante los años noventa, el doctor Oz realizó varios descubrimientos fundamentales para mejorar la práctica de la cirugía cardiaca. Su nombre aparece en numerosas patentes de inventos relacionados, entre ellas el MitraClip, un dispositivo diseñado para «reparar las válvulas cardiacas con fugas» que enseguida se generalizó y que ha salvado miles de vidas.[21] Con él al frente, el centro médico de la Universidad de Columbia, que ya era famoso, lo fue todavía más y se convirtió en uno de los institutos de investigación sobre cirugía cardiaca y torácica más prestigiosos del mundo. Y no es ninguna exageración, sino la realidad.

Sin embargo, a principios de siglo, a Mehmet Oz se le planteó una disyuntiva. Podría haber optado por profundizar en su práctica médica y de investigación, en la que ya estaba triunfando enormemente. Todavía era joven, tenía apenas cuarenta años, y ya había transformado drásticamente la forma de tratar las enfermedades cardiacas en los mejores centros médicos del mundo. Si hubiera continuado así veinticinco años más, habría consolidado su lugar en la historia como un innovador verdaderamente trascendental para la medicina. Entre los mejores médicos del mundo, su nombre se mencionaba con frecuencia como candidato al Premio Nobel de Medicina.

En cambio, ha acabado en este libro. ¿Qué pasó?

En 2003 el revuelo mediático sobre el cirujano de moda que utilizaba la sanación energética en el quirófano le consiguió a Mehmet Oz su primer programa de televisión. *Second Opinion with Dr. Oz* fue una serie de cinco episodios del Discovery Channel en la que Oz trataba los problemas de salud de diversos famosos, desde Charlie Sheen hasta Magic Johnson, pasando por —y esto lo iba a cambiar todo— Oprah Winfrey.[22]

A Oprah le gustó tanto la experiencia que pronto lo invitó a su propio programa *The Oprah Winfrey Show*, el campeón indiscutible de audiencia de la programación matutina. Es fácil entender por qué lo adoró el público de Oprah: Oz, carismático, atractivo y con unas credenciales alucinantes, empleaba un lenguaje accesible, sin jerga y con un tono rebosante de autoridad que daba tranquilidad. Volvió a aparecer en el programa de Oprah Winfrey sesenta y dos veces, se convirtió en el «doctor de Estados Unidos» —título otorgado por Oprah— y fue adquiriendo cada vez más fama hasta convertirse en uno de los nombres más populares del país.[23]

La enorme audiencia de Oprah multiplicó la visibilidad del doctor Oz y lo situó a las puertas de la fama. Sin embargo, no cruzaría ese umbral hasta 2009, cuando la productora de Oprah, Harpo Studios, aceptó producirle su propio programa matutino de entrevistas. Durante sus once temporadas, entre 2009 y 2022, *The Dr. Oz Show* fue un gran éxito de audiencia y estuvo constantemente entre los cinco programas diurnos de televisión más vistos de Estados Unidos. Durante todo ese tiempo, Oz se movió a caballo entre la medicina convencional y la alternativa: ofrecía muchos consejos sensatos y normales sobre dieta y ejercicio, pero los mezclaba con afirmaciones cada vez más sorprendentes sobre terapias alternativas que poco a poco fueron minando la credibilidad del programa.

El principal dilema al que se enfrentaba Oz es fácil de imaginar: llenar cinco programas especiales de una hora de duración con consejos científicos y creíbles en materia de salud, como había hecho en su serie de 2003, era sencillo. Pero llenar una hora diaria de contenido durante años era muy diferente.

El doctor Adam S. Cifu, investigador biomédico de la Universidad de Chicago, lo explica muy bien en un mordaz comentario que publicó en la web de los Institutos Nacionales de Salud de Estados Unidos, titulado «Por qué el doctor Oz nos vuelve locos»:

> En la práctica diaria de la medicina, nuestra preocupación es atender a una persona. Aunque los médicos estamos todo el día dando consejos sensatos a los pacientes, en comparación, podemos ofrecer muy pocas recomendaciones a la población en su conjunto. Todo el mundo debería hacer ejercicio y llevar el cinturón de seguridad, nadie debería fumar ni beber en exceso y todo el mundo debería vacunarse en la niñez. Son recomendaciones no solo escasas, sino poco interesantes y poco sorprendentes. Desde luego, no darían para un programa de televisión diario, ni siquiera semanal. Una vez solventadas las recomendaciones básicas, resulta difícil dar consejos de salud a grandes grupos de población.[24]

Desde este punto de vista, las presiones de crear un programa de televisión diario suficientemente interesante como para obtener buenos índices de audiencia acabaron por vencer los escrúpulos profesionales de Mehmet Oz. Pronto empezó a utilizar el mismo tipo de frase manipulativa —«esto es lo que tu médico no quiere que sepas»— que han empleado los charlatanes desde hace siglos. Como los contenidos sobre la pérdida de peso y el tratamiento del cáncer eran los que más probabilidades tenían de aumentar la audiencia, el doctor Oz fue dando cada vez más protagonismo a planes de adelgazamiento sospechosos, promocionados por personajes fraudulentos de la enorme, siempre cambiante y muy engañosa industria de los suplementos nutricionales de Estados Unidos.

Un ejemplo típico es el de la cetona de frambuesa, uno de los muchos suplementos dietéticos discutibles que el doctor Oz promocionó en su programa. Las cetonas son sustancias químicas que están presentes en pequeñas cantidades en las frambuesas y otras frutas, y unos investigadores bioquímicos japoneses pensaron que quizá podrían ayudar a controlar el peso. Así que en 2005 empezaron a hacer lo que hacen los investigadores en casos como este: pusieron en marcha una serie de experimentos con ratones y ratas para comprobar la seguridad y la eficacia de la sustancia.[25]

Por supuesto, los ensayos con ratones y a pequeña escala no son más que el primer paso de un largo proceso para desarrollar un nuevo tratamiento. Si parece que la sustancia tiene buenas perspectivas, después de las pruebas exploratorias se amplían los ensayos con más ratones de laboratorio. Si los resultados se confirman, se lleva a cabo una larga y compleja serie de ensayos cada vez más amplios con seres humanos, que culminan en un estudio aleatorio doble ciego, en el que se administra el tratamiento a un grupo de individuos, mientras que a otro grupo de control se le administra un placebo y ni los sujetos ni las personas que administran el fármaco saben quién está en cada grupo. Solo si se corroboran los resultados después de un análisis riguroso de ese ensayo clínico se puede considerar que el tratamiento está probado.

Puede parecer pesado —es un proceso pesado—, pero hay motivos serios para seguir todos los pasos con rigor. Cuando se va a introducir una sustancia nueva en el organismo de las personas, no es buena idea ser frívolos con los riesgos.

Todo esto explica por qué el proceso de ensayos y aprobación de un nuevo tratamiento médico lleva años. Pero el doctor Oz no podía permitirse esperar años: tenía que llenar una hora completa de televisión cada día de la semana. Necesitaba contenidos atractivos para que sus espectadores volvieran al día siguiente. Así que *The Dr. Oz Show* se saltó alegremente todo el proceso y se hizo eco de un pequeño estudio efectuado con un puñado de ratones como prueba irrefutable de que las cetonas de frambuesa eran «la nueva píldora para adelgazar que tu médico no quiere que conozcas».

¿Cómo pudo salirse con la suya? ¿No se supone que los nuevos fármacos deben pasar pruebas rigurosas para poder comercializarse? ¿No hay sanciones para los médicos que colocan pastillas sin base científica?

Claro que las hay. Pero también hay lagunas legales. Teóricamente el doctor Oz no estaba recomendando un medicamento, sino un suplemento. En Estados Unidos, las normas que regulan los suplementos nutricionales son tan laxas como estrictas son las que regulan los nuevos medicamentos. Los vendedores de suplementos no están obligados a demostrar que sus pastillas tienen los efectos que se les atribuyen. Tampoco están obligados a acreditar que sus pastillas contienen los ingredientes que figuran en la etiqueta. Mientras no hagan afirmaciones concretas sobre su eficacia médica, pueden hacer lo que quieran. Todo lo que quieran.

Volvamos a las cetonas de frambuesa. La palabra «frambuesa» puede dar a entender que es un producto natural, una especie de extracto de fruta. Las cetonas son un oligoelemento químico que está presente en las frambuesas: se necesitarían casi cuarenta kilos de fruta para obtener las cetonas necesarias para una sola dosis.[26] En realidad, el producto que se comercializa se sintetiza en un laboratorio, como ocurre con un medicamento nuevo, y se presenta en cápsulas en unas dosis que nadie comprueba, fabricadas en centros que nadie certifica. Nadie sabe con certeza qué efecto tienen estas cetonas en el cuerpo humano cuando se toman en dosis elevadas, porque nadie lo ha estudiado.

Pero todo eso no iba a detener al doctor Oz.

«Tengo el mayor milagro en un frasco para quemar las grasas —anunciaba en un segmento que después se haría famoso—. Es la cetona de frambuesa». Luego venía el habitual galimatías científico. «Las cetonas de frambuesa —decía— contienen adiponectina; parece una palabra complicada, pero es una hormona que engaña de forma natural a tu cuerpo para que crea que está delgado».[27]

La aparición en el programa del doctor Oz hizo que se dispararan las ventas y que, en los días posteriores a la emisión, surgieran por todas partes los vendedores de suplementos dudosos y no regulados.

La repercusión fue tan notable que, poco después de que el programa fuera televisado, en abril de 2012, la pastilla se volvió «casi imposible de encontrar en las tiendas», según las informaciones de la época.[28]

Este fenómeno de que el interés por un producto y sus ventas se disparasen después de aparecer en *The Dr. Oz Show* se volvió tan común que, durante un tiempo, tuvo su propio nombre: el efecto Oz.[29] Y pesaba mucho. Aparecer en *The Dr. Oz Show* podía llevar a un producto de la invisibilidad al estrellato en un instante.

Otro ejemplo son los rinocornios, esos pequeños artilugios de cerámica o plástico que la gente utiliza a veces para lavarse los senos nasales con agua salada. Después de que el doctor Oz los pusiera por las nubes en el programa de Oprah Winfrey en 2006, un productor alardeó de que las ventas habían crecido un 12.000 por ciento y las búsquedas en internet sobre el tema aumentaron un 42.000 por ciento.[30]

A mediados de la década de 2010, se había creado alrededor de *The Dr. Oz Show* todo un ecosistema de vendedores de suplementos poco fiables. Los vendedores veían el programa a diario y competían en las plataformas publicitarias de internet para comprar términos de búsqueda relacionados con esos productos. A los pocos minutos de aparecer en televisión, se desataba una auténtica subasta del primer resultado de búsqueda en Google y Facebook para cualquier producto que el doctor Oz hubiera decidido vender ese día.

Por supuesto, las personas que participaban en este juego tenían la misma capacidad para fabricar estos suplementos que cualquier hijo de vecino: un instante oían hablar del suplemento y al instante siguiente empezaban a venderlo; solo después se planteaban dónde podían obtenerlo y cómo lo iban a envasar y enviar. Sin nadie que comprobara la pureza o la integridad de los productos, es de suponer que no debían de contener gran cantidad del ingrediente activo que figuraba en la etiqueta. Claro que, dado que ese ingrediente activo no había superado ningún ensayo, eso era más una ventaja que un inconveniente: es evidente que tomar un placebo no hace daño, mientras que ingerir altas concentraciones de un compuesto químico nuevo y no probado tal vez sí.

Mehmet Oz siempre ha alegado que él no vendía suplementos ni promocionaba suplementos concretos en su programa. No le hacía falta: como presentador de un programa de televisión increíblemente popular, no tenía precisamente problemas de dinero. En su testimonio ante el Senado estadounidense se presentó como una víctima y declaró sentirse impotente frente al ejército de vendedores de falsos suplementos que estaban pendientes de todo lo que decía; incluso pidió al Congreso que aprobara nuevas leyes para prohibir que engañaran al público alegando que él había avalado sus productos.[31]

Sin embargo, el revuelo causado por las cetonas de frambuesa y otros suplementos dietéticos que en su día estuvieron muy de moda (bayas de *açaí*, resveratrol) palidece en comparación con el que se formó a propósito del producto que más contribuyó a consolidar la reputación de Mehmet Oz como paria de la medicina: el gran escándalo del extracto de café verde de 2012.

En abril de ese año, se publicó un estudio en la revista *Diabetes, Metabolic Syndrome and Obesity: Targets and Therapy*. En el estudio se afirmaba que el extracto de grano de café verde había provocado una pérdida de peso considerable en personas —no en ratones—, incluso cuando se administraba de forma aislada: sin dieta, sin ejercicio, sin nada.[32]

En realidad, el estudio citado era muy reducido, con solo dieciséis sujetos. Peor aún, estaba financiado por un fabricante de —cómo no— extracto de grano de café verde. Ningún científico de renombre se precipitaría a sacar conclusiones sobre la eficacia de un compuesto basándose en unas pruebas tan fragmentarias.

Sin embargo, en mayo de 2012, un emocionado Mehmet Oz apareció en su programa con un grano en la mano. «Este pequeño grano —anunció— ha llevado a los científicos a afirmar que han encontrado la cura mágica para perder peso para todo tipo de cuerpos. Se trata de granos de café verde y, cuando se transforman en suplemento, constituyen una píldora milagrosa que puede quemar grasa rápidamente para cualquiera que quiera adelgazar».

Entonces dio la bienvenida al escenario al médico naturópata y nutricionista certificado Lindsey Duncan para seguir conversando sobre su «píldora milagrosa». Duncan comenzó con prudencia, diciendo: «No suelo recomendar suplementos para perder peso, pero este me tiene verdaderamente entusiasmado». Después de alabar apasionadamente el estudio durante unos minutos, el doctor Oz fue al grano.

—¿Qué tiene que hacer la gente para notar los beneficios?

—Ochocientos miligramos, dos veces al día —respondió Duncan sin vacilar.

—¿Y dónde se pueden comprar las cápsulas? —siguió Oz.

—Se compran por internet —dijo, y puntualizó que los consumidores debían buscar extracto «puro» de granos de café verde, sin aditivos ni rellenos.

El público se tragó el mensaje y las ventas de pastillas de extracto puro de granos de café verde se dispararon en las semanas posteriores.

Años después, cuando la Comisión Federal de Comercio de Estados Unidos investigó a Duncan en el marco de una campaña contra los productos para adelgazar de dudosa fiabilidad, se descubrió que no había improvisado nada. La dosis específica que recomendaba coincidía casualmente con la de las píldoras que vendía su empresa. ¿Y el énfasis en el «extracto puro de grano de café verde»? Resulta que era el término de búsqueda que acababa de comprar en Google y Facebook para que condujera a su producto.

En la práctica, Lindsey Duncan se había aprovechado del efecto Oz desde dentro. Consiguió que lo invitaran al programa y entonces se apropió de un nuevo término de búsqueda que iba a volverse muy popular incluso antes de que se emitiera la entrevista. Duncan, que no reconoció haber cometido ningún delito, llegó a un acuerdo con la FTC que incluía el pago de nueve millones de dólares a los consumidores en concepto de indemnización y, de ese momento en adelante, se le prohibió hacer afirmaciones engañosas relacionadas con la salud.

Pero ¿qué sucedió con el estudio, aquel prometedor meollo de la investigación que había puesto en marcha este proceso, es decir, el que los científicos tendrían que reproducir y ampliar en los próximos años?

Pues que no se pudo reproducir porque era falso. Una revisión posterior reveló que los datos del estudio, al parecer, se habían manipulado para que arrojaran los asombrosos resultados que perseguían quienes financiaban la investigación. En 2014, los responsables de la revista especializada que había publicado el artículo en un principio, *Diabetes, Metabolic Syndrome and Obesity: Targets and Therapy*, lo retiraron después de que los autores confesaran que no podían verificar los datos.[33]

Hay que reconocer que el doctor Mehmet Oz nunca cayó en los febriles lodazales del pensamiento conspirativo en los que se movían charlatanes como su antiguo invitado Joseph Mercola. Nunca criticó las vacunas, por ejemplo, y siempre instó a sus espectadores a inmunizarse contra la COVID-19 y a administrar a sus hijos todas las vacunas infantiles recomendadas. Y, como él mismo no se cansa jamás de recordarnos, nunca vendió productos concretos, nunca promocionó ningún producto específico ni ganó directamente dinero con la industria de los suplementos, aunque sí contribuyó de manera decisiva a su éxito.

No obstante, la etiqueta de charlatán es muy merecida: el doctor Oz utilizaba estudios de audiencia muy sofisticados para aprovecharse de los sueños de salud y bienestar físico de su público y promocionaba los productos de manera beneficiosa para él y perjudicial para sus espectadores. Se infiltró en el HumanOS de su audiencia con promesas emocionantes que él entendía que se iban a creer —y que debía de saber que eran absurdas— y traicionó la confianza de todas esas personas con una regularidad impresionante.

Con todo, la razón por la que el doctor Oz es un charlatán no es solo los engaños evidentes —las cetonas de frambuesa y los extractos de granos de café verde— que un científico destacado como él debería haber sabido detectar. Tampoco el reiki en el quirófano o los segmentos que emitía sobre la influencia que ejerce la astrología en las decisiones que tomamos sobre nuestro bienestar (ya adelantamos que no ejerce ninguna).[34] Ni siquiera los episodios demenciales, como cuando invitó a un autodenominado médium para que contara cómo hablar con los muertos puede mejorar nuestra salud.[35] No, la razón por la que podemos estar seguros de que el doctor Mehmet Oz es un gran charlatán es otra muy distinta: la ciencia.

En 2014, un equipo de catorce médicos, farmacéuticos e investigadores británicos publicó un estudio en la prestigiosa revista *British Medical Journal* en el que se analizaban de forma sistemática todos los consejos de salud ofrecidos en cuarenta episodios al azar de *The Dr. Oz Show*. Examinaron ochenta recomendaciones distintas y encontraron alguna prueba que respaldara el 46 por ciento de ellas. En otro 39 por ciento de los casos, no dieron con ninguna prueba científica que las sostuviera. ¿Y el 15 por ciento restante? Esto es lo más interesante. Para una de cada siete afirmaciones del programa del doctor Oz, los investigadores encontraron evidencias científicas que contradecían su recomendación.[36]

Tal vez era inevitable que un charlatán tan prolífico y famoso llamara la atención de Donald Trump. Oz es un gran partidario suyo, así que se mostró encantado cuando, en 2022, Trump lo animó a ser candidato para un escaño importante en el Senado de Estados Unidos. Consiguió la nominación republicana gracias al respaldo de Trump, pero entonces llevó a cabo una de las campañas más torpes que se recuerdan en la política reciente y acabó perdiendo un escaño que podía haber ganado frente a un rival visiblemente enfermo. Al final, la política es lo único en lo que Mehmet Oz no ha tenido éxito.

De todos los charlatanes sobre los que hemos escrito en este libro, ninguno nos entristece más que Mehmet Oz. Un cirujano e innovador de auténtico talento, que no necesitaba pasar al lado oscuro para triunfar. Sin embargo, le dio la espalda a la ciencia exclusivamente para satisfacer su ego y transformó el método de fingir saber lo que no sabía en unos índices de audiencia apabullantes y un grifo de dinero.

En su punto álgido, veían su programa diario 3,4 millones de personas.[37] Se puede decir que llegó a ser el médico más respetado del país más rico y poderoso del mundo, pero utilizó esa posición privilegiada para bombardear a sus espectadores con patrañas, día tras día y durante años. Es una verdadera pena.

Ahora bien, el doctor Mehmet Oz, con toda su riqueza, toda su influencia y todo su poder, no es nadie en comparación con el charlatán de la salud y el bienestar más destacado de nuestros días.

Para conocer al embaucador que más ha triunfado en este ámbito, debemos mirar hacia la India.

Baba Ramdev

Cuando pensamos en el yoga, lo primero que nos viene a la mente probablemente es la imagen de una mujer occidental acomodada, vestida con malla de licra, contorsionándose en una postura imposible. Respira con cuidado, pero lo que le importa es la condición física, como si estuviera haciendo deporte.

El éxito de este yoga occidentalizado ha sido tan absoluto que, a veces, se nos olvida cuáles son sus raíces. En India, el país de origen del yoga, es ante todo una práctica religiosa, aunque en ella participe el cuerpo. En los 2.300 años transcurridos aproximadamente desde que Patañjali —un sabio hindú casi legendario— instaurase sus principios, el yoga siempre ha sido, sobre todo, una práctica devocional hindú; no una forma de conseguir un cuerpo espectacular, sino de alcanzar el nirvana.

En realidad, las complicadas posturas corporales que los occidentales asocian con el yoga son relativamente nuevas. La gente llevaba miles de años practicando yoga antes de que se inventara el «perro boca abajo» en la década de 1930. Durante la mayor parte de su historia, el yoga ha sido una práctica religiosa centrada en controlar la respiración sentados en la postura del loto; la precisión con la que se recitaban los mantras sagrados —o conjuros— era mucho más importante que la posición en la que estaba el cuerpo.

Esto tiene una consecuencia que es fácil de pasar por alto: como el yoga es una disciplina religiosa, solo la practicaba una parte muy reducida de la sociedad india con su rígido sistema de castas, en concreto, los sacerdotes y eruditos religiosos, los denominados «brahmanes». Eso significa que, aunque el yoga se popularizó en todo el mundo, la gran mayoría de los hindúes que vivían en India —el 95 por ciento de los cuales no son brahmanes— no lo practicaban.

Antes de poder romper el nicho de los brahmanes en su país de origen, el yoga hubo de popularizarse en Occidente; la conquista del mundo occidental entrañaba muchas connotaciones, de tal forma que el yoga hizo durante varias décadas un viaje de ida y vuelta entre India y Hollywood, con parada en Silicon Valley. De vuelta en su mercado natal, sus inmensas posibilidades de rentabilidad estaban a punto de ponerse a prueba.

¿Y quién iba a aprovechar ese vacío en un mercado tan grande?

Le presentamos a Baba Ramdev.

Nacido con el nombre de Ram Kisan Yadav en una familia de agricultores en el estado central de Haryana, a unos ciento sesenta kilómetros de Nueva Delhi, tuvo una infancia pobre, en una aldea tradicional y muy religiosa del norte de India. Se educó principalmente con arreglo a la tradición Arya Samaj, un movimiento del siglo XIX que pretende revivir el hinduismo y proclama que los antiguos Vedas —las escrituras sagradas hindúes— son auténticamente veraces e infalibles. El propósito de Arya Samaj es extender el mensaje y la fe hinduista más allá de la élite, a la familia de los no brahmanes, por lo que en sus escuelas admiten incluso a los hijos de campesinos analfabetos de las aldeas de Haryana.[38]

Para Arya Samaj, el objetivo principal es difundir el conocimiento de las enseñanzas espirituales védicas; y los Vedas del yoga son una parte fundamental de esa tradición. Cuando Ramdev era estudiante, en los años ochenta y noventa, se ofreció voluntario para enseñar yoga de forma gratuita a los aldeanos de su entorno. Su devoción está fuera de toda duda.

Desde muy temprano se adhirió a la figura del «hombre-dios», una forma de ascetismo religioso que siempre se ha reconocido como un venerado componente de la práctica hindú. Los hombres-dioses, que llevan sencillas túnicas tejidas a mano y el cabello largo, dedican su vida a la práctica y la enseñanza de la religión.

Cuando tenía poco más de veinte años, Baba Ramdev hizo voto de pobreza: un juramento solemne de no poseer jamás propiedades ni endeudarse que le sirvió para consolidar su reputación de hombre santo. Entre los hindúes devotos, es costumbre tratar a los hombres-dioses con la máxima reverencia.[39] Fundó un *ashram*, un tipo de escuela religiosa, y construyó en su interior una pequeña farmacia que vendía remedios tradicionales hindúes de fabricación casera.[40]

Pero este asceta religioso concreto tenía tanto talento para los negocios como para el yoga. Baba Ramdev se dio cuenta enseguida de que la sociedad india estaba cambiando a toda velocidad y, con ella, las actitudes respecto al yoga. Con el rápido crecimiento de la economía del país, cientos de millones de hindúes de clase media que siempre habían pensado que el yoga era propio de las castas superiores empezaron a practicarlo.

A medida que las ciudades del país se expandían, esta nueva población urbana empezó a buscar formas de reconectar con la ortodoxia hindú fuera del entorno tradicional de las aldeas en el que siempre se había mantenido la fe. Y, en 2003, coincidiendo con esa rápida urbanización de India, Baba Ramdev convenció a una cadena religiosa recién creada de que emitiera por primera vez sus clases de yoga.[41]

Ramdev fue uno de los primeros en advertir la demanda latente de clases de yoga por parte de personas que no eran brahmanes. El sueño del que se aprovecha tiene puntos en común con la instrumentalización que llevó a cabo Mehmet Aydın de la nostalgia del pueblo turco por la vida rural. Los nuevos indios urbanos sienten nostalgia por el campo; no por el campo real, por supuesto, con su trabajo agotador y sus dificultades, sino por un recuerdo mejor, más sagrado e idealizado de la piadosa vida rural. Y Ramdev supo instintivamente cómo emplear ese anhelo en su beneficio.

Baba Ramdev rebosa carisma y su entrega a la causa nunca ha estado realmente en duda. Por otra parte, la mayoría de los ascetas hindúes no cuentan con un departamento de marketing.

Totalmente inmerso en su imagen de hombre-dios —túnicas naranjas, barba larga, mucho yoga—, Ramdev alcanzó la madurez tecnológica en el momento justo para que un mensaje como el suyo alcanzara a una enorme audiencia urbana. El yoga ya se había globalizado; ahora él lo llevaba de vuelta a su país, donde se hizo viral y digital.

Todo esto no ocurría en un vacío político. Al mismo tiempo que el yoga conquistaba los gimnasios de los barrios residenciales norteamericanos, el partido nacionalista hindú Bharatiya Janata Party (BJP) conquistaba el poder en India.

La clase media hindú que estaba en pleno ascenso alcanzó la mayoría de edad con Baba Ramdev de fondo, hablando de yoga en televisión. Para la precaria nueva clase media india, se convirtió en lo que había sido Walter Mercado para el mismo tipo de personas en América Latina: un individuo extravagante, casi mágico, en quien instintivamente sentían que podían confiar y que irrumpió en su vida con un mensaje de esperanza y poder. Igual que hacían Kenneth Copeland, Edir Macedo y Jerry Falwell Jr., Baba Ramdev vinculó los atributos divinos a sus productos y creó su campaña de marketing alrededor de ese vínculo.

Si vemos, como hacen cada día millones de hindúes devotos, una clase de Baba Ramdev en televisión, lo que nos encontramos es muy distinto de una clase de yoga de un barrio burgués de Occidente. Aparece un yogui cuidadosamente vestido con el atuendo de un santo hindú, con túnicas fluidas de color naranja. Y pocas veces se lo ve retorcido en alguna posición espectacular.

El yoga que se popularizó en Occidente pone el énfasis en los asanas, los estiramientos del cuerpo en diversas posturas. Pero los asanas no son más que uno de los elementos de la tradición yóguica, y en absoluto el más importante.

La práctica de Baba Ramdev se centra en el pranayama, otro componente de la tradición yóguica que se interesa sobre todo por el control de la respiración. Y, dentro del pranayama, se concentra en una técnica que llama *kapālabhāti*, que en sánscrito significa «calavera brillante», que es en lo que se supone que se convierte nuestra mente gracias a la claridad perfecta que se alcanza al respirar de esta manera.

Si sintonizamos una de sus clases, lo veremos casi siempre sentado en posición de loto y respirando de forma muy extraña.

La técnica se basa en utilizar los músculos abdominales para producir una exhalación corta y brusca. Imaginemos que estamos intentando expulsar algo atrapado en la nariz solo con la respiración. Esa exhalación explosiva va seguida de una inhalación más lenta y pasiva.

Esto es *kapālabhāti*.

Puede probarlo ahora mismo, si quiere. Siéntese con la espalda recta y exhale con fuerza, desde el estómago. Después, inhale de forma normal. Es necesario repetirlo treinta veces, seguidas de varias respiraciones lentas y conscientes. A continuación, repítalo treinta veces más. Después, respire lentamente.

Ahora organice su vida guardándose por lo menos media hora para respirar de esta manera cada día al amanecer.

¡Enhorabuena, ya es discípulo de Baba Ramdev!

Según él, los beneficios de la respiración *kapālabhāti* son prácticamente ilimitados. No cabe duda de que algunos son inmediatos e indiscutibles. Está claro que el *kapālabhāti* calienta el cuerpo en una fría mañana de invierno, al igual que cualquier ejercicio vigoroso. Dicen que despeja los senos nasales, lo cual tampoco se puede negar, por razones puramente mecánicas.

Pero no hemos hecho más que empezar. ¿Ha tenido recientemente gases intestinales o problemas digestivos? El *kapālabhāti* los elimina por completo. ¿Problemas con el útero? El *kapālabhāti* los soluciona. ¿Hepatitis B? El *kapālabhāti* es lo más indicado. ¿Sida? ¿Cáncer? También los cura.[42] ¿Homosexualidad? Ya sabemos la respuesta.[43]

A primera vista, estas afirmaciones son ridículas. Sin embargo, dentro del hinduismo, en el que la unidad esencial entre la salud espiritual y la salud física es dogma, no son especialmente controvertidas. Para personajes como Baba Ramdev, inmersos desde la infancia en una cultura de hinduismo devoto, sería una herejía insinuar que hay diferencia entre ambas.

La salud física y la salud espiritual son una misma cosa.

Si Baba Ramdev se hubiera limitado a enseñar a exhalar con fuerza y luego inhalar con calma, no habría motivos para preocuparnos por él.

Pero Ramdev nunca se conformó con ser un simple yogui televisivo.

Entre bastidores, aprovechó su fama para crear una de las marcas de consumo más vendidas de India: Patanjali Ayurved, que ha crecido hasta ser un extenso conglomerado de productos para el hogar, el cual incluye desde productos de limpieza y suplementos nutricionales hasta cosméticos y jabón.

El nombre de la empresa delata el engaño. Recordemos que Patañjali es el nombre del primer sabio hindú en escribir los Sutras del yoga. Por su parte, «ayurveda» es el nombre que se da a la medicina tradicional hindú. Llamar a una empresa Patanjali Ayurved es introducir el hinduismo y el yoga en lo más hondo de su identidad.

En India, eso vende.

Para hacernos una idea de la magnitud de las aspiraciones de Patanjali Ayurved, basta con pensar que sus principales competidoras son Colgate-Palmolive, Unilever y Procter & Gamble. Todas ellas, grandes multinacionales propiedad de no hindúes. Para los creyentes devotos, la elección está clara: un envase tiene la imagen de un hombre-dios y el otro no.

Además, el producto del hombre-dios es más barato. Así que la decisión es fácil.

Patanjali Ayurved utiliza su vinculación con el hombre-dios para promocionar sus productos. Son sagrados y, por tanto, una opción más limpia, saludable y segura que las marcas occidentales.

Un elemento fundamental es la imagen de Baba Ramdev en la etiqueta: los clientes sienten una identificación fuerte y religiosa con la marca. Al sacar al gran mercado productos deliberadamente diseñados a partir de las creencias hindúes tradicionales, la empresa llega a casi cualquier segmento de consumidores. Con artículos de tanto éxito como el limpiador multiusos elaborado con auténticos extractos de orina de vaca, Patanjali consigue, desde el primer momento, entrelazar la lealtad religiosa con su discurso comercial.

Para los hindúes, la vaca es sagrada y sus productos también lo son. Ningún hogar hindú religioso puede prescindir del *ghee*, una mantequilla clarificada que consideran bendita por su relación con la vaca. No es de extrañar que el *ghee* sea, con diferencia, el producto más vendido de Patanjali Ayurved. Sin embargo, la página web de Patanjali parece una especie de Amazon hindú dedicado al cuidado personal en la que se vende de todo, desde aceite de girasol hasta pastillas de hierbas recomendadas para dar más fuerza y energía a la potencia sexual masculina.

Según nos dicen, una pastilla de hierbas «erradica la debilidad sexual, la gota (dolores articulares o reumatoides), las enfermedades relacionadas con el *kapha* (asma y alergias), el déficit de semen, las insuficiencias urinarias y debilidades óseas, la diabetes y otros muchos problemas, tanto de hombres como de mujeres, además de proporcionar enorme energía. Aumenta la inmunidad del cuerpo y la fuerza general del organismo. Tiene propiedades antienvejecimiento. El *shilajit* debe tomarse en pequeñas cantidades o según las indicaciones médicas».[44]

Por solo 90 rupias (1,07 dólares en el momento de escribir este libro), es una auténtica ganga.

Las pastillas, según la web, contienen una mezcla de *shilajit*, descrita como «una sustancia pegajosa que se encuentra sobre todo en las rocas del Himalaya, [que] tarda siglos en formarse a partir de la lenta descomposición de las plantas», y *amala rasayana*, que ha demostrado tener efectos medicinales en ensayos médicos científicos.[45] Por supuesto, como en términos estrictos son suplementos médicos y no medicamentos, pueden venderse, aunque nadie compruebe que el contenido de las pastillas se corresponde con el que se indica en la etiqueta. Este problema no es exclusivo de India, porque, como hemos visto, en Estados Unidos hay una laguna legal muy similar a la hora de conceder licencias. Pero en India, donde los hombres-dioses tienen una imagen tan pública, la recomendación de comprar un producto como el *amala rasayana* sin que se hagan más pruebas médicas tiene poco peso.

En otros de los productos que se ofrecen, se destacan ingredientes distintos de la medicina tradicional hindú (o «ayurvédica», de donde deriva la otra mitad del nombre de la empresa), como las raíces, las hierbas y los extractos tradicionales. Se utilizan generosamente en todo tipo de productos, desde cremas para la piel hasta desodorantes.

La publicidad de la empresa siempre hace hincapié en que las recetas tienen sus raíces en las escrituras y trata de establecer una línea directa entre el producto del frasco y el mensaje de los Vedas.

En 2017, su línea de pastas de dientes védicas ocupaba casi el 14 por ciento del enorme mercado de consumo de India.[46] ¿Quién garantiza que este delicado proceso de industrialización de la sabiduría milenaria se lleve a cabo correctamente? La imagen de Ramdev sonríe desde el envase: sus seguidores no tienen ninguna duda de a quién están comprando.

Dirigir un gran imperio comercial cuando se es un asceta religioso que no puede tener posesiones ni endeudarse plantea serias complicaciones. Para que todo funcione, Ramdev ha tenido que apoyarse mucho en su (muy) poco ascético socio comercial, Acharya Balkrishna, propietario legal del imperio que en la práctica controla Ramdev. Según Forbes, sobre el papel, Balkrishna es hoy la sexagésima tercera persona más rica de India, con un patrimonio neto superior a los 3.300 millones de dólares.[47] Da la impresión de que Balkrishna, también estudioso de la religión, ejerce de director de operaciones y director financiero de un imperio dirigido a todos los efectos por un hombre que, literalmente, no posee nada.

Los expertos subrayan que Baba Ramdev siempre participa personalmente en la toma de las grandes decisiones corporativas. «Participa en todas las decisiones más importantes: qué fabricar, cuánto fabricar, cuándo fabricar y a qué precio vender. Prueba personalmente cada uno de los productos y los aprueba», declaró un antiguo directivo a *The New Indian Express* en 2017.

Esas son decisiones estratégicas: en el día a día, todo lo decide Balkrishna. Pero este no es solo un hombre de negocios. Como Baba Ramdev, Balkrishna es un acérrimo nacionalista hindú, que tiene un fuerte compromiso ideológico con una visión politizada de la medicina ayurvédica. Los dos socios son grandes patrocinadores del BJP y estrechos aliados del primer ministro Narendra Modi, que ha acumulado en estos años un poder político casi absoluto y atemoriza a los cien millones de musulmanes del país.

En su libro *La ciencia del ayurveda*, Balkrishna presenta un plan convincente para modernizar e industrializar los conocimientos tradicionales hindúes. Los vídeos promocionales muestran a eruditos hindúes vestidos con túnica mientras estudian detenidamente textos sánscritos para encontrar las recetas originales de los productos y mandar a que los científicos de Patanjali Ayurved los homologuen, con el fin de producirlos en fábricas actuales. El objetivo de Balkrishna es combinar las escrituras védicas milenarias con las prácticas empresariales modernas.[48]

Los medios de comunicación indios suelen publicar rumores sobre vínculos financieros entre el imperio de Balkrishna y las arcas del BJP, pero los investigadores oficiales del Gobierno, en general, evitan las preguntas difíciles. Un rumor especialmente persistente afecta a la delicada cuestión de la propiedad de la tierra en las llanuras del norte de India, que tienen una enorme sobrepoblación. Parece que, en repetidas ocasiones, los Gobiernos estatales presididos por el BJP han concedido grandes parcelas a Patanjali Ayurved a precios muy por debajo de los del mercado.

Frente a estas acusaciones, Ramdev y Balkrishna siguen una línea de defensa muy clara: el éxito de Patanjali Ayurved es una amenaza directa contra los intereses occidentales que dominan el sector de los productos de consumo en India. Esos intereses, por supuesto, quieren destruir la reputación de un competidor temible. Y por eso los extranjeros se dedican a lo de siempre: conspiran, porque temen el poder del hinduismo para remodelar India y el mundo.

En vez de entrar en detalles sobre la valoración de los terrenos en los alrededores de la ciudad de Nagpur, Ramdev y Balkrishna responden con denuncias de conspiraciones extranjeras, más o menos igual que cuando Donald Trump recurre a la fórmula de la «caza de brujas»: más que como defensa, como un cliché que interrumpe el pensamiento, una forma de evitar la conversación. En la misma línea, cuando unas pruebas de laboratorio independientes de los productos vendidos por la marca Patanjali Ayurved revelaron indicios de adulteración —entre ellas, la escandalosa noticia de que no todo el *ghee* es de leche de vaca—, Ramdev les dio la vuelta al instante para acusar a sus competidores y asegurar que los extranjeros habían manipulado las muestras enviadas a los laboratorios con el fin de manchar el nombre de su empresa.[49] Según informó *The Economic Times*, Ramdev declaró: «Algunas multinacionales como Hindustan Unilever, Colgate y Nestlé están sobornando a gente para que se analicen en los laboratorios productos Patanjali falsos y adulterados. A veces llegan a elaborar informes de falsos laboratorios para difamarnos». Nestlé y Unilever, por supuesto, niegan la acusación.[50]

La defensa de Ramdev es trumpiana, sin duda, pero también se parece a los mensajes del primer ministro Modi, quien, como él, se ve a sí mismo como un adalid de la difusión del hindutva (hinduismo) en un mundo hostil. En la imaginación política de Modi, se puede descartar cualquier crítica, porque evidencia la conspiración extranjera contra el poder hindú en auge. Ramdev ha descubierto que este enfoque funciona y lo utiliza a discreción.

Claro que, en realidad, estos acuerdos inmobiliarios tan lucrativos, de serlo, no representan más que una pequeña parte de los espectaculares beneficios de Patanjali Ayurved. La empresa ha rondado los mil millones de dólares por ventas en el mercado indio desde 2019, una facturación un 30 por ciento superior a la de Colgate-Palmolive en el mismo mercado.[51]

Lo que verdaderamente eleva la rentabilidad de Patanjali a otro nivel es su política laboral. La empresa saca provecho de la devoción hindú presionando a los empleados para que acepten salarios considerablemente más bajos que los de la competencia. ¿Cómo consigue que los acepten? Asegurándoles que deben considerar su trabajo como una *seva*, una forma de sacrificio devocional que suele ser no remunerada. En una investigación llevada a cabo por *The Economic Times* de India en 2017 se aseguraba que los empleados de Patanjali trabajan hasta seis turnos de doce horas a la semana por un salario muy inferior al de las empresas rivales.[52] Este peculiar truco de gestión permite que la empresa fije el precio de sus productos muy por debajo de los de muchos competidores en diversos mercados. Según los cálculos de la propia Patanjali Ayurved, hoy trabajan para la compañía alrededor de doscientos mil indios.

En un informe de Bloomberg se reveló que, cuando estalló la pandemia de Zika de 2016, en India era posible encontrar una clase de yoga de Baba Ramdev en la televisión en abierto «durante 19 horas y media cada día».[53] Su estrategia parecía consistir en inundar la zona con orina de vaca. Su rostro se volvió omnipresente y su programa de respiración rítmica se convirtió en señal de pertenencia a una gran comunidad de hindúes movilizados y politizados que reivindicaban con paso firme su puesto al frente de una potencia nuclear.

En realidad, quizá la única vez que se cuestionó a Ramdev hasta el punto de poder amenazar su imperio fue durante la terrible pandemia de COVID-19 en India. Entonces apareció en televisión para poner en duda la eficacia de las vacunas desarrolladas por los científicos e instó a sus millones de seguidores a que, en lugar de vacunarse, tomaran pastillas ayurvédicas a base de hierbas. Unas pastillas que, por supuesto, debían comprar a Patanjali Ayurved.

Desde luego, parece que Baba Ramdev vio la pandemia como la oportunidad de su vida para vender más. Provocó la ira de la influyente comunidad médica de India al afirmar que el *kapālabhāti* —su extravagante versión de la meditación respiratoria— podía curar la COVID-19. ¿Por qué no, si curaba todo lo demás? Claro que las ventas de Patanjali Ayurved no van a aumentar con un curioso ejercicio de respiración en la intimidad del hogar, así que la «cura» tendría que complementarse con una serie de… suplementos. Que, en efecto, tiene Patanjali Ayurved en su catálogo.

En un explosivo vídeo de mayo de 2021, Ramdev calificaba la medicina occidental de «estúpida e insolvente» y aseguraba que cientos de miles de personas habían muerto por tomar medicamentos occidentales. La Asociación Médica India, que representa a trescientos cincuenta mil médicos, se apresuró a enviar un aviso legal a Ramdev en el que le exigía una rectificación y una disculpa por las «afirmaciones infundadas e inmorales para conseguir publicidad barata».[54] Los organismos médicos exigieron al Gobierno que hubiera serias sanciones para Ramdev y pidieron al primer ministro que adoptara «las medidas necesarias contra las personas que propagan con malicia el mensaje del miedo a la vacunación y se oponen a los protocolos sanitarios del Gobierno de India por los intereses de los productos de su empresa».[55]

A los médicos indios les parecieron intolerables las indignadas afirmaciones de Baba Ramdev sobre la COVID-19 —a pesar de que no eran peores que otras tonterías que llevaba años diciendo—, sobre todo por la magnitud de la devastación que el virus dejó a su paso en India. La cifra oficial de muertos, 530.000, casi con toda seguridad se queda corta. En el peor momento de la pandemia, en 2020, el sistema sanitario, que, en el mejor de los casos, está al borde del colapso, se paralizó por completo, directamente, y los pacientes dejaron de recibir tratamiento, ni para la COVID-19 ni para ninguna otra enfermedad. El pánico se apoderó de India y lo último que necesitaba el país era un charlatán que intentara sacar provecho de la tragedia. «En nuestra opinión —dijo la Asociación Médica India—, este es un caso claro de sedición y estas personas deben ser detenidas de inmediato, sin perder tiempo».[56]

En febrero de 2024, el Tribunal Supremo de la India prohibió temporalmente a Patanjali anunciar determinados productos y alegó que había hecho afirmaciones engañosas de que podía curar la COVID-19. El tribunal también amonestó por desacato a los fundadores de la empresa y los acusó de haber desobedecido órdenes anteriores. En agosto de 2024, se dio por concluido el procedimiento por desacato después de aceptar sus disculpas, pero el tribunal advirtió a los fundadores de que no volvieran a infringir la ley en el futuro.[57] En enero de 2025, un tribunal del estado indio de Kerala dictó órdenes de detención contra Ramdev y Balkrishna por publicidad engañosa de sus medicamentos.[58] Baba Ramdev y Balkrishna han negado haber cometido ningún delito.

Por supuesto, no ha habido ninguna detención. El BJP del primer ministro Modi tiene demasiados lazos con Baba Ramdev como para planteárselo. Han circulado rumores de vínculos financieros entre el partido y la empresa de Ramdev y, aunque hay escasas pruebas, una pista interesante de cómo operan nos la ofreció un momento de declaraciones involuntarias ante un micrófono o, mejor dicho, de casi declaraciones. Ocurrió cuando un político del BJP insistió a Baba Ramdev para que hiciera donaciones a la campaña y el *swami* le recordó que no dijera esas cosas delante de un micrófono abierto.[59]

Joseph Mercola, Mehmet Oz, Baba Ramdev..., hombres muy diferentes pero similares en lo fundamental. Usaban tecnologías digitales, ya fuera la televisión o internet, para prometer la salud perfecta a millones de personas vulnerables. Sabían que esas promesas digitales podían alcanzar una dimensión enorme y a partir de ellas crearon negocios dirigidos a un público masivo.

Sin embargo, el principal motivo por el que son similares es que todos persiguen el mismo sueño. Saben que nos preocupa nuestra salud —y desde luego nos preocupa— y saben cómo manipularnos declarándose adalides de nuestros sueños de tener una salud óptima. Saben cómo utilizar la prueba social en su beneficio: los testimonios en la web de Mercola, las masas de compradores de los productos que elogiaba Oz, los cientos de personas que hacían cola para colocarse detrás de Baba Ramdev y respirar de forma peculiar sirven, a su manera, para convencer a sus víctimas de que otras personas como ellas se lo creen, así que ellas también deberían creer. Con la credulidad de su público como instrumento para obtener ganancias millonarias, los tres han llevado la antigua estafa del aceite de serpiente al siglo XXI.

No podemos darle la razón a Paolo Zacchia cuando, en 1621, pidió la pena de muerte para quienes se aprovechan de los enfermos y los que sufren para enriquecerse. Pero entendemos de dónde surge ese impulso.

7

Alquimia digital: la estafa de las criptomonedas

Durante cientos de años, los charlatanes de Europa recurrieron en manada a la práctica de la alquimia. Antes del desarrollo de la química moderna, los sabios daban por sentado que debía existir algún método para transformar metales básicos como el hierro o el cobre en oro puro. La búsqueda se convirtió en una obsesión a la que consagraron su tiempo muchos inventores, pero también pensadores serios. El propio sir Isaac Newton pasó dos décadas intentándolo, más tiempo del que dedicó a desarrollar el cálculo o a elaborar las leyes universales del movimiento que constituyen la columna vertebral de la física moderna.[1] Reyes y príncipes tenían alquimistas a sueldo en la corte porque ninguno quería quedarse atrás, no fuera a ser que algún rival descubriera el secreto antes que ellos.

Como es natural, a esta empresa se sumaron muchos estafadores; aunque no se pudiera extraer oro del hierro, sí se podía extraer de los ingenuos desprevenidos. Mamugnà, a quien conocimos al principio de este libro, robó enormes sumas de dinero a las arcas de la decadente República de Venecia en el siglo XVI, pero, a esas alturas, el truco de fingir crear dinero de la nada ya tenía más de mil años de antigüedad. En 1317, el papa había intentado prohibirlo y lo había calificado de «delito de falsificación» explotador.[2] En el siglo XVIII, la figura del alquimista-estafador ya estaba muy asentada en el imaginario europeo.

Al leer estas historias desde la perspectiva del siglo XXI, tendemos a sacudir la cabeza con incredulidad. «¿Dinero de la nada? —nos burlamos—. ¿Cómo se puede ser tan tonto?».

Y entonces vamos e invertimos todo nuestro dinero en criptomonedas.

Las similitudes entre los alquimistas históricos y los *cripto-bros* de nuestros días son demasiadas como para pasarlas por alto.

Es un mundo que atrae a una mezcla volátil de visionarios financieros y charlatanes seductores.

Si bien hay un puñado de criptógrafos acérrimos y visionarios financieros idealistas que están tratando de revolucionar nuestra concepción del dinero para el siglo XXI, también existe una horda de estafadores que se aprovechan de sus esfuerzos para conseguir dinero fácil. Y muchas veces es imposible distinguir entre unos y otros.

Las exóticas matemáticas sobre las que se sostiene la criptografía parecen hechas a medida para reivindicar la posesión de conocimientos secretos. Igual que sus antepasados alquimistas, los *cripto-bros* de hoy en día describen con pasión una forma innovadora de crear riqueza basada en unos métodos sofisticados que deslumbran a mucha gente, pero que, en realidad, son incomprensibles para la mayoría.

Los charlatanes de las criptomonedas se aprovechan de las convicciones que ya tienen sus presas asegurándoles que están en la vanguardia de un sector que la gente normal es demasiado estúpida para comprender. Una y otra vez, convencen a sus víctimas para que cambien dinero real, utilizable y tangible por otro fantástico y quimérico en forma de criptomoneda, cuyo valor fluctúa enormemente e implosiona con asombrosa regularidad.

Las críticas a las criptomonedas como concepto son bien conocidas. Se las acusa de aspirar no a buscar la riqueza mediante la producción de un bien o un servicio útil por el que otros están dispuestos a pagar, sino a producir riqueza al margen de cualquier propósito legal y utilidad. Algunos entusiastas aseguraron, al principio, que las criptomonedas eran una bendición para la gente que vive en países azotados por la hiperinflación, pero no son muchos los países que sufren hiperinflación y las criptomonedas no han acabado de arraigar nunca en ellos.

Un caso en el que la utilidad de las criptomonedas es indudable es el del blanqueo de capitales: si alguien quiere ocultar el origen de una gran cantidad de dinero que ha acumulado de forma ilegal, una moneda totalmente desregulada y anónima es la que mejor se adapta a sus necesidades. Los explotadores infantiles, los capos de la droga, los ciberdelincuentes y los traficantes de personas adoran las criptomonedas precisamente por ese motivo, aunque, por supuesto, eso no favorece, que digamos, la imagen pública para los entusiastas.[3]

No estamos diciendo que todas las criptomonedas sean una estafa, porque no lo son. Muchas instituciones financieras de gran reputación y algunos inversores muy serios están apostando por ellas. Varios gigantes mundiales como Fidelity Investments, uno de los mayores gestores de activos del mundo, han lanzado su propio servicio de criptomonedas para que puedan operar con ellas clientes privados e institucionales.[4] Algunas grandes empresas de pagos como PayPal y Visa han integrado las criptomonedas de diferentes maneras en su plataforma.[5] Unas cuantas sociedades gestionadas profesionalmente como MicroStrategy y Tesla han añadido el bitcoin a sus balances y han explicado la medida como una forma de protegerse contra la inflación y la devaluación de la moneda, sobre todo en el contexto de los grandes estímulos monetarios a consecuencia de la pandemia de COVID-19.

Incluso JP Morgan Chase, cuyo director ejecutivo, Jamie Dimon, es uno de los personajes mundiales que más escéptico se ha mostrado sobre las criptomonedas, ha creado una propia, basada en el sistema de cadena de bloques, para permitir que las transacciones entre países se liquiden al instante.[6] A muchos profesionales financieros les entusiasman las posibilidades de las criptomonedas para agilizar los pagos globales, porque reducen los costes y acortan los plazos de liquidación de días a milisegundos.

Y es muy probable que las criptomonedas tengan un gran éxito en los países en desarrollo, una vez superados los escollos iniciales. Algunas empresas de vanguardia en el sector de la tecnología financiera, como Stellar, están desarrollando soluciones de cadena de bloques para facilitar que los trabajadores inmigrantes envíen remesas a bajo coste, en lugar de pagar las comisiones exorbitantes que se encuentran ahora cuando transfieren dinero al extranjero mediante los servicios tradicionales.[7] Para millones de personas en todo el mundo que no tienen acceso a redes bancarias fiables, los servicios basados en criptomonedas proporcionan un sistema financiero descentralizado y con pocas barreras que, si se generaliza, podría poner los servicios bancarios a su alcance.

Tampoco son meros espectadores los grandes nombres del mercado. La Bolsa Mercantil de Chicago y la Bolsa Intercontinental, propietaria de la Bolsa de Nueva York, ofrecen ya futuros de bitcoin regulados y otros criptoderivados, lo que brinda a los inversores institucionales la posibilidad de protegerse y especular con las monedas digitales en un entorno muy controlado.[8] A medida que mejore el panorama normativo, las criptomonedas podrían desempeñar un papel cada vez más importante en las carteras de inversión diversificadas, servir de contrapeso a los activos financieros tradicionales y proporcionar resiliencia frente a los riesgos sistémicos de la banca tradicional; es decir, el mismo papel que cumplía el oro en el último siglo.

En definitiva, no estamos insinuando que todas las criptomonedas sean una estafa. Lo que sí decimos es que, en sus inicios, atrajeron de forma irresistible a una gran variedad de charlatanes que llevaron a cabo algunas de las estafas más espectaculares que se recuerdan en los últimos tiempos.

Pero eso es lo que suele ocurrir con los productos financieros innovadores. Muchos olvidan que los primeros tiempos de Wall Street están llenos de historias de transacciones defectuosas que acababan desplumando a quienes ponían en ellas todos sus ahorros. La Comisión de Bolsa y Valores de Estados Unidos (Securities and Exchange Commission o SEC) se creó precisamente para poner algo de orden en unos mercados que habían demostrado ser incapaces de autorregularse.[9]

Cuando surgen nuevos tipos de mercados fuera de la jurisdicción de todos los reguladores, da la impresión de que vuelven a inventarse las mismas estafas de siempre, que dejan una estela de inversores arruinados. Es lo que ocurrió en el oscuro año 2022, cuando las plataformas de intercambio de criptomonedas empezaron a quebrar una tras otra.

Muchas implosiones actuales de criptomonedas evocan otros fraudes financieros del pasado. A diferencia de las inversiones tradicionales, como las acciones y los bonos, los activos criptográficos no generan ningún flujo de ingresos. Por ahora, la única forma de ganar dinero con ellos es que cada vez se sumen más personas. Cuando alguien se atreve a comprar un criptoactivo, la única posibilidad de no perder dinero es venderlo al cabo de un tiempo a alguien todavía más vulnerable. Esta dinámica del «más tonto que yo» es lo que caracteriza a los esquemas de Ponzi: pueden dar beneficios, pero solo mientras sigan creciendo y, por supuesto, no pueden seguir creciendo eternamente. La burbuja acaba por estallar en algún momento y, cuando lo hace, las personas que se incorporaron más tarde son las perdedoras.

Samuel Bankman-Fried

De todos los charlatanes de las criptomonedas cuya imagen ha ensuciado nuestros periódicos en los últimos años, ninguno ha llegado a las vertiginosas alturas de Samuel Benjamin Bankman-Fried. Empezó su meteórico ascenso cuando tenía apenas veintiséis años; poseía la misma habilidad que Elizabeth Holmes (de la estafa de Theranos) para ganarse la confianza de personajes importantes y establecidos que luego avalaban su éxito. Y, como Bernie Madoff y Arif Naqvi, sabía hacer promesas extravagantes de futuro con un aire tranquilo e inteligente que lograba que las ideas les sonaran verosímiles a inversores muy preparados que deberían haber sospechado algo.

Los charlatanes, como venimos viendo, pueden tener todo tipo de orígenes, desde los más humildes hasta los más privilegiados, pero pocos tan privilegiados como el de Sam Bankman-Fried. Nació literalmente en el campus de la Universidad de Stanford: sus padres eran prestigiosos profesores de la superselecta Facultad de Derecho de la universidad. Bankman-Fried creció con todas las ventajas que podría desear un joven, además de mucho talento. Su padre, Joseph Bankman, es una autoridad en derecho fiscal de sociedades, mientras que su madre, Barbara Fried (pronunciado «frid»), enseñaba Derecho y Filosofía, y se hizo famosa por sostener que muchos delitos están tan determinados por los antecedentes del autor que no se le puede achacar culpa moral alguna.[10] Imaginar las conversaciones típicas en la mesa de los Bankman-Fried da mareos.

Sam, que desde muy joven mostró talento para las matemáticas, pasó las vacaciones de su adolescencia en el Canada/USA Mathcamp, un elitista campamento académico de verano en el que se reúnen alrededor de ciento veinte jóvenes matemáticos de los más brillantes de Norteamérica. Fue en el Mathcamp donde conoció a Gary Wang, que acabaría siendo dueño del 10 por ciento de las acciones de su empresa.

Bankman-Fried volvió a encontrarse con Wang unos años después en el Instituto Tecnológico de Massachusetts (MIT), donde ambos fueron compañeros de habitación y estrecharon todavía más su amistad. Bankman-Fried se graduó en Física por el MIT en 2014 y de inmediato empezó a trabajar en el sector financiero, después de aceptar un puesto como operador en Jane Street Capital, una empresa de Wall Street dedicada a la negociación y la creación de mercado para fondos cotizados en bolsa (o ETF, por sus siglas en inglés).[11]

Durante los cinco años que pasó en Jane Street, adquirió una experiencia valiosa, pero Bankman-Fried tenía sueños más ambiciosos que el comercio de FCB. Pronto abandonó Wall Street para trabajar en el célebre Centro para el Altruismo Eficaz de la Universidad de Oxford, un nuevo y brillante laboratorio de ideas sobre filantropía que anima a la gente joven de talento a ganar cuanto más dinero mejor para donar la mayor cantidad posible a buenas causas.

El altruismo eficaz era, en cierto modo, el espacio perfecto para Bankman-Fried: lleno de teorías esotéricas que pocos podían comprender por completo, frenético y enormemente atractivo para un número cada vez mayor de individuos de la mejor élite angloamericana, presentaba la posibilidad de una vida profundamente significativa a los jóvenes que, más que dinero, querían dar sentido a su vida.

Bankman-Fried enarbolaría la bandera del altruismo eficaz durante el resto de su deslumbrante pero breve carrera en las finanzas. Sin embargo, el Centro para el Altruismo Eficaz no pudo retenerlo por mucho tiempo: Sam iba a dejar huella en otro lugar. Como a cualquier buen mago financiero de su época, a Bankman-Fried le atraía el nuevo y deslumbrante mundo de las criptofinanzas, un nicho del sector financiero exótico y de moda en el que el código informático se convertía —de alguna manera, aunque nadie parecía saber exactamente cómo— en dinero.

La aparición de las criptomonedas en un mundo desprevenido fue obra del casi mítico colectivo anónimo de friquis matemáticos anarquistas que se denomina Satoshi Nakamoto y que inventó el bitcoin en 2008. Decían (los expertos tienden a creer que Satoshi es el seudónimo de ese pequeño colectivo de programadores, aunque siempre existe la posibilidad de que se trate de una sola persona) que querían oponerse al monopolio estatal de la creación de dinero con unos nuevos algoritmos criptográficos que permitirían descentralizar drásticamente las finanzas; el dinero no se crearía bajo los auspicios de ninguna autoridad central, sino mediante un complejo sistema de rompecabezas criptográficos capturados en un libro de contabilidad público o «cadena de bloques». Los detalles técnicos específicos no los entiende totalmente nadie salvo una minúscula élite matemática, pero la conclusión es que la cadena de bloques puede crear un activo financiero seguro, aunque ninguna autoridad central lo acuñe.

La popularidad del bitcoin pronto rebasó los límites del reducido número de personas que entendían su funcionamiento. Durante los dos decenios siguientes, las criptomonedas alcanzaron cada vez más popularidad y empezaron a atraer a más gente corriente, a la que, más que la promesa tecnoutópica de descentralizar drásticamente las finanzas, le seducía el viejo sueño de enriquecerse a toda velocidad.

Y muchas personas se hicieron ricas, muy ricas, y muy deprisa, porque la cotización del bitcoin se disparó de los 13.200 dólares en septiembre de 2020 a los 76.400 dólares en marzo de 2021; luego perdió casi la mitad de su valor en julio y volvió a subir hasta alcanzar un máximo de casi 81.000 dólares en noviembre de 2021.

Mientras la montaña rusa del bitcoin daba vueltas, empezó a producirse en el mercado una auténtica explosión de nuevos activos digitales (o «criptomonedas»), cada uno con un conjunto de principios de diseño más extravagante que el anterior. Como con cada moneda nueva se prometía haber «descifrado el código» de lo que iba a ser necesario para que las criptomonedas revolucionaran el mundo de las finanzas durante cientos de años, y como no dejaban de circular historias de nuevas fortunas ganadas gracias a las criptomonedas, el ambiente era propicio para que surgieran burbujas especulativas.

Los activos se basaban en algoritmos cada vez más exóticos y sus creadores aseguraban que habían descubierto la piedra filosofal de las criptomonedas. A finales de 2021, una empresa de criptomonedas llamada Titan hizo la falsa promesa de repartir rendimientos anualizados de hasta el 2.700 por ciento, una publicidad que le valió posteriormente una multa de la SEC por incumplimiento.[12] En una época de tipos de interés próximos a cero, en la que las inversiones tradicionales habían perdido gran parte de su atractivo, el capital estaba ojo avizor en todo el mundo para conseguir rentabilidad. Había grandes sumas ansiando crecer y eso era precisamente lo que prometían las criptomonedas.

Fue en 2015 cuando empezó a dar la impresión de que cada semana salían al mercado nuevos tókenes, nuevos registros públicos y nuevos ecosistemas criptográficos, además de una asombrosa cantidad de mercados, servicios y aplicaciones que ofrecían a la gente corriente la posibilidad de incorporarse a la criptolocura.

A medida que se subían a la ola cada vez más «tipos normales», la proporción de personas con suficientes conocimientos criptográficos para comprender del todo en qué estaban invirtiendo su dinero pasó de pequeña a minúscula, hasta llegar a ser indistinguible de cero.

La prueba social era sólida: todo el mundo parecía conocer a alguien que había ganado una fortuna con las criptomonedas. A quienes querían tener la confirmación de que sumarse a la moda era buena idea no les faltaban pruebas, desde luego. Cada día surgían historias de personas que habían ganado un dinero increíble invirtiendo cantidades modestas en criptomonedas. El FOMO (miedo a perderse algo) estaba cada vez más extendido. Las criptomonedas cumplían prácticamente todos los requisitos para atraer a los aspirantes a estafadores, defraudadores y charlatanes de la época. Lo que sucedió a continuación estaba anunciado.

En 2020, a medida que la pandemia de COVID-19 dejaba a cada vez más personas confinadas en su hogar —muchas de ellas con dinero para gastar gracias a los sucesivos paquetes de estímulos financieros del Estado—, el fraude de los criptoactivos entró en su edad de oro. A ello contribuyó también el que el sector siempre se hubiera anunciado como un refugio frente al yugo opresivo de la regulación gubernamental, lo que, a la hora de la verdad, acarreó que la ausencia de normas y la facilidad para que se produjeran abusos fueran ventajas y no inconvenientes.

A medida que se lanzaban tókenes, a la gente corriente le resultaba más difícil distinguir los legítimos de las «estafas de salida», es decir, las operaciones en las que los desarrolladores promocionan un nuevo activo, exageran sus características y atraen un montón de dinero hasta que de pronto desaparecen y dejan a los inversores en la estacada. Durante un tiempo, todos los tipos de estafa tradicionales tuvieron su versión renovada con criptomonedas, empezando por el viejo y confiable esquema de Ponzi, ahora con el disfraz digital.

Uno de los primeros fraudes fue el de OneCoin, una estafa piramidal virtual y cubierta del glamur cripto que desarrollaron los hermanos búlgaros Konstantin Ignatov y Ruja Ignatova. OneCoin pagaba a los primeros compradores una comisión por cada nuevo comprador que llevaran y por cada nuevo comprador que llevaran esos nuevos compradores: la clásica pirámide de Ponzi. El esquema, como pasa siempre, se derrumbó, pero cuando lo hizo, en 2017, fue ya demasiado tarde para salvar a los incautos que perdieron cuatro mil millones de dólares que sus esfuerzos les había costado ganar. Los hermanos estuvieron huidos hasta que detuvieron a Konstantin, quien se declaró culpable de los cargos de fraude y blanqueo de capitales en 2019.[13] Ruja sigue siendo una fugitiva. El FBI ha ofrecido una recompensa de cinco millones de dólares por cualquier información que facilite su detención.[14]

Hubo decenas de casos como el de Ignatov e Ignatova: en todo el mundo aparecieron monedas a medio cocer (o directamente crudas), con nombres como Thodex, AnubisDAO, StableMagnet y Luna Yield.[15]

Algunas contaron con la promoción de famosos o *influencers*. El lanzamiento de Swipathefox contó con la estrella del baloncesto De'Aaron Fox.[16] CryptoZoo, un juego basado en NFT, tuvo de portavoz a Logan Paul, boxeador de peso pesado e *influencer* muy popular.[17]

Parece que algunas monedas fueron proyectos que empezaron con intenciones nobles, pero que fracasaron por razones tan distintas como las discusiones internas entre los miembros del equipo de lanzamiento o simplemente una mala gestión. Otras fueron conspiraciones criminales descaradas desde el primer día, como el famoso proyecto DeFi100, que recaudó treinta y dos millones de dólares, pero luego desconectó la web, en la que no aparecía más que este mensaje: «Os hemos engañado y no podéis hacer nada al respecto».[18] Sus promotores niegan haber cometido ninguna infracción e insisten en que su web fue pirateada.[19]

Los estafadores hacían todo lo posible por imitar la apariencia y el funcionamiento de las plataformas de intercambio de criptomonedas más respetadas para convencer a sus víctimas de que les enviaran dinero antes de huir. Otros se limitaban a poner la guinda criptográfica en un pastel delictivo ya consolidado.

Una estafa especialmente nociva, procedente de Asia, recibió el apodo de «matanza del cerdo»; combinaba la trama romántica y las criptomonedas en un plan por el que los estafadores atraían de forma lenta y metódica a las víctimas a una supuesta relación amorosa a distancia con mujeres hermosas pero que vivían lejos. Los estafadores buscaban posibles víctimas en webs de citas, entablaban conversación y luego iban «engordando al cerdo», es decir, hacían que los hombres —todas las víctimas eran hombres— se enamoraran de mujeres ficticias.

Las «relaciones» a distancia podían ir tejiéndose durante semanas o incluso meses sin que se hablara de criptomonedas. Hasta que, como quien no quería la cosa, la «novia» dejaba caer comentarios sobre amigos suyos que se habían hecho muy ricos gracias a inversiones en criptoactivos y animaba sutilmente a la víctima a seguir su ejemplo. Cuando el hombre empezaba a jugarse dinero, ella lo convencía para invertir cada vez más ahorros en cuentas ficticias y le mostraba ganancias cada vez mayores. Al cabo de un tiempo, con la promesa en el horizonte de vivir juntos y felices, la supuesta mujer convencía a la víctima de que solicitase grandes préstamos a su nombre para duplicar la «inversión». Cuando él caía en la trampa, ella desaparecía y se llevaba el dinero. La víctima se quedaba destrozada y humillada, con el corazón roto y asfixiada en deudas contraídas para sufragar ese sueño.

Solo en 2021, la Comisión Federal de Comercio de Estados Unidos recibió nada menos que 46.000 denuncias de este tipo de abusos.[20] Sin embargo, la mayoría de las víctimas de estos fraudes se sienten demasiado avergonzadas para denunciar los delitos, por lo que las cantidades reales son, sin duda, mucho más elevadas: hasta 14.000 millones de dólares solo en 2021, según una estimación de la empresa de análisis de datos criptográficos Chainalysis.[21] Según otro cálculo, el total pudo ascender a 75.000 millones de dólares en 2024.[22]

La «matanza del cerdo» no es charlatanería, es fraude puro y duro. Otras estafas relacionadas con las criptomonedas funcionaban más en la zona gris, ocultando a veces unas condiciones de servicio verdaderamente escandalosas en medio de los densos e interminables documentos de términos de uso que los usuarios de las plataformas tenían que «aceptar» antes de poder registrarse.

Las plataformas más turbias suponían (con razón, en la gran mayoría de los casos) que pocos usuarios se iban a tomar la molestia de leer el contrato en detalle o de enviarlo a un abogado para que lo revisara, de modo que introducían de forma sibilina todo tipo de condiciones abusivas en ellos.

Como consecuencia, se producían situaciones muy extrañas.

Cuando la bolsa de criptomonedas Celsius Network quebró, el 12 de junio de 2022, miles de depositantes perdieron millones de dólares. En Estados Unidos, el desconcertado juez de bancarrotas que vio el caso determinó que Celsius Network no había incumplido el contrato al robar los activos de sus clientes, porque el acuerdo que estos habían «aceptado» al abrir sus cuentas le permitía expresamente hacerlo.

Como resumió Lauren Leffer, de Gizmodo, «los términos de servicio de Celsius, increíblemente sospechosos, también advertían de forma explícita a los firmantes que, si Celsius decidía robar todos sus activos, "es posible que no dispongan de ningún recurso ni derecho legal" para recuperar su dinero».[23]

A nadie que haya hecho clic en «Aceptar» unos términos y condiciones le sorprenderá saber que casi ningún cliente de Celsius se molestó en estudiar con detenimiento el documento de condiciones de servicio correspondiente. En caso contrario, habrían descubierto que, escondida en el apartado 13, había una cláusula que convertía legalmente los criptoactivos que habían depositado en las cuentas de Celsius en prácticamente un regalo para la empresa. Cuando Celsius quebró en junio de 2022, los usuarios sufrieron pérdidas no realizadas por valor de casi cinco mil millones de dólares en criptoactivos que, por si les sirve de consuelo, en verdad nunca habían sido suyos.[24] El juez Martin Glenn, juez de quiebras principal del Distrito Sur de Nueva York, no tuvo más remedio que dictaminar que, «basándose en las condiciones de uso inequívocas de Celsius [...], cuando los activos criptográficos (incluidas las *stablecoins* [...]) se depositaron en las cuentas Earn, los activos criptográficos pasaron a ser propiedad de Celsius».[25]

El caballero blanco de las criptomonedas

Las historias eran espantosas y los idealistas estaban lógicamente horrorizados. Los verdaderos creyentes ansiaban un líder que pudiera ayudar al ecosistema a salir de su etapa del salvaje oeste y completar su transición de sueño anarcoutópico a alternativa financiera real para la gente corriente. Mientras tanto, las figuras del sistema financiero tradicional, atónitas ante las fortunas que se estaban ganando (y perdiendo) en el espacio criptográfico, trataban de encontrar formas de entrar en él, pero se lo impedía la ausencia de personalidades suficientemente fiables como para entablar negocios con ellas.

Sam Bankman-Fried (más conocido como SBF, por sus iniciales) parecía encajar a la perfección. Con sus credenciales de élite y la reputación de ser una especie de genio, sorprendió al sector cuando declaró que no hacía falta menos regulación estatal, sino más. Rechazó las premisas anarquistas que constituían el fundamento de las criptomonedas y pidió a los organismos reguladores de los mercados financieros que aprobaran normas para garantizar que no se engañara a los clientes. Más aún, aseguró que era capaz de desarrollar soluciones algorítmicas para los problemas de base, unas soluciones que podrían servir de modelo para regular el sistema en su conjunto.

Las clases financieras y políticas estadounidenses lo recibieron como un regalo del cielo: precisamente lo que la generación más veterana de profesionales de las inversiones estaba esperando para tender el puente hacia el brillante futuro de las criptomonedas.

Los llamamientos de SBF a reforzar la regulación de las criptomonedas, que dejaban atrás el espíritu antisistema, lo presentaban como alguien diferente en este sector. Que el jefe de una nueva y estimulante empresa de criptomonedas animara a regular el sector fue una noticia que ocupó titulares y dio a entender que era un actor de nuevo cuño, más serio y reflexivo.

Al situarse hábilmente como el antídoto contra todas las estafas relacionadas con las criptomonedas, SBF estaba vendiendo la idea de una empresa de criptomonedas distinta, que los inversores experimentados podían tomar en serio. Además, Sam Bankman-Fried forjó estrechos vínculos con políticos y organizaciones filantrópicas, una señal de que parecía sentirse instintivamente cómodo en los círculos del poder tradicional.

Por supuesto, en su posición, iba a tener que hacer cuantiosas donaciones al aparato político estadounidense. SBF contribuyó con generosidad a las campañas electorales de decenas de personas poderosas de Estados Unidos. Sobre todo se dedicó a ayudar a los demócratas; no nos extrañó nada que su madre —la profesora de Derecho de Stanford, Barbara Fried— dirigiese Mind the Gap, una red para recaudar fondos con más de ochocientos donantes, que canalizó decenas de millones de dólares hacia los candidatos a la Cámara de Representantes que se disputaban los escaños más reñidos.[26] Normalmente, un fundador de una plataforma de intercambio de criptomonedas se pasaba el día negociando, programando y jugando, no enviando voluminosos cheques a Washington.

Pero Sam Bankman-Fried era otra cosa.

En diciembre de 2021, compareció ante el Congreso para testificar: insistió en la necesidad de regulación para proteger a los consumidores de los fraudes que estaban apareciendo cada vez con más frecuencia en los periódicos y presumió de que su plataforma tenía un mecanismo de vigilancia permanente de riesgos que era más avanzado y seguro que los que se empleaban en los mercados financieros tradicionales. Durante su testimonio, Bankman-Fried insinuó que las prácticas que había iniciado constituirían un excelente modelo para las nuevas normas que convendría aplicar a todo el sector.[27]

Habló con emoción sobre los exorbitantes costes que tenía que pagar una persona pobre y sin una cuenta bancaria cada vez que intentaba enviar dinero a sus familiares en otro país. En unos comentarios públicos hechos entonces, declaró que se había propuesto como misión en la vida ganar todo el dinero posible, solo para donar todo lo que pudiera y mientras pudiera a las personas más necesitadas del mundo.

Mientras anunciaba todo esto, estaba cometiendo tal vez la mayor estafa criptográfica de todos los tiempos: FTX.

Fundada en Hong Kong en 2019 por SBF junto con su antiguo colega de Mathcamp, Gary Wang, FTX era la abreviación de «Future Exchange». Solía decirse que la empresa era una plataforma de comercio de criptomonedas, pero no era exactamente eso. Era una plataforma de comercio de futuros de criptomonedas, en la que la gente podía comprar y vender contratos cuyo valor fluctuaba en consonancia con el de los criptoactivos.

La terminología puede resultar confusa, pero la clave radica en la palabra «futuros»: nadie tiene que comprar o vender realmente ninguna criptomoneda para apostar por lo que sucederá con el precio del bitcoin en el futuro. Como dijo el analista Stephen Diehl, la forma más fácil de entenderlo es quizá comparar FTX con un casino en el que se ingresan dólares, se reciben fichas y luego se invita a apostar sobre el precio de las criptomonedas.[28]

La propuesta de valor de FTX era muy sencilla: vendían confianza. Mientras las plataformas de intercambio del salvaje oeste como Celsius podían hundirse y dejar a los clientes sin dinero, FTX era diferente. Idealista. Comprometida políticamente. Inteligente. Responsable. Dirigida por genios matemáticos que habían creado un mecanismo de riesgo único, que no se detenía nunca ni se podía manipular, un mecanismo de riesgo tan infalible que los reguladores y políticos estadounidenses debían pensar en instaurarlo en todo el sector. Hasta tal punto era sólida.

Los mercados de futuros de este tipo no son nada nuevo. Sus antecesores se remontan al siglo XIX, cuando los agentes de Chicago se dieron cuenta de que podían firmar contratos para comprar trigo, ganado y otros productos agrarios todavía por producir: lo que hacían era pagar a los agricultores en ese momento por la entrega de sus productos seis meses más tarde. Después, esos contratos se podían comprar y vender en un mercado abierto, lo que daba lugar a un precio inmediato para unos productos que se entregarían en algún momento futuro. Refinados, ampliados, financierizados y reinventados en numerosas ocasiones en los ciento setenta años transcurridos desde entonces, los contratos de futuros, hoy, existen en una variedad apabullante y los mercados de futuros permiten todo tipo de apuestas, desde el precio del cobre hasta el de los semiconductores.

FTX proponía una plataforma para extender esta idea al ámbito de las criptomonedas.

Que FTX se estableciera al principio en Hong Kong no es una coincidencia. Las leyes estadounidenses sobre el mercado de valores no ven con buenos ojos las transacciones no reguladas. Muchas plataformas de intercambio buscaban la jurisdicción que fuera más favorable y sus directivos acumulaban cientos de miles de puntos en su cuenta de pasajero frecuente a la caza del lugar en el que los reguladores tuvieran menos probabilidades de incordiarlos. A finales de la década de 2010, hubo un tiempo en el que Hong Kong, con su gran cantidad de expertos financieros, montones de desarrolladores de software y unos reguladores que dejaban entrever que no iban a hacer demasiadas preguntas, pareció el lugar ideal.

SBF se dio cuenta enseguida de que cualquier plataforma que adquiriera la reputación de ser imparcial y honrada podía generar mucho dinero. Y así fue. En 2019, mientras valientes activistas a favor de la democracia se manifestaban y se enfrentaban a las autoridades en las calles, Bankman-Fried estaba arriba, en su oficina, ganando sus primeros miles de millones.

La prensa financiera no se cansaba de hablar de aquel chico descarado de pelo revuelto, pantalón corto y calcetines largos al frente de una de las empresas que más estaba creciendo del planeta. «El joven de 29 años más rico del mundo», anunciaba un titular de *Forbes*, que elogiaba el objetivo de Bankman-Fried de «establecer su audaz empresa financiera, de solo dos años de antigüedad, como algo seguro y maduro», después de explayarse sobre sus radicales opiniones filantrópicas.[29]

Tras afirmar que Bankman-Fried era «quizá el nuevo multimillonario más interesante del mundo», la revista señalaba que nadie, ni siquiera Mark Zuckerberg, había ganado tanto dinero como él antes de cumplir los treinta años.[30] En 2021, *Cointelegraph*, un influyente medio del sector, lo consideraba el tercer actor más poderoso del mundo en el ámbito de las criptomonedas.[31]

Las informaciones sobre él eran a cuál más elogiosa, como esta publicada por *Nikkei Asia* en junio de 2021:

> Sam Bankman-Fried posee un patrimonio de 8.700 millones de dólares, según *Forbes*. Pero esa cifra podría ser «mucho mayor» en función del resultado de una ronda de financiación que, según dice, aumentará enormemente la valoración de FTX, la bolsa de derivados criptográficos con sede en Hong Kong que fundó en 2019. A pesar de su riqueza y del lujoso estilo de vida que le ofre-

> ce el centro financiero, este antiguo operador de Wall Street vive como muchos *millennials*: es vegano convencido, comparte piso, va a trabajar en camiseta y pantalón corto y se asegura de que todos los despachos de su oficina en el distrito financiero de Hong Kong dispongan de pufs para dormir.[32]

¿Y cómo estaba ganando todos esos millones? Cobrando a los clientes pequeñas comisiones por el privilegio de utilizar la plataforma que había creado a partir de puro código. En solo tres años, FTX se convirtió en el segundo mercado de criptomonedas más grande del mundo y atraía inversiones por valor de cientos de millones de dólares con elaboradas promesas sobre unos mecanismos de vanguardia para gestionar los riesgos que garantizaban que el dinero estaba a salvo con ellos.

Si un cliente creía, por ejemplo, que el bitcoin iba a subir de precio en el futuro, la plataforma FTX lo emparejaba con otra persona que creía que iba a bajar. Ambos hacían sus apuestas ingresando dinero físico —los viejos billetes verdes— en su cuenta y FTX emitía unos contratos de futuros cuyo valor subía o bajaba en función del precio del bitcoin. Si el cliente compraba un contrato «largo» —por el que apostaba a que el precio del bitcoin subiría— y el precio, en efecto, subía, la bolsa mostraba que el valor de su posición había aumentado. Por el contrario, en ese caso, los contratos «cortos» de quienes habían apostado por la caída del bitcoin perdían valor.

Dado que los mercados de futuros existen desde hace más de un siglo, los principios básicos para una gestión sensata ya son bien conocidos. Uno de los principales es que no se puede dejar que el saldo de ningún operador en un mercado caiga por debajo de cero. Si un operador hace una mala apuesta y el valor de su posición llega a cero, el mercado tiene que actuar a toda velocidad para exigirle que aporte más capital o cerrar su cuenta.

Fuera del salvaje oeste de las criptomonedas, son los reguladores profesionales quienes aplican esos principios. En una bolsa normal, los organismos de control estatales se encargan formalmente de garantizar que la cantidad total de dinero físico que ganan los ganadores no supere la cantidad total que pierden los perdedores.

En un mercado debidamente regulado, cada vez que los ganadores deciden cobrar sus ganancias, la bolsa se asegura de disponer de suficiente dinero para pagar. Esto tiene sentido, porque los fondos aportados por los operadores «perdedores» son los que permiten que el mercado pague a los ganadores. Si se deja que las cuentas perdedoras caigan por debajo de cero, la bolsa se queda sin dinero suficiente para pagar a los ganadores. Hay mucho talento informático y mucho celo regulador empeñados en que nunca se produzca esta situación, puesto que, en caso contrario, la propia bolsa acabaría hundiéndose, porque tendría que enfrentarse a unas exigencias de retirada de dinero que no podría cumplir.

Igual que un casino no puede arriesgarse a proporcionar a sus clientes demasiadas fichas sin asegurarse de que tiene dinero suficiente para canjearlas, FTX prometió a los usuarios que siempre dispondría de suficientes dólares para que pudieran cobrar. Sin embargo, al mismo tiempo que Bankman-Fried hablaba de la necesidad de regulación, FTX operaba sin supervisión real y SBF estaba decidido a que siguiera siendo así.

Esa parece haber sido la razón principal por la que, a finales de 2021, SBF trasladó todas sus actividades de los elegantes rascacielos del centro de Hong Kong a un barrio a la sombra de las palmeras en las Bahamas. Aunque en Hong Kong el régimen regulatorio era laxo, en las Bahamas lo era todavía más: el Gobierno de la pequeña nación insular estaba haciendo todo lo posible para convertir Nasáu en un centro de innovación criptográfica y, cuando un pez gordo como FTX expresó su interés, se mostró decidido a conseguir que fueran. Bankman-Fried tenía la esperanza de que, después de que FTX se instalase en las Bahamas, ningún regulador se atrevería a acercarse a los libros de Bankman-Fried ni a sus secretos.

Cuando todo se vino abajo, los reporteros empezaron a denunciar con fruición el estilo de vida de Bankman-Fried en la hiperexclusiva comunidad de Albany, en Nasáu, una urbanización privada para los que viven entre yates, que se promocionaba con descaro entre la élite mundial y había atraído a personajes como Tiger Woods y Justin Timberlake con servicios como un puerto deportivo con setenta y un amarres dedicado exclusivamente a megayates, un campo de golf de dieciocho hoyos diseñado por Ernie Els y once restaurantes cerrados al público.[33]

Incluso en comparación con las desmesuras de Albany, la gente de FTX vivía a lo grande. SBF se alojaba en un ático de treinta millones de dólares situado en el complejo con un grupo fluctuante de unos diez empleados, socios, parejas sexuales y colaboradores, en un ambiente que parecía propio de la residencia universitaria más cara del mundo. En Albany, los ejecutivos de FTX programaban hasta altas horas de la noche y, cuando les hacía falta, dormían la siesta en los pufs esparcidos por allí. Todos los días, cuando tenían hambre, pedían comida vegana de autor por valor de miles de dólares, que les llevaban a la mesa desde uno de los restaurantes del complejo. Tomaban anfetaminas cuando lo necesitaban para aguantar despiertos (aunque siempre «seguían el prospecto de las pastillas», se apresuraba a señalar Bankman-Fried, para que no pensáramos que era un libertino), jugaban a videojuegos para relajarse y, según muchas fuentes, se acostaban unos con otros con sorprendente regularidad, como un elemento más de la despreocupada cultura de poliamor que imperaba en la empresa.[34]

No era exactamente el estilo de vida que había presumido de querer en las entrevistas en las que había asegurado a los periodistas que «no era precisamente un gran consumidor» o que tenía previsto no quedarse más que con el 1 por ciento de sus ganancias.[35]

Durante más de un año, las cosas fueron muy bien. La fortuna de Bankman-Fried sobre el papel pasó de 8.700 millones de dólares, en la época de Hong Kong, a alrededor de 26.000 millones en su punto álgido de las Bahamas. Con unas entradas de dinero sin precedentes, ningún gasto parecía demasiado extravagante para una empresa decidida a ser famosa en el mundo entero. En 2022, Bankman-Fried pagó siete millones de dólares por un anuncio en la Super Bowl LVI, en el que el cómico Larry David fingía despreciar las grandes ideas de la historia, desde la rueda hasta la bombilla, para luego dar a entender que quienes dudaban de que FTX era «una forma segura y fácil de entrar en el mundo de las criptomonedas», parecerían en retrospectiva igual de ridículos.[36] Pero ese gasto no era nada para FTX: la empresa ofreció 135 millones de dólares por un contrato de diecinueve años para poner a la sede del equipo de la NBA Miami Heat el nombre de FTX Arena hasta 2040.[37]

El patrimonio de FTX se convirtió en el centro de su estrategia de prueba social, una prueba suficiente de que las criptomonedas no iban a desaparecer. El propio mensaje publicitario de Larry David daba una vuelta de tuerca radical y muy inteligente al marketing de la prueba social. El anuncio invertía la fórmula habitual: en vez de decir que otras personas como nosotros creían en ideas como esta, subrayaba que los estúpidos no se la creían. «No seas como Larry —aconsejaba el anuncio—. No te quedes al margen».

Gracias a trucos así y a la imagen de niño prodigio de SBF, FTX pronto alcanzó una credibilidad y fama de madurez que ya hubieran querido otros proyectos criptográficos. La leyenda de la NFL Tom Brady y su esposa, la supermodelo Gisele Bündchen, compraron una participación accionarial y pronto empezaron a lanzar anuncios de la empresa, igual que el propietario de los New England Patriots, Robert Kraft, y el multimillonario gestor de fondos de cobertura Paul Tudor Jones.[38] Por supuesto, Brady y Bündchen estuvieron presentes en una conferencia Web3 patrocinada por FTX y celebrada en las Bahamas en mayo de 2022, en la que también intervinieron Bill Clinton, el ex primer ministro británico Tony Blair, la superestrella del pop Katy Perry y cientos de personalidades más.[39]

A esas alturas, la proclama de FTX de ser «la forma segura y fácil de entrar en el mundo de las criptomonedas» ya estaba convenciendo no solo a los seguidores de la Super Bowl, sino también al tipo de instituciones financieras serias y conservadoras que se supone que cuentan con elaboradas medidas de seguridad para evitar ser estafadas.

El Plan de Pensiones de los Profesores de Ontario —que, tras su modesto nombre, alberga un gigantesco inversor mundial que maneja 250.000 millones de dólares— adquirió participaciones en varias empresas vinculadas a FTX y acabó teniendo que dar por perdido hasta el último centavo de los noventa y cinco millones de dólares que había invertido.[40]

Kevin O'Leary, empresario tecnológico y famoso inversor, conocido por millones de personas gracias al programa de televisión *Shark Tank*, perdió casi diez millones de dólares en sus acciones de FTX, aunque quizá lo compensó con los quince que recibió de la empresa por hacer de portavoz. Y esos no eran más que los famosos que patrocinaban a FTX; la empresa también recaudó fondos de instituciones cuyo nombre quizá no resultan familiares para la gente corriente, pero sí para los profesionales de las inversiones, como Temasek Holdings, Sequoia Capital, Sea Capital, Tiger Global y Lightspeed Venture Partners, inmensas potencias inversoras e investigadoras, muy profesionales, que administran el patrimonio de las personas más ricas del mundo.[41]

Tal vez a todos les dio un ataque de FOMO, el pánico ante la posibilidad de perdérselo. Tenían tanto miedo de quedarse fuera de la fiebre del oro de FTX que nunca se pararon a examinar con atención las cuentas de la empresa. Tampoco prestó nadie atención a la empresa hermana de FTX, la que, con el tiempo, iba a derribar todo el castillo de naipes: Alameda Research.

Ese era el nombre del fondo de cobertura en criptoactivos que Bankman-Fried y Wang habían creado en 2017 —dos años antes de que FTX entrara en escena— para comprar y vender futuros criptográficos con fines lucrativos.

Por lo que dicen los artículos que tanto elogiaban la compañía hacia 2021, FTX surgió específicamente de la decepción de SBF con los servicios ofrecidos por las plataformas que había hasta entonces. Recordemos que había trabajado como agente para Jane Street y estaba acostumbrado a las plataformas bursátiles de Wall Street con todos sus servicios, que permitían hacer todo tipo de apuestas complicadas en una gran variedad de valores. En el mercado de las criptomonedas, hasta que llegó FTX, no existía nada parecido.

Según *Forbes*, SBF «pronto empezó a sentirse frustrado con la calidad de las principales plataformas de comercio de criptomonedas. Estaban pensadas para facilitar la compra y venta de unos cuantos bitcoins por parte de particulares, pero no estaban preparadas, en absoluto, para albergar a operadores profesionales que movían sumas enormes a gran velocidad. Pensó que esa era su oportunidad y decidió crear su propia plataforma de intercambio».[42]

Con FTX en funcionamiento, Alameda empezó a ejecutar gran parte de sus operaciones en la nueva plataforma. El hecho de que el dueño de FTX y Alameda fuera el mismo no era lo ideal. Era casi como tener a uno de los crupieres del casino jugando también en la mesa de blackjack. Consciente de ello, Bankman-Fried se distanció públicamente de la dirección de Alameda Research y reclutó a una joven amiga suya, Caroline Ellison, un genio de las matemáticas que —según informaciones posteriores— era además su novia ocasional.[43]

Los padres de Ellison eran profesores del mundialmente famoso departamento de economía del MIT. Caroline, un prodigio matemático desde niña, había pasado los días escuchando a sus padres debatir sobre economía, igual que Bankman-Fried había pasado su infancia oyendo a sus padres hablar de derecho corporativo. Sus respectivas trayectorias académicas guardaban una especie de simetría: Bankman-Fried, hijo de académicos de Stanford, se graduó en el MIT, mientras que Ellison, hija de académicos del MIT, se graduó en Stanford. Da la impresión de que, con el tiempo, Ellison, Bankman-Fried y Wang se convirtieron en el núcleo de un grupo de directivos que llegó a supervisar decenas de filiales y a cientos de empleados en todo el mundo. Amigos desde años atrás, eran compañeros de piso y socios comerciales desde hacía mucho tiempo. Para las personas de su círculo social, la supuesta separación corporativa entre la empresa dirigida por Bankman-Fried y la dirigida por su entonces novia, Ellison, era, en el mejor de los casos, difícil de creer.

En público, FTX insistía en que no «mezclaba» los fondos de los clientes, es decir, que no corría riesgos con ellos. No los invertía, no los prestaba, no hacía nada que pudiera poner en peligro su disponibilidad cuando los clientes quisieran retirarlos.

La empresa aseguraba que era imposible porque tenían un instrumento que era la joya de la corona del imperio FTX: su dinámico mecanismo de riesgo patentado, que cerraba automáticamente las posiciones cuando una cuenta amenazaba con acercarse a un valor cero.

FTX se esforzaba por subrayar que, al fin y al cabo, era un mercado de valores, no un banco: las condiciones de servicio dejaban claro que los fondos de cada cliente pertenecían a ese cliente. FTX no ofrecía créditos; esa no era su función.

Los fiscales federales estadounidenses llegarían más tarde a la conclusión de que esa era la situación con todos los clientes de FTX excepto uno: Alameda Research. A principios de 2023, un tribunal federal acusó a los desarrolladores de software de FTX de codificar una serie de reglas especiales que eximían a Alameda de varias cláusulas de protección incorporadas en el mecanismo de riesgo normal de FTX.[44]

Si un usuario apostaba equivocadamente sobre el futuro, por ejemplo, del ethereum, y el valor de su cuenta descendía hasta cero o casi cero, FTX cerraba de manera automática su posición; pero si se trataba de Alameda, no. En el caso de Alameda, su cuenta podía entrar en números rojos. Muy en números rojos. Y el software no haría absolutamente nada al respecto. Nadie haría nada.

En la práctica, eso significaba que Alameda podía «tomar prestado» ilegalmente el dinero de los clientes de FTX sin límite alguno, en vulneración directa de las condiciones de servicio de FTX.

Al permitir que Alameda tuviera saldos negativos, FTX creó en su plataforma una dinámica en la que siempre salía ganando, pasara lo que pasara. Cuando Alameda llevaba a cabo una operación que salía bien, podía retirar sus ganancias en dinero físico, no criptográfico, y repartirlo entre sus accionistas. Cuando la operación salía mal, su posición podía ser negativa, muy negativa, con pérdidas de miles de millones de dólares, pero no importaba: Alameda siempre tendría otra oportunidad para recuperar el caudal apostando con el dinero de otros clientes de FTX.

Si FTX hubiera actuado como Celsius y hubiera tenido la previsión de dejar claro a sus clientes en las condiciones de servicio que el dinero había dejado de ser de ellos, quizá la situación no habría sido tan grave. Pero lo cierto es que toda la estrategia de marketing de FTX se basaba en la promesa de proteger a los clientes del riesgo mediante sofisticadas medidas de seguridad que eran válidas para todos. Cuando, en realidad, eran válidas para todos... menos para la novia del director ejecutivo.

Resultó que el mecanismo de riesgo que SBF había querido convertir en modelo para la regulación de las criptomonedas llevaba un asterisco muy grande añadido al final. Era como si FTX estuviera invitando a la gente a nadar en una playa totalmente segura, con la garantía absoluta de que no había tiburones, y se negara a revelarles que sí había un único tiburón blanco enorme y muy hambriento que tenía autorización especial para nadar entre ellos, simplemente porque los dueños de la playa eran también dueños del tiburón.

Como suele ocurrir, el plan podría haber funcionado a la perfección si los precios de los activos no hubieran ido decididamente en contra de Alameda y SBF. En mayo de 2022 hubo un gran hundimiento de las criptomonedas que redujo el precio del tipo de criptoactivos en los que invertía Alameda. En ese mismo mes, uno de los proyectos criptográficos más populares del año, el token terraluna, quebró en medio de su propio escándalo: la primera ficha de dominó de una cadena que acabaría provocando la caída de FTX.

Terraluna, absurdamente calificada como una «moneda estable algorítmica», estaba compuesta por dos tókenes relacionados: luna y terra, de los que se decía que se estabilizaban el uno al otro, igual que la Luna estabiliza las oscilaciones de la órbita terrestre. El valor de luna fluctuaba, pero siempre era canjeable por terra, que, a su vez, se suponía que siempre tenía paridad con el dólar; y a los inversores se les decía constantemente que, gracias al sofisticado algoritmo en el que se basaba todo el sistema, el conjunto era estable desde un punto de vista algorítmico. Era mentira: cualquier economista especializado en moneda podría haberles dicho que esas paridades son intrínsecamente vulnerables a los ataques especulativos. En efecto, terra sufrió un ataque a principios de mayo de 2022 y en pocas semanas su valor bajó casi a cero.

Según la empresa de análisis criptográfico Nansen, el derrumbe de terraluna supuso una mala noticia para Alameda porque ocasionó que sus números rojos en FTX se dispararan.[45] Si hubiera sido cualquier otro cliente, FTX habría cerrado la cuenta y habría acabado con los inversores. Pero no fue ese el trato que FTX dispensó a Alameda: en lugar de cerrar su posición, FTX reclamó su garantía. Sobre el papel, la garantía que había ofrecido la empresa debería haber bastado para respaldar el saldo negativo, que había alcanzado cientos de millones de dólares y luego miles de millones.

Todo iba a depender del valor de la garantía de Alameda; y muy pronto se vería que no era suficiente. En teoría, los activos eran muy serios, con un valor de miles de millones de dólares. Cuando se le preguntó a Bankman-Fried en las semanas siguientes cómo había podido permitir que Alameda se metiera en un lío tan grande, no dejó de mencionar el tema de las garantías y aseguró que no se había preocupado porque creía que las de Alameda eran sólidas y capaces de arreglar gran parte del desastre que la empresa había creado.

Daños colaterales

Es entonces, al examinar en detalle la garantía que avala los préstamos de FTX a Alameda, cuando se revela la verdadera guinda del pastel de la estafa de SBF: la garantía de Alameda consistía en gran parte en FTT. ¿Y qué era el FTT? Era un criptotoken interno que había creado FTX como incentivo para sus clientes. El activo que avalaba los préstamos de mil millones de dólares de FTX a Alameda consistía en un montón de código informático que había escrito la propia FTX y que casi no se había negociado en el mercado.

El FTT era un programa de fidelización de clientes de FTX: los clientes de FTX ganaban FTT y esos FTT les permitían pagar comisiones de negociación más bajas en FTX. Aparte de eso, también era un criptoactivo especulativo sin más, sujeto a la misma dinámica del «más tonto que yo» que cualquier otro activo criptográfico. Peor aún, el FTT no tenía ninguna liquidez. Se negociaba poco. Como garantía, era dudoso, en el mejor de los casos.

¿Por qué? La respuesta es que era de esperar que el FTT fluctuara en paralelo a la popularidad de FTX: un criptoactivo cuyo principal atractivo era que daba derecho a los clientes a pagar comisiones más bajas en FTX no podía ser muy atractivo si no existía FTX, claro. Eso hacía que invertir en tókenes FTT fuera más o menos equivalente a invertir en acciones de FTX, aunque hay que subrayar que el FTT no era una acción como tal ni daba derecho a los clientes a participar en los beneficios de FTX.

El FTT era más bien una apuesta sobre el futuro de la propia bolsa. La idea fundamental consistía en que, si FTX perdía todo su valor, el FTT también lo perdería.

Los profesionales de las finanzas tienen un nombre para esto: riesgo de dirección contraria. Asegurar un préstamo de Alameda con tókenes FTT era parecido a contratar una póliza de seguro contra incendios que estableciera que, en caso de que nuestra casa se incendie, recibiremos una indemnización de diez mil dólares en efectivo, los cuales se habrían guardado en esa misma casa. Por supuesto, si la casa se quema, los diez mil dólares se quemarán también: una póliza de seguro basada en el riesgo de dirección contraria no es una póliza seria.

En cualquier caso, las montañas de FTT que Alameda había entregado a FTX no podían liquidarse para pagar las retiradas de dinero de los clientes de FTX. En realidad, se efectuaron pocas operaciones con FTT, lo que llevó a sospechar que el precio unitario se había manipulado precisamente para que los FTT en propiedad que figuraban en los libros de Alameda pudieran avalar grandes préstamos de FTX. Este tipo de manipulación del mercado habría sido ilegal en cualquier bolsa de futuros convenientemente regulada, pero no olvidemos que FTX había hecho todo lo posible —cruzando medio mundo, desde Hong Kong hasta las Bahamas— para asegurarse de no estar sujeta a la debida regulación.

Era más que evidente que cualquier intento de liquidar los FTT provocaría una fuerte caída del precio del token y dejaría un enorme agujero en el balance. En las cuentas que SBF difundió frenéticamente en los días previos al hundimiento de FTX, se vio que esos pasivos tenían un valor negativo de ocho mil millones de dólares en un apunte con el penoso título de «cuenta oculta y mal etiquetada internamente como "fiat@"». No hay ningún otro inculpado en un proceso penal que haya conseguido encerrar con tanto acierto una confesión completa en una sola celda de una hoja de Excel.[46]

Transcurrirían varios meses antes de que el agujero de ocho mil millones de dólares que Alameda Research provocó en el balance de FTX desembocara en la quiebra, igual que el Titanic se mantuvo a flote durante unas horas después de chocar con el iceberg. Sin embargo, a partir de aquel momento, el destino de FTX estuvo sellado. Iba a llegar un momento en el que los clientes exigirían la devolución de su dinero y, si FTX no lo tenía, si lo había desviado a la empresa hermana y luego lo había perdido, no podría pagarles. Y, en efecto, eso es lo que sucedió: no pudo pagarles.

El hundimiento de FTX, a finales de 2022, fue rápido y brutal. Acaparó los titulares financieros de todo el mundo y convirtió a Sam Bankman-Fried en el villano de la historia durante semanas. Su patrimonio neto personal, en la práctica, se desplomó de 26.000 millones de dólares a cero en solo unas horas, cuando se corrió la voz de que FTX estaba buscando un rescate después de descubrir un agujero de ocho mil millones de dólares en sus finanzas. Los operadores más experimentados, en vez de ofrecerse a rescatarla, se apresuraron a retirar sus fondos de la bolsa antes de que se hundiera. La precipitación creó un efecto de pánico bancario y, de repente, todos los clientes acudieron a retirar fondos al mismo tiempo. Lo interesante es que se suponía que FTX no era un banco: si se hubiera gestionado como indicaban sus condiciones de uso, todo el mundo habría cobrado sin problemas. Sin embargo, en esa situación, la empresa no podía permitirse satisfacer todas las solicitudes de retirada. La garantía de Alameda consistía en gran parte en FTT y otros activos no líquidos: si intentaban venderlos todos a la vez, su valor se desplomaría hasta cero; que es lo que iba a ocurrir en cualquier caso, dado que, sin FTX, el token no tendría ningún valor.

Frente a casi un millón de clientes indignados, algunos de los cuales habían perdido todos los ahorros de su vida en FTX, Bankman-Fried volvió a romper los estereotipos. Se supone que los líderes empresariales implicados en fraudes de miles de millones de dólares deben permanecer callados. Muy callados. Cualquier abogado —incluso uno malo— advertirá a su cliente de que todo lo que diga en público podría utilizarse en su contra en un juicio. Es imposible que Bankman-Fried, cuyos padres eran dos de los abogados más prestigiosos del mundo académico estadounidense, no supiera lo que sabe todo el mundo: hablar cuando se es objeto de una investigación federal es una batalla perdida.

Y, a pesar de todo, habló. Vaya si habló. Habló, tuiteó y concedió entrevistas, como de costumbre, con sus calcetines largos y en su lujoso ático en las Bahamas. Entrevistas francas y abiertas en las que se esforzaba por parecer humilde, por admitir que la situación le había desbordado, pero también por asegurar que todo el asunto no era un delito, ni una estafa, sino un error: el resultado de buenas intenciones, mala contabilidad y su propia falta de experiencia.

A veces, la sinceridad de Bankman-Fried después de la quiebra parecía casi suicida: un verdadero empeño en destruir la reputación que había tardado años en construir.

En una extraordinaria entrevista por mensajes de texto con la revista *Vox*, Bankman-Fried reconoció de manera más o menos explícita que su supuesto interés por el altruismo eficaz era una treta, una impostura para cuidar las relaciones públicas, reforzar su credibilidad y facilitar sus intentos de abrir las carteras de los inversores.

Al preguntarle por lo bien que se le daba hablar de ética, expresó cierto arrepentimiento y confesó: «Es lo que construye la reputación, hasta cierto punto. —Y añadió—: Lo siento por quienes acaban jodidos». Después explicaba que su postureo ético y su proselitismo en nombre del altruismo eficaz (antes de que se hundiera FTX) formaban parte de «este estúpido juego al que jugamos los occidentales concienciados, en el que usamos las palabras adecuadas para caerle bien a todo el mundo».[47]

Los administradores concursales que se hicieron cargo de la gestión de FTX tras la quiebra estuvieron de acuerdo en que la contabilidad de SBF era mala. Muy mala. John Ray III, nombrado director ejecutivo en sustitución de Bankman-Fried tras el desastre, tenía cuatro décadas de experiencia en intentar poner orden en cuentas caóticas de empresas en quiebra, entre ellas ENRON. Se mostró implacable: «No he visto nunca, en toda mi carrera, un fracaso tan absoluto de los controles empresariales ni una ausencia tan total de información financiera fiable como la que ha habido aquí —manifestó días después de tomar posesión como jefe—. Desde los fallos en la integridad de los sistemas y la escasa supervisión regulatoria en el extranjero hasta la concentración del control en manos de un grupo muy reducido de personas inexpertas, poco preparadas y posiblemente en situación comprometida, este caso no tiene precedentes».[48]

FTX, como pronto dejaría claro Ray, no tenía más que una vaga idea de lo que poseía y lo que debía, a quién, cuándo o por qué. Los gastos millonarios de la empresa no se aprobaban mediante un riguroso protocolo documentado de toma de decisiones, como ocurriría en un banco regulado de Wall Street, sino mediante un sistema de «emojis personalizados» que se enviaban a través de una aplicación de mensajería interna.[49]

¿Y por qué el consejo de administración de FTX no había protestado y había puesto fin a este disparate? Ah, ¿se nos ha olvidado mencionarlo? En FTX no había consejo. Para eludir la espinosa cuestión de tener que lidiar con preguntas incómodas de los miembros del consejo, SBF había tomado la inspirada decisión de que no lo hubiera. Cientos de millones de dólares invertidos, en muchos casos, por sofisticados inversores institucionales, acabaron chapoteando de un lado a otro en una empresa que no contaba con una oficina seria de recursos humanos ni un departamento contable propiamente dicho.[50]

Si alguien pensaba que FTX iba a funcionar como si un grupo de financieros frívolos y superprivilegiados que compartían piso dirigieran un gran mercado de criptofuturos, eso es exactamente lo que pasó. O, por lo menos, es lo que Bankman-Fried quiso presentar. No eran delincuentes, aseguraba a cualquiera que quisiera escucharlo; solo eran desorganizados.

Durante los primeros días posteriores a la quiebra de FTX, pareció que esa línea de defensa podría funcionar. Desde luego, el caos contable que John Ray III afirmó haber encontrado en los libros de FTX era suficientemente grave como para justificar muchas irregularidades. Pero, por supuesto, la desorganización también podía ser una táctica, una excusa. ¿Cuál de las dos cosas era?

El 21 de diciembre de 2022, la fiscalía del Distrito Sur de Nueva York —la legendaria oficina del Ministerio Público estadounidense con jurisdicción sobre Wall Street— anunció que los dos colaboradores más cercanos de Bankman-Fried, Caroline Ellison y Gary Wang, habían aceptado asumir la responsabilidad de una serie de cargos de conspiración y fraude, y colaborar con los fiscales a cambio de una reducción de la pena. La noticia se dio a conocer el mismo día en el que Bankman-Fried, detenido días antes en las Bahamas, volvía a Nueva York sin haber querido recurrir la extradición.

Después de que Ellison afirmara ante el tribunal que, por supuesto, sabía que las excepciones especiales para Alameda «no estaban bien» y de que Wang se declarara culpable de delitos que, en teoría, podrían acarrear una condena de cincuenta años, el procesamiento de Bankman-Fried fue relativamente sencillo.[51] Fue hallado culpable de siete delitos de fraude y conspiración.[52] Antes de dictar sentencia, el 28 de marzo de 2024, el tribunal escuchó decenas de declaraciones de las víctimas, en las que, uno tras otro, los inversores describieron el caos financiero y la angustia emocional que les había causado esta historia. «Además de las pérdidas económicas —escribió uno de ellos—, este delito ha hecho añicos nuestra sensación de seguridad y confianza en los sistemas que se supone que deben protegernos».[53] Bankman-Fried fue condenado a veinticinco años en una prisión federal.[54] Ellison fue condenada a dos años de cárcel.[55]

Durante el juicio, Bankman-Fried llevó una pulsera electrónica y permaneció bajo arresto domiciliario en la casa de sus padres en Palo Alto, que sirvió como aval para la fianza de quinientos millones de dólares con la que obtuvo la libertad provisional.

En esas pocas semanas compartió techo con una madre jurista que era famosa por no creer, desde un punto de vista filosófico, en el concepto de «culpa». Como ya hemos visto, en un destacado ensayo de 2013 titulado «Beyond Blame» (Más allá de la culpa) para la revista *Boston Review*, Barbara Fried sostenía que, dado que el comportamiento de los delincuentes está totalmente determinado por su entorno y sus circunstancias, no tiene sentido penalizarlos por sus delitos. Para ilustrar su opinión, empleaba un ejemplo llamativo, con el que pretendía demostrar lo absurdo que es castigar a un hombre desfavorecido, normal y corriente —al que ella llama Smith— por sus delitos:

> Supongamos que Smith creció en un barrio donde el tráfico de drogas era la forma más común de empleo remunerado. Lo crio una madre soltera adicta a la cocaína y a los doce años ya mantenía a su familia vendiendo droga. A los diecisiete, se vio envuelto en un trapicheo que salió mal y, en el altercado, disparó y mató al comprador. ¿Cómo debemos valorar el grado de responsabilidad moral de Smith? ¿Existe algún momento mágico en el que Smith pasó de ser víctima de sus circunstancias a ser el autor de su propia historia? En ese caso, ¿cuándo fue?[56]

Interesante. Una versión parafraseada, con algunos cambios, podría dar este resultado: supongamos que Bankman-Fried creció en un barrio en el que la enseñanza del derecho y la filosofía eran las formas más comunes de empleo remunerado. Lo criaron unos padres profesores de derecho que además eran grandes autoridades en materia de derecho fiscal y, a los veinticuatro años, ya mantenía a su familia vendiendo contratos de derivados. A los veintinueve, se vio envuelto en una operación fallida con criptoderivados y, en el altercado, destruyó los ahorros de otras personas por valor de doscientos mil millones de dólares. ¿Hubo algún momento mágico en el que Smith pasó de ser víctima de las circunstancias a ser el autor de su propia historia? En ese caso, ¿cuándo fue?

¿Cuándo, en efecto?

De todos los charlatanes que estudiamos en este libro, Sam Bankman-Fried probablemente sea el más inteligente y, sin duda, en su apogeo, el más rico. Su ascenso reunió todas las características de la trayectoria del charlatán: apuntó de forma implacable a los sueños de riqueza de la gente, se inventó pruebas sociales del éxito de su empresa en forma de costosos acuerdos de patrocinio, presumió de tener conocimientos y privilegios especiales, e hizo que sus clientes se sintieran los elegidos, al mismo tiempo que los robaba sin piedad.

Pero también posee rasgos distintos a los de otros muchos charlatanes, con su necesidad casi obsesiva de seguir hablando en público sobre su estafa incluso cuando ya había empezado a desmoronarse. A diferencia de muchos otros, da la impresión de que no se dio cuenta de lo manipuladora y delictiva que era su estrategia hasta el último momento. Como en el caso del doctor Mercola, la acusación de estafa, hasta cierto punto, se complica porque él mismo parecía creer en ella.

No obstante, a la hora de la verdad, Joseph Mercola por lo menos proporciona a sus clientes las pastillas que le piden. Sam Bankman-Fried, en cambio, prometía seguridad y no proporcionó nada de nada. Quienes confiaron en él han perdido mil millones de dólares por su culpa. Tendrá dos décadas y media en prisión para reflexionar sobre lo que hizo mal.

8

Charlatanes en altos puestos

Un fantasma recorre este libro: el de Donald J. Trump.

El líder estadounidense le plantea a un observador de la charlatanería un dilema imposible.

Por un lado, todo lo que sería útil escribir sobre él ya se ha escrito, muchas veces. Por otro, el hecho de que un charlatán puro y duro haya llegado a ser el hombre más poderoso del mundo sigue siendo tan sorprendente, tan extraño, tan trascendental, que no tenemos más remedio que analizarlo.

No podríamos pasarlo por alto aunque quisiéramos.

Este análisis no es una manifestación de animadversión política. El Trump prepolítico, anterior a 2015, se habría ganado cómodamente un lugar en estas páginas incluso si su campaña presidencial se hubiera disipado en pocas semanas. Y Trump no es el único charlatán que ha ascendido a altos cargos en los últimos años con los únicos propósitos de usar su poder para desbaratar las investigaciones sobre él y llenarse los bolsillos. En este capítulo vamos a conocer a otros dos que le allanaron el terreno.

En realidad, Donald Trump no es tan singular. En todo el mundo, pero con especial virulencia en Estados Unidos, se están abriendo camino en la esfera política los charlatanes ávidos de poder. Empleando las mismas tácticas que hemos descrito en este libro, encuentran maneras de recaudar enormes sumas de dinero y movilizar a un segmento considerable de la opinión pública a su favor. Se apoderan de sectores de la esfera política, se incrustan en ellos y explotan a sus seguidores para favorecer sus objetivos.

Ya hemos visto que los guardarraíles que antes mantenían a los charlatanes más desvergonzados lejos de la política pueden fallar y que los resultados pueden ser nefastos para todos nosotros. La ciencia política tiene su propia abundancia de vocabulario para describir a los charlatanes que logran hacerse con el control del Estado, en una clasificación sutil con arreglo al grado de peligro que representan para la democracia: populistas, demagogos, déspotas, tiranos. El principio suele ser, en palabras de Alexander Hamilton, «un obsequioso cortejo del pueblo», para ir subiendo después por esa escalera como si fuera una trayectoria profesional, en la que «empiezan como demagogos y terminan como tiranos».[1]

Sin embargo, el primer paso es ese «obsequioso cortejo del pueblo». El proceso de ganarse al «pueblo» —o al menos a suficientes personas— tiene mucho en común con las tácticas de los charlatanes normales. En la política se utiliza a menudo el razonamiento motivado y halagar los sueños políticos de los electores ha sido siempre la forma más rápida de ganarse sus votos. Cuando el charlatán los tiene enganchados, puede conseguir que vayan con él lejos. Muy lejos.

Las mismas vulnerabilidades que hacen que las personas sean presa fácil de los charlatanes en su vida profesional y espiritual las dejan expuestas como seres políticos. Según el famoso descubrimiento de Silvio Berlusconi en Italia, las técnicas que sirven para vender jabón lavavajillas también pueden servir para que la gente apoye a un candidato para un cargo público.

El razonamiento motivado es un concepto esencial en la investigación sobre el comportamiento electoral.[2] Y tiene sentido: nuestros sueños guían nuestro proceder en las urnas tanto o más que en cualquier otra esfera de la vida. Dar voz a los sueños políticos de la población es una forma de ganarse su confianza, como con cualquier otro sueño que un charlatán quiera explotar. Lo verdaderamente sorprendente no es que haya tantos charlatanes en el poder, sino que haya tan pocos.

Sin embargo, los pocos que hay pueden causar daños persistentes. Para ver cómo, debemos empezar dando un rodeo por una universidad muy peculiar y reveladora.

Universidad Trump

Imaginemos una universidad que, en realidad, no era una universidad. Aunque ofrecía «programas de grado, posgrado y doctorado», no estaba certificada ni acreditada en ningún sitio. Legalmente, era una empresa con fines lucrativos. El remite de su correspondencia era una dirección llena de glamur: Wall Street, 40, en el corazón del distrito financiero de Manhattan.

Lo que vendía era muy simple: enseñar a los alumnos los secretos de su famosísimo fundador para ganar dinero.

La empresa tuvo problemas desde el primer momento.

En Nueva York, como en el resto de Estados Unidos, el uso de la palabra «universidad» está estrictamente regulado. Una institución que no tenga los debidos estatutos ni una acreditación no puede atribuirse legalmente el término. Puede usar muchos sinónimos cercanos —instituto, escuela, academia—, pero no la palabra que empieza por u.

Por eso, en 2005 el Departamento de Educación del estado de Nueva York envió la primera de una serie de cartas oficiales en la que exigía a la organización que dejara de utilizar el término en sus comunicados y envíos dentro de Nueva York. Sin embargo, la universidad que no era universidad nunca respondió y se dedicó a seguir desarrollando su plan de estudios y a poner en marcha una campaña de marketing muy ambiciosa para anunciar su oferta.

La dirección de la no universidad empezó por desarrollar un «Programa de formación para inversores inmobiliarios», descrito en una declaración jurada posterior por una persona involucrada en su diseño como «un programa virtual con varios aspectos interactivos (conferencias telefónicas y videoconferencias)».[3] Pero los responsables se dieron cuenta pronto de que producir e impartir enseñanzas en línea cuesta mucho dinero. Los profesores son caros y supervisar el rendimiento de los alumnos también lo es. ¿Para qué iban a molestarse?

De modo que, a partir de febrero de 2007, la universidad abandonó la educación a distancia y se inclinó hacia un modelo presencial, pero que no se parecía en nada a la educación presencial tradicional.[4]

La «universidad» ofrecía una serie de seminarios y actos presenciales por todo el país que prometían grandes rendimientos a quien estuviera dispuesto a poner en práctica los secretos de su fundador. La sutileza no era lo suyo. «¡Estos factores insólitos del mercado inmobiliario crean la TORMENTA PERFECTA de oportunidades para el beneficio! —clamaba un anuncio en el periódico—. ¡CLASE INTRODUCTORIA GRATUITA!».[5]

Lo que vino después le resultará familiar a cualquiera que se haya dejado convencer para escuchar los argumentos de venta de las promociones en multipropiedad: las agresivas tácticas comerciales de toda la vida.

Los posibles interesados en la campaña tenían que llamar a un número de teléfono en el que un agente de ventas los guiaba para inscribirse en el curso introductorio gratuito de un día que ofrecía la universidad. Una vez allí, les daba la bienvenida un orador motivacional que contaba vagamente cómo podía ayudarlos la «universidad» a convertirse en magnates inmobiliarios de éxito.

La primera actividad consistía en pedir a los alumnos que empezaran a planificar sus inversiones inmobiliarias poniendo por escrito los datos esenciales de su situación económica, incluidos todos los activos y pasivos. Los empleados de la universidad que no era universidad recogían los ejercicios y, mientras el orador motivacional seguía hablando, los separaban con cuidado en dos pilas, una de mayor importancia y otra de menor. Saber exactamente cuánto dinero podía invertir en su «educación» inmobiliaria cada uno de los engañados les permitía decidir estratégicamente en quién centrarse primero.

Después de almorzar, los ponentes aclaraban que, como es lógico, los secretos más valiosos del sector inmobiliario no se podían explicar en un solo día. Entonces, los agentes intensificaban el tono. Ahora que sabían exactamente de quiénes podían aprovecharse, se dedicaban solo a los más prometedores, a quienes presionaban para inscribirse en el siguiente curso: un seminario intensivo de tres días con un precio de venta al público de solo 1.495 dólares; una nadería en comparación con las enormes ganancias que prometían a sus objetivos.[6]

Podemos adivinar para qué servía en realidad ese seminario de tres días.

En medio de vaga palabrería sobre estrategias inmobiliarias y una doble ración de charlas motivacionales, los ponentes apenas daban la información justa para que los asistentes se quedaran con ganas de más. Por supuesto, hacia el final del segundo día, el equipo había tenido tiempo suficiente como para evaluarlos; tenían mucha información con la que trabajar y sabían exactamente a quién apretar las tuercas para que se apuntara a los cursos de élite, en los que se revelarían los verdaderos secretos de cómo hacer fortuna en el sector inmobiliario. Los cursos de élite se dividían en tres niveles: bronce, plata y oro, con precios que iban desde los modestos 9.995 dólares del nivel más bajo hasta los alucinantes 34.995 dólares del nivel oro, que incluía tres días de tutoría sobre el terreno y retiros con seminarios sobre todo tipo de temas, desde la preservación del patrimonio y la financiación creativa hasta los inmuebles comerciales y multiuso.[7]

Habían refinado la escala del compromiso. Después de gastar 1.495 dólares en un curso de tres días, las ofertas más caras ya no lo parecían tanto. Los agentes estaban entrenados para que, en la sesión de venta del último día, convencieran a los alumnos de llamar en ese mismo instante a su banco para solicitar un aumento del límite de crédito, con el fin de poder pagar esos cursos más caros.[8]

Muchos se creyeron la propaganda y pagaron decenas de miles de dólares por unos cursos que no ofrecían nada que no se pudiera encontrar gratis en una tarde de búsqueda en Google. Los alumnos solicitaron préstamos de miles de dólares para matricularse, a veces decenas de miles, en ocasiones hipotecando su vivienda habitual.

Según el testimonio bajo juramento de Ronald Schnackenberg, un antiguo vendedor de la no universidad, los seminarios eran «una estafa que obligaba constantemente a vender algo más». «El objetivo del seminario gratuito era convencer a los consumidores de que se inscribieran en el seminario de 1.500 dólares, el objetivo del seminario de 1.500 dólares era conseguir que la gente se inscribiera en los seminarios de élite de 35.000 dólares. Y el objetivo de los seminarios de élite de 35.000 dólares era que la gente comprara más libros, seminarios y productos».

Schnackenberg añadió que había recibido muchas llamadas de alumnos después de asistir a los seminarios y «prácticamente todos los estudiantes estaban insatisfechos con el programa que habían comprado». Que él supiera, ninguno de los clientes que pagaron por los programas de la universidad «consiguió hacer después inversiones inmobiliarias fructíferas gracias a las técnicas que se enseñaban». Calificó la universidad de «plan fraudulento» y aseguró que «se aprovechaba de las personas mayores y sin estudios para quitarles su dinero».[9]

A estas alturas, se habrá dado usted cuenta de que estamos hablando de la Universidad Trump y de la espesa maraña de demandas por fraude y publicidad engañosa que arrastraría durante años.

Pero imaginemos por un instante que el apellido que figuraba en la denominación no fuera Trump, sino Gates, Musk, Jobs o Buffett. Imaginemos, si es posible, un caso como este al margen de la extrema polarización y el rencor partidista asociados al nombre de Donald Trump. ¿Nos habría costado ver que este plan era un caso típico de charlatanería? No parece; y a los tribunales, antes de 2015, tampoco les fue difícil verlo así.

Es importante señalar que la Universidad Trump no era, como tantas otras empresas vinculadas al millonario, una operación de franquicias en la que él alquilaba su nombre a una empresa controlada por otros. La Universidad Trump era propiedad directa de la Organización Trump y estaba gestionada por ella.[10]

Entre 2010 y 2013 se emprendieron tres investigaciones estatales independientes sobre las prácticas engañosas de la organización, en nombre de unos seis mil estudiantes estafados. El proceso acabó resolviéndose fuera de los tribunales, en plena campaña electoral de 2016, por veinticinco millones de dólares.[11] Uno de los puntos del acuerdo fue que Trump no reconocía haber cometido ningún delito.

La sórdida historia de la Universidad Trump es bien conocida. Se fundó en 2004. Nos parece interesante no solo porque tuvo lugar antes de que la extraña política de la era de Trump hiciera a todos más incapaces de hablar de él con mesura, sino también porque las tácticas utilizadas nos resultan muy familiares después de estudiar a tantos charlatanes durante casi tres años.

Las mismas tácticas —las grandes y llamativas promesas que luego quedan prácticamente en nada, el engaño sistemático y la estafa constante— se convertirían en la seña de identidad de una nueva forma de hacer política en Estados Unidos, con consecuencias que se extienden hasta hoy.

Estas tácticas han sido más visibles en la derecha estadounidense, precisamente porque la popularidad duradera de Trump las normalizó y ha conseguido que parezcan casi patrióticas. Pero también se observan en la izquierda. Como veremos en el próximo capítulo, las nuevas ortodoxias de la izquierda están tan expuestas como cualquiera de las ideas de la derecha contemporánea a que unos charlatanes hagan mal uso de ellas.

En sus dos siglos y medio de historia, Estados Unidos ha tenido muchos presidentes malos, pero nunca había entregado el poder ejecutivo a un charlatán profesional, en el sentido que hemos explorado en este libro.

Está claro que todos los políticos tratan de sintonizar con los sueños de los votantes; en eso consiste su trabajo. Lo que diferencia a Trump no es su habilidad para decir en voz alta lo que sus oyentes piensan en privado, que es un don al que aspiran todos los políticos. Lo que distingue a Trump es la agresividad con la que utiliza esa identificación para obtener el poder político a fin de favorecer sus intereses personales, que son ganar dinero, tener más poder y, sobre todo, no ir a la cárcel.

Que el hombre responsable de una estafa como la Universidad Trump acabara enfrentándose a múltiples procesos judiciales no es ninguna sorpresa. Si la Universidad Trump verdaderamente nos enseñó algo es el comportamiento depredador de Trump hacia sus admiradores.

Su universidad se aprovechó de los sueños de riqueza de esos admiradores para robarles millones de dólares sin ofrecer nada sustancial a cambio. Su presidencia se aprovechó de un sueño diferente, más generalizado, pero que utilizó la identificación de la misma forma, como instrumento para conseguir que las víctimas le entregaran su dinero —con la etiqueta de «contribuciones a la campaña»— y para adquirir poder, y no un poder cualquiera, sino el poder ejecutivo al frente del gobierno de Estados Unidos, tal vez la entidad más poderosa de la historia.

Es un caso de transferencia de riqueza directamente de la víctima al charlatán. En marzo de 2024, en una investigación de *The New York Times*, se reveló que Donald Trump estaba pagando alrededor de noventa mil dólares diarios en honorarios al ejército de abogados que lo defendían en tres procesos penales distintos, además de otros relacionados con demandas civiles en las que se le había declarado culpable de agresión sexual.[12] En la misma investigación se mostraba que, en 2023, Trump había pagado nada menos que sesenta millones de dólares por servicios legales, y que, en realidad, cuarenta y ocho millones de esa suma no los había pagado él, sino simpatizantes de base de su campaña y donantes de su comité de acción política. Estas donaciones tienen un límite legal de cinco mil dólares al año, lo que indica que el dinero no lo aportó un puñado de personas ricas, sino un ejército de pequeños donantes de todo Estados Unidos, cada uno con una donación media de 71 dólares.[13] El mismo análisis revela que los donantes de Trump tienden a estar concentrados en condados menos prósperos que los de sus rivales.

A pesar de que Donald Trump era un charlatán indiscutible antes de la famosa bajada por la escalera mecánica que lo convirtió en el centro de la atención política,* su primer mandato fue relativamente moderado en materia de corrupción. No cabe duda de que Trump aprovechó el cargo para beneficiarse, pero a menudo de forma indirecta y razonablemente legal. Por ejemplo, los demócratas de la Cámara de Representantes dieron a conocer las

* El 16 de junio de 2015, Donald Trump anunció su candidatura a la presidencia de Estados Unidos en el vestíbulo de la Trump Tower, al que descendió por una escalera mecánica, con un discurso abiertamente contrario a la inmigración. *(N. de la T.)*

revelaciones de una investigación, según las cuales diversos funcionarios de treinta y tres países se habían alojado en el lujoso hotel de Trump en Washington D. C. y varios Estados habían gastado un total de 3,75 millones de dólares por el privilegio de hospedarse allí.[14] Los grandes derrochadores de Arabia Saudí, los Emiratos Árabes Unidos, Qatar, Turquía, China y Malasia pagaron hasta diez mil dólares la noche por una suite de lujo en el hotel. El primer ministro malasio añadió a su factura un pago de mil quinientos dólares la noche por su «entrenador personal».[15] Casi por definición, un dignatario extranjero en viaje oficial a Washington intenta influir en las decisiones del poder ejecutivo, así que estas transacciones transmiten cierta imagen de corrupción. Pero los príncipes saudíes tampoco se habrían alojado en el Motel 6 del aeropuerto si Trump no hubiera estado en el poder. Era un nivel de corrupción dentro de los límites legales, aunque solo fuera por la laxitud de las leyes anticorrupción de Estados Unidos.

Es más, se puede argumentar que la solidez de las instituciones estadounidenses contribuyó en gran parte a impedir los abusos de poder de Trump desde que tomó posesión en 2017 hasta el 5 de enero de 2021. Cuando el presidente trató de influir de forma indebida en el fiscal general y los directores del FBI para que interrumpieran las investigaciones contra personajes de su entorno, no lo consiguió. El primero se recusó de la investigación y el segundo escribió un informe en el que documentó la maniobra, por lo que fue despedido en evidente represalia.[16]

El desprecio de Trump por las reglas —escritas y no escritas— sobre cómo debe comportarse un presidente de Estados Unidos es objeto de debate exhaustivo y casi tedioso desde hace una década. Todo el mundo conoce ya a la perfección a Donald Trump y eso no impidió que 77.302.580 estadounidenses lo reeligieran para ocupar la Casa Blanca en 2024. Aún no sabemos con exactitud qué hará con el poder que le han confiado.

Berlusconi

Ejemplos hay en todo el mundo. Pero el paciente cero de nuestra época es la Italia de Silvio Berlusconi, un Trump mediterráneo de los años noventa. Si, como escribió Marx, «la historia se repite primero como tragedia y luego como farsa», entonces Berlusconi es la tragedia, y Trump, la farsa.

A diferencia de Trump, Berlusconi era un hombre que verdaderamente se hizo a sí mismo; en los años ochenta construyó un imperio inmobiliario, mediático y asegurador que lo volvió multimillonario y lo convirtió en el hombre más rico de Italia, antes de entrar en política.

Creó un partido político, Forza Italia, que llenó con los cargos intermedios de sus empresas.[17] Les contó a los italianos que solo él podía arreglar el país y que estaba con ellos y contra los holgazanes y comunistas que plagaban la inflada burocracia estatal italiana y que encabezaban los partidos de izquierda.

Con la bandera de los sueños de los italianos abandonados por la élite de Roma, Berlusconi ganó sus primeras elecciones en 1994. Controlaba muchos de los mejores edificios de Milán, la capital económica de Italia, así como la mayor parte de la televisión privada del país y una buena porción de sus servicios financieros. Tampoco estaba muy lejos del poder político: había sido el padrino de boda del hijo del primer ministro, ese primer ministro «socialista» de quien dependían los bancos estatales que habían financiado su vertiginosa expansión.[18] Ya entonces, se sospechaba que había cometido toda una serie de ilegalidades, pero su riqueza le permitía contar con un ejército de los mejores abogados, que sabían cómo deshacerse de una acusación en el esclerótico sistema judicial italiano.

Su posición de magnate de los medios de comunicación le permitió conocer a la perfección lo que querían los italianos de a pie y conectar fácilmente con los sueños de los votantes. La misma experiencia en marketing que durante años había empleado su imperio televisivo, Mediaset, para saber lo que querían los italianos y vender espacios publicitarios sirvió para convencerlos de que el candidato Berlusconi los representaba. Para los italianos conservadores, disgustados con los valores de la izquierda poscomunista, Berlusconi se convirtió en objeto de adoración. Y él supo exactamente cómo convertir esa adoración en poder y ese poder en dinero contante y sonante.

Presidía un Gobierno decidido a reformar las obsoletas leyes de radiodifusión del país y, al mismo tiempo, era dueño de la empresa privada de medios de comunicación más importante de Italia. Durante los años ochenta había eludido las estrictas leyes italianas contra la concentración de medios de comunicación con una serie de maniobras cuasi legales, como hacer que las emisoras de su propiedad comenzaran a emitir las mismas series y concursos estadounidenses de baja calidad cada una a una hora ligeramente distinta, para poder afirmar que no funcionaban como una cadena.[19] *Los vigilantes de la playa*, doblada, podía empezar a las 19:28 en Turín, a las 19:30 en Roma y a las 19:31 en Palermo. ¿Lo ve usted? ¡No es una cadena!

Pero tener que dedicar todo ese tiempo al incumplimiento de las normas era muy pesado. Berlusconi debió de pensar que, si conseguía ocupar el cargo de primer ministro, podría ponerse inmediatamente a reescribir las leyes fastidiosas en lugar de tener que sortearlas de puntillas.

En 2001 nombró a un nuevo ministro de Comunicaciones: Maurizio Gasparri, cuya familiaridad con el mundo de los medios de comunicación venía de su etapa como redactor jefe del diario del Movimento Sociale Italiano, la organización sucesora del Partido Fascista Italiano.

Ese mismo año, el ministro Gasparri presentó en el Parlamento el proyecto de ley que llevaría su nombre. La ley Gasparri creó oportunidades lucrativas para Mediaset. Subió el porcentaje máximo del mercado televisivo nacional que podía concentrar una sola empresa del 30 al 45 por ciento, un cambio que inevitablemente iba a beneficiar al mayor propietario de medios de comunicación del país, es decir, a su jefe, el primer ministro.

La ley provocó un gran clamor en Italia por el abuso descarado de la autoridad pública que suponía, todo con el fin de llenar los bolsillos del primer ministro. El presidente italiano —que suele ser una figura puramente ceremonial— tomó la muy inusual medida de negarse a firmar la ley aprobada por ambas cámaras del Parlamento y exigió que se introdujeran enmiendas. No lo consiguió y, de acuerdo con la legislación italiana, no tuvo más remedio que firmar. En 2006, la Unión Europea notificó a Roma que la ley Gasparri infringía los principios jurídicos europeos porque sus disposiciones favorecían descaradamente a los propietarios de medios de comunicación ya existentes, los «operadores actuales».[20]

Evidentemente, en este contexto, con «operadores actuales» no podían referirse más que a Silvio Berlusconi: la ley dio rienda suelta a Mediaset, le permitió utilizar su monopolio de maneras que antes habrían sido ilegales y consolidó el control absoluto del primer ministro sobre los medios de comunicación del país. Cuando Italia pasó a la televisión digital, las nuevas reglas para repartir los derechos de emisión parecían redactadas específicamente para dejar que Mediaset acaparase cada vez más espacio en las ondas y afianzara todavía más su posición dominante. Desde luego, a los italianos corrientes no les beneficiaba en nada vivir en una monocultura mediática, pero Berlusconi los engañó y logró que le dieran el poder de impulsar sus intereses por encima de los de ellos.

En un momento dado, Berlusconi trató de aprobar otra ley muy radical que habría obligado a los italianos a obtener una licencia antes de subir vídeos a YouTube; un intento tan indisimulado de proteger el monopolio de Mediaset que suscitó protestas en las calles.[21]

Y no solo ocurrió con los medios de comunicación. Berlusconi también era dueño de un banco importante, Mediolanum, que estaba interesado en el sector de los seguros, pero al cual no podía acceder debido a las regulaciones del sector financiero. Ningún problema: el Gobierno de Berlusconi defendió la desregulación financiera y aprobó una ley que permitió a Mediolanum ofrecer productos que hasta entonces tenía prohibidos. Con el pretexto de una «reforma estructural» y una «liberalización del mercado», el Gobierno italiano siguió promoviendo políticas que, casualmente, beneficiaban al jefe de ese Gobierno.

Claro, cuando el primer ministro es también el principal empresario del país, empiezan a surgir conflictos de intereses en todo tipo de ámbitos. Berlusconi impulsó planes de liberalización del mercado laboral que facilitaban y abarataban a sus empresas la contratación y el despido. Su Gobierno reaccionó ante la crisis financiera de 2008 con una política industrial que favorecía a las grandes empresas (como las suyas) frente a las pequeñas y medianas.[22] Estas decisiones, incluso cuando no se tomaban a medida para beneficiar a Mediaset o Mediolanum, enfrentaban constantemente los intereses económicos de Silvio Berlusconi con los de sus votantes. Él seguía adoptando medidas que lo beneficiaban más que a ellos... y ellos seguían votando por él.

Resulta imposible dar una cifra exacta del efecto que las reformas legales y normativas de Berlusconi tuvieron en las cuentas de resultados de las empresas de su propiedad. Pero es innegable que, una y otra vez, los Gobiernos italianos presididos por el primer ministro Berlusconi tomaron decisiones normativas y políticas que se ajustaban estrictamente a los intereses del ciudadano Silvio Berlusconi. Peor aún, a pesar de haber sido acusado de irregularidades decenas de veces durante su extensa carrera e incluso de haber sido condenado por algunas de ellas, Berlusconi logró dilatar tanto los procesos de apelación en los tribunales italianos que no tuvo que pasar ni una sola noche de su vida en la cárcel.

Durante todo ese tiempo, el imperio mediático de Berlusconi lo presentó como el protector de los humildes, capaz de enfrentarse a las élites de izquierda de Roma y defender la libertad individual y los valores del esfuerzo duro. Berlusconi nunca perdió de vista ese sueño italiano y se cuidó mucho de presentarse siempre como el defensor de quienes lo atesoraban.

Para Berlusconi, el dinero y el poder no lo eran todo. Era «todo un hombre» y buscaba el triplete. Su apetito sexual desmesurado se mezcló con todas las demás acusaciones contra él. Un ejemplo son sus tristemente famosas fiestas *bunga bunga*: se celebraban en la residencia privada de un dirigente del G7, pero no habrían desentonado en la corte de un emperador romano.

El escenario era la suntuosa Villa San Martino, del siglo XVIII, que Berlusconi poseía cerca de Milán y que era un lugar sacado directamente de una película de Fellini. Los fiscales italianos pasaron años reuniendo pruebas de una extensa red de proxenetismo que actuaba desde la casa del primer ministro y de la que él se beneficiaba. Las fiestas comenzaban con una comida fastuosa —al fin y al cabo, estamos en Italia—, cuyo menú a veces se coordinaba con el rojo, el blanco y el verde de la bandera italiana. Al festín le seguía un espectáculo de *striptease* con mujeres disfrazadas de monjas, enfermeras e incluso personajes públicos. Después, por lo visto, el primer ministro elegía a una joven con la que pasar la noche y la colmaba de regalos en forma de dinero en efectivo, joyas o un lujoso apartamento en el que podía vivir sin pagar alquiler.[23]

El centro de la investigación fue una lista de treinta y tres mujeres, en su mayoría jóvenes que aspiraban a ser estrellas y buscaban trabajo en el imperio televisivo de Berlusconi, que declararon ante la fiscalía haber asistido a esas veladas. Muchos nombres están protegidos por la legislación italiana. Los testimonios describían unas bacanales modernas que resultaban desmesuradas incluso para lo habitual en Berlusconi. En su apogeo, había tres fiestas por semana en Villa San Martino.

La testigo estrella en el primero de los numerosos juicios derivados de esas fiestas fue Karima al-Mahroug, conocida profesionalmente (es decir, en su faceta de *stripper*) como «Ruby, la robacorazones». Más tarde se supo que Ruby era menor de edad cuando empezó a mantener relaciones con el primer ministro. En su relato ante la fiscalía, hizo la escandalosa declaración de que Berlusconi contaba que el *bunga bunga* era su harén personal, inspirado en su amigo Muamar al-Gadafi.

Parecen tonterías escabrosas propias de los tabloides, pero los magistrados corroboraron de forma meticulosa todas las historias. Durante un periodo de diez años, instalaron escuchas telefónicas con un entusiasmo que suele reservarse para las investigaciones sobre la mafia. Se examinaron los registros bancarios, con el hallazgo de curiosas muestras de generosidad hacia las jóvenes. Se incautaron ordenadores y se analizaron todos los discos duros. Los fiscales llegaron a la conclusión de que Berlusconi no solo pagaba a decenas de mujeres por mantener relaciones sexuales, sino también para que mintieran y afirmaran que no les había pagado. Los fiscales acusaron a Berlusconi de soborno y manipulación de testigos. Lo llevaron a juicio. Salió absuelto.[24]

Al mismo tiempo que sucedía todo esto, Berlusconi seguía siendo el hombre más rico de Italia y primer ministro. Quizá no resulte extraño que su numeroso y bien dotado equipo de abogados lograra su absolución de las acusaciones más graves relacionadas con las fiestas. El cargo de corrupción de menores no salió adelante porque los tribunales dictaminaron que no había pruebas suficientes de que él supiera que la señorita al-Mahroug —Ruby— era menor de edad en el momento de sus encuentros. En la confusión del *bunga bunga*, era muy probable que pasaran inadvertidos detalles como las fechas de nacimiento.

La política italiana estuvo consumida por el debate sobre esta vida de libertino durante años. Berlusconi nunca negó en sentido estricto que se hubieran celebrado las fiestas, simplemente prefería considerarlas «cenas elegantes» en su ornamentado palacio. Sus negativas tenían un tono cómplice y daba la sensación de que a Berlusconi le encantaba que todo el mundo supiera que por su cama pasaban las mujeres más bellas de Italia. Los hombres italianos lo adoraban, no a pesar de eso, sino precisamente por eso: estaba haciendo realidad lo que ellos soñaban, encarnando la visión del éxito perfecto que admiraban.

Berlusconi era un maestro a la hora de piratear el sistema operativo humano. Convirtió su vida en una exhibición brillante y chillona del dinero, el sexo y el poder ilimitados que anhelaban sus seguidores. Transformó esa larga fascinación en votos y luego convirtió los votos en más dinero, más sexo y más poder: un número de magia que mantuvo durante casi tres décadas.

En junio de 2023, a los ochenta y seis años, Silvio Berlusconi falleció en su cama, con su partido aún en el Gobierno italiano y sin haber pasado ni un solo día en prisión por ninguno de sus delitos. Tuvo un funeral de Estado, en el que el arzobispo de Milán pronunció el panegírico y el presidente de Italia encabezó el duelo, junto con el primer ministro italiano y casi todo el Gabinete, dos ex primeros ministros, los líderes de cinco naciones extranjeras y una larga lista de estrellas del fútbol, artistas y magnates empresariales italianos. Se declaró un día de luto nacional en su honor.[25]

En la historia ha habido pocos charlatanes que consiguieran salirse con la suya tanto como Silvio Berlusconi.

Brexit

Si en Italia hubo un charlatán que utilizó el Estado en su beneficio, nuestra siguiente historia es todavía más sombría. En Reino Unido, un brote de charlatanería coordinada obligó a tomar una de las decisiones más calamitosas que ninguna democracia desarrollada haya tomado desde hace muchos años: sacar a Gran Bretaña de la Unión Europea, separarla de su mercado más importante y dejarla mucho más pobre y mucho más insatisfecha, con una gran mayoría que se arrepiente del descomunal error.[26]

La historia del movimiento populista que impulsó el sentimiento anti-UE antes del referéndum del Brexit de 2016 es reveladora. El aislacionismo y el euroescepticismo no son nuevos entre los británicos. Para Reino Unido, que durante siglos había sido una de las grandes potencias del mundo, la idea de recibir órdenes de los «burócratas de Bruselas» —que era como inevitablemente se presentaba— llevaba mucho tiempo siendo motivo de agravio. Sin embargo, el movimiento que aprovechó ese sentimiento disperso y lo galvanizó para formar una fuerza política imparable no fue un estallido espontáneo de nacionalismo británico; fue un movimiento encabezado y organizado por una constelación de charlatanes sin vergüenza que quisieron manipular la opinión pública en beneficio propio.[27]

El primero fue el entonces ministro de Asuntos Exteriores conservador, Boris Johnson, que había impulsado el inicio de su carrera con una andanada de mentiras sobre la Unión Europea. En los años noventa, cuando era jefe de la oficina de Bruselas del diario conservador *The Telegraph*, Johnson había sido uno de los primeros representantes de un tipo de periodismo que vendía muchos periódicos, pero que mantenía un vínculo muy tenue con la verdad. En todas sus crónicas, Johnson criticaba a los burócratas de Bruselas por decisiones demenciales que en realidad no habían tomado. En una de ellas, afirmó que la UE quería imponer un tamaño único y homogéneo para los preservativos. Más tarde, publicó que iba a prohibir la reutilización de bolsitas de té y la venta de aperitivos con sabor a cóctel de gambas. Una información particularmente fantasiosa fue la que aseguraba que la UE iba a prohibir a los niños inflar globos.[28] Por supuesto, todo eran estupideces, pero no importaba: Johnson quería ridiculizar a la UE ante sus lectores. Y lo consiguió.

La imagen de la UE como una máquina reguladora descerebrada y totalmente carente de sentido común se generalizó en Gran Bretaña. Hasta el punto de que, cuando Nigel Farage, un euroescéptico de extrema derecha, empezó a exigir la celebración de un referéndum para separar a Reino Unido de la Unión Europea, fue imposible contenerlo. Armado con la absurda afirmación de que Bruselas estaba tratando de acabar con la independencia británica, fue arrebatándole votos conservadores al Partido Conservador, en general moderado.

El estilo de Farage era grandilocuente y exagerado, y los votantes británicos lo devoraron encantados. Farage encarnaba cierta imagen de lo británico, un sueño que rápidamente demostró su potencia política. Hacía campaña vestido con «chaqueta de tweed, pantalón de pana marrón, camisa a cuadros y corbata roja de punto, cada prenda como símbolo cultural», en palabras de la BBC.[29] Con su aspecto de británico corriente y bebiendo una pinta de cerveza tibia tras otra, vendía una poderosa visión de una Gran Bretaña que recuperaría su fuerza vital cuando se liberase del peso de lo que siempre denominaba «los burócratas chiflados de Bruselas».

Su campaña tardó años en desarrollarse y fue madurando sobre la marcha. Para intentar afrontar este desafío de la derecha, al moderado primer ministro británico, David Cameron, no le quedó más remedio que aceptar la celebración de una consulta sobre la cuestión. Cameron no estaba a favor del Brexit, pero la oleada de oposición a la UE era imparable. Fue un grave error de cálculo. La campaña del referéndum resultó una feria de charlatanes en la que, uno tras otro, los portavoces del bando partidario de marcharse hacían afirmaciones sobre el futuro sin base alguna en la realidad.

Los expertos, por supuesto, protestaron e intentaron explicar a los votantes los costes que tendría para Gran Bretaña levantar barreras comerciales con su principal socio económico. En una reprimenda que se convirtió en un momento emblemático del referéndum, cuando un entrevistador de televisión pidió al entonces ministro de Justicia, Michael Gove, que nombrara a algún experto económico que apoyara el Brexit, este se limitó a responder que «el pueblo británico está harto de expertos».[30]

Durante la campaña, un autobús de los partidarios del Brexit recorrió el país con un mensaje escrito en letras gigantes en el costado: «Enviamos 350 millones de libras a la UE cada semana. Financiemos nuestro Servicio Nacional de Salud con ese dinero. Vota a favor del Brexit. Recuperemos el control».[31] No era cierto. Un político a favor del Brexit aseguró que el acuerdo de libre comercio que se firmaría con la UE después de la salida sería «el más fácil de la historia de la humanidad».[32] No lo fue. Tras la votación, las dos partes tardaron ocho años en alcanzar un engorroso acuerdo comercial y de cooperación que, según el 77 por ciento de las empresas exportadoras británicas, no facilita sus negocios con el continente.[33] En conjunto, si la campaña a favor del Brexit prometía prosperidad, la realidad es que, desde 2019, Reino Unido ha sido la economía industrial avanzada que peor comportamiento ha tenido en el mundo, con una desaceleración media del 0,4 por ciento anual entre 2019 y 2024.[34]

Es indudable que Reino Unido sufría un prolongado declive como potencia mundial por lo menos desde la crisis de Suez de 1956. Pero el Brexit aceleró ese declive y convirtió a una de las principales economías de Europa en un desastre atrapado en la contracción: cada vez más irrelevante desde el punto de vista económico, militar y diplomático.

A los charlatanes que perpetraron la campaña que empujó a Reino Unido al precipicio les salió muy bien la jugada. Farage disfrutó enormemente de su momento de fama por haber cambiado el curso de la historia (a peor). Michael Gove ocupó una serie de altos cargos en el Gabinete, desde lord canciller hasta responsable de la Oficina del Gabinete, mientras que Johnson aprovechó la popularidad ganada por propugnar un Brexit duro para llegar hasta el número 10 de Downing Street, donde pasó unos años plagados de escándalos.

Cualquiera que dude de que el charlatanismo desenfrenado puede cambiar el mundo no tiene más que examinar con atención la escandalosa historia del Brexit. Varios altos cargos políticos, para impulsar su carrera, manipularon a la gente corriente que soñaba con recuperar la grandeza británica y destrozaron los medios de vida de millones de personas.

Hoy, en las encuestas, los británicos se arrepienten de lo que votaron en ese referéndum de 2016 y hay el doble de personas que opinan que la decisión de abandonar la UE fue mala para Gran Bretaña que las que opinan que fue buena.[35] El daño ya está hecho. Y no hay vuelta atrás: incluso aunque un Gobierno británico se atreviera a intentar volver al redil de la UE, los miembros actuales no los aceptarían.

En Estados Unidos, los rivales de Donald Trump imaginan a veces que tienen que lidiar con un personaje excepcionalmente corrosivo. Y es cierto que, dado el enorme peso geopolítico y el enorme poder militar de Estados Unidos, lo que está en juego en Washington es muchísimo más en cualquier otro lugar del planeta. Ahora bien, si Silvio Berlusconi y el Brexit nos enseñan algo es que, en comparación con ellos, durante su primer mandato el presidente Trump se mostró relativamente contenido a la hora de utilizar el poder estatal para sus propios fines. Si hubiera tenido la inteligencia para ganar dinero de Silvio Berlusconi o hubiera sido tan temerario como los partidarios del Brexit, podría haber hecho mucho más daño.

9

Donde va uno, nos volvemos todos locos*

#FiveJobsIveHad («Cinco puestos en los que he trabajado») fue una de esas tendencias locas y divertidas que empiezan a circular a veces en las redes sociales. Se extendió como la pólvora en abril de 2019, como tantas otras modas virales que se comparten al instante, surgen cada pocas semanas y se olvidan casi antes de que terminen. Mucha gente, tanto normal y corriente como famosa, participó en ella por diversión. Entre esa gente estaba James Comey, exdirector del FBI.[1]

Reflexionando sobre un pasado que parecía muy movido, Comey tuiteó:

1. Vendedor de supermercado.
2. Cantante solista en bodas religiosas.
3. Químico.
4. Profesor suplente de instituto cuando había una huelga.
5. Director del FBI, suspendido.

Sin que Comey lo supiera —sin que lo supiera nadie—, este inofensivo tuit estaba a punto de hacer la vida más incómoda a los habitantes de Grass Valley, California. Pronto comenzaron a llegar equipos de informativos a este bonito pueblo, situado a unos cien kilómetros al este de Sacramento, en las estribaciones de Sierra

* El eslogan de QAnon es «Donde va uno, vamos todos». *(N. de la T.)*

Nevada. Y no solo equipos de informativos: también empezaron a reunirse en Grass Valley activistas armados, y no en Grass Valley en general, sino en la Grass Valley Charter School Foundation, la fundación que sostenía la escuela subvencionada del pueblo, que estaba preparando un acto para recaudar fondos el 10 de mayo.

Los habitantes del pueblo estaban desconcertados. Grass Valley es uno de esos sitios en los que nunca pasa nada. Y el acto para recaudar fondos con destino al colegio parecía de lo menos controvertido que puede haber: un ritual anual propio de una ciudad pequeña que reúne a los vecinos con el fin de disfrutar de una comida agradable y reunir dinero para mejorar la escuela local. La fundación llevaba años organizando estos actos benéficos sin que nunca hubiera llamado la atención.

Los voluntarios que dirigían la fundación también eran gente corriente.

Sin embargo, un día, de repente, empezaron a recibir correos electrónicos, llamadas telefónicas y mensajes de texto. Muchos mostraban preocupación y expresaban su apoyo para proteger la captación de fondos de la violencia. Otros eran simplemente confusos, repletos de una terminología compleja que no tenía mucho sentido para el personal de la fundación.

Debieron de ser unos días muy extraños los que pasaron los responsables de esta pequeña fundación benéfica mientras trataban de reconstruir lo que había sucedido: algún lunático había leído el tuit #FiveJobsIveHad de James Comey y había decidido que contenía una pista oculta sobre un acto atroz y monstruoso que se iba a cometer en breve.

Las iniciales en inglés de los empleos que Comey había tenido —*Grocery store clerk*, *Vocal soloist*, *Chemist*, *Strike-replacement teacher*, *FBI Director*— eran GVCSF. Una sigla que no significa nada en especial. Hasta el punto de que, cuando se escribe en un motor de búsqueda, el primer resultado suele ser Grass Valley Charter School Foundation.

Pero, por si eso no bastara, la propia etiqueta contiene una palabra oculta: *jihad*.

De verdad.

Fíjese: #Five*J*obs*I*ve*Had*.

Está ahí mismo, delante de nuestros ojos.

Basándose en esta «investigación», cientos de detectives de internet habían llegado a la conclusión de que el exdirector del FBI estaba dando pistas sobre una masacre con armas de fuego que iba a acontecer, organizada por el Estado profundo —el Estado secreto dentro del Estado—, con el fin de tener una excusa para arrebatar a los ciudadanos de la región las armas que poseían legalmente. La amenaza era completamente inventada, pero hubo que cancelar el acto para recaudar fondos. Los padres de setecientos niños de la escuela, de los cuales quizá el 95 por ciento no había oído hablar nunca de QAnon, vieron las noticias y el revuelo sobre posibles actos violentos y entraron en pánico.[2]

Empecemos por lo obvio: esta conspiración no tiene ningún sentido, ni siquiera desde su propia perspectiva demencial.

¿Por qué demonios iba a querer James Comey no solo atacar un acto para recaudar fondos en una escuela de un pequeño pueblo, sino además presumir crípticamente de ello por adelantado? ¿Desde cuándo los acrósticos son un método de comunicación habitual entre la élite? ¿Qué tipo de trastorno mental permite que un ser humano se trague una tontería tan evidente? ¿Qué hace que parezca verosímil, incluso tan convincente como para emprender un viaje de varias horas por carretera, cargados de armas, para ir a comprobarlo?

Esta última pregunta, por lo menos, sí la podemos responder.

La gente se tragó este fragmento de basura de internet como verdad absoluta por una sola y única razón: porque lo había leído en las redes sociales de QAnon.

Quien haya tenido la suerte de haber vivido en este planeta hasta ahora sin saber qué o quién es QAnon está de enhorabuena: ha sido afortunado. Ahora va a dejar de serlo.

El fenómeno de QAnon siempre ha sido difícil de resumir. Un autor influyente, Mike Rothschild, lo define en su impresionante libro *The Storm Is Upon Us* como «una teoría conspirativa de todo».[3]

La idea central es que una oscura camarilla de demócratas y judíos enormemente poderosos dirige una extensa organización secreta que secuestra y tortura a niños para extraerles una droga secreta llamada «adrenocromo». Según los seguidores de Q, el hecho de que no haya el más mínimo atisbo de prueba que sustente nada de esto no significa que la teoría sea falsa, sino que el control que ejerce la camarilla sobre los medios de comunicación y las fuerzas del orden es tan absoluto que no están dispuestos a investigarlo.[4]

Por suerte, se ha formado un movimiento de resistencia encabezado por Donald J. Trump que está planeando en secreto derrocar a ese Gobierno en la sombra y encarcelar o ejecutar a sus líderes, empezando, como es natural, por Hillary Clinton. Para el acervo popular de Q, esa será «la tormenta», un enfrentamiento apocalíptico y definitivo entre las fuerzas del bien y las fuerzas del mal, que desembocará en miles de detenciones y ejecuciones, el hundimiento del Partido Demócrata y el Estado profundo y la devolución de Estados Unidos a sus legítimos propietarios: los seguidores de Q.

Este es, en la medida en que se puede resumir, el núcleo de la teoría de la conspiración QAnon. No obstante, esa descripción se queda muy en la superficie. En unas declaraciones a *The Washington Post*, Kevin Grisham, director asociado del Centro para el Estudio del Odio y el Extremismo de la Universidad Estatal de California en San Bernardino, la describía como «una masa amorfa de teorías conspirativas que puede adaptarse a cualquier situación».[5]

La masa amorfa de Q ha absorbido teorías de la conspiración tan variopintas como la convicción de que John F. Kennedy Jr. sigue secretamente con vida y planeando derrocar al Estado profundo o la devoción por NESARA, un mítico conjunto de drásticas reformas económicas que ya se han aprobado en secreto y pronto se llevarán a la práctica y harán ricos a todos al instante.[6]

No es más que una capa de tonterías sobre otra, el cuento de nunca acabar.

Que seres humanos hechos y derechos puedan creerse estos cuentos siempre ha sido inquietante, y el movimiento en el que acaban agrupándose siempre es difícil de clasificar. QAnon no es precisamente una secta, aunque tiene muchos de los elementos de este tipo de cultos. No es exactamente una nueva religión, aunque tiene evidentes connotaciones religiosas. No es exclusivamente un movimiento político, aunque sus seguidores están muy politizados. Es mucho más que un simple juego de rol en vivo nacido en internet, aunque da la impresión de que los seguidores dedican la mayor parte del tiempo a interpretar roles virtuales.

Lo más interesante, a nuestros efectos, es que QAnon no es obra de un solo charlatán que se hace llamar Q, sino de una comunidad radicalmente descentralizada de charlatanes, que se manipulan y se animan entre sí.

Existe la posibilidad de que QAnon sea el futuro de la charlatanería, la forma de que pueda extenderse, salvo que se establezcan los guardarraíles adecuados. Por eso es importante comprender este fenómeno: si no lo hacemos, la próxima reencarnación, reforzada por la inteligencia artificial, será peor.

Un hombre llamado Q

En el centro de esta cloaca se encuentra un hombre llamado Q, la forma abreviada de «Q-Clearance Patriot» (Patriota con autorización Q), un autodenominado miembro de los servicios militares de inteligencia que asegura estar situado en las máximas instancias del Gobierno de Estados Unidos, al lado del presidente Trump.

El término «autorización Q» se refiere al nivel más alto de acceso a información clasificada dentro del Departamento de Energía de Estados Unidos, que es el responsable de proteger el arsenal nuclear estadounidense. Los lectores más perspicaces ya se habrán fijado en la primera incongruencia de las decenas que tiene esta historia: ¿por qué tendría un oficial de inteligencia militar la máxima autorización de seguridad civil? Es solo una de las muchísimas preguntas que saltan a la vista, pero que hay que renunciar a plantear cuando se decide entrar en el mundo de Q.

Q empezó a publicar mensajes crípticos en el foro anónimo 4chan el 28 de octubre de 2017, y esa es una segunda gran pista sobre cómo comenzó todo esto. ¿Qué es exactamente 4chan?

Podemos equipararlo con la puerta del aseo dentro de internet: un foro diseñado desde cero para proteger el anonimato e impedir la censura.

En 4chan no hay pantallas de inicio de sesión ni fotos de perfil ni, desde luego, moderación de contenidos. En consecuencia, las salas están repletas de materiales de los más espantosos de internet: misoginia y racismo violentos, imágenes sangrientas, pornografía extrema, antisemitismo descontrolado y miles y miles de esvásticas; tantas que, cuando alguien ve el sitio por primera vez, lo primero que piensa es que ha caído en una web de neonazis.

Aquí surge otra de esas preguntas muy obvias pero que parece que los fieles a Q nunca se plantean: si un alto cargo de la seguridad nacional, con acceso directo al presidente, necesitara hacer pública cierta información de forma anónima, ¿de verdad no tendría ningún sitio mejor que una web llena de memes nazis?

Para QAnon, el hecho de no tener ningún sentido, ni siquiera según sus propios criterios, no parece ser una debilidad, sino una estrategia de reclutamiento. La historia que se difunde es tan demencial que las personas más crédulas son las únicas capaces de tomársela en serio. Sus principios son tan absurdos que cualquiera con un mínimo de sentido común se ve obligado a descartarla de inmediato.

Pero se trata de eso precisamente. QAnon es una especie de caja de resonancia para un sesgo de confirmación descontrolado: un lugar para personas que compiten por buscar con más energía que nadie pruebas que corroboren sus ideas y descartar decididamente cualquier posible alternativa. ¿Parece increíble? No hay más que preguntar a los miembros de la Grass Valley Charter School Foundation.

¿Pero por qué incluir a QAnon en un libro sobre charlatanes? ¿Es porque el propio Q es un charlatán o porque son unos charlatanes los estafadores que se enriquecieron vendiendo productos de Q a las legiones de seguidores? Puede que ambas proposiciones sean ciertas, pero ese no es el motivo de que escribamos este capítulo. Nuestra conclusión es mucho más pesimista: Q representa el futuro de la charlatanería, un futuro siniestro en el que las personas corrientes no son meras víctimas pasivas de un charlatán, sino que, gracias al algoritmo, tienen el poder de convertirse en charlatanes, como en un enjambre, y engañarse entre sí.

El juego de rol en vivo que explotó

Es casi seguro que QAnon comenzó como un juego de rol en vivo (ReV): básicamente un juego de internet con el que uno se divierte fingiendo ser quien no es.

En este sentido, los orígenes de Q no son especialmente raros ni extraordinarios. Los foros anónimos como 4chan están repletos de gente que hace el tonto y se dedica a los ReV. Como no hay forma de relacionar las publicaciones con personas concretas, los foros son un imán natural para los aficionados a hacer afirmaciones descabelladas e imposibles de corroborar sobre quiénes son y por qué están allí.[7]

La persona que colgó la publicación inicial con el nombre de Q-Clearance Patriot era una de tantas. Cada día, en los foros anónimos que atraen a decenas de millones de usuarios de todo el mundo, algún adolescente aburrido publica algo fingiendo ser cualquier cosa, desde un traficante de armas sin trabajo hasta el gran mago de una rama secreta del Ku Klux Klan. En estos sitios anida toda una cultura de juegos de ReV y troles, en la que los usuarios intentan superarse unos a otros con historias cada vez más extravagantes y adquieren importancia en la medida en que consiguen que otras personas ajenas al foro les crean.

Como se empeña en subrayar Nicky Woolf, el especialista en QAnon encargado de la serie de pódcast de investigación *Finding Q: My Journey into QAnon* (En busca de Q: mi trayectoria hacia QAnon), la regla principal de la cultura ReV es «No te tomarás demasiado en serio a ti mismo».[8] Caracterizados por una ética de cinismo implacable, los ReV dan por sentado que nada de lo que se escribe allí es cierto. Es parte de lo que les divierte: los foros son un lugar seguro para crear ficciones tan extravagantes como se quiera, con la seguridad de que es imposible que alguien se las crea.

Las primeras publicaciones de Q, por tanto, eran de todo menos originales, además de estar completamente equivocadas desde la primera línea: «La extradición de HRC está en marcha desde ayer...». A Hillary Clinton no la detuvieron, ni la extraditaron ni nada por el estilo. Evidentemente.[9]

Fue un comienzo poco prometedor, sin duda, pero no parece que las continuas equivocaciones perjudicaran en absoluto al nuevo movimiento. Los seguidores de QAnon, con un sesgo de confirmación hipertrofiado, siempre encontraban la manera de explicar que cada conjetura en la que Q se equivocaba solo era un error en apariencia, pero que en realidad hacía referencia a una verdad más profunda y significativa.

Quizá el mayor misterio es por qué este juego concreto de rol en vivo se convirtió en la piedra angular de un movimiento conspiranoico de masas que se ha extendido por todo el mundo, mientras que miles de jugadores de otros ReV publican comentarios que no obtienen respuesta.

Sin embargo, con Q-Clearance Patriot, las cosas cambiaron a toda velocidad. Lo que les divertía del ReV a los devotos de 4chan era, en gran parte, la posibilidad de exportar sus bromas pesadas fuera de las ciénagas delirantes de los foros anónimos y llevarlas a webs convencionales como Reddit y Twitter, donde quizá podrían creérselas los *normies*, es decir, la gente normal que no está familiarizada con las costumbres y la cultura de estos foros. Muy pronto, un pequeño grupo de troles de 4chan empezó a hacer proselitismo a favor de Q y a publicar sus «entregas» en páginas normales. El éxito superó todo lo que podían imaginar.

Durante la segunda mitad de 2017, cientos de miles de personas normales —personas que no habrían sabido entrar en 4chan o que habrían salido corriendo después de cinco minutos saturados de esvásticas— vieron contenido relacionado con Q en las redes sociales convencionales. Llegaron a la teoría de la conspiración sin saber nada de la cultura ReV ni del contexto en el que había surgido Q. Y se la creyeron muchos, un número sorprendente, que cayeron en un agujero negro de internet en el que arriba es abajo, negro es blanco y Estados Unidos siempre ha estado en guerra con Eurasia.

Q siguió publicando durante el invierno de 2017-2018, y luego, de repente, se trasladó de 4chan a una web rival, 8chan, que tiene todavía menos reglas de moderación. Los expertos en Q están de acuerdo en que, en ese momento, parece que el Q original fue sustituido por otro autor: el estilo de las nuevas publicaciones era distinto y las predicciones eran menos específicas (aunque igual de erróneas).

Fue este segundo Q el que, a principios de 2018, impulsó el ReV a otro nivel. Bajo su dirección, el movimiento despegó, penetró en la cultura política dominante de Estados Unidos y capturó la mente de un número incalculable de seguidores.

¿Quién era exactamente este nuevo Q? Siendo estrictos, no lo sabemos con seguridad. Los foros de mensajes anónimos son anónimos, al fin y al cabo. Un sistema criptográfico permite al autor de un mensaje demostrar que es la misma persona que publicó cierto mensaje anterior, pero no asociar esa identidad estable a su identidad real.

Esto suscita una pregunta: ¿quién puede garantizar que la criptografía es segura y que la persona que publica hoy como Q es la misma que lo hizo ayer? El único que puede es el propietario del foro.

¿Y de quién es 8chan?

Nos alegra que nos haga esa pregunta.

A juzgar por su currículum, Jim Watkins no era más que un humilde criador de cerdos que tomó la decisión algo excéntrica de mudarse a Filipinas para dirigir una granja porcina allí. Lo hizo poco después de trabajar quince años como mecánico de helicópteros para el Ejército estadounidense y tras ganar cierto dinero con la primera de sus muchas incursiones en la economía de internet.[10]

En 1998, durante la primera época del internet sin reglas, Watkins detectó un vacío en el mercado de la pornografía en la red. Las leyes de censura japonesas ocasionaban que la pornografía en ese país fuera, por así decir, menos satisfactoria para los clientes. Watkins se dio cuenta de que, si montaba una web pornográfica para Japón desde servidores alojados en Estados Unidos, podría eludir las normas y ganar dinero rápidamente.[11]

Fue entonces cuando creó el ya desaparecido Asian Bikini Bar: una web pornográfica dirigida al mercado japonés, alojada en Filipinas, pero —y esta es la clave— con los servidores ubicados en Estados Unidos.[12] Parece que fue un éxito, la primera de numerosas iniciativas empresariales, y ganó lo suficiente para comprar esa granja de cerdos con la que tanto soñaba a las afueras de Manila.

En definitiva, un pornógrafo criador de cerdos es la única persona capaz de garantizar la integridad de la criptografía que sostiene las publicaciones de Q, lo que añade otro elemento más de locura a la historia oficial del movimiento.

Por qué un alto funcionario de los servicios de inteligencia de la Casa Blanca iba a querer comunicarse con el mundo mediante un sitio web de este tipo es una de esas preguntas que se responden solas. No querría. Claro que no. De ahí que, como es lógico, las primeras especulaciones sobre la identidad de Q señalaran a Jim Watkins como el candidato más verosímil.

Sin embargo, a medida que los periodistas profundizaban en la historia de Q, empezaron a surgir dudas sobre esta teoría. Jim Watkins era muy prolífico escribiendo con su propio nombre, entre otros sitios, en la web de opiniones políticas de extrema derecha que él mismo fundó, Goldwater. Sus publicaciones parecían tener un estilo diferente del de las declaraciones concisas y crípticas de Q. Mientras que este escribía frases cortas y vagas, los escritos de Jim Watkins eran más extensos. La mayoría de los observadores de Q llegaron a la conclusión de que, aunque Watkins seguramente sabía quién era Q, lo más probable era que no fuese él.

Pero Jim no era el único Watkins en este asunto. Su hijo, Ron, figuraba como administrador de sistemas de 8chan, lo que significa que estaba involucrado incluso más directamente que su padre en el funcionamiento de la web. Se sabía muy poco de su vida. Tras una juventud sin incidentes en un pequeño pueblo del estado de Washington, donde cantaba en el coro del instituto y en un cuarteto vocal, se mudó a Sapporo, Japón, y ahí se pierde su rastro.

Solo años más tarde, después de que Donald Trump perdiera la reelección y Q dejara de publicar, quedó claro que era Ron Watkins quien había estado publicando como Q todo ese tiempo. En los meses enloquecidos que transcurrieron entre la elección de Joe Biden como presidente y la insurrección del 6 de enero de 2021 en el Capitolio, Ron abandonó las sombras y se convirtió en una de las voces públicas fundamentales de una absurda teoría conspirativa que acusaba a Dominion Voting Systems Corporation de cometer un complejo fraude electoral electrónico. El estilo del joven Watkins, a diferencia del de su padre, es idéntico al de los textos de Q: las pistas crípticas, la sintaxis recortada, el extraño uso de corchetes alrededor de la letra ese para sugerir posibles plurales; todo coincidía. Ron incluso llegó a calificar sus próximas publicaciones de «entregas», tal como hacía Q.

Tanto Jim como Ron Watkins niegan rotundamente ser Q e incluso saber quién puede ser. En una entrevista con la serie de pódcast británica *Finding Q*, Jim Watkins afirmó que lo único que sabía sobre Q era que era usuario de uno de sus foros.[13] Y Ron ha negado ser Q tantas veces que la negación se ha convertido en parte de su imagen en internet.

Sin embargo, a pesar de todos sus desmentidos, la idea de que Ron Watkins era Q se apoya en argumentos bastante sólidos, sobre todo porque no es una persona muy disciplinada y a veces ha tenido deslices durante entrevistas en las que se ha referido a Q en primera persona. El ejemplo más famoso (más lamentable) es el de una entrevista con los realizadores de un documental de HBO, en la que Ron dijo, en un momento dado: «Básicamente fueron tres años de formación en inteligencia, de enseñar a los *normies* a hacer labores de inteligencia. En realidad, es lo que yo hacía antes de forma anónima…».[14]

Entonces se dio cuenta de que había metido la pata e intentó arreglarlo puntualizando torpemente: «Pero nunca como Q… Yo no soy Q».[15]

La negación añadida, con una sonrisa aterrada, parece delatarlo. Si esta interpretación es acertada —y creemos que lo es—, un antiguo cantante de un cuarteto vocal de instituto, de treinta y pocos años, fue el principal responsable de poner en marcha un movimiento mundial desde su apartamento de la isla de Hokkaido, al norte de Japón.[16]

Nada se sabe nada sobre la vida de Ron en Japón ni sobre sus motivos para vivir allí, aunque sí tenemos conocimiento, por supuesto, de que su padre tenía «intereses comerciales» en el país desde hacía mucho tiempo. Sin embargo, asignar todo el mérito de dirigir el ReV más grande y demencial del mundo a Ron Watkins sería perder de vista lo esencial.

QAnon no estuvo nunca verdaderamente bajo el control de Ron Watkins.

QAnon pertenecía a toda la gente que creía en QAnon.

Desde muchos puntos de vista, Ron Watkins es el aspecto menos atractivo de Q. Es muy probable que sea un charlatán: con su énfasis en «saber cosas que en realidad no sabía», Ron encaja en la definición clásica. No obstante, de todos los charlatanes que ha engendrado el universo Q, Ron no es en absoluto el de más éxito ni el más interesante.

El éxito de Q parece derivar sobre todo de su estilo como escritor, con su afición a formular preguntas cargadas de significado que invitan a sus seguidores a participar. Más que una teoría de la conspiración, QAnon era una invitación a que los creyentes crearan sus propias teorías; como dijo un observador, es una teoría conspirativa en la que «eliges tu propia aventura».[17]

Los textos de Q, las llamadas «entregas», consistían en pistas generales, supuestos códigos y galimatías: era una invitación a descifrar las claves. Por eso, gran parte del contenido de Q que llegaba a las masas en realidad no estaba escrito por él, sino que surgía de una «investigación» esotérica llevada a cabo en colaboración por miembros de la comunidad: gente corriente que leía Twitter y elaboraba teorías sobre los códigos que las élites utilizan allí.

En un mundo en el que son tan habituales los panegíricos a la participación ciudadana, la comunidad Q se dedicó al esfuerzo colectivo de «descifrar a Q» y comprender verdades profundas sobre el mundo que, por su cuenta, no habrían visto.

La metáfora que se utiliza constantemente a este respecto es la de «la pastilla roja», una referencia a la icónica escena de la película de ciencia ficción de 1999, *Matrix*, en la que al protagonista, Neo (interpretado por Keanu Reeves), le ofrecen dos cápsulas —una roja y otra azul— y lo invitan a tomar una decisión trascendental: «Si tomas la pastilla azul, fin de la historia: despertarás en tu cama y creerás lo que quieras creerte. Si tomas la roja, te quedarás en el País de las Maravillas y yo te enseñaré hasta dónde llega la madriguera de conejos».[18]

Quienes se incorporaban a la comunidad Q se consideraban, como Neo, valientes luchadores por la verdad, dispuestos a investigar y conectar las informaciones que los detestados medios de comunicación convencionales no cubren.

Todo esto contiene una lección de amarga ironía para quienes subrayan la necesidad de educar a los jóvenes en pensamiento crítico con el fin de superar estos brotes de credulidad masiva. Dos décadas de planes de estudio totalmente bienintencionados y llenos de pensamiento crítico, que instaban a examinar las pruebas y reflexionar, desembocaron en esto: un movimiento gigantesco de personas convencidas de estar poniendo en práctica ese pensamiento crítico mientras se aferraban a una serie de creencias absurdas, buscando desesperadamente cualquier cosa que pareciera una confirmación y tratando de convertir a otros a su fe.

El resultado fue una especie de enorme espasmo de razonamiento motivado: muchos miles de personas convenciéndose unas a otras de ideas de las que ya estaban convencidas desde el primer día.

A los miembros de la comunidad Q, esta conexión les permitió ver cumplida la promesa que no cumplen los políticos normales: que cualquiera pueda participar y aportar su granito de conocimiento «que "ellos" no quieren que sepas».

Estaba abierta a todo el mundo y el algoritmo era el que escogía las buenas ideas.

En el apogeo de QAnon, en 2020, había cientos de acólitos que publicaban a diario «posibles descodificaciones» en Twitter, proponían vías de «investigación», corroboraban las teorías de los demás y traían a colación conjeturas cada vez más escandalosas. Había tantas publicaciones que, para la gran mayoría, era imposible alcanzar difusión fuera del círculo inmediato de Q. Ahora bien, si los algoritmos de las redes sociales son eficaces en algo es en identificar los contenidos con los que más interactúan los usuarios. Así que los propios algoritmos —en particular los de Twitter— pasaron a ser los que decidían la visibilidad de una idea determinada.

El resultado, en el mundo de Q, fue una especie de proceso evolutivo a la inversa: a partir de una serie de ideas conspiranoicas, el algoritmo identificaba aquellas con las que los usuarios interactuaban más. Desde luego, es difícil concebir un mecanismo mejor para escoger las ideas verdaderamente terribles y convencer a cientos de miles de personas para que se las crean.

El problema, claro está, es que el contenido extremo provoca más participación que el contenido aburrido (como es natural). Si llenamos una red social con montones de descodificaciones de Q, el algoritmo identificará con una precisión exquisita el 1 por ciento que más interacciones va a generar. Si se las hacemos llegar a diez millones de usuarios, enseguida vemos cuál es el 1 por ciento que tiene más probabilidades de retener la atención de los usuarios hasta el final. El único problema es que esos valores atípicos, los resultados más atractivos de la descodificación, eran también los más demenciales.

¿Por qué? Porque la locura impulsa la participación.

Volvamos al ejemplo del principio: la desafortunada colisión temporal del tuit #FiveJobsIveHad de James Comey y los residentes totalmente inocentes de Grass Valley con el grupo que recaudaba fondos para su colegio. Conviene señalar que, aunque Q había escrito a menudo sobre James Comey, no había escrito jamás sobre #FiveJobsIveHad ni, por supuesto, mucho menos sobre los actos para recaudar fondos de Grass Valley.

Todas esas conjeturas descabelladas —lo que los seguidores de Q llaman «investigación»— habían salido de las ciénagas delirantes de internet extraídas por el algoritmo de Twitter (ahora X), que, al notar el interés que suscitaban, las hizo llegar a más personas y contribuyó a que se propagara la idea. Ron Watkins, en Sapporo, no podía imaginar que, al otro lado del mundo, alguien iba a hacer un acróstico con el tuit de James Comey y lo iba a vincular a un acto dirigido a recaudar fondos para un colegio en una ciudad de California. Eso no fue obra suya. Esa descodificación fue la contribución de un patriota a la causa, nada más.

Para comprender realmente lo corrosiva que puede ser la amplificación algorítmica en una situación como esta, pensemos en la historia del adrenocromo. En la tradición de Q, el adrenocromo es una droga superpotente, la preferida por la poderosa camarilla del Estado profundo: la clave química para mantener su vitalidad antinatural, una especie de fuente de la juventud para la élite mundial. Según esta teoría, lo más importante es que la droga debe obtenerse de niños vivos sometidos a tortura.

¿Esta historia se la inventó Q de la nada? No. Está copiada con bastante fidelidad de la clásica novela *Miedo y asco en Las Vegas*, sobre los placeres y los terrores del consumo de drogas, escrita por Hunter S. Thompson en 1971.[19] En ella, el adrenocromo se describe como un alucinógeno tan intenso que «hace que la mescalina pura parezca cerveza de jengibre». Como cuenta en el libro el personaje del doctor Gonzo cuando está hasta arriba de drogas: «Solo hay una fuente para esta sustancia...: las glándulas suprarrenales de un cuerpo humano vivo. No sirve de nada si se extrae de un cadáver».

Thompson dejó muy claro que todo esto era ficción. El adrenocromo es, en efecto, una sustancia que produce el cuerpo humano —un subproducto de la descomposición de la adrenalina—, pero no es ningún alucinógeno: como pueden atestiguar las pocas personas (idiotas) que lo han probado, lo único que suele provocar es un fuerte dolor de cabeza.

El apunte de que solo se puede obtener de un cuerpo vivo también es pura invención: el adrenocromo es fácil de sintetizar en un laboratorio y no hay ninguna diferencia química entre el que produce un cuerpo y el sintético. Nada de esto debería sorprender, dado que la historia del adrenocromo proviene de una novela escrita por un autor cuya fantasía y cuya afición a las drogas eran famosas en todo Estados Unidos. Es y ha sido siempre pura ficción.

A pesar de todo esto y de la absoluta falta de pruebas que sostengan la disparatada idea de que los principales políticos demócratas se alimentan literalmente de cuerpos de niños, la leyenda de que las élites del Estado profundo torturan a niños para extraerles el adrenocromo y, con él, «robarles su juventud», se extendió y consolidó. Un verdadero investigador que quisiera verificar esta afirmación la descartaría en cuestión de minutos. Sin embargo, millones de personas convencidas de la importancia del pensamiento crítico y dedicadas a «investigar por su cuenta» se creyeron que una mentira tan evidente era cierta.

Resulta imposible situar históricamente el momento en el que solapan la teoría sobre el adrenocromo y el tropo antisemita más antiguo de todos. En la Inglaterra del siglo XII se originó una idea que luego se extendió por Europa: la creencia de que los judíos llevaban a cabo un ritual secreto consistente en echar sangre de niños cristianos en las bolas de matzá. El libelo de sangre, nombre con el que se difundió, nunca tuvo base alguna en la realidad, pero se propagó por toda Europa y continuó dominando el pensamiento cristiano durante un milenio, lo que provocó pogromos y violencia y discriminación sistemáticas contra los judíos. Claro que quizá no es tan extraño que un juego de rol en vivo creado en 8chan, un foro repleto de imágenes nazis y antisemitismo descontrolado, sea el que haya reinventado el libelo de sangre para la época de las redes sociales.

Durante años, QAnon se presentó ante el mundo como un movimiento contra los abusos a menores. ¿Quién iba a estar en contra de un movimiento que lucha contra los abusos a menores? Cuando se cuestiona su compromiso, los devotos de Q siempre vuelven a mencionar su preocupación por los niños que imaginan estar salvando. Ese fue un propósito que ayudó a atraer a nuevos conversos, el primer paso en la escalera de la radicalización.

Pero, con el tiempo, la historia sobre una enorme red secreta de tráfico sexual de menores ya no era suficientemente sensacionalista como para comprometer a más gente, así que la amplificación algorítmica empezó a recompensar con clics las denuncias de abusos cada vez más sórdidos y absurdos. De esa manera, un nuevo libelo de sangre basado en una versión retorcida de una novela de Hunter S. Thompson acabó teniendo gran cantidad de seguidores entre los estadounidenses patriotas empeñados en hacer sus propias investigaciones.

Durante todo ese periodo, los algoritmos fundamentales en este sentido —los de Facebook, YouTube y lo que entonces se llamaba Twitter— se optimizaron para que la audiencia participara más, dado que esa participación era lo que las redes vendían a los anunciantes. En este negocio, cualquier cosa que logre que el espectador permanezca más tiempo viendo o leyendo la página es lo que genera beneficios y las empresas de redes sociales tienen fuertes incentivos para sacarle el máximo provecho.

Lo que pasa es que, al actuar de esta manera, terminan promoviendo un libelo de sangre del siglo XXI.

No es extraño que la historia del adrenocromo genere clics: sintoniza con todos los factores emocionales que empujan a participar en internet. Las emociones que más contribuyen a ello están ya muy estudiadas; y los resultados de ese estudio no son nada alentadores. Los contenidos que apelan a nuestra indignación siempre obtienen mejores resultados, igual que los que demonizan al bando contrario. En el mundo de Q, cuanto más extremos son los delitos de los que se acusa a las élites progresistas, más participación generan. Las historias como la del adrenocromo son eficaces, no a pesar de ser una locura, sino precisamente porque lo son.

Con historias tan sórdidas como estas, la amplificación algorítmica puede extenderse rápidamente. En 2018, la persona que empezaba a ver un vídeo relacionado con Q enseguida estaba viendo otro y otro, cada uno más extremo que el anterior. Lo que comenzó como un juego de rol en vivo se descontroló por completo hasta que se lo creyeron millones de personas.

¿Cuántos millones?

Según el Instituto Público de Investigaciones sobre Religión (PRRI), organización estadounidense sin ánimo de lucro y no partidista que lleva a cabo investigaciones independientes, el número de seguidores de QAnon se mantuvo estable a lo largo de 2021, incluso después de que Trump dejara el poder y tomara posesión Biden.[20] La fe se mantuvo pese a que Q desapareció y pese a que ni se produjo tormenta, ni juzgaron y ejecutaron a Hillary Clinton, ni se encarceló a miles de progresistas; y el Gobierno constitucional de

Estados Unidos siguió adelante más o menos sin obstáculos. A finales de 2021, exactamente igual que a inicios de año, el 16 por ciento de los encuestados estaba muy o bastante de acuerdo con que «el Gobierno, los medios de comunicación y el mundo financiero de Estados Unidos están controlados por un grupo de pedófilos adoradores de Satanás que dirigen una operación mundial de tráfico sexual de menores». Un inquietante 22 por ciento —lo que corresponde, si la encuesta es precisa, a la opinión de 37 millones de estadounidenses— estaba muy o bastante de acuerdo en que «se avecina una tormenta que pronto barrerá a las élites en el poder y restaurará a los líderes legítimos». Así opinaba más gente que la que vive en cualquier estado y una cifra cercana a la población de Polonia. Y unos ocho millones de estadounidenses —la población del estado de Virginia— están completamente de acuerdo en que los satánicos traficantes de niños controlan en secreto el Gobierno de Estados Unidos.

¿Pero quiénes son estos fieles que creen en Q? Las fuentes más populares suelen caracterizarlos como republicanos acérrimos —algo lógico, dada la devoción del movimiento por Donald Trump—, pero, según la investigación del PRRI, la disparidad parece explicarse mejor por factores educativos que por los puramente políticos. Sí, el 43 por ciento de los creyentes en QAnon son republicanos, pero nada menos que el 20 por ciento son demócratas, además de un 27 por ciento de independientes. En cuanto al nivel educativo, el 57 por ciento tiene estudios secundarios o inferiores y el 29 por ciento asistió a la universidad, pero no llegó a graduarse. El 9 por ciento sí se graduó y, curiosamente, otro 5 por ciento tiene algún título de posgrado.[21]

Es imposible no recordar la antigua reflexión de Grete de Francesco que señalaba que el público preferido de los charlatanes está «compuesto por personas semianalfabetas, que han cambiado el sentido común por algunas informaciones distorsionadas y que en algún momento han estado en contacto con la ciencia y la educación, aunque sea brevemente y sin éxito».[22]

Cuando estos seguidores habían preguntado a las grandes instituciones de la sociedad —los medios de comunicación, la Universidad, la escuela— cómo funciona el mundo, «no habían recibido ninguna respuesta satisfactoria y se habían quedado llenos de resentimiento, pero con un gran deseo de saber más». Esa mezcla concreta de curiosidad y resentimiento, unida a un ansia profunda de dar significado a su vida, es lo que convierte a ciertas personas en presa fácil de los charlatanes.

Charlatanería drásticamente descentralizada

QAnon constituye un cambio trascendental en el mundo de la charlatanería, por razones que no tienen nada que ver con la imaginación hiperactiva de Ron Watkins. Lo que ha logrado la comunidad de Q no tiene precedentes: un marco para la charlatanería drásticamente descentralizada. Los seguidores de Q no son víctimas pasivas de un charlatán; han democratizado la charlatanería y la han puesto al alcance de todos, con un poco de ayuda del algoritmo.

En las redes sociales, en Reddit y en grupos de Facebook poco regulados, los entusiastas de Q formaron unas comunidades virtuales en las que se invitaba a todo el mundo a contribuir a una ficción colectiva en la que luego creían fervientemente. La estructura de QAnon, su énfasis en «formular preguntas» y el compromiso militante de sus seguidores de tratar las conjeturas más disparatadas como verosímiles en un momento dado y, a continuación, como verdades reconocidas, es una extraña variante de un viejo fenómeno. Los seguidores de Q crearon una comunidad de charlatanes en la que cada uno «fingía saber lo que no sabía» ante un público comprometido a participar en el mundo que compartían.

Es, parafraseando a Andy Warhol, como si en el futuro todo el mundo fuera a ser un charlatán durante quince minutos.

En el mundo de Q, lo más importante era la exégesis. Las entregas de Q no resultaban especialmente entretenidas, porque muchas veces no eran más que galimatías o «códigos» creados al pulsar las teclas del ordenador al azar, alternando la mano izquierda y la derecha. Lo divertido del ReV era la tarea de interpretación, las descodificaciones, que podían proceder de cualquier persona y de cualquier lugar y, con frecuencia, eran resultado de la colaboración entre varios equipos de «investigadores».

Los descodificadores de Q con más éxito acumularon pronto audiencias de cientos de miles o millones de usuarios. Dieron a conocer a personas como Dave Hayes, un trabajador sanitario cristiano, serio y discreto de Arizona que, con su canal de YouTube, titulado The Praying Medic («El médico que reza»), llegó a tener setecientos cincuenta mil seguidores y se convirtió en una pequeña celebridad.[23]

Los *influencers* de Q como Hayes fueron fundamentales para que el movimiento entrara en sintonía con la enorme comunidad cristiana evangélica de Estados Unidos. Hayes, que cree que Dios le habla todas las noches mediante sueños proféticos, sostenía que esas charlas nocturnas privadas con la divinidad le habían guiado enormemente en sus descodificaciones de Q.

La estrategia convirtió algunos sectores de QAnon en una rama del movimiento evangélico fundamentalista estadounidense y dio pie a que las convenciones de Q adoptasen el aspecto y el estilo de una iglesia evangélica; los conversos llegaban incluso a citar las publicaciones de Q por su número de serie, como si fueran versículos de la Biblia. Recordemos Q 48:71:

> «Preocupaciones de SEG. NAC. asunto ¿chantaje [para controlar] a J. Biden por parte de Rusia, China y otras entidades extranjeras [o nacionales]? ¿[Informes] aparato de inteligencia de EE. UU.? ¿Peligro inminente?».[24]

Pero el atractivo de Q no se limitaba a la extrema derecha evangélica. Igual que había sucedido con la gran teoría de la conspiración original, el mundo de Q estaba más que dispuesto a absorber otras creencias e incorporarlas a su canon.

El apogeo se produjo tras el estallido de la pandemia de COVID-19, que atrajo a una base demográfica totalmente nueva. El viejo escepticismo que había en muchos círculos progresistas sobre la seguridad y la eficacia de las vacunas cristalizó muy pronto en teorías conspirativas sobre la inmunización; y, donde hay una teoría conspirativa, aparece Q.

Cuando llegó la COVID-19, el sentimiento antivacunas llevaba muchos años gestándose en los círculos demócratas progresistas de Estados Unidos. Atrapados en casa durante los largos confinamientos, otros grupos demográficos encontraron una forma de incorporarse a la comunidad de Q. Los entusiastas de la salud natural que buscaban opiniones alternativas sobre la pandemia hallaron en el universo QAnon una comunidad solidaria y afín. Muchas madres reacias a las vacunas que en su día habían votado a un candidato de izquierdas como Bernie Sanders se vieron envueltas en la espiral conspiranoica y se entregaron en cuerpo y alma a este extraño mundo virtual. Hay que decir que muchas, al parecer, llegaron a la esfera de Q por influencia de nuestro buen amigo Joseph Mercola, cuya propia posición antivacunas lo llevó a situarse en un espacio mental prácticamente indistinguible del de QAnon.

El coste de todo esto en la vida de los fieles de Q fue el que se puede imaginar. En las mismas plataformas que habían sostenido el ascenso de QAnon (Facebook, Twitter y Reddit), los familiares de los conversos empezaron a reunirse para darse mutuo apoyo e intercambiar historias desgarradoras sobre los seres queridos que habían «perdido» por culpa del movimiento. Los testimonios en estos foros de víctimas de Q son devastadores, y hay decenas de miles. He aquí uno de ellos:

> Después de estos dos últimos años, siento que no conozco a mis padres. [...] Le dije a mi madre que su obsesión con QAnon nos estaba separando y su respuesta fue: «Hay muchas cosas que no sabes, y algún día descubrirás la verdad». Ese fue el día en que me di cuenta de que a mi madre le preocupaban más las elecciones de 2020 que la salud mental de su hija. No me atrevo a enfrentarme a ellos, porque muchas veces ha sido contraproducente. Sencillamente, no sé cómo seguir adelante con mi vida.[25]

Otra mujer, casada con un seguidor de Q, escribe:

> Mi marido consume QAnon y montones de otras teorías conspirativas en internet a diario. Se pasa horas con los auriculares

> puestos viendo vídeos. Y se cree todo lo que escucha en un vídeo sin ninguna prueba. He intentado decirle que cualquiera puede ponerse delante de una cámara y soltar lo que sea, pero que no por eso es verdad. Me odia —bueno, a veces parece que me odia— porque me niego a creer todas esas tonterías. No voy a «tomar la pastilla roja» ni voy a unirme a la secta. ¿Hay alguna esperanza? Llevo quince años con él. Catorce años casada. Los últimos, lidiando con su ciega devoción por Trump y luego con su loca devoción por Q. He esperado a que se diera cuenta por sí mismo de que son todo mentiras. Pero se adentra cada vez más en la espiral.[26]

Este tipo de testimonios es terriblemente habitual. Q ha destruido miles de vidas y separa familias en cuanto los devotos se dan cuenta de que les resulta imposible tolerar a quienes no pertenecen a la secta. Al democratizar de esa forma la práctica de la charlatanería, Q se erigió en un gran experimento sobre la capacidad de destrucción del sesgo de confirmación descontrolado. Se convirtió en un espacio lleno de mentiras presentadas como verdades, en el que unas personas sinceras podían engañar y ser objeto de engaño, por turnos, dentro de una comunidad solidaria. Para muchas personas socialmente aisladas, Q pasó a ser no solo un interés, sino una obsesión, una comunidad virtual que podía dar sentido a su vida. Y, en su último acto, QAnon cometió un grave intento de destruir la democracia estadounidense.

En los primeros días de enero de 2021, QAnon ya había acumulado un largo y vergonzoso historial de profecías fallidas. El Partido Demócrata no había sustituido a un Joe Biden enfermo como candidato a la presidencia, que era lo que había predicho Q. Por supuesto, Donald Trump no había obtenido una victoria aplastante sobre Biden en las elecciones. Los jueces nombrados por Trump no habían encontrado pruebas de fraude. Y, como era de esperar, la «tormenta» no había llegado: no se había juzgado ni ejecutado a ningún demócrata traficante de menores, no se habían descubierto habitaciones llenas de niños víctimas de trata; básicamente, nada de lo que había profetizado Q se había cumplido. Casi había suficiente como para llegar a la conclusión de que Q no era en absoluto nadie que conociera bien la Casa Blanca. En realidad, parecía más bien un fantaseador recluido en Japón.

Reacios a aceptar esta conclusión tan obvia, muchos seguidores de Q decidieron que, si él no iba a desatar la tormenta por ellos, tendrían que hacerlo ellos mismos. El 6 de enero, mientras el Congreso se reunía para certificar los resultados de las elecciones del mes de noviembre anterior, un gran contingente de seguidores de Q se congregó en la elipse situada justo al sur de la Casa Blanca antes de emprender el camino para asaltar el Capitolio. Mientras todas aquellas personas que ondeaban pancartas de Q o vestían camisetas de Q rompían las barreras policiales del Capitolio y deambulaban libremente por su interior, los aterrorizados legisladores se apresuraron a buscar refugio en habitaciones seguras. Esta tormenta casera, fabricada a partir de los delirios de un grupo de fanáticos de Q, no logró derrocar la república estadounidense, pero no fue porque no lo intentara.

Q dejó de publicar en 2021, cuando sus seguidores se dispersaron en diferentes direcciones conspiranoicas. Lo que comenzó como un ReV, un juego de rol en vivo, se convirtió en una pasión avasalladora para miles de personas. La amplificación algorítmica garantizó que las creencias conspirativas más desagradables, destructivas y extremas recibieran la mayor difusión posible. El precio ha sido abrumador.

Y, sin embargo, es probable que Q no se recuerde tanto como la culminación de algo, sino más bien como una prueba de concepto. Ahora el mundo sabe que el charlatanismo puede descentralizarse, democratizarse y volverse viral, ponerse al alcance de las masas y tener rienda suelta para causar un daño asombroso. En su estructura y sus métodos, QAnon es un fenómeno sin precedentes. Estamos advertidos. Lo que venga después podría ser peor.

10

Cómo los charlatanes se han apoderado de las guerras culturales

La entrada de Donald Trump en la escena política estadounidense ha tenido algunas consecuencias extrañas en la cultura política del país. La polarización de Estados Unidos se basa en dos imágenes opuestas de lo que el país podría y debería ser. Los partidarios de cada bando construyen su identidad en torno a esos ideales contrapuestos y hay una minoría considerable de la población apasionadamente comprometida con el credo respectivo de cada lado. Estas visiones idealizadas de lo que Estados Unidos puede y debe ser sirven de combustible para un gran grupo de charlatanes de la guerra cultural. A una persona despiadada le resulta fácil manipular los sueños partidistas para obtener beneficios o poder. Por eso la guerra cultural de Estados Unidos produce una veta tan rica de charlatanes.

Cuando consideramos a quién incluir en este capítulo, nos percatamos de que nos sobraban nombres entre los que elegir, tanto en la derecha como en la izquierda. Para nuestros lectores estadounidenses, este capítulo puede resultar especialmente instructivo: independientemente del lado en el que estén en la guerra cultural, las claras señales de charlatanería que aparecen en los rincones más ruidosos de la esfera pública son imposibles de ignorar.

Es poco probable que este problema siga siendo exclusivamente estadounidense mucho tiempo. En la mayoría de las ocasiones, Estados Unidos acaba exportando sus disfunciones políticas al resto del mundo. En Brasil y Chile, los políticos debaten sobre el derecho a portar armas como si la Segunda Enmienda formara parte de su propia constitución. Las controversias de tipo estadounidense sobre los derechos de los homosexuales y los transexuales acaparan la atención política en Uganda, Rusia, Hungría y muchos otros países. El lado oscuro del —todavía formidable— poder blando de Estados Unidos es que exporta sus neurosis políticas igual que exporta su tecnología, música o películas. Las tendencias que infectan la esfera pública estadounidense no suelen quedarse allí.

Brian Kolfage

Brian Kolfage ama a Estados Unidos y sus lesiones lo demuestran. Kolfage, que sirvió en las Fuerzas Aéreas, recibió la medalla del Corazón Púrpura después de su segunda misión en Irak, cuando un cohete de los insurgentes cayó a un metro de donde se encontraba, en Bagdad, el 11 de septiembre de 2004. Fue un milagro que sobreviviera: para salvarle la vida, los médicos tuvieron que amputarle ambas piernas y el brazo derecho, lo que convirtió su cuerpo en una especie de testimonio de los sacrificios que está dispuesto a hacer por el país que ama.

Después de una larga recuperación en el Centro Médico Militar Walter Reed de Washington D. C., Kolfage rehízo su vida como conferenciante y filántropo y empezó a contar sus experiencias en la guerra y la visión que tenía para el país por el que había luchado. Creó una empresa de café y se comprometió a donar el 10 por ciento de las ventas a organizaciones benéficas para veteranos de guerra. Pero pronto se dio cuenta de que podía difundir esa visión con mucha más eficacia en internet que en el mundo real.[1]

En los años siguientes, Brian Kolfage puso en marcha una gran cantidad de sitios web y páginas de Facebook de extrema derecha y se unió así a la extensa red de elementos conservadores de internet que ya estaban tratando de transformar la indignación conservadora en clics y en dinero.

Durante la época de Obama, sus webs (con nombres como Diario de Libertad y Guerrero Estadounidense Herido) publicaban sin cesar titulares sensacionalistas y contenidos conservadores agresivos, pensados para atraer clics. Las historias que contaban siempre eran exageradas y, a veces, inventadas sin más: «Adolescente refugiado musulmán acusado de ASESINATO por golpear hasta la muerte a un veterano de la Segunda Guerra Mundial de 97 años»,[2] decía uno muy típico, o «Malas noticias para Barack después de lo que han pillado a Malia haciendo en Chicago: ya no puede ocultar su FEO secreto».[3]

Kolfage disponía de un equipo de al menos diez personas dedicadas a inventarse bulos, *fake news,* antes de que la gente las llamara así: las historias tenían mucho éxito y la red de sitios web que gestionaba pronto empezó a generar cientos de miles de dólares al mes. Pero Kolfage tenía mayores ambiciones y se encontró con que la polarización creciente y el rencor sectario que afloraron a raíz de la presidencia de Trump le ofrecieron todo tipo de oportunidades.

En algún momento de 2018, a Kolfage se le ocurrió una idea fantástica: «We Build the Wall» («Construimos el muro»). Era una propuesta muy simple: si los progresistas de Washington iban a retener los fondos para construir el muro proyectado con visión de futuro por el presidente Trump para la frontera con México, Brian Kolfage conseguiría que sus lectores aportaran el dinero necesario.

Kolfage convenció a grandes nombres del movimiento conservador para que se sumaran a esta idea quijotesca; entre ellos, Steve Bannon, antiguo estratega de Trump, y Erik Prince, director de la empresa militar privada Blackwater y hermano del secretario de Educación de Trump. Puso en marcha una hábil campaña en los medios de comunicación digitales, a partir de una página de GoFundMe, con el objetivo de recaudar para el muro mil millones de dólares de donantes privados.[4]

No cabe duda de que, desde el principio, la campaña tuvo muchos detalles sospechosos; por ejemplo, no parecía que hubiera ninguna forma legal de que una organización privada donara dinero al Gobierno exclusivamente para un fin concreto, como es la construcción de un muro. Las finanzas públicas no funcionan así. Sin embargo, a los partidarios de Trump plenamente convencidos de que había que proteger a Estados Unidos de la sangre contaminante de los extranjeros eso no les importaba. Kolfage defendía sus sueños, así que le dieron con gusto el dinero.

No obstante, los obstáculos burocráticos eran reales. Según las normas de GoFundMe, si la campaña no alcanzaba su objetivo absurdamente ambicioso de mil millones de dólares, todo el dinero se devolvería. Cuando la campaña para recaudar fondos empezó a despegar y a atraer millones de dólares en donaciones, Kolfage cambió de táctica y fundó otra empresa sin ánimo de lucro no solo para financiar el muro, sino también para construirlo de forma privada con el dinero de los donantes.

Para conseguirlo, tuvo que convencer a los donantes de que traspasaran el dinero prometido previamente a la nueva organización. Así lo hicieron miles de ellos.

En su campaña, Brian Kolfage aseguró que todas las donaciones se destinarían exclusivamente a la construcción del muro, pero, teniendo en cuenta de qué trata este libro, es fácil adivinar qué pasó con esa promesa. Su esposa —que empezaba a triunfar como modelo e *influencer* de Instagram— no tardó en aparecer delante de su nuevo Range Rover de cien mil dólares.[5] (Ashley Kolfage no está acusada de haber cometido ningún delito).

Kolfage insistió en que todo el dinero procedía de su empresa de café, pero, al comprobar que los fondos recaudados para We Build the Wall ascendían ya a casi veinte millones de dólares, los fiscales federales empezaron a tener sus dudas. Como más tarde revelaron los documentos del Departamento de Justicia de Estados Unidos, en diciembre de 2018, cuando el dinero comenzó a llegar en serio a la campaña, otros personajes más importantes de la política republicana arrebataron a Kolfage el control de la organización. En particular, parece que Steve Bannon llevó a su propia gente, pero no sin antes remunerarlo generosamente, aunque mediante muchos rodeos en los que estaban involucradas varias empresas ficticias. Por lo visto, según el acuerdo secreto, Kolfage recibiría cien mil dólares por adelantado y luego veinte mil dólares al mes.[6]

En abril de 2023, Kolfage se declaró culpable de conspiración y aceptó devolver los diecisiete millones de dólares que había recaudado; fue condenado a cincuenta y un meses de prisión federal por su participación en «un plan para estafar a cientos de miles de donantes», en palabras de la fiscalía. Su socio, Andrew Badolato, fue condenado a treinta y seis meses.[7]

¿Y qué pasó con el cómplice famoso, el exestratega de la Casa Blanca que supuestamente acabó ganando más que nadie? Steve Bannon salió indemne, porque Donald Trump lo indultó en su último día como presidente, en 2021. Posteriormente, los fiscales del estado de Nueva York reabrieron el caso ante las instancias estatales en vez de federales. En el momento de escribir estas páginas, Bannon está a la espera de que comience su juicio en Nueva York.[8]

Con todo lo desvergonzado que fue el plan de Kolfage y Bannon para construir el muro, un fraude de diecisiete millones de dólares es poca cosa en comparación con algunas muestras de charlatanería que han florecido en un universo dominado por la posverdad. Los peores casos han alcanzado unos extremos verdaderamente macabros, hasta una dimensión asombrosa. Y el más estremecedor de todos es el imperio construido por Alex Jones.

Alex Jones

Para quienes conozcan el estilo de Jones, no hace falta mucha presentación. Para quienes no lo conozcan, es difícil encontrar palabras para describir lo extrema que podía llegar a ser su retórica. Mediante una red de medios de comunicación agrupados bajo el nombre de Infowars, entre ellos un pódcast muy popular, Jones se convirtió en una figura fundamental de los medios conservadores situada en el extremo absoluto de la extrema derecha: un lugar en el que las teorías conspirativas son habituales y afirmaciones que en cualquier otro sitio serían motivo de burla se debaten seriamente a diario. Por supuesto, Jones pensaba que los atentados del 11 de septiembre se habían organizado desde dentro. Durante años, defendió que el Gobierno puede controlar el clima e incluso provocar inundaciones específicas para castigar a las zonas de tendencia conservadora, y afirmaba que este puede «crear y dirigir grupos de tornados».[9]

Es una visión del mundo en la que todo es una conspiración. Para Jones, el hecho de que los homosexuales tengan cada vez más visibilidad es producto de una campaña del Estado para manipular la sexualidad de las personas mediante sustancias químicas en el agua. Una de sus famosas diatribas acusaba a las autoridades de hacer experimentos con ranas y alterarles el equilibrio hormonal para que se volvieran homosexuales.

«El Gobierno está volviendo homosexuales a las ranas» se convirtió en la muestra más extrema de la locura de Jones, aunque, en realidad, la frase es importante por otro motivo distinto: al contrario que otras opiniones extrañas que solía expresar, esta tenía una base (remotamente) real. Un pequeño estudio científico había demostrado que los residuos del pesticida atrazina pueden alterar el equilibrio hormonal de las ranas macho y «feminizarlas» desde el punto de vista anatómico, lo cual, por supuesto, no significa ni mucho menos que «la mayoría de las ranas de Estados Unidos ahora sean homosexuales», como afirmó Jones en 2017.[10]

Jones, desde luego, se sumergió en la misma ciénaga febril en la que vimos a QAnon en el capítulo anterior, pero su charlatanería no tenía nada que ver con los actores de pacotilla de los que hemos hablado previamente: Jones acumuló un público inmenso que convirtió a Infowars en una máquina de ganar dinero.

Como es de imaginar, en la visión del mundo de Jones siempre hay a la vuelta de la esquina una gran catástrofe que sacudirá la civilización y para la que sus seguidores deben prepararse. Todo estaba controlado: la web de Infowars vendía un juego completo de artículos de supervivencia en caso de apocalipsis, desde paquetes de comida de emergencia hasta dispositivos para filtrar el agua y el aire.[11] El negocio era rentable, increíblemente rentable, con unas ventas por valor de 165 millones de dólares entre 2015 y 2018, según revelan los documentos judiciales a los que tuvo acceso *The Huffington Post*.[12]

¿Y por qué había documentos judiciales sobre Jones?

Por una razón muy siniestra.

El 14 de diciembre de 2012, veinte alumnos de primer curso y seis profesores de la escuela primaria de Sandy Hook en Newtown, Connecticut, fueron asesinados por un lunático armado con dos rifles y una pistola, y todo el país se sumó al duelo por los niños asesinados.

Alex Jones no.

Durante toda esa semana, Jones se dedicó a comparecer en los medios de comunicación declarando que el ataque al colegio Sandy Hook era mentira, un plan del Gobierno con el fin de tener un pretexto para quitar las armas a los estadounidenses buenos y temerosos de Dios y violar sus derechos constitucionales. Jones no se limitó a hacer acusaciones genéricas, sino que emprendió ataques personales, con nombre y apellidos, contra los padres cuyos hijos habían muerto en la masacre pocas horas antes. Aseguró que eran actores que fingían ser víctimas en una elaborada artimaña orquestada por el Gobierno.

La mentira no era más indignante que muchas otras del arsenal de Jones, pero esta tuvo consecuencias reales que otras no habían tenido. Como es natural, las personas estrechamente relacionadas con las víctimas del tiroteo hablaron con la prensa. Y las legiones de fans de Jones se propusieron destruirles la vida.

Una de esas vidas era la de Robbie Parker, cuya hija Emilie era una niña sana y feliz de seis años en su primer año de colegio hasta que las balas del asesino la mataron. Parker hizo una emotiva declaración a la prensa al día siguiente de la tragedia, pero Jones se lanzó contra él y lo calificó de fraude, señalándolo por su nombre.

Casi al instante, el mundo de Robbie Parker, que ya había sufrido un vuelco esa semana por el asesinato de su hija, volvió a trastornarse por completo cuando le llovió una avalancha de insultos furiosos de los oyentes de Jones. En el que seguramente era el momento de más vulnerabilidad emocional de su vida, Parker tuvo que sufrir el asedio de mensajes indignados que lo llamaban falso y mentiroso e incluso, en muchos casos, amenazaban con matarlo por el terrible delito de... llorar en público la muerte de su hija asesinada.[13]

Parker y su mujer confiaban en que el acoso remitiera al cabo de unos días. O unas semanas. Pero no fue así. Los seguidores de Jones continuaron persiguiéndolos durante meses hasta que, dos años después del tiroteo, decidieron mudarse al otro lado del país, al estado de Washington, a miles de kilómetros, para intentar alejarse de todo aquello. Sin embargo, el ejército de troles de Jones encontró enseguida documentos sobre la venta de su casa en Connecticut, averiguó dónde habían ido y publicó su nueva dirección. Y el acoso no era solo virtual. Parker contó que un seguidor de Jones lo vio en una calle de Seattle en 2016, casi cuatro años después del tiroteo, y empezó a gritarle allí mismo.[14]

Erica Lafferty relató que los seguidores de Jones la habían amenazado con violarla después de oírla hablar con los medios de comunicación sobre su madre, Dawn Hochsprung, directora de la escuela primaria Sandy Hook, que también había sido asesinada.[15] Jeremy Richman, padre de otra niña de seis años asesinada, vivía tan angustiado por la campaña de odio desatada contra él y su familia que acabó suicidándose en 2019.[16]

Si sabemos el daño que causaron las mentiras de Jones sobre la matanza de Sandy Hook es porque los padres, tiempo después, unieron fuerzas para presentar una histórica demanda por difamación contra él. Después de escuchar con todo detalle el inmenso caos que había causado en la vida de la familia de las víctimas, un jurado declaró a Jones culpable de calumnias y lo condenó a pagarles 965 millones de dólares en concepto de indemnización. El triple de todo lo que había ganado durante las dos décadas anteriores.[17] Meses después, el juez concluyó que las pruebas sostenían de forma inequívoca la alegación de los demandantes de que la conducta de Jones había sido «intencionada y maliciosa», y añadió 473 millones de dólares más en concepto de daños y perjuicios, lo que elevó el total a 1.440 millones de dólares.[18]

Cuando la política se polariza tanto y las pasiones se desatan, a los charlatanes les resulta más fácil ejercer su oficio. Y eso es así independientemente de la ideología; quien crea que en Estados Unidos la única que comete estafas es la derecha se equivoca.

Rebekah Jones

Rebekah Jones sabía que algo no iba bien.

La geógrafa y científica de datos trabajaba en el panel de control de la COVID-19 en el Departamento de Salud de Florida durante la época en la que la pandemia se había convertido en objeto de profunda polarización política, cuando los conservadores presionaban para levantar el confinamiento lo antes posible y los progresistas seguían prefiriendo una estrategia de cautela para gestionar la situación. El gobernador conservador de Florida, Ron DeSantis, quería poner fin a las restricciones de inmediato y las noticias sobre la enfermedad que no acababa no eran más que un obstáculo.

Y entonces pasó.

Como contó Rebekah Jones en una serie de publicaciones incendiarias en Twitter, le pidieron «que alterara manualmente los datos para aportar argumentos a favor del plan de reabrirlo todo» y el subsecretario de Salud de Florida, en concreto, le ordenó «que borrara los casos y las muertes».

Poco después, en mayo de 2020, la despidieron. No tardó en poner en marcha un panel de control rival en el que figuraban las estadísticas reales de la COVID-19 en Florida según ella: la cantinela de siempre, «lo que no quieren que conozcas». Las acusaciones de Rebekah Jones tenían todos los ingredientes para convertirse en un escándalo gigantesco, repleto de injerencias políticas en los datos de salud pública, en plena pandemia, y represalias contra los empleados que se negaban a seguirles la corriente.[19]

Ocho meses después de su despido, en enero de 2021, miles de residentes de Florida oyeron en su teléfono una alerta, la misma que se utiliza para avisar sobre huracanes o un tornado inminente. Pero, al coger el móvil, vieron un mensaje que no se parecía a los mensajes de emergencia normales. «Es hora de alzar la voz antes de que mueran otras setenta mil personas —decía—. Sabes que está mal, no tienes por qué formar parte de ello. Sé un héroe. Alza la voz antes de que sea demasiado tarde».[20]

Las autoridades de Florida rastrearon el mensaje hasta una dirección IP vinculada a un ordenador utilizado por... Rebekah

Jones. La policía armada estatal irrumpió en su casa en busca de pruebas. Jones negó haber enviado el mensaje y publicó en redes sociales un vídeo de la incursión, que le granjeó una nueva oleada de apoyo progresista. Aseguró que no tenía ninguna relación con el aviso de emergencia.

Entonces fue cuando el caso de Rebekah Jones adquirió dimensión nacional. La radio pública NPR, la prestigiosa voz del periodismo serio, informó al respecto de manera exhaustiva y en tono favorable, aceptando sin reservas la versión de Jones.[21] La revista *Cosmopolitan* le dedicó un amplio reportaje.[22] *Fortune* la incluyó entre las cuarenta personas menores de cuarenta años más influyentes y *Forbes* la eligió Personaje Tecnológico del Año 2020, añadiendo que era «la última de los tecnólogos que han dado un paso al frente para llenar el vacío dejado por los gobiernos durante la COVID-19».[23]

Los grandes medios de comunicación fueron unánimes: Rebekah Jones se convirtió en la favorita de los periodistas, constantemente retratada como una valiente defensora de la verdad que se había enfrentado a un poderoso miembro y estrella ascendente del Partido Republicano. Una imagen que le permitió recaudar mucho dinero.

Jones instauró varios fondos de defensa jurídica mediante GoFundMe, la misma aplicación de financiación colectiva en la que había confiado Brian Kolfage. Recaudó alrededor de 325.000 dólares en su primera campaña y otros 23.000 dólares para un segundo fondo. Enseguida fue tan famosa que anunció que planeaba presentarse como candidata a la Cámara de Representantes, la cámara baja del Congreso estadounidense. Y parecía tener muchas probabilidades de que la eligieran.

Muchos grandes medios se sumaron a los elogios a Rebekah Jones sin pararse a analizar verdaderamente a quién estaban ensalzando, por desgracia. Si lo hubieran hecho, habrían descubierto el «animado» pasado, por así decir, de Jones.

Entre sus aventuras estaba la ocasión en la que, cuando era ayudante de posgrado en la Universidad Estatal de Florida, tuvo una relación con uno de sus alumnos. Aunque no hubo condena, la procesaron por acosar al antiguo alumno —que además era el padre de su hijo— después de publicar en internet un documento de sesenta y ocho páginas en el que describía la relación en sus detalles más íntimos, con mensajes explícitos y fotografías de ellos desnudos. La universidad la despidió cuando amenazó con suspender la asignatura al compañero de habitación del exnovio en represalia por su comportamiento. El periódico local, *The Gainesville Sun*, informó de ello y contó que, según la policía, Jones le había escrito varios correos electrónicos: «Vas a ser famoso. Vamos a destruirnos mutuamente. Esto no se va a acabar».[24]

Toda esta información era de dominio público. Curiosamente, en el reportaje de *Cosmo* no apareció ni un solo detalle.

En definitiva, Jones tenía un carácter dudoso, pero no solo eso: al estudiar el asunto con más atención, sus acusaciones sobre la manipulación política del panel de control de la COVID-19 en el Departamento de Salud del Estado de Florida parecían poco de fiar. Según sus colegas, Jones nunca había tenido acceso a los datos subyacentes y no podría haberlos alterado aunque se lo hubieran pedido, lo cual, dejémoslo claro, no ocurrió.

A medida que los periodistas analizaban más detenidamente su historia, esta se iba desmoronando. ¿Qué fue del tuit en el que afirmaba que el subsecretario de Salud de Florida le había pedido que «borrara los casos y las muertes»? Lo eliminó. Luego escribió que «nunca me pidieron que borrara las muertes, nunca he afirmado eso». Después también eliminó ese tuit.

Cuanto más se profundizaba en los relatos de Rebekah Jones, más parecían venirse abajo. Su propio panel de control de la COVID-19, que ella anunciaba como una alternativa veraz al panel de control del Departamento de Salud de Florida del que la habían despedido, mostraba unas cifras de contagios mucho más altas que las de la base de datos oficial.

¿Por qué?

El motivo era que incluía no solo los datos de las pruebas PCR positivas, sino también los de las pruebas de anticuerpos positivas; como resultado, había casos individuales que se contaban dos y tres veces, puesto que una persona seguía dando positivo en las pruebas de anticuerpos contra el coronavirus meses después de haberse recuperado de la enfermedad. Todos los expertos en salud pública lo sabían, pero Rebekah Jones no tenía formación en salud pública.

No obstante, Jones aprovechó la reputación lograda con las «denuncias» para conseguir numerosos seguidores en internet, deseosos de pasar por alto las noticias negativas sobre ella. Y los grandes medios de comunicación, tan diligentes a la hora de investigar las mentiras y los delitos de Brian Kolfage o Alex Jones, no estaban dispuestos a examinar con el mismo detalle a una heroína de los progresistas. Incluso cuando los periodistas dieron a conocer los escandalosos antecedentes legales de Jones, en los que aparecía acusada de haber agredido a un agente de policía, de practicar el ciberacoso y de causar daños criminales, los principales medios siguieron publicando reportajes en los que se elogiaba su valentía como heroína de la resistencia.[25]

Es fácil entender por qué la profesión periodística inclinada a la izquierda cuestionó tan poco a Jones. Los periodistas son tan vulnerables como cualquier otra persona a que pirateen su HumanOS mediante el sesgo de confirmación y el razonamiento motivado. Si se les dice a unos periodistas de un medio progresista que unos palurdos de derechas están recaudando fondos privados para construir un muro fronterizo, inmediatamente desconfiarán. Si se les dice que una persona valiente está denunciando a un gobernador conservador, todos se apresurarán a escribir perfiles entusiastas.

No hay duda de que es natural; así trabajan todos los charlatanes. Buscan a personas que comparten ciertas creencias de antemano, porque es lógico que esas personas sean mucho menos suspicaces y mucho más confiadas que las que no las comparten. Puede tratarse de cualquier tipo de creencias. Incluso principios que consideramos sagrados, como el antirracismo.

Regina Jackson y Saira Rao

Le presentamos a Regina Jackson y Saira Rao, las activistas antirracistas que han creado Race2Dinner. La idea central de su organización es tan extraña que llama la atención incluso entre las numerosas rarezas que aparecen en este libro. Para resumir, consiste en lo siguiente: una persona les paga 2.500 dólares para que acudan a su casa a enseñarles a ella y a sus amigas blancas lo racistas que son.

Race2Dinner es una rama de la facción más militante del antirracismo estadounidense. Si alguien cree que ser antirracista es algo tan sencillo y apocado como «tratar igual a todo el mundo, independientemente de su raza», entonces Jackson y Rao tienen una noticia preocupante para esa persona: es racista.

Su ideología considera que toda la sociedad, de arriba abajo, está dividida en dos por la opresión racial. Desde su punto de vista, el mero hecho de suponer que podemos decidir no ser racistas solo con tratar igual a todo el mundo, independientemente de su raza, ya es una peligrosa forma de racismo. No existe nada que sea «independiente de la raza»: cada vez que no reconocemos la realidad omnipresente del racismo, estamos perpetuándolo. No podemos decidir no ser racistas.

Es evidente que nadie genuinamente racista pensaría en pagar 2.500 dólares a Jackson, afroamericana, y Rao, india americana, para que se presenten en su casa y les digan a él o ella y a sus amistades que son racistas. Tampoco lo va a hacer alguien con opiniones políticas moderadas. Por consiguiente, Jackson y Rao colocan su producto exclusivamente en casa de mujeres blancas adineradas que ya están muy comprometidas con la lucha contra los prejuicios raciales. Ese es su mercado. Y resulta que es un mercado sorprendentemente grande.

En las cenas de Jackson y Rao hay una lista prácticamente interminable de cosas que una mujer blanca y rica puede hacer o decir y que, según ellas, tienen sus raíces en el supremacismo blanco y están prohibidas. Ahora, lo que más confuso resulta es que estar de acuerdo con ellas también es supremacismo blanco, porque es una expresión de desprecio y paternalismo. Hablar de nuestros amigos negros es utilizarlos como coartada —otra muestra más de evidente supremacismo—, pero dar dinero a causas y organizaciones negras en un intento por expiar el pecado también se tacha de supremacismo.

La anfitriona, atrapada en un laberinto del que, haga lo que haga, no consigue salir, puede sentir la tentación de llorar, pero, cuidado: las lágrimas de la gente blanca, le dirán, son una de las armas más potentes del arsenal supremacista. Mientras está allí sentada, tratando desesperadamente de no estallar, le recordarán que hubo una época en la que las lágrimas de las mujeres blancas eran argumento suficiente para que en el sur lincharan a un joven negro y, a continuación, la expulsarán de la sala, la expulsarán de la cena por la que ha pagado 2.500 dólares y la enviarán a otra habitación designada especialmente para llorar, para que sus lágrimas blancas caigan en apariencia aisladas y no causen más daño.

En estas cenas, el racismo se trata como el auténtico pecado original: una culpa vergonzosa y profundamente enraizada en los blancos desde que nacen, que llevan encima toda su vida y solo pueden expiar mediante una especie de sacramento introspectivo.

«Esa persona tiene que reconocer que ella es el problema, que tiene todo ese comportamiento extremadamente tóxico en su interior y que debe deconstruir su naturaleza blanca y empezar a vivir en comunidad a partir de ahí», explica Rao.[26] En la teología cristiana, el sacramento al que hay que someterse para limpiar el pecado original se llama bautismo; en el antirracismo, se llama Race2Dinner.

Sin embargo, la agresividad que emplean Jackson y Rao con sus clientes evoca también otras analogías. Si las descripciones de Race2Dinner recuerdan sospechosamente a las reuniones de autocrítica maoísta de la Revolución Cultural china, en parte es verdad. Pero solo en parte: los comunistas chinos nunca llegaron al extremo de cobrar a la escoria burguesa por decirle que era escoria burguesa. Claro que obsesionarse con el ridículo precio de Race2Dinner es —lo ha adivinado— otra muestra de supremacismo blanco, una señal de que «para ti, este trabajo es una obra de beneficencia. Nos estás haciendo un favor. La cultura del supremacismo blanco te convence de que nos estás haciendo un favor al preocuparte por el racismo o el antirracismo. De ahí tus constantes peticiones de que te eduquemos sobre tu propio racismo, sobre un sistema que tú creaste para perjudicarnos en tu propio beneficio. Y gratis».[27]

El sueño al que aspiran Jackson y Rao es intenso y noble. Race2Dinner promete «un mundo libre de supremacismo blanco, castas, patriarcado, misoginia, todos los ismos, todas las fobias y todo el odio». Cuando toman las riendas, someten a sus clientes a una procesión de razonamientos motivados en la que casi cualquier comportamiento se puede interpretar como una expresión del mal que pretenden erradicar. Pero con la enorme culpa que sienten tantos estadounidenses blancos por el siniestro pasado de opresión racial, las dos están desbordadas de clientes.

Su sitio web está salpicado de eslóganes y frases típicas del activismo antirracista sin ánimo de lucro. Sin embargo, la empresa que se embolsa los 2.500 dólares es una sociedad de responsabilidad limitada que sí tiene fines lucrativos; es decir, Jackson y Rao se benefician personalmente de su labor antirracista.[28]

A pesar de lo ridícula que es la estrategia antirracista de Jackson y Rao, les beneficia la misma credulidad de los medios progresistas que ha protegido a Rebekah Jones durante su dilatada trayectoria de estafadora. Como el antirracismo es un principio fundamental para el tipo de profesionales que trabajan en los medios de comunicación más relevantes de Estados Unidos, Jackson y Rao siguen contando con el respeto de la élite de izquierdas. Su labor está recubierta de un halo que las protege de posibles informaciones críticas como las que tendrían que sufrir si se dedicaran a una forma de estafa menos valorada socialmente.

A Jackson y Rao se las puede acusar de muchas cosas, pero no de engañar. Igual que Chani Nicholas, anuncian con mucha claridad qué es lo que venden: prometen una cena tremendamente incómoda a un precio determinado y, si la gente lo paga, obtiene justo lo que buscaba. En el amplio espectro de la charlatanería, este es el extremo más benigno: al fin y al cabo, vender tonterías a clientes dispuestos a comprarlas no es ningún delito.

Las sumas de dinero que cobran charlatanes como Jackson y Rao, igual que Rebekah Jones, suelen ascender a miles o decenas de miles de dólares, no decenas o cientos de millones de dólares como las que buscan los charlatanes de la derecha. Al menos en Estados Unidos, los charlatanes de derechas actúan en un ámbito mucho más amplio, ganan cantidades mucho mayores y sufren un escrutinio mediático y legal mucho más estricto. Los charlatanes de izquierdas seguramente son menos numerosos y ganan menos, pero se salen con la suya.

11

Diez millones de psicópatas

Hoy encontramos charlatanes en todas partes. Practican estafas digitales, virales y escalables. En este libro los hemos visto en acción en todo tipo de circunstancias, con todo tipo de objetivos y metas diferentes. A usted, seguramente, la mayoría de los charlatanes que hemos descrito le parecerán ridículos: unos timadores evidentes que solo pueden engañar a un tonto.

Sin embargo, si hemos hecho bien nuestro trabajo, en algún momento habrá sentido cierta vergüenza.

Por lo menos un poco.

Uno o dos de nuestros charlatanes le habrán resultado familiares. Quizá alguien cercano haya caído en sus garras. Quizá usted mismo. Y es probable que esos capítulos le hayan resultado incómodos.

A quien sea un cristiano devoto es probable que no le haya costado nada darse cuenta de que Baba Ramdev, el profesor de yoga, era un charlatán. Le habrá indignado su forma de explotar las creencias de los fieles hindúes para construir un imperio comercial. Pero luego debió de sentirse muy incómodo al leer sobre los predicadores evangélicos que hacen lo mismo en Texas, Charlottesville o Brasil. O a lo mejor es al revés.

Tal vez sus intereses son espirituales y se ha alegrado al ver quedar en ridículo a los friquis de las criptomonedas, pero no ha podido evitar ponerse a la defensiva al leer lo que contamos sobre los gurús espirituales por internet que hablan su mismo idioma, ya sea la secta algorítmica del holandés Bentinho Massaro o la astrología mediante aplicaciones de Chani Nicholas en Canadá. O tal vez es un racionalista y se ha reído de los jóvenes ingenuos que siguen a los gurús *new age*, pero lo ha pasado mal leyendo la descripción del paquistaní Arif Naqvi, estafando a los grandes personajes de Davos, o ha llorado con nuestro relato de los líos de las criptomonedas porque recuerda el dinero que perdió con FTX o terraluna.

Si en algún momento le ha irritado alguna parte de este libro, entonces ya sabe por qué casi todo el mundo es vulnerable: lo realmente asombroso de los charlatanes es que podemos detectar a noventa y nueve, darnos cuenta al instante de que son unos estafadores ridículos, y caer en la trampa del número cien, porque sintoniza con nuestros sueños.

Empezamos este libro con la sombría sospecha de que las víctimas debían de tener algún defecto. A estas alturas, esperamos haberle convencido de que no es así. Quienes tienen defectos, muchos, no son las víctimas, sino los timadores. El patrón de comportamiento de los charlatanes es muy anómalo, desde luego, pero anómalo en aspectos concretos y permanentes.

Hemos examinado una gran variedad de charlatanes. ¿Cómo son? De casi todos se dice que son personas muy encantadoras, aunque quizá un poco superficiales. La mayoría parecen ser muy inteligentes, tienen un ego enorme y construyen su imperio de charlatanismo a partir de supuestos poderes especiales o conocimientos secretos. Algunos son propensos al aburrimiento y no toleran fácilmente la frustración. Esencialmente, todos se dedican al engaño sistemático, mienten a sus víctimas sin reparos y no muestran remordimientos ni se sienten culpables por ello.

Nunca exhiben empatía por las personas cuya vida destruyen; suelen ser irascibles y les cuesta controlarse. Muchos acostumbran a tener relaciones sexuales con multitud de personas. Son impulsivos y con frecuencia les resulta complicado formular planes realistas a largo plazo; ese es el motivo de que tantos se involucren cada vez más en proyectos que no tienen posibilidades reales de futuro.

Encantador, superficial, ególatra, intolerante con la frustración, engañoso, manipulador, sin remordimientos, carente de empatía, irascible, promiscuo, impulsivo, centrado en lo inmediato; no se trata de una lista de insultos, sino de los criterios diagnósticos estipulados en la lista de verificación de Hare, una prueba psiquiátrica muy asentada para detectar la psicopatía.

La versión más reciente de *Diagnostic and Statistical Manual of Mental Disorders* (Manual diagnóstico y estadístico de los trastornos mentales), la herramienta oficial que utilizan los psiquiatras para diagnosticar a sus pacientes, ha abandonado términos como «psicopatía» y «psicópata» por la preocupación —quizá justificada desde el punto de vista médico— de que causen estigmas. Hoy, para designar en definitiva el mismo problema, se emplea la fría etiqueta burocrática de «trastorno de la personalidad antisocial».[1] Este trastorno se define como:

> Un patrón dominante de desprecio y violación de los derechos de los demás que se manifiesta desde los quince años, tal como revelan tres (o más) de los siguientes aspectos:
>
> 1. Incapacidad para cumplir las normas sociales con respecto a los comportamientos legales, que se manifiesta en la comisión repetida de actos que son motivo de detención.
> 2. Voluntad de engañar, que se manifiesta en mentiras repetidas, uso de alias o estafas para obtener beneficios personales o por placer.
> 3. Carácter impulsivo o incapacidad para planificar con antelación.
> 4. Irritabilidad y agresividad, que se manifiestan en peleas físicas o agresiones constantes.
> 5. Desprecio temerario por la seguridad propia o ajena.
> 6. Irresponsabilidad permanente, que se manifiesta en la incapacidad reiterada para mantener un comportamiento laboral estable o cumplir las obligaciones financieras.
> 7. Falta de remordimientos, que se manifiesta en indiferencia o racionalización ante el hecho de haber herido, maltratado o robado a otra persona.

No somos psiquiatras. No podemos diagnosticar a las personas sobre las cuales hemos escrito en estas páginas. Lo que sí podemos hacer es señalar algo completamente obvio: los charlatanes que hemos descrito cumplen muchos de los criterios clásicos del trastorno de la personalidad antisocial. Lo que, coloquialmente, la gente sigue llamando «psicopatía».

Y no solo psicopatía. Hace ya varios años que los investigadores están prestando atención a los rasgos que denominan la «tríada oscura»: es decir, una estructura de personalidad que combina aspectos del trastorno de la personalidad antisocial con el maquiavelismo y el narcisismo. El maquiavelismo —que la Asociación Estadounidense de Psiquiatría define como «la tendencia a ver a otras personas como objetos que pueden manipularse para alcanzar los objetivos deseados, si es necesario mediante el engaño deliberado»— es un hilo conductor de muchas de las historias que hemos contado, al igual que el narcisismo, es decir, el amor propio excesivo o egocentrismo.[2]

Pensemos en Edir Macedo, con su enorme templo al estilo del Antiguo Testamento en São Paulo, repitiéndoles constantemente a los fieles de su Iglesia Universal del Reino de Dios que Dios solo los bendecirá con grandes milagros si hacen donaciones de peso, o en la manía de Joseph Mercola de poner su nombre a todos los productos que toca. La mayoría de los charlatanes son cualquier cosa menos modestos. Para ellos es importante ser el centro de atención y la manipulación es algo normal.

Diversos historiadores han identificado el conjunto de rasgos que definen la psicopatía desde la Antigüedad y en una gran variedad de culturas. Como se señala en un estudio, «existe y se identifica en todas las sociedades, independientemente de su sistema económico, y en todas las épocas, lo que demuestra que no es un síntoma exclusivo de una sociedad moderna "enferma"».[3]

Muchos de nuestros charlatanes asumen grandes riesgos, son de una promiscuidad agresiva y les cuesta hacer planes realistas a largo plazo. Un ejemplo es Mamugnà, que retozaba con las jóvenes hijas de los nobles de Venecia, todos ellos deseosos de casar a sus hijas con el alquimista. Sí, acabó bajo la espada del verdugo, pero ¿cuántos hijos tuvo en el proceso? Desde un punto de vista evolutivo, su estrategia no era más que la de «vivir deprisa y morir joven». Otro ejemplo es el de Mehmet Aydın recorriendo Uruguay en su Ferrari: cuando era jornalero en Turquía, nunca habría podido tener tantas parejas entre las que elegir como en esa época de charlatán.

Los charlatanes tienen prisa por acumular prestigio, riqueza y distinción sin que parezca que les importa quién resulta perjudicado en el proceso. Viven para el presente.

Algunos investigadores han sugerido la posibilidad de que la evolución seleccione los rasgos psicopáticos en una minoría de la población simplemente porque el deseo de asumir riesgos puede garantizar la transmisión de sus genes a la siguiente generación.[4] Da la impresión de que no es la opinión mayoritaria entre los psicólogos y nosotros no estamos cualificados para mediar en esta disputa. Puede que haya otras formas mejores de explicar la recurrencia de rasgos psicopáticos generación tras generación. Pero lo que sí sabemos con certeza es que, cuando una persona inteligente y ambiciosa que posee esos rasgos se conecta a internet, ocurren cosas negativas.

El psicópata hiperconectado

En un pasado muy lejano, que una de cada cien personas tuviera rasgos psicopáticos quizá no fuera muy desestabilizador. Si examinamos nuestra larga historia evolutiva, esos primeros doscientos mil años en los que el *Homo sapiens* vivía sobre todo en pequeños grupos de cazadores-recolectores de entre cincuenta y cien personas, todos familiares, la psicopatía seguramente era una característica poco frecuente y manejable, que engendraba líderes excepcionales, implacables, pero acaso muy eficaces.

Es posible que, en el pasado, muchas personas no se encontraran en toda la vida con un psicópata, mientras que otras tendrían contacto con uno o, como mucho, dos. Su frialdad y su disposición a asumir riesgos son precisamente las características que pueden haber logrado que algunos de ellos fueran líderes muy valiosos, individuos carismáticos capaces de tomar decisiones difíciles que otros más sentimentales rehuían. Quizá esa sea una de las razones de su persistencia en el acervo genético: es posible que los grupos en los que había un psicópata por cada cien niños, como consecuencia, tuvieran mejores índices de supervivencia.

Si damos un salto adelante de doscientos mil años, nos encontramos en un universo social completamente transformado. Tenemos contacto con muchísimas más personas. Encontrarse con un psicópata en algún momento de la vida puede ser desagradable, pero, por lo general, se puede manejar. Ahora bien, ¿qué ocurre cuando creamos una sociedad en la que la gente normal puede encontrarse con un par de charlatanes nada más empezar el día?

En todos estos milenios, sus estrategias no han cambiado en lo fundamental, pero han reinventado las tácticas y tienen más influencia que nunca. Las infraestructuras de comunicaciones que han construido nuestras sociedades ponen un público inmenso al alcance de cualquiera con un solo clic de ratón. Toparse con un psicópata ya no es el acontecimiento excepcional que era durante la mayor parte de nuestra historia evolutiva. Y encontrarse con ese pequeño subgrupo de psicópatas que consiguen tener éxito como charlatanes ha dejado de ser algo ocasional, como en la Italia del siglo XVI o el salvaje Oeste del siglo XIX, en el que los vendedores de aceite de serpiente eran todavía lo suficientemente escasos como para ser memorables.

Los avances tecnológicos han ocasionado que el acceso de los charlatanes a posibles víctimas sea infinitamente mayor. Hoy en día, los charlatanes son digitales, virales, escalables y, en algunos casos, globales. Saben cómo aprovechar las técnicas más avanzadas de marketing digital para identificar y cultivar a sus posibles víctimas. En algunos casos, el mecanismo de reclutamiento funciona íntegramente en línea. No es más que una cuestión de números.

Y los números, cuando se examinan de frente, dan miedo.

Según la consultora Kepios, en 2024 había alrededor de 5.220 millones de usuarios de redes sociales en todo el mundo, una cifra que sigue aumentando a toda velocidad.[5]

La Asociación Estadounidense de Psicología calcula que entre el 0,3 y el 0,7 por ciento de las mujeres muestran rasgos psicopáticos significativos, además del 1,2 por ciento de los hombres.[6]

Un porcentaje menor de la población, tal vez el 0,2 por ciento, tiene rasgos de la tríada oscura.

Si suponemos que los psicópatas tienen las mismas probabilidades que los demás de querer conectarse a internet, eso significa que en la actualidad hay cuarenta millones de psicópatas en las redes sociales y que aproximadamente diez millones de usuarios de redes sociales poseen todas las características de la tríada oscura.

Por supuesto, la gran mayoría de ellos no utilizan las redes sociales para convertirse en auténticos charlatanes. En general llevan una vida relativamente normal, en la que su peculiar componente psicológico les resulta ventajoso en numerosos aspectos, aunque con frecuencia a costa de causar mucho dolor a sus allegados. Pero hay un pequeño porcentaje que, en la abundancia actual de vías de comunicación, encuentra una válvula de escape perfecta para su psicopatía.

La explosión de charlatanes que llenan hoy nuestra esfera pública es una de las características más llamativas de nuestra época. Las sociedades modernas y acomodadas dan pie a un número sorprendente de creencias, esperanzas y sueños.

Al fin y al cabo, ¿quién quiere vivir sin sueños?

Por eso nos encontramos a diario con gran cantidad de charlatanes que buscan un número ingente de víctimas con todo tipo de mensajes adaptados a una infinita variedad de sueños. Muchos de esos mensajes nos parecerán descabellados.

El problema, por supuesto, no surge cuando se nos acerca alguien con un mensaje extravagante. Surge cuando nos presentan uno que sintoniza con nuestros sueños, porque esos sueños proceden de unas convicciones inamovibles. Cuando escuchamos a alguien que nos los transmite reflejados, tenemos una reacción visceral instantánea, en cuestión de doscientos milisegundos. Así es como funciona el sistema operativo humano. Es inevitable.

Para la mayoría de las personas, es totalmente lógico acoger a quienes defienden con pasión los mismos sueños. Cuando conocemos a alguien encantador y enérgico que defiende nuestros sueños con carisma, resulta antinatural imaginar que solo quiere aprovecharse de nosotros. Su atractivo es irresistible.

A las personas normales les cuesta mucho concebir cómo piensan y actúan los charlatanes.

Por eso, cuando alguien nos cae bien, confiamos en él. Y, cuando confiamos un poco, siempre es más fácil confiar un poco más que dejar de confiar. Sin darnos cuenta, de pronto estamos atrapados.

Lo peor es que los charlatanes de hoy, hiperreforzados por la tecnología, aprenden unos de otros y de los que los precedieron para perfeccionar sus propios argumentos. Los más entregados se mantienen al día de las últimas técnicas de marketing y prueban sin cesar nuevos trucos para tratar de identificar posibles víctimas, apuntar a sus vulnerabilidades y explotar sus sueños.

En estos mismos momentos, en algún lugar del planeta, alguien está estudiando las tácticas de un charlatán lejano para adaptarlas a su entorno. Y algunos lo consiguen y elaboran nuevos planes concebidos para ser digitales, virales, escalables desde el primer día y, por tanto, aplicables en todo el mundo.

Una actividad que solía ser una parte marginal de la sociedad está empezando a ocupar el centro. Una experiencia que solía ser infrecuente y difícil de olvidar se ha vuelto rutinaria. Los días en que un ser humano podía confiar razonablemente en vivir toda la vida sin encontrarse con un charlatán han quedado atrás. Hoy en día, la avalancha es constante y la disciplina y la vigilancia necesarias para protegerse de todos ellos sobrepasan la capacidad de la mayoría de las personas. Estamos en la edad de oro de los charlatanes.

Con el rapidísimo desarrollo de las nuevas y aterradoras capacidades de la inteligencia artificial, los recursos de los que disponen los charlatanes no hacen más que aumentar. Es indudable que no queda mucho para que veamos al primer charlatán dotado de inteligencia artificial. Las herramientas que utilizan para ganarse nuestra confianza son cada vez más potentes y sofisticadas. Nuestras defensas no están a la altura.

En cierto modo, sin embargo, el enigma no son los charlatanes; lo son sus víctimas. Los charlatanes que triunfan suelen ser muy inteligentes y se mueven guiados por sus propios intereses. Por muy crueles que puedan ser a veces sus tácticas, su motivo no es ninguna incógnita. Son perversamente racionales en su búsqueda de dinero, sexo, poder, seguidores y un ego satisfecho. Como hemos visto una y otra vez, las técnicas que emplean para conseguirlo funcionan. Desde luego, funcionan a corto plazo y, a veces, durante décadas, incluso toda la vida. Los charlatanes pueden ser despreciables, pero sus motivaciones no son misteriosas.

El verdadero misterio son las víctimas. Las vemos constantemente actuar en contra de sus propios intereses. Entregan el voto, los ahorros de toda una vida, el cuerpo, toda su identidad a unos estafadores que todo el mundo a su alrededor ve que solo pretenden explotarlas. Creen que esos charlatanes van a encaminarlas hacia una vida mejor y confían en quienes venden historias claramente absurdas para cualquiera que no comparta su sueño.

Todo el mundo está en peligro

«No serán tan inteligentes». Es la reacción instintiva de casi todo el mundo cuando escucha el relato de las víctimas de los charlatanes que aparecen en este libro. También fue nuestra reacción. Parece automático, un producto del pensamiento rápido que es imposible reprimir cuando se oye hablar de gente que se ha dejado engañar por unas historias tan descaradamente absurdas. Luego, enseguida, llega la variante más educada: «A lo mejor no es más que ignorancia». ¿Es posible que las personas que no han tenido una educación sólida estén especialmente en peligro?

Sabemos que eso no puede ser. Las víctimas de los charlatanes que hemos visto incluyen a algunas de las personas más preparadas e inteligentes del mundo actual. Entre los inversores que acabaron atrapados en la estafa de FTX, el fondo de Sam Bankman-Fried, había decenas de profesionales del sector formados en las mejores universidades e incluso los gestores de varios de los mayores organismos de inversión pública del mundo, como el Fondo de Pensiones de los Profesores de Ontario. Lo mismo ocurrió con el esquema de Ponzi de Arif Naqvi.

Múltiples gestores patrimoniales, inversores activistas e instituciones cayeron en la trampa de Arif Naqvi, que prometía que «hacer el bien era rentable», y destinaron miles de millones de dólares a su Fondo para la Salud en Mercados en Crecimiento sin comprobar realmente adónde iba a parar el dinero: la Casa Blanca de Obama, la Fundación Gates y el antiguo director ejecutivo del Servicio Nacional de Salud británico, por ejemplo. Está claro que un coeficiente intelectual elevado y una educación de élite no inmunizan a los crédulos contra los charlatanes y sus estafas.

¿Es posible, entonces, que ocurra lo contrario? ¿Puede ser que los charlatanes vendan unas historias tan extravagantes que solo se las puede creer un intelectual? No. Muchos de los charlatanes que hemos examinado se dirigen a personas con bajo nivel educativo, desde la Iglesia Universal del Reino de Dios de Edir Macedo, especializada en buscar conversos en los barrios marginales del tercer mundo, hasta la Liberty University de Jerry Falwell Jr., que prometía a los fieles precisamente la educación que deseaban tener.

En este libro hemos conocido a veinticuatro charlatanes contemporáneos de enorme talento y a Mamugnà, que vivió hace mucho. No es un número muy elevado, ni es, en absoluto, una muestra estadísticamente representativa, pero, incluso con un conjunto tan reducido, está muy claro que hay una gran variedad de víctimas. Entre ellas:

- brasileños residentes en barriadas marginales;
- personas al borde del suicidio;
- turcos patriotas aficionados a los juegos en Facebook;
- cristianos estadounidenses de clase media con dificultades económicas;
- inmigrantes italianos pobres en la Nueva York de la década de 1920;
- partidarios fanáticos de Donald Trump;
- madres con dudas sobre las vacunas;

- mujeres blancas progresistas y acomodadas de Estados Unidos;
- las agencias de desarrollo internacional de Estados Unidos, Francia y Reino Unido;
- inversores inmobiliarios veteranos del área de Chicago;
- mujeres que buscan al amor de su vida;
- devotos hindúes de clase media que practican yoga;
- la nobleza veneciana de finales del siglo XVI;
- la Corporación de Inversiones Privadas en el Extranjero de Estados Unidos;
- jóvenes europeos y estadounidenses en busca de sentido espiritual;
- el Fondo de Pensiones de los Profesores de Ontario;
- prácticamente todas las madres de América Latina;
- Tom Brady y Gisele Bündchen;
- Tony Blair;
- Usain Bolt; y nada menos que
- Bill Gates.

En una época en la que se valora la diversidad, no hemos visto una lista más diversa: desde el punto de vista social, geográfico, económico, ideológico, hay de todo. Sean cuales sean los factores que tienen en común todos estos grupos de víctimas, no parece que sean demográficos. Afectan a un nivel más profundo e íntimo.

Todos tenían un sueño. Todos confiaron en alguien que reafirmaba ese sueño.

Y se aprovecharon de ellos por eso.

Por supuesto, eso no quiere decir que no haya que creer en nada o que debamos renunciar a nuestros sueños. Eso sería absurdo: sería desconfiar de todo por culpa de unos pocos. La confianza es el ingrediente crucial de la sociedad moderna; nuestros sueños son el motor del progreso humano. Y, en cualquier caso, no podemos evitarlo: salvo los psicópatas, todos acariciamos un sueño y tenemos tendencia a confiar en quienes lo comparten.

Pero debemos recordar que nuestros sueños también son nuestras debilidades. Los sueños nos llevan a confiar en quienes nos transmiten su reflejo, y es fácil que abusen de esa confianza. Cuando no analizamos nuestros propios sueños, cuando no comprendemos de qué forma nos exponen a la manipulación, nos volvemos vulnerables. Y explotar esas vulnerabilidades es la especialidad de los charlatanes.

Todo convicción, cero persuasión

Comenzamos este libro preguntándonos cómo podían ser tan ingenuas las víctimas. Pero, cuanto más hemos aprendido sobre los charlatanes, menos nos parece que el problema sea la ingenuidad.

Ser ingenuo significa dejarse persuadir fácilmente para creer algo. La persuasión está integrada en la definición de «ingenuidad». Sin embargo, lo que llama la atención de los charlatanes que hemos visto es que, en realidad, ejercen poca persuasión. Con lo extremas y extrañas que son muchas ideas de las que adoptan sus víctimas, lo sorprendente es el poco tiempo que dedican los charlatanes a convencerlas de que abandonen una creencia y adopten otra. La persuasión no es una de sus armas preferidas.

Ninguno de los charlatanes que hemos analizado perdió el tiempo con algo tan anticuado como la persuasión. Walter Mercado, el astrólogo puertorriqueño de éxito arrollador en televisión, no gastaba fuerzas en tratar de demostrar a los escépticos que la posición de las estrellas en el cielo verdaderamente podía predecir el futuro de todas las personas de este planeta. Joseph Mercola no construyó su imperio de suplementos por internet —por valor de cien millones de dólares— empeñándose en convertir a los entusiastas de la ciencia en antivacunas convencidos.

Los charlatanes se dedican a otra cosa. Encarnan un sueño y son conscientes de que, al hacerlo en público, van a atraer a gente que ya está predispuesta a estar de acuerdo con ellos. No tienen que persuadir a nadie, porque se dirigen exclusivamente a quienes ya están convencidos desde que atraviesan la puerta.

Baba Ramdev sabe que millones de hindúes se inclinan a creer que el yoga es el camino hacia la salud y la felicidad perfectas. No necesita persuadirlos de nada para que confíen en él; no tiene más que devolverles el reflejo de su sueño.

Joseph Mercola es consciente de que millones de estadounidenses desconfían de la medicina científica y son proclives a creer que las grandes farmacéuticas forman parte de una gran conspiración en su contra. No precisa persuadir a nadie; solo tiene que difundir una serie de ideas y dejar que las personas que ya están de acuerdo con él se acerquen, que ellas mismas se autoseleccionen como víctimas.

Mehmet Aydın, que robó millones mediante su descarada estafa del Banco Agrícola, esa mezcla de videojuego y plan para enriquecerse a toda velocidad, sabía que millones de turcos patriotas sentían nostalgia por el estilo de vida rural de sus abuelos y estaban deseosos de apoyar a los agricultores de su país. No le hizo falta persuadir a nadie para que compartiera esos sentimientos; sabía que esas personas existían y que la forma de ganarse su confianza era devolverles el reflejo de sus propios valores.

Después de sintonizar con los sueños de sus víctimas, el charlatán se gana su confianza sin tener que persuadirlas de nada. Por consiguiente, no es exactamente que las víctimas de los charlatanes sean ingenuas. No es que sean fáciles de persuadir. Es que son fáciles de identificar. Y, una vez identificadas, es fácil aprovecharse de ellas solo con repetir las creencias que ya poseen.

Convencer a alguien de que abandone una creencia para adoptar otra es extraordinariamente difícil y muy poco frecuente. Pero conseguir que se reafirme en lo que ya está convencida de que es cierto es lo más fácil del mundo.

Ese primer sentimiento de identificación cuando oímos a alguien que defiende nuestros sueños es potente, espontáneo y automático. Como vimos en el primer capítulo, es el resultado de lo que el psicólogo y premio Nobel Daniel Kahneman llama «pensamiento rápido»: una reacción inconsciente y automática, impulsada por la intuición, que nos viene a la mente antes de haber tenido tiempo de formular un pensamiento racional.[7] Para poner en duda esa conclusión es necesario el pensamiento lento: el engorroso y esforzado despliegue de nuestra capacidad de pensamiento crítico. Por desgracia, el pensamiento lento es una tarea pesada y miles de experimentos de laboratorio demuestran de manera concluyente que las personas lo evitan si pueden. Sin embargo, frente a un charlatán, fiarnos solo del pensamiento rápido puede tener consecuencias desastrosas.

Atrapados por el encanto del charlatán, para sus seguidores siempre es más fácil dar otro pasito más por el camino marcado por él que retroceder hasta el principio y poner en tela de juicio todo el camino recorrido. Con cada paso, se les pide que amplíen lo que ya creen un poco más. Con cada paso, piensan rápido —le siguen la corriente para hacer lo que les pide—, en vez de afrontar el terrible esfuerzo que supone pensar despacio y el dolor de replantearse una larga serie de graves errores.

Este proceso por el que el charlatán va arrastrando a las víctimas hacia su realidad es gradual. No hay ningún paso que parezca un gran salto, pero, al cabo de un tiempo, tantos errores, todos juntos, pueden tener resultados dramáticos. Esa lenta atracción de la víctima explica por qué unas personas completamente agradables, educadas y razonables acaban creyendo ideas de lo más extrañas.

Como es natural, nadie aceptaría desde el primer día consejos sobre relaciones de un lunático que afirma ser el Mesías. Sin embargo, Jeff y Shaleia Ayan atraían poco a poco a sus víctimas y así lograban convencerlas de que Jeff era Jesucristo. Este proceso gradual explica también por qué, en Estados Unidos, unos conservadores totalmente razonables pueden llegar a creer que los demócratas llevan a cabo torturas y asesinatos rituales de niños inocentes para tener ellos una vida más larga y por qué unos hindúes sensatos pueden convencerse de que expulsar aire rítmicamente cura el sida.

A ninguno de ellos hubo que persuadirlo de todo eso. Se limitaron a confiar en alguien que daba voz a sus sueños y esa persona abusó de su confianza.

La convicción sin necesidad de persuasión también permite entender cómo consiguen impedir los charlatanes que sus seguidores expresen dudas y mucho menos que actúen al respecto. Casi todos los charlatanes de este libro toman medidas para estigmatizar a los escépticos, caracterizarlos como el enemigo al que los seguidores buenos y convencidos deben evitar e incluso odiar. Aquellos que no comparten nuestros sueños son «los otros»: los malos, los forasteros, «ellos», los que no lo entienden. El enemigo.

A los que protestan suelen atacarlos con dureza. Para los charlatanes evangélicos como Edir Macedo y Kenneth Copeland, quienes los ponen en duda son literalmente Satanás o, como mínimo, están poseídos por Satanás. Lo irónico es que algunos líderes espirituales *new age*, como Bentinho Massaro, también predican que quienes los cuestionan deben de estar poseídos por demonios. En el mundo de QAnon, son pedófilos y torturadores de niños. Para Regina Jackson y Saira Rao, las responsables de Race2Dinner, quienes ponen en tela de juicio su drástica estrategia contra el racismo no pueden ser sino racistas y supremacistas blancos. Todos horribles; lo peor de lo peor. El seguidor de estos charlatanes reivindica su identidad de buena persona, dispuesta a luchar contra las fuerzas del mal que representan los detractores. En todos estos casos, los charlatanes utilizan el miedo de las víctimas a que las identifiquen con esos «ellos» tan detestados para mantener el control sobre sus presas.

En estas páginas hemos visto una y otra vez hasta qué punto llegan las víctimas a identificarse estrechamente con los charlatanes que se aprovechan de ellas. Esa identificación se convierte en un mecanismo de defensa nuevo y poderoso que las ata a ellos y prolonga su explotación. Para los seguidores, replantearse su compromiso con el charlatán no consiste solo en revisar todo lo que les ha contado, sino en modificar su lealtad y empezar a confiar en un grupo al que han demonizado, a veces literalmente. Y ese es un paso muy difícil. Siempre es más fácil seguir creyendo en un grupo con el que hemos aprendido a identificarnos que trasladar la lealtad a otras personas a quienes considerábamos enemigas.

Por supuesto, no todos los charlatanes representan un peligro para cada uno de nosotros. Si de los veinticuatro casos que hemos analizado veintitrés parecen ridículos, es normal. Los charlatanes no lanzan una red, sino una caña. Eligen el mensaje del mismo modo que un pescador elige la mosca: no para atraer a cualquier pez, sino para atraer a un tipo concreto.

La indiferencia de los charlatanes ante la persuasión es uno de los motivos de que su mensaje suela parecer absurdo a quienes no pertenecen al grupo que les interesa. Los charlatanes no pueden hacernos creer lo que no creemos de antemano, así que ni lo intentan. Un mensaje dirigido específicamente a las posibles víctimas siempre va a parecer ridículo a los demás.

Por eso, los charlatanes que engañan a otras personas siempre nos parecen ridículos, tontos. Y sus víctimas nos resultan ridículas, ingenuas y patéticas.

Pero la paradoja es que eso no nos protege en absoluto de los charlatanes. Todo lo contrario: nos lleva a una falsa sensación de seguridad. Por muy bien que podamos detectar los errores que cometen otras personas cuando ven sus sueños reflejados, nosotros también tenemos nuestros propios sueños. Nuestros circuitos de pensamiento rápido están tan predispuestos a sacar conclusiones precipitadas como los suyos, y todos somos igual de reacios a someter nuestros sueños a un examen crítico. Usted cree que es inmune; al fin y al cabo, acaba de leer un libro entero sobre el tema. Pero se engaña a sí mismo.

No es inmune.

Nadie lo es.

¿Qué podemos hacer?

En primer lugar, debemos abordar el tema con cierta dosis de humildad. Los charlatanes son un mal de la humanidad desde hace miles de años y probablemente seguirán siéndolo durante otros mil más. No es un problema que tenga solución. Pero sí se puede gestionar para contener los daños que causa.

Una vía es la legal. Los charlatanes no son sobre todo delincuentes, pero infringen la ley con gran frecuencia. Muchos charlatanes que aparecen en estas páginas cometieron algún tipo de fraude y, cuando han acabado ante la justicia, con frecuencia ha sido porque los fiscales los han acusado de fraude y conspiración para defraudar.

Por consiguiente, la primera línea de defensa es garantizar que los investigadores de delitos financieros cuenten con los recursos y los incentivos necesarios para combatir las actividades fraudulentas de esta gente. Si los charlatanes cometen delitos, luchar contra el charlatanismo significa luchar contra la delincuencia, sin más.

Esta es una primera respuesta, a menudo útil, pero no completa, ni mucho menos. La perspectiva policial tiene peso sobre todo en casos de engaños económicos evidentes y desmesurados. En particular, las estafas piramidales suelen acabar en juicios simplemente por la brutal aritmética del crecimiento exponencial: cuando se quedan sin víctimas que reclutar, tienden a venirse abajo y entonces se ve muy bien a quién han engañado.

Pero estas dinámicas de los esquemas de Ponzi no son las de la mayoría de los casos que hemos estudiado. Muchos charlatanes hacen todo lo posible para lograr el consentimiento de sus víctimas —incluso su colaboración entusiasta— en los abusos, lo cual puede crear un dilema complicado para perseguirlos legalmente.

Los espectadores del famoso programa de televisión del doctor Mehmet Oz, con sus consejos médicos, seguramente se dejaron engañar muchas veces durante los años que estuvo en antena. En conjunto, derrocharon millones de dólares en curas y dispositivos inútiles que promocionaba el programa. Pero da la impresión de que pocos de ellos se sienten ofendidos o se dan cuenta siquiera de que los engañaron. Las afirmaciones grandilocuentes de Oz generaban enormes audiencias y, por tanto, enormes ingresos publicitarios. Está claro que el programa era manipulador y perjudicial, pero probablemente no cumplía los requisitos para entrar en las definiciones legales de «fraude» o «conspiración».

Si la ley no da más que una respuesta muy fragmentaria a la pregunta de cómo defender a las víctimas, ¿de qué otras vías disponemos?

Un aspecto sobre el que desde luego se puede presionar es la intervención de los gigantes tecnológicos: Google, Facebook,

TikTok y X contribuyen de manera fundamental a las estrategias de reclutamiento de los charlatanes modernos, por lo que habrá que presionar a las empresas matrices para que les pongan trabas. También esto es complejo: para estas empresas, los charlatanes no son enemigos, sino clientes lucrativos. Aun así, la importancia que tienen todas esas plataformas en la captación de nuevas víctimas les obliga a no seguir eludiendo sus responsabilidades.

Lo difícil es saber cómo.

El modelo de negocio de los charlatanes se basa en el engaño y descubrirlo exige unos recursos considerables. Los gigantes tecnológicos siempre van a resistirse a dedicar dinero a desacreditar las afirmaciones de sus clientes, como es natural. Es tentador querer responsabilizar a las empresas tecnológicas por el daño que sufren sus usuarios a manos de los charlatanes que les ofrecen sus algoritmos, pero en la práctica es complicado. Los gigantes tecnológicos se pueden encontrar con serios problemas tanto de falsos positivos (grupos legítimos a los que se etiquete como posibles charlatanes y se restrinja la difusión de su contenido) como de falsos negativos (charlatanes cuyo contenido, por error, no se etiquete como peligroso).

En los últimos tiempos se ha prestado mucha atención al *prebunking* (desmentido preventivo), es decir, el intento de advertir a las víctimas de que están a punto de exponerse a afirmaciones manipuladoras antes de que entren en contacto con ellas. Por ejemplo, Google ha probado a incluir mensajes de *prebunking* en los resultados para búsquedas especialmente delicadas.[8]

La mecánica exacta para lograrlo es compleja. Por ejemplo, los intentos de desmentir por adelantado los mensajes antivacunas suelen contar con médicos y científicos que tranquilizan al público sobre la seguridad y la eficacia de las vacunas. Sin embargo, ya hemos visto que eso puede ser contraproducente, porque el público que se resiste a las vacunas suele estar predispuesto a creer lo peor de los médicos y los científicos. Es más, casi todos los mensajes antivacunas están específicamente elaborados para ganarse a aquellos que, por el motivo que sea, no confían en la profesión médica convencional. Para ser eficaz, el desmentido preventivo debe ser tan capaz como los propios charlatanes para sintonizar con las claves culturales de la población en riesgo. Mucho nos tememos que, con demasiada frecuencia, no es así.

Tanto los Estados como los gigantes tecnológicos deben contribuir a poner obstáculos a los planes de los charlatanes, pero su papel es limitado. Las líneas de defensa más importantes son más próximas a cada persona.

En muchos de los casos que hemos visto, lo que verdaderamente les habría convenido a las víctimas era una segunda opinión: que alguien de fuera y de quien se fiaran les hubiera dado un baño de realidad y les hubiera advertido de que corrían el riesgo de acabar estafadas. El aislamiento social, la falta de acceso a esas opiniones contrastadas y fiables, parece ser un factor de riesgo oculto de victimización. Nadie está en mejor posición para avisar a las posibles víctimas de los charlatanes peligrosos que sus seres más cercanos y queridos. Los amigos, colegas, compañeros de trabajo, compañeros de clase y familiares pueden ser los más indicados para protegerlas de caer en el engaño.

La gente debe cuidarse entre sí y aprender a intervenir, con tacto, ante las más mínimas señales de que alguien está cayendo bajo la influencia de un charlatán. Formarnos para saber detectar los síntomas de victimización, poder intervenir con nuestros seres queridos e interrumpir el proceso es quizá una de las formas más prometedoras de prevenir los abusos de los charlatanes.

Pero estas soluciones también son parciales. Al final, la única persona que puede proteger a alguien es ella misma.

Es lógico suponer que es el Estado el que debe protegernos de los charlatanes. O tal vez los tribunales, o Google y Facebook, o incluso nuestros amigos y familiares. Pero lo vemos con escepticismo.

La última línea de defensa, el campo de batalla en el que está todo por decidir, está dentro de cada uno de nosotros.

Por eso, el consejo más antiguo y repetido sobre los charlatanes sigue siendo el mejor: si algo parece demasiado bueno para ser verdad, probablemente lo sea.

Todo el mundo conoce el viejo dicho y, a pesar de ello, seguimos dejándonos engañar por los charlatanes. ¿Por qué? ¿Por qué es tan difícil resistirse a su atractivo? ¿Por qué lo que nos parece bueno nos parece tan bueno? ¿Por qué pesa tanto que estamos dispuestos a arruinarnos la vida para conseguirlo?

Cuando se nos insta a pensar que algo es «demasiado bueno para ser verdad», se nos está diciendo que reflexionemos con calma, que utilicemos nuestra capacidad de pensamiento crítico y examinemos detalladamente la afirmación que tenemos delante.

Los charlatanes saben cuánto poder tienen nuestros sueños sobre nosotros. Por eso se esfuerzan tanto por hablarnos utilizando ese lenguaje. Pocos queremos o podemos «pensar despacio», de forma auténticamente crítica, sobre lo que, en el fondo, sentimos que debe ser cierto, porque son las creencias que nos definen. Si se conecta con los sueños de una persona, se conecta con ella.

Los charlatanes lo saben y lo explotan sin piedad.

Para protegernos de un charlatán, para identificar algo que es «demasiado bueno para ser verdad», debemos distanciarnos un poco de nuestros sueños, mantener esa pequeña diferencia crítica entre lo que parece verdadero y lo que es digno de fiar.

Es una tarea increíblemente difícil. Implica ir a contracorriente de nuestro sistema operativo, es decir, hacer el esfuerzo de pensar despacio para intentar refutar nuestras creencias, en vez de buscar razones para confirmarlas. Implica utilizar la razón no solo para buscar argumentos que sustenten nuestra intuición, sino también para analizarlos con espíritu crítico. Implica recordar que las personas a las que admiramos pueden equivocarse y que el hecho de que otros como nosotros crean algo no debe ser motivo para creerlo nosotros también.

Nada de esto es fácil. Es natural escuchar a alguien que defiende nuestros sueños sin la guardia siempre alta.

Sabemos que es pedir mucho. Para cualquiera. Joven o viejo, rico o pobre, negro, moreno o blanco. La mayoría de nosotros no lo conseguimos, al menos no de forma constante. Cuando llegan tiempos difíciles, cuando estamos aislados, estresados o deprimidos, cuando somos vulnerables, recaemos. Nos aferramos a las creencias que necesitamos que sean ciertas para que el mundo tenga sentido, las creencias en las que se basan nuestros sueños. Y en ese momento es cuando nos atrapan.

En el mundo actual, los charlatanes que tratan de aprovecharse de nosotros en ese momento están por todas partes: son digitales, virales, escalables y globales. Para protegernos de ellos, para seguir siendo capaces de percibir que algo es demasiado bueno para ser verdad, debemos mantener cierto escepticismo respecto a nuestros propios sueños.

Tenemos que hacerlo sin cesar. Es increíblemente difícil. Pero es indispensable para sobrevivir en el siglo XXI.

Tres ideas con las que quedarse

Hasta ahora, hemos hecho un recorrido fulgurante por algunos de los sectores más sórdidos de la economía de la atención. Hemos descubierto historias a veces desagradables, pero esperamos que también útiles. ¿Qué conclusiones debemos sacar de este libro?

Todo el mundo corre el riesgo de ser presa de un charlatán

Los charlatanes se fijan en las vulnerabilidades más enraizadas en el sistema operativo humano y convierten algunas características de nuestra forma de pensar en armas que se nos vuelven en contra. Todo el mundo prefiere ver sus ideas confirmadas, no refutadas. Buscamos motivos para aferrarnos a nuestras creencias más preciadas y pasamos por alto las razones para dudar de ellas. A todos nos resulta incómodo poner en duda nuestros sueños. Y todos tendemos a seguir al rebaño, porque suponemos que, si la gente en la que confiamos cree algo, debe de ser verdad. Estos sesgos son universales e ineludibles, producto del pensamiento rápido, que ocurre antes de que seamos incluso conscientes de ello. Por eso, aunque muchos charlatanes nos parezcan ridículos, los que se centran en nuestra persona siempre son difíciles de detectar.

Los charlatanes son una amenaza en todos los aspectos de la vida

Cuando los charlatanes solo contaban con su voz subidos a una tarima, tenían que limitarse a practicar unos cuantos métodos probados y contrastados. En general, se especializaban en falsas curas y planes para enriquecerse deprisa, porque los sueños de salud y riqueza están muy extendidos. Hoy en día, la tecnología les permite afinar mucho más cada nicho y, en consecuencia, el charlatanismo se ha extendido a toda clase de actividades humanas. Antes, tener un sueño poco convencional nos protegía. Ahora ya no. Surgen sin cesar charlatanes que se dirigen a nichos tan concretos como la nostalgia de los turcos urbanitas por la vida rural o la búsqueda de la auténtica alma gemela a la que amar. Con unos algoritmos cada vez más sofisticados, capaces de emparejar a los consumidores de medios con lo que más desean oír, la charlatanería sigue expandiéndose sin parar.

La tecnología inclina la balanza a favor de los charlatanes

Los charlatanes de hoy promueven estafas que son digitales, virales y escalables, y pueden ser incluso globales. Engañan a los inversores más expertos del mundo y a los votantes de las democracias más avanzadas. Pueden arruinar la economía de una nación próspera, como han hecho en Gran Bretaña, y enfrentarse a las empresas más poderosas del mundo, como hace Baba Ramdev en India. Gracias a las herramientas cada vez más sofisticadas de internet para unir a las personas con sus intereses, su repercusión es muchísimo mayor. Y, ahora que empiezan a experimentar con las posibilidades de la inteligencia artificial para llegar todavía más lejos, quién sabe qué puede pasar.

Tenemos una certeza: la próxima generación de charlatanes con inteligencia artificial será necesariamente mucho más destructiva que la anterior.

Todo esto puede resultar desalentador, pero no tiene por qué. Ser conscientes del problema es siempre el primer paso para afrontarlo. No podemos evitar que llevemos dentro las vulnerabilidades inherentes al sistema operativo humano, pero podemos convertir nuestro conocimiento de esas vulnerabilidades en un escudo que nos proteja.

Es una tarea fundamental, porque los sueños son lo que somos: protegerlos es defender nuestro yo más auténtico.

Agradecimientos

Un libro como este no se habría podido escribir sin el tenaz trabajo de periodistas e investigadores de todo el mundo que descubrieron los hechos que conforman la historia de cada uno de nuestros charlatanes. Nuestros sherpas expertos tienen su reconocimiento a lo largo del texto, así como en las notas. Algunos de ellos prefieren permanecer en el anonimato y, por supuesto, hemos respetado su deseo.

Este libro es mucho mejor de lo que habría sido sin las generosas aportaciones de los colegas y amigos que leyeron los borradores iniciales y nos proporcionaron comentarios y sugerencias muy valiosos. Estamos inmensamente agradecidos a Anne Applebaum, Marie Arana, Bill Bradley, Gustavo Coronel, David Frum, James Gibney, Adam Grant, Jessica Mathews, Maurizio Molinari, Tom Rachman, José Juan Ruiz, Brian Winter, Dan Yergin, Fareed Zakaria y Robert Zoellick.

Le debemos mucho a Lara Heimert, presidenta y editora de Basic Books, que apoyó con entusiasmo este proyecto desde sus inicios. Gracias, Lara. El excelente equipo de profesionales de Basic Books logró que todo se llevara a cabo de manera rápida y eficaz. Nuestro agradecimiento a Jessica Breem, Angie Messina y sus equipos. También estamos agradecidos a Pilar Reyes y Miguel Aguilar, nuestros editores en el mundo hispanohablante.

Durante los casi cuatro años que nos ha llevado investigar y escribir, hemos contado con la ayuda de dos asistentes extraordinarias: Angie Estévez y Andrea Guerra. Les damos las gracias. Estamos en deuda con Sena Deniz Töreli por ayudarnos a traducir del turco parte de los textos relacionados con el Banco Agrícola.

Notas

Prefacio

1. Grete de Francesco, *The Power of the Charlatan*, New Haven, Connecticut, Yale University Press, 1939. [Ed. orig. alemana: *Die Macht des Charlatans*, Basilea, Benno Schwabe, 1937].

2. Hillary Rodham Clinton, «The Weaponization of Loneliness», *The Atlantic*, 7 de agosto de 2023, <https://www.theatlantic.com/ideas/archive/2023/08/hillary-clinton-essay-loneliness-epidemic/674921>.

3. Vivek H. Murthy, «Our Epidemic of Loneliness and Isolation 2023: The U. S. Surgeon General's Advisory on the Healing Effects of Social Connection and Community», U. S. Department of Health and Human Services, <https://www.hhs.gov/sites/default/files/surgeon-general-social-connection-advisory.pdf>.

4. Yuval Noah Harari, «What Happens When the Bots Compete for Your Love?», *The New York Times*, 4 de septiembre de 2024, <https://www.nytimes.com/2024/09/04/opinion/yuval-harari-ai-democracy.html>.

5. Shoshana Zuboff, *The Age of Surveillance Capitalism: The Fight for a Human Future at the New Frontier of Power*, Nueva York, PublicAffairs, 2019. [Hay trad. cast.: *La era del capitalismo de la vigilancia*, Barcelona, Paidós, 2020].

1. Pirateando el sistema operativo humano

1. P. C. Wason, «On the Failure to Eliminate Hypotheses in a Conceptual Task», *Quarterly Journal of Experimental Psychology*, vol. 12,

n.º 3 (1960), pp. 129-140, <https://doi.org/10.1080/17470216008416717>.

2. Karl Raimund Popper, *The Logic of Scientific Discovery*, Londres, Routledge, 2002. [Hay trad. cast.: *La lógica de la investigación científica*, trad. de Víctor Sánchez de Zavala, Madrid, Tecnos, 2008].

3. Raymond S. Nickerson, «Confirmation Bias: A Ubiquitous Phenomenon in Many Guises», *Review of General Psychology*, vol. 2, n.º 2 (1998), p. 177.

4. Daniel Kahneman, *Thinking, Fast and Slow*, Nueva York, Farrar, Straus and Giroux, 2013. [Hay trad. cast.: *Pensar rápido, pensar despacio*, Barcelona, Debolsillo, 2013].

5. Tamas Madl, Bernard J. Baars y Stan Franklin, «The Timing of the Cognitive Cycle», *PLOS ONE*, vol. 6, n.º 4 (2011).

6. Aileen Oeberst y Roland Imhoff, «Toward Parsimony in Bias Research: A Proposed Common Framework of Belief-Consistent Information Processing for a Set of Biases», *Perspectives on Psychological Science*, vol. 18, n.º 6 (2023), <https://doi.org/10.1177/17456916221148147>.

7. Patrick W. Kraft, Milton Lodge y Charles S. Taber, «Why People "Don't Trust the Evidence": Motivated Reasoning and Scientific Beliefs», *The Annals of the American Academy of Political and Social Science,* vol. 658, n.º 1 (2015), <https://doi.org/10.1177/0002716214554758>.

8. Jonathan Haidt, *The Righteous Mind: Why Good People Are Divided by Politics and Religion*, Nueva York, Knopf Doubleday, 2013. [Hay trad. cast.: *La mente de los justos: por qué la política y la religión dividen a la gente sensata*, Barcelona, Deusto, 2019].

9. Thomas J. Leeper y Kevin J. Mullinix, «Motivated Reasoning», *Political Science*, Oxford Bibliographies, 2018, <http://www.oxfordbibliographies.com/display/document/obo-9780199756223/obo-9780199756223-0237.xml>.

10. Leeper y Mullinix, «Motivated Reasoning».

11. Nicholas Epley y Thomas Gilovich, «The Mechanics of Motivated Reasoning», *The Journal of Economic Perspectives*, vol. 30, n.º 3 (verano de 2016), pp. 133-140.

12. Epley y Gilovich, «The Mechanics of Motivated Reasoning».

13. Charles G. Lord, Lee Ross y Mark R. Lepper, «Biased Assimilation and Attitude Polarization: The Effects of Prior Theories on Subsequently Considered Evidence», *Journal of Personality and Social Psycho-*

logy, vol. 37, n.º 11 (1979), pp. 2098-2109, <https://doi.org/10.1037/0022-3514.37.11.2098>.

14. Briony Swire-Thompson *et al.*, «The Backfire Effect After Correcting Misinformation Is Strongly Associated with Reliability», *Journal of Experimental Psychology General*, vol. 151, n.º 7 (2022), pp. 1655-1665.

15. Oliver James y Gregg G. van Ryzin, «Motivated Reasoning about Public Performance: An Experimental Study of How Citizens Judge the Affordable Care Act», *Journal of Public Administration Research and Theory*, vol. 27, n.º 1 (2017), pp. 197-209, <https://doi.org/10.1093/jopart/muw049>.

16. Martin Baekgaard *et al.*, «The Role of Evidence in Politics: Motivated Reasoning and Persuasion among Politicians», *British Journal of Political Science*, vol. 49, n.º 3 (2019), pp. 1117-1140, <https://www.cambridge.org/core/journals/british-journal-of-political-science/article/role-of-evidence-in-politics-motivated-reasoning-and-persuasion-among-politicians/6813A080C058E1BB4920661FF60BED6F>.

17. Stanley Milgram, Leonard Bickman y Lawrence Berkowitz, «Note on the Drawing Power of Crowds of Different Size», *Journal of Personality and Social Psychology*, vol. 13, n.º 1 (1969), pp. 79-82, <https://doi.org/10.1037/h0028070>.

18. Noah J. Goldstein, Robert B. Cialdini y Vladas Griskevicius, «A Room with a Viewpoint: Using Social Norms to Motivate Environmental Conservation in Hotels», *Journal of Consumer Research*, vol. 35, n.º 3 (2008), pp. 472-482, <https://doi.org/10.1086/586910>.

19. Alan Gerber, Donald Green y Christopher Larimer, «Social Pressure and Voter Turnout in the United States», The Abdul Latif Jameel Poverty Action Lab, 2006, <https://www.povertyactionlab.org/evaluation/social-pressure-and-voter-turnout-united-states>.

20. Robert B. Cialdini *et al.*, «Managing Social Norms for Persuasive Impact», *Social Influence*, vol. 1, n.º 1 (2006), pp. 315, <https://doi.org/10.1080/15534510500181459>.

2. El lado oscuro del emprendimiento

1. Paul Harrison y Serter Akyol, «Farm Bank: Founder Accused of Defrauding Gamers», BBC, 16 de marzo de 2018, <https://www.bbc.com/news/blogs-trending-43430363>.

2. Mehmet Aydın, «Çiftlikbank Mehmet Aydın Rap», Güvercin Dünyası Hünkari, YouTube, 14 de marzo de 2018, <https://www.youtube.com/watch?v=boR2vn5zfyU>.

3. Paul Benjamin Osterlund, «Fraud on the Farm: How a Baby-Faced CEO Turned a Farmville Clone into a Massive Ponzi Scheme», *Rest of World*, 20 de julio de 2021, <https://restofworld.org/2021/farmbank-turkey-scam-jail-time>.

4. Vine Official, «Çiftlik Bank ın Yayınladığı tüm reklam filmleri», YouTube, 22 de marzo de 2018, traducción al inglés de Sena Deniz Töreli, <https://www.youtube.com/watch?v–gFgbHY5h-A8&t=228s>.

5. Osterlund, «Fraud on the Farm».

6. «Police Start to Question Founder of Çiftlik Bank», *Hürriyet Daily News* (Estambul), 6 de julio de 2021, <https://www.hurriyetdailynews.com/police-start-to-question-founder-of-ciftlik-bank-166081>; y Emre İlkan Saklıca, «Fotoğrafın Çiftlik Bank'ın kurucusu Mehmet Aydın'ın ölümünü gösterdiği iddiası», *Teyit*, 17 de diciembre de 2019, <https://teyit.org/analiz/fotografin-ciftlik-bankin-kurucusu-mehmet-aydinin-olumunu-gosterdigi-iddiasi>.

7. Osterlund, «Fraud on the Farm».

8. Ulusal Kanal, «Çiftlik Bank CEO'su Mehmet Aydın Ferrari almış», YouTube, 21 de marzo de 2018, <https://www.youtube.com/watch?v=hLCkkp4Ho-k>.

9. Osterlund, «Fraud on the Farm».

10. «Founder of Turkish "Ponzi farm" Mehmet Aydin sentenced to 45,376 years», <https://www.turkiyetoday.com/turkiye/founder-of-turkish-ponzi-farm-mehmet-aydin-sentenced-to-45376-years-114614/>.

11. FüL (@Ful2live), «Grilled eggplant, roasted red pepper, arugula, fresh mozzarella, grated Parmesan, baguette. Calories: 474», X, 10 de abril de 2011 (15.54 horas), <https://x.com/Ful2live/status/12098014759892992O>; y Ari Bendersky, «FÜL Opening Saturday to Offer Healthy Food Options», *Eater Chicago*, 22 de julio de 2011, <https://chicago.eater.com/2011/7/22/6667599/ful-opening-saturday-to-offer-healthy-food-options>.

12. Anita Busch, «1inMM Prods. Raises $5M in Funds for Genre Films», *Deadline*, 21 de agosto de 2017, <https://deadline.com/2017/08/1inmm-5-million-film-fund-genre-movies-1202153140>.

13. Jennie Punter, «SXSW: 1inMM, Alebrije Team to Form One Key Entertainment», *Variety*, 7 de marzo de 2013, <https://variety.com/

2013/film/markets-festivals/sxsw-1inmm-alebrije-team-to-form-one-key-entertainment-1200005507>.

14. *Shifter*, dirigida por Diego Hallivis, Internet Movie Database, (1inMM Productions, 2014), 22 de octubre de 2024, <https://www.imdb.com/title/tt3271174>.

15. Evan Osnos, «Master of Make-Believe», Annals of Crime, *The New Yorker*, 27 de mayo de 2024, <https://www.newyorker.com/magazine/2024/06/03/master-of-make-believe>.

16. Edward Helmore, «Hollywood Grifter: The Actor Who Took Tinseltown for a Ponzi Scheme Ride», *The Guardian US*, 11 de octubre de 2021, <https://www.theguardian.com/money/2021/oct/10/hollywood-ponzi-scheme-zachary-horwitz-zach-avery>; y Sarah Hagi y Scaachi Koul, «The Talented Mr. Avery», *Scamfluencers*, pódcast producido por Bryan Taylor White, 16 de enero de 2023, <https://wondery.com/shows/scamfluencers/episode/10539-encore-the-hollywood-ponzi-scheme-the-talented-mr-avery>.

17. Osnos, «Master of Make-Believe».

18. Hagi y Koul, «Talented Mr. Avery».

19. *Last Moment of Clarity*, dirigida por Colin Krisel y James Krisel, con Samara Weaving, Carly Chaikin y Zach Avery (Metalwork Pictures, Rogue Black, 2020), <www.imdb.com/title/tt1929297>.

20. Osnos, «Master of Make-Believe».

21. Leslie Felperin y Stuart Murdoch, «Last Moment of Clarity Review—Neo-Noir in Double Trouble», *The Guardian US*, 2 de marzo de 2021, <https://www.theguardian.com/film/2021/mar/02/last-moment-of-clarity-review-neo-noir-brian-cox-udo-kier>.

22. Osnos, «Master of Make-Believe».

23. Helmore, «Hollywood Grifter».

24. Rob McLean, «Hollywood Actor Sentenced to 20 Years for Multimillion-Dollar Ponzi Scheme», *CNN Business*, 14 de febrero de 2022, <https://edition.cnn.com/2022/02/14/media/ponzi-scheme-zachary-horwitz-sentenced/index.html>.

25. Osnos, «Master of Make-Believe».

26. Obama White House, «A New Beginning: Presidential Summit on Entrepreneurship Participant Bios», National Archives, <https://obamawhitehouse.archives.gov/sites/default/files/rss_viewer/entrepreneurship_summit_participant_bios.pdf>.

27. Landon Thomas Jr., «Leading Private Equity Firm Accused of

Misusing Funds», *The New York Times*, 2 de febrero de 2018, <https://www.nytimes.com/2018/02/02/business/abraaj-naqvi-world-bank.html>.

28. Simon Clark y Will Louch, *The Key Man: How the Global Elite was Duped by a Capitalist Fairy Tale*, Nueva York, Harper Business, 2021.

29. Fadi Ghandour, «How I Did It: The CEO of Aramex on Turning a Failed Sale into a Huge Opportunity», *Harvard Business Review*, marzo de 2011, <https://hbr.org/2011/03/how-i-did-it-the-ceo-of-aramex-on-turning-a-failed-sale-into-a-huge-opportunity>.

30. Elizabeth MacBride, «The Story Behind Abraaj Group's Stunning Rise in Global Private Equity», *Forbes*, 4 de noviembre de 2015, <https://www.forbes.com/sites/elizabethmacbride/2015/11/04/the-story-behind-abraajs-stunning-rise>; y Sara Hamdan, «Mideast Private Equity Pioneer Looks Beyond the Unrest», *The New York Times*, 27 de abril de 2011, <https://archive.nytimes.com/dealbook.nytimes.com/2011/04/27/mideast-private-equity-pioneer-looks-beyond-the-unrest>.

31. Josh Lerner, Asim Ijaz Khwaja y Ann Leamon, «Abraaj Capital and the Karachi Electric Supply Company», *Harvard Business School Strategy Unit*, caso n.º 812-019, 1 de febrero de 2012.

32. Clark y Louch, *The Key Man*.

33. «List of Abraaj Group's 16 Acquisitions», Crunchbase, <https://www.crunchbase.com/search/acquisitions/field/organizations/num_acquisitions/abraaj-capital>.

34. Clark y Louch, *The Key Man*.

35. Clark y Louch, *The Key Man*, cap. 8.

36. Simon Clark, «The Strange Case of the Cricket Match that Helped Fund Imran Khan's Political Rise», *Financial Times*, 28 de julio de 2022, <https://www.ft.com/content/de29dd83-8fa9-40a2-aff6-5996f1557d0d>.

37. Clark y Louch, *The Key Man*.

38. The Abraaj Group, «The Abraaj Group Appoints Kito de Boer as Managing Partner», comunicado de prensa, 18 de septiembre de 2017, <https://www.zawya.com/en/press-release/the-abraaj-group-appoints-kito-de-boer-as-managing-partner-g8tpzlad>.

39. Clark y Louch, *The Key Man*.

40. Clark y Louch, *The Key Man*.

41. «Case Studies», AlixPartners, <https://www.alixpartners.com/what-we-do/case-studies>.

42. Clark y Louch, *The Key Man*.

43. *Billion Dollar Downfall: The Dealmaker*, dirigido por Victoria James, BBC Two, 11 de enero de 2023, <https://www.bbc.co.uk/programmes/m001h1nd>.

44. Clark y Louch, *The Key Man*, cap. 10.

45. Clark y Louch, *The Key Man*.

46. James, *Billion Dollar Downfall*.

47. Clark y Louch, *The Key Man*.

48. Clark y Louch, *The Key Man*.

49. William Louch, Ed Ballard y Simon Clark, «Abraaj Investors Hire Auditor to Trace Money», *The Wall Street Journal*, 2 de febrero de 2018, <https://www.wsj.com/articles/abraaj-investors-hire-auditor-to-trace-money-1517598630>.

50. Adveith Nair y Archana Narayanan, «Abraaj's Naqvi Fined $136 Million Over Firm's Collapse», *Bloomberg*, 28 de enero de 2022, <https://www.bloomberg.com/news/articles/2022-01-27/abraaj-s-naqvi-handed-136-million-fine-over-firm-s-collapse>.

51. Simon Clark, «Interpol Foundation Suspends Embattled Founder of Private-Equity Firm», *The Wall Street Journal*, 5 de julio de 2018, <https://www.wsj.com/articles/interpol-foundation-suspends-embattled-founder-of-private-equity-firm-1530791106>.

3. El poder de una estrella: la estafa más antigua del mundo

1. *Mucho mucho amor: La leyenda de Walter Mercado*, dirigido por Cristina Constantini y Kareem Tabsch, con Walter Mercado y Lin-Manuel Miranda, Netflix, 2020.

2. Taylor Orth, «One in Four Americans Say They Believe in Astrology», YouGov, 26 de abril de 2022, <https://today.yougov.com/entertainment/articles/42292-one-four-americans-say-they-believe-astrology>.

3. Research Co., «One-in-Five Canadians Currently Pay Attention to Astrology», comunicado de prensa, 1 de enero de 2020, <https://researchco.ca/wp-content/uploads/2019/12/Release_Astrology_CAN_01Jan2020.pdf>.

4. Comisión Europea, «Europeans, Science and Technology», Eurobarómetro, diciembre de 2001, <https://europa.eu/eurobarometer/surveys/detail/209>.

5. Centro de Estudios e Investigaciones Laborales, «Segunda Encuesta Nacional Sobre Creencias y Actitudes Religiosas en Argentina. Sociedad y Religión en Movimiento», CONICET-CEIL, 2019, <https://www.bahia.gob.ar/wp-content/uploads/2021/12/Segunda-Encuesta-Nacional-CEIL-CONICET-2019.pdf>.

6. William Jordan, «8% of Britons Believe Horoscopes Can Predict the Future», YouGov, 3 de julio de 2015, <https://yougov.co.uk/politics/articles/12731-8-of-Britons-believe-horoscopes-predict-the-future>.

7. «Voyance, sorcellerie, astrologie… La croyance dans les parasciences au plus fort», *L'Express*, 3 de diciembre de 2020, <http://www.lexpress.fr/sciences-sante/sciences/voyance-sorcellerie-astrologie-la-croyance-dans-les-parasciences-au-plus-fort_2139898.html>.

8. Stephanie Pappas, «New Zodiac Signs 2011: Why Astrology Is Even Sillier than We Thought», *Christian Science Monitor*, 13 de enero de 2011, <https://www.csmonitor.com/Science/2011/0113/New-zodiac-signs-2011-Why-astrology-is-even-sillier-than-we-thought>.

9. Shawn Carlson, «A Double-Blind Test of Astrology», *Nature*, vol. 318 (1985), pp. 419-425.

10. Wiliam Hunter, «Bad News for Horoscope Readers! Astrology Doesn't Work, Scientists Say», *The Daily Mail*, 20 de agosto de 2024, <https://www.msn.com/en-ae/news/other/bad-news-for-horoscope-readers-astrology-doesnt-work-scientists-say/ar-AA1p6gnu>.

11. Ric rdz alva, «Comerciales mexicanos: Walter Mercado 2003», YouTube, 14 de noviembre de 2018, <https://www.youtube.com/watch?v=spEUXDatC2o>.

12. Guilherme Maia, «Walter Mercado Comercial de TV YouTube», YouTube, 27 de diciembre de 2016, <https://www.youtube.com/watch?v=ovmLL_Q6ipI&t=4s>.

13. «Suit against astrologist is granted class status», *Tampa Bay Times*, 4 de diciembre de 1999, <www.tampabay.com/archive/1999/12/04/suit-against-astrologist-is-granted-class-status>.

14. Walter Mercado Salinas (Astromundo Inc.) v. Bart Enterprises International Ltd., norma 32.1.0 (2011) de la Corte de Apelaciones de Estados Unidos para el Primer Circuito, <https://caselaw.findlaw.com/court/us-1st-circuit/1589009.html>.

15. Jennifer Robertson, «Hemato-Nationalism: The Past, Present, and Future of 'Japanese Blood'», *Medical Anthropology*, vol. 31, n.º 2 (2012), pp. 93-112, <https://doi.org/10.1080/01459740.2011.624957>.

16. Waka Kanda y Shinden Tetsugu, *The Instruction Manual for Blood Type of Man*, Tokio, Asa Publishing, 2013.

17. Toshitaka Nomi y Alexander Besher, *You Are Your Blood Type: The Biochemical Key to Unlocking the Secrets of Your Personality*, Nueva York, Pocket Books, 1988.

18. Amelia Fruzzetti, «Early Nintendo DS Prototype Contained Blood Type Setting, Preservationists Find», Nintendo Wire, 27 de diciembre de 2022, <https://nintendowire.com/news/2022/12/27/early-nintendo-ds-prototype-contained-blood-type-setting-preservationists-find>.

19. Jake Adelstein y Mari Yamamoto, «Un-True Blood: Japan's Weird Taste for Discrimination Against 'Type Bs'», Daily Beast, 29 de mayo de 2017, <http://www.thedailybeast.com/un-true-blood-japans-weird-taste-for-discrimination-against-type-bs>.

20. Shigeyuki Yamaoka, «How Television Programs Amplify Blood Type Discrimination», *Psychological World / Japanese Psychological Association*, n.º 52, enero de 2011, pp. 5-8, <https://psych.or.jp/wp-content/uploads/old/52-5.pdf>.

21. «This Zodiac Sign Voted Most Undateable by Americans Across the Nation—Digitalhub US», SWNS Digital, 6 de septiembre de 2021, <https://swnsdigital.com/us/2021/02/this-zodiac-sign-voted-most-undateable-by-americans-across-the-nation>.

22. Jessica Weisberg, «Joan Quigley, Ronald Reagan's Guide to the Stars», *The Paris Review*, 4 de junio de 2018, <https://www.theparisreview.org/blog/2018/06/04/joan-quigley-ronald-reagans-guide-to-the-stars>.

23. Mary Kay Linge, «How Ronald Reagan's Wife Nancy Let Her Astrologer Control the Presidency», *New York Post*, 18 de octubre de 2021, <https://nypost.com/article/ronald-reagans-wife-nancy-astrologer-joan-quigley>.

24. Michael Wilson, «At the Trial of a Psychic, It's Awkward for Her Clients», *The New York Times*, 4 de octubre de 2013, <https://www.nytimes.com/2013/10/05/nyregion/at-the-trial-of-a-psychic-its-awkward-for-her-clients.html>.

25. Michael Wilson, «Fortuneteller in Manhattan Is Sentenced to 5 to 15 Years in Prison», *The New York Times*, 14 de noviembre de 2013, <https://www.nytimes.com/2013/11/15/nyregion/5-to-15-year-prison-sentence-for-manhattan-fortuneteller.html>.

26. The Martha's Vineyard Times, «'Psychic' Gets Vision of Prison», *MV Times*, 17 de enero de 2018, <http://www.mvtimes.com/2018/01/17/psychic-gets-vision-prison>.

27. Ariana Igneri, «Meet the Woman Bringing Social Justice to Astrology», *Rolling Stone*, 1 de junio de 2018, <https://www.rollingstone.com/culture/culture-features/meet-the-woman-bringing-social-justice-to-astrology-629153>.

28. The Social, «Oprah Magazine's Resident Astrologer Gives Us a Lesson in Astrology», Facebook, 14 de enero de 2020, <https://www.facebook.com/watch/?v=600268550518392>.

29. CHANI, v. 2.2.1 (Chani Nicholas Incorporated, 2021).

30. CHANI, v. 2.2.1.

31. Bertram R. Forer, «The Fallacy of Personal Validation: A Classroom Demonstration of Gullibility», *Journal of Abnormal and Social Psychology*, vol. 44, n.º 1 (1949), pp. 118-123.

32. «About Chani», CHANI, <https://chaninicholas.com/about-chani-nicholas/>.

33. Puntuaciones y opiniones sobre CHANI en App Store (Apple Inc.).

34. Tonya Mosley y Cristina Kim, «Finding Meaning in the Stars: Astrologer Chani Nicholas on Why More People Are Turning to Their Horoscopes», *WBUR*, 31 de diciembre de 2019, <https://www.wbur.org/hereandnow/2019/12/31/astrologer-chani-nicholas-self-acceptance>.

35. Natalie Kitroeff, «Astrologer Chani Nicholas Doesn't Care if You Approve of Her», *Los Angeles Times*, 1 de enero de 2017, <http://www.latimes.com/business/la-fi-himi-astrologer-chani-nicholas-20170101-story.html>.

4. Megaiglesias y megadólares: los que convierten a Dios en el becerro de oro

1. Leah MarieAnn Klett, «Prosperity Gospel Is a 'Damning Heresy that Paves the Road to Hell,' Says Benny Hinn's Nephew», *Christian Today*, 11 de diciembre de 2018, <https://www.christiantoday.com/article/prosperity-gospel-is-a-damning-heresy-that-paves-the-road-to-hell-says-benny-hinns-nephew/131184.htm>.

2. M. L. Shettle Jr., *United States Marine Corps Air Stations of World War II*, Bowersville, Georgia, Schaertel Publishing, 2001.

3. Symbools, «01 Kenneth Copeland Lasciviousness», YouTube, 2 de marzo de 2021, <https://www.youtube.com/watch?v=8Ie0UVF-w7U>.

4. Copeland, «01 Kenneth Copeland Lasciviousness».

5. Kenneth Copeland y Gloria Copeland, «How We Got Started…», Kenneth Copeland Ministries, <https://kcmcanada.ca/kenneth-gloria-copeland-how-we-got-started>.

6. The45Prof, «1957 HITS ARCHIVE: Pledge Of Love-Ken Copeland», YouTube, 14 de junio de 2019, <https://www.youtube.com/watch?v=XZramw8nay4>.

7. KCM Europe, «1971 Word of Faith Broadcasts—Message 1—Kenneth Copeland», YouTube, 16 de mayo de 2022, <https://www.youtube.com/watch?v=1tecgFubRkk&t=3151s>; y Kenneth Copeland Ministries Europe, «The Founding of a Ministry», Issuu, <https://issuu.com/kcmeurope/docs/bvov_01-22_digital_issuu/s/14341898>.

8. Believers Stand United, «Believers Stand United FAQ», The Internet Archive, 4 de noviembre de 2013, <https://web.archive.org/web/20131104010640/http://www.believersstandunited.com/faq/#Sect1>.

9. Federal Aviation Administration, «Kenneth Copeland Airport (4T2) Information», Airport-Data.com, <https://airport-data.com/airport/4T2>.

10. «VICTORY Channel–Another Available Voice!», Victory Channel, 10 de agosto de 2016, <www.govictory.com/victory-network-another-available-voice>.

11. Jay Root, «Kenneth Copeland Is the Wealthiest Pastor in America: So Why Does He Live in a Tax-Free Texas Mansion?», *Houston Chronicle*, 15 de diciembre de 2021, <www.houstonchronicle.com/news/investigations/unfair-burden/article/kenneth-copeland-wealth-pastor-tax-free-mansion-16662283.php>.

12. Root, «Kenneth Copeland».

13. Steven Kozar, «The Kenneth Copeland Cornucopia of False Doctrine, Word of Faith Sorcery and Big Piles of Money», *The Messed Up Church*, 8 de noviembre de 2017, <https://www.themessedupchurch.com/blog/the-kenneth-copeland-cornucopia-of-false-doctrine-word-of-faith-sorcery-and-big-piles-of-money>.

14. Leonardo Blair, «'I'm a Very Wealthy Man,' Says Kenneth Copeland; He Couldn't Help but Buy Jet from Tyler Perry», *The Christian Post*, 28 de mayo de 2019, <https://www.christianpost.com/news/prosperity-preacher-kenneth-copeland-says-ministry-brought-122-million-people-jesus-christ.html>.

15. Alex Woodward, «Coronavirus: Televangelist Kenneth Copeland 'Blows Wind of God' at Covid-19 to 'Destroy' Pandemic», *The Independent*, 6 de abril de 2020, <https://www.independent.co.uk/news/world/americas/kenneth-copeland-blow-coronavirus-pray-sermon-trump-televangelist-a9448561.html>.

16. Ed Mazza, «Right-Wing Preacher Cooks Up the Most Bonkers Plea Yet for a Private Jet», *The Huffington Post*, 23 de septiembre de 2021, <https://www.huffpost.com/entry/kenneth-copeland-private-jet-plea_n_614c24f7e4b03d83baceff5d>.

17. James Ojo, «Don't Stop Tithing Even if You Lose Your Job Because of Coronavirus, Says Kenneth Copeland», *TheCable Lifestyle*, 20 de marzo de 2020, <https://lifestyle.thecable.ng/dont-stop-tithing-even-if-you-lose-your-job-because-of-coronavirus-says-kenneth-copeland>.

18. «Our Experiences with Kenneth Copeland», *Ex Word of Faith*, 20 de febrero de 2008, <https://exwordoffaith.blogspot.com/2008/02/our-experiences-with-kenneth-copeland.html>.

19. Maud Newton y Aymann Ismail, «My Mom Won't Stop Donating to the Victory Channel: I'm Not Sure What to Do», *Slate*, 17 de septiembre de 2023, <https://slate.com/human-interest/2023/09/kenneth-copeland-victory-channel-donations.html>.

20. Alicia Cohn, «Former Trump Faith Adviser Holding In-Person Event for More than 2,000», *The Hill*, 3 de agosto de 2020, <https://thehill.com/homenews/state-watch/510313-former-trump-faith-adviser-holding-in-person-event-for-more-than-2000>.

21. The Independent, «Pro-Trump Evangelical Kenneth Copeland Laughs Manically over Media Calling Biden's Win», YouTube, 9 de noviembre de 2020, <https://www.youtube.com/watch?v=VBkegy4aDvk>.

22. Rebecca Speare-Cole, «Pro-Trump Televangelist Kenneth Copeland Says Devil Is Trying to Steal Election, Kill Babies», *Newsweek*, 21 de diciembre de 2020, <https://www.newsweek.com/trump-televangelist-kenneth-copeland-devil-steal-election-kill-babies-1556305>.

23. Michael Gryboski, «TBN Drops Kenneth Copeland from Pro-

gramming Lineup amid Upcoming Changes», *The Christian Post*, 19 de agosto de 2020, <https://www.christianpost.com/news/tbn-to-drop-kenneth-copeland-from-programming-lineup-amid-upcoming-changes.html>.

24. Alexander Zaitchik, «How a Demon-Slaying Pentecostal Billionaire Is Ushering in a Post-Catholic Brazil», *The New Republic*, 7 de febrero de 2019, <https://newrepublic.com/article/153083/demon-laying-pentecostal-billionaire-ushering-post-catholic-brazil>.

25. Jornal da Gazeta, «Dilma participa da inauguração de templo da Igreja Universal», YouTube, 31 de julio de 2014, <www.youtube.com/watch?v=nVvQ7JKdrUQ>.

26. Katie Mark, «Igreja Universal: Investigação da BBC mostra pastor dizendo expulsar 'espírito maligno' de adolescentes em Londres», BBC (Brasil), 11 de diciembre de 2023, <https://www.bbc.com/portuguese/articles/cxe12nmvlzxo>.

27. Rodrigo Soberanes, «Los secretos de la millonaria iglesia brasileña que vende milagros en Chile», *CIPER Chile*, 11 de diciembre de 2015, <https://www.ciperchile.cl/2015/12/11/los-secretos-de-la-millonaria-iglesia-brasilena-que-vende-milagros-en-chile>.

28. Zaitchik, «How a Demon-Slaying Pentecostal Billionaire Is Ushering in a Post-Catholic Brazil».

29. VARIADOS FABRI, «La Hora del Milagro—Telefe—Programa de la Familia», YouTube, 28 de marzo de 2013, <https://www.youtube.com/watch?v=x7a1ACQj9fM&list=PL1PN7S7NycU81bYeqM5qXs1DxHl_YE1dt>.

30. Disrupción Espiritual, «Ex Miembro de la Iglesia Universal (Pare de Sufrir) lo cuenta todo», YouTube, 2 de junio de 2022, <https://www.youtube.com/watch?v=LmSXKdMrXDA>.

31. Soberanes, «Secretos de la millonaria iglesia brasileña que vende milagros en Chile».

32. «Edir Macedo and Family», *Forbes*, <https://www.forbes.com/profile/edir-macedo>.

33. Edir Macedo y Carlos Oliveira, *Plano de poder: Deus, os cristãos e a política*, Río de Janeiro, Vida Melhor, 2011.

34. Banco Central do Brasil, *Ranking de Instituições por Índice de Reclamações*, <https://www.bcb.gov.br/ranking/index.asp>.

35. Associated Press, «Brazil Evangelical Leader Accused of Fraud», NBC News, 11 de agosto de 2009, <hhtps://www.nbcnews.com/id/wbna32380136>.

36. Tom Phillips, «Brazilian Evangelical Leader Charged with Fraud», *The Guardian*, 13 de agosto de 2009, <https://www.theguardian.com/world/2009/aug/13/brazil-evangelical-leader-charged-fraud>.

37. «Governo concede novo passaporte diplomático a Edir Macedo e esposa», *UOL Notícias*, 25 de marzo de 2022, <https://noticias.uol.com.br/politica/ultimas-noticias/2022/03/25/governo-concede-novo-passaporte-diplomatico-a-edir-macedo.htm>.

38. Anfibia Podcasts, «En nombre de Dios», Podimo, 2 de marzo de 2021, <https://podimo.com/latam/shows/en-nombre-de-dios>.

39. «Who We Are», Universal Church of the Kingdom of Christ, <https://www.uckg.org.au/who-we-are>.

40. Gabriel Sherman, «Inside Jerry Falwell Jr.'s Unlikely Rise and Precipitous Fall at Liberty University», *Vanity Fair*, 24 de enero de 2022, <https://www.vanityfair.com/news/2022/01/inside-jerry-falwell-jr-unlikely-rise-and-precipitous-fall>.

41. Michael Cohen, *Disloyal: A Memoir; The True Story of the Former Personal Attorney to President Donald J. Trump*, Nueva York, Skyhorse, 2020.

42. Sherman, «Inside Jerry Falwell Jr.'s Unlikely Rise».

43. Alec MacGillis, «How Liberty University Built a Billion-Dollar Empire Online», *The New York Times Magazine*, 17 de abril de 2018, <https://www.nytimes.com/2018/04/17/magazine/how-liberty-university-built-a-billion-dollar-empire-online.html>.

44. MacGillis, «How Liberty University Built a Billion-Dollar Empire».

45. MacGillis, «How Liberty University Built a Billion-Dollar Empire».

46. MacGillis, «How Liberty University Built a Billion-Dollar Empire».

47. MacGillis, «How Liberty University Built a Billion-Dollar Empire».

48. MacGillis, «How Liberty University Built a Billion-Dollar Empire».

49. MacGillis, «How Liberty University Built a Billion-Dollar Empire».

50. MacGillis, «How Liberty University Built a Billion-Dollar Empire».

51. Giancarlo Granda y Mark Ebner, «Inside the Jerry Falwell Love Triangle: Pool Boy Tells All», *Rolling Stone*, 15 de octubre de 2022, <https://www.rollingstone.com/politics/politics-features/pool-boy-jerry-falwell-love-triangle-1234610995>.

52. Granda y Ebner, «Inside the Jerry Falwell Love Triangle».

53. Sherman, «Inside Jerry Falwell Jr.'s Unlikely Rise».

54. Sherman, «Inside Jerry Falwell Jr.'s Unlikely Rise».

55. Cohen, *Disloyal*.

56. Sherman, «Inside Jerry Falwell Jr.'s Unlikely Rise».

57. Dori Zook, «Liberty University, Jerry Falwell Jr. Settle Legal and Personal Disputes», *CVille Right Now*, 29 de julio de 2024, <https://cvillerightnow.com/news/208802-liberty-university-jerry-falwell-jr-settle-legal-and-personal-disputes>.

58. Sean Watts y Tanya Munir, «The Role of Religious Capital in Shaping Wellbeing of Individuals», *Discover Social Science and Health*, 11 de abril de 2024, <https://www.semanticscholar.org/paper/The-role-of-religious-capital-in-shaping-wellbeing-Watts-Munir/340f58d811c068a4c4d4d006e3a3d3cea85b7964>; Jakub Pawlikowski *et al.*, «Religious Service Attendance, Health Behaviors and Well-Being—an Outcome-Wide Longitudinal Analysis», *European Journal of Public Health*, vol. 29, n.º 6 (2019), pp. 1177-1183, <https://doi.org/10.1093/eurpub/ckz075>; D. B. Yaden *et al.*, «A Meta-Analysis of Religion/Spirituality and Life Satisfaction», *Journal of Happiness Studies*, vol. 23 (2022), pp. 4147-4163, <https://link.springer.com/article/10.1007/s10902-022-00558-7>; C. C. Borges *et al.*, «Association Between Spirituality/Religiousness and Quality of Life Among Healthy Adults: A Systematic Review», *Health and Quality of Life Outcomes*, vol. 19, n.º 242 (2021), <https://doi.org/10.1186/s12955-021-01878-7>; Jeff Levin, «Religion and Happiness Among Israeli Jews: Findings from the ISSP Religion III Survey», *Journal of Happiness Studies*, vol. 15 (2014), pp. 593-611, <https://link.springer.com/article/10.1007/s10902-013-9437-8>; Hisham Abu-Raiya y A. Ayten, «Religious Involvement, Interpersonal Forgiveness and Mental Health and Well-Being Among a Multinational Sample of Muslims», *Journal of Happiness Studies*, vol. 21 (2020), pp. 3051-3067.

59. Gallup, «Religion: Gallup Historical Trends», Gallup News, 2023, <https://news.gallup.com/poll/1690/religion.aspx>.

5. Nativos digitales: el amanecer de la estafa mediante inteligencia artificial

1. Bentinho Massaro (@bentinhomassaro), «Bentinho Massaro», Instagram, <https://www.instagram.com/bentinhomassaro>.

2. Oscar Schwartz, «My Journey into the Dark, Hypnotic World of a Millennial Guru», *The Guardian*, 9 de enero de 2020, <https://www.theguardian.com/world/2020/jan/09/strange-hypnotic-world-millennial-guru-bentinho-massaro-youtube>.

3. Bentinho Massaro, «Free Yourself from Any Pattern», YouTube, 2 de agosto de 2022, <https://www.youtube.com/watch?v=lyZZO-J6Of-w&t=1179s>.

4. Bentinho Massaro, «You Are Source», YouTube, 13 de abril de 2018, «https://www.youtube.com/watch?v=ZTJn9ysm_gM&t=3607s».

5. Bentinho Massaro, «Powerful Third Eye and Pineal Gland Activation | Guided Meditation», YouTube, 27 de octubre de 2016, «https://www.youtube.com/watch?v=BLQBx5v5L1o&t=9s».

6. Bentinho Massaro, «Bentinho Massaro», YouTube, <https://www.youtube.com/@BentinhoMassaro>.

7. Vice, «The Controversial Guru Who Wants to 'Upgrade Civilization'», YouTube, 13 de febrero de 2019, <https://www.youtube.com/watch?v=RWUZnYCe0QA&t=23s>.

8. Vice, «Controversial Guru», 21:36.

9. Sarah Edmondson y Anthony Ames, «Bentinho Massaro Sucks Part 1», *A Little Bit Culty*, febrero de 2022, <https://alittlebitculty.com/episode/bentinho-massaro-sucks-part-1>.

10. Edmonson y Ames, «Bentinho Massaro Sucks».

11. Edmonson y Ames, «Bentinho Massaro Sucks».

12. Edmonson y Ames, «Bentinho Massaro Sucks».

13. Matt Bruenig, «I Have Filed Unfair Labor Practice Charges Against Cult Leader Bentinho Massaro», NLRB Edge, 13 de mayo de 2024, <https://www.nlrbedge.com/p/i-have-filed-unfair-labor-practice-063>.

14. «Welcome to the Philia Center», *The Philia Center*, <https://philiacenter.com>.

15. Lebo Diseko, «Teal Swan: The Woman Encouraging Her Followers to Visualise Death», BBC, 22 de noviembre de 2019, <https://www.bbc.com/news/world-us-canada-50478821>.

16. Teal Swan, «The Story of Flavors», *Teal Swan*, 25 de septiembre de 2013, <https://tealswan.com/teals-blog/the-story-of-flavors>.

17. Idaho News 6, «Teal Swan's Story Part 1», YouTube, 30 de octubre de 2014, <https://www.youtube.com/watch?v=fVpsMBeTjHY>.

18. Teal Swan, *The Completion Process: The Practice of Putting Yourself Back Together Again*, Carlsbad (California), Hay House, 2016.

19. *The Deep End*, dirigido por Jon Kasbe, con Teal Swan y Molly Monahan, Hulu, 2022.

20. Jennings Brown, «The Dark Origin Story of Internet Spiritual Guru Teal Swan», *Gizmodo*, 6 de junio de 2018, <https://gizmodo.com/the-dark-origin-story-of-internet-spiritual-guru-teal-s-1826598620>.

21. Jennings Brown, «Gizmodo Launches 'The Gateway', an Investigative Podcast About a Controversial Internet Spiritual Guru», *Gizmodo*, 30 de mayo de 2018, <https://gizmodo.com/weve-launched-an-investigative-podcast-about-a-controve-1826416613>.

22. Brown, «Gizmodo Launches 'The Gateway'», 28:10.

23. Mormon Stories, «Leaving Mormonism to Join a Cult?—an Ex-Follower of Teal Swan—Jared Dobson», Facebook, 5 de septiembre de 2020, <https://www.facebook.com/mormonstories/videos/2707354986154732>.

24. Teal Swan, vídeo borrado posteriormente, YouTube, 2012.

25. Teal Swan, «What to Do if You Are Suicidal», YouTube, 19 de enero de 2020, <https://www.youtube.com/watch?v=g86hreIWfqQ>.

26. «Teal Swan», Facebook, <https://www.facebook.com/tealswanofficial>.

27. «Teal Swan», YouTube, <https://www.youtube.com/@TealSwanOfficial>.

28. Amy Kepferle, «Local PI Molly Monahan Is On the Case in New Documentary on Hulu», *Cascadia Daily News*, 24 de mayo de 2022, <https://www.cascadiadaily.com/2022/may/24/local-pi-molly-monahan-is-on-the-case-in-new-documentary-on-hulu>.

29. *The Deep End*, episodio 2, 37:00.

30. *The Deep End*, episodio 3, 34:15.

31. Stephanie Beatriz, «Lost It», *Twin Flames*, pódcast producido por Wondery, 14 de febrero de 2022, <https://wondery.com/shows/twin-flames>.

32. Beatriz, «Lost It».

33. Stephanie Beatriz, «Honey Badger of Love», *Twin Flames*, 21 de febrero de 2022, <https://wondery.com/shows/twin-flames>.

34. Alice Hines, «'Everywhere I Went, They Went with Me, Because They Were on My Phone': Inside the Always Online, All-Consuming World of Twin Flames Universe», *Vanity Fair*, 3 de diciembre de 2020, <https://www.vanityfair.com/style/2020/12/inside-the-all-consuming-world-of-twin-flames-universe>.

6. Confía en mí, soy un charlatán

1. Grete de Francesco, *The Power of the Charlatan*, New Haven (Connecticut), Yale University Press, 1939, p. 82.

2. De Francesco, *The Power of the Charlatan*, p. 81.

3. Robert J. Blendon, John M. Benson y Joachim O. Hero, «Public Trust in Physicians—U.S. Medicine in International Perspective», *The New England Journal of Medicine*, vol. 371, n.º 17 (2014), pp. 1570-1572, <https://www.nejm.org/doi/full/10.1056/nejmp1407373>.

4. Lora Moftah, «Dr. Joseph Mercola: The Misinformation 'Superspreader'», *The New York Times*, 16 de agosto de 2022, <http://www.nytimes.com/2022/08/16/NYT-Presents/joseph-mercola-coronavirus-misinformation.html>.

5. Moftah, «Dr. Joseph Mercola».

6. Moftah, «Dr. Joseph Mercola».

7. «Organic Ashwagandha», Mercola Market, <www.mercolamarket.com/product/2811/1/organic-ashwagandha-180-per-bottle-90-day-supply>.

8. Moftah, «Dr. Joseph Mercola», 2:24.

9. «FDA Warns Mercola: Stop Selling Fake COVID Remedies and Cures», Alliance for Science, 15 de marzo de 2021, <https://allianceforscience.org/blog/2021/03/fda-warns-mercola-to-stop-selling-fake-covid-remedies-and-cures>.

10. Shannon Bond, «Just 12 People Are Behind Most Vaccine Hoaxes on Social Media, Research Shows», NPR, 13 de mayo de 2021, <https://www.npr.org/2021/05/13/996570855/disinformation-dozen-test-facebooks-twitters-ability-to-curb-vaccine-hoaxes>.

11. Gerrit de Vynck, «YouTube Is Banning Prominent Anti-Vaccine Activists and Blocking All Anti-Vaccine Content», *The Washington Post*, 29 de septiembre de 2021, <https://www.washingtonpost.com/technology/2021/09/29/youtube-ban-joseph-mercola>; y Brendan Pierson y Husch Blackwell, «Google Sued by Anti-Vax Doctor Over YouTube Ban», Reuters, 29 de septiembre de 2022, <https://www.reuters.com/legal/litigation/google-sued-by-anti-vax-doctor-over-youtube-ban-2022-09-29>.

12. «Mercola.com, LLC—607133—02/18/2021», Food and Drug Administration, 18 de febrero de 2021, <https://www.fda.gov/inspections-compliance-enforcement-and-criminal-investigations/warning-le-

tters/mercolacom-llc-607133-02182021>; y «Doctor Removing Health Articles After Misinformation Claims», Fox 4 News, 4 de agosto de 2021, <https://www.fox4now.com/news/coronavirus/local-doctor-removing-health-articles-after-claims-of-misinformation>.

13. Joann L. Porter y Prashanth Rawla, «Hemochromatosis», *StatPearls*, National Center for Biotechnology Information, 6 de octubre de 2024, <https://www.ncbi.nlm.nih.gov/books/NBK430862>.

14. Joseph Mercola, «The Poorly-Understood Role of Copper in Anemia—Discussion Between Morley Robbins and Dr. Mercola», *Dr. Joseph Mercola—Take Control of Your Health*, 32:27, 11 de septiembre de 2022, <https://mercola.libsyn.com/the-poorly-understood-role-of-copper-in-anemia-discussion-between-morley-robbins-dr-mercola>.

15. Henrik Ullum *et al.*, «Blood Donation and Blood Donor Mortality After Adjustment for a Healthy Donor Effect», *Transfusion*, vol. 55, n.º 10 (junio de 2015), pp. 2479-2485, <https://pubmed.ncbi.nlm.nih.gov/26098293>.

16. Abdul H. Kebalo *et al.*, «Lipid and Haematologic Profiling of Regular Blood Donors Revealed Health Benefits», *Journal of Blood Medicine*, vol. 4, n.º 13 (julio de 2022), pp. 385-394, <https://pmc.ncbi.nlm.nih.gov/articles/PMC9270008>.

17. Joseph Mercola, *Dr. Joseph Mercola—Take Control of Your Health*, 2017-2024, <https://mercola.libsyn.com>.

18. Joseph Mercola, «The Most Important Stealth Factor to Improve Your Health—Discussion Between Morley Robbins and Dr. Mercola», *Dr. Joseph Mercola—Take Control of Your Health*, 3 de abril de 2022, <https://mercola.libsyn.com/the-most-important-stealth-factor-to-improve-your-health-discussion-between-morley-robbins-dr-mercola>; Joseph Mercola, «The War on Ivermectin—Discussion Between Fr. Pierre Kory and Dr. Mercola», *Dr. Joseph Mercola—Take Control of Your Health*, 12 de octubre de 2022, <https://mercola.libsyn.com/the-war-on-ivermectin-discussion-between-fr-pierre-kory-dr-mercola>; y Joseph Mercola, «Best of Series—COVID-19 and the Global Predators», *Dr. Joseph Mercola—Take Control of Your Health*, 7 de septiembre de 2022, <https://mercola.libsyn.com/best-of-series-covid-19-and-the-global-predators>.

19. Neena Satija y Lena H. Sun, «A Major Funder of the Anti-Vaccine Movement Has Made Millions Selling Natural Health Products»,

The Washington Post, 20 de diciembre de 2019, <https://www.washingtonpost.com/investigations/2019/10/15/fdc01078-c29c-11e9-b5e4-54aa56d5b7ce_story.html>.

20. Chip Brown, «The Experiments of Dr. Oz», *The New York Times*, 30 de julio de 1995, <https://www.nytimes.com/1995/07/30/magazine/the-experiments-of-dr-oz.html>.

21. MitraClip, web del paciente, <https://mitraclip.com>.

22. *Second Opinion with Dr. Oz*, dirigido por Adam Sorota, Discovery Channel, 2003-2004, <https://www.imdb.com/title/tt0459632>.

23. Shannon Power, «Oprah and Dr. Oz's TV Relationship: A Timeline», *Newsweek*, 4 de noviembre de 2022, <https://www.newsweek.com/oprah-dr-oz-timeline-relationship-pennsylvania-1756893>.

24. Adam S. Cifu, «Why Dr. Oz Makes Us Crazy», *Journal of General Internal Medicine*, vol. 29, n.º 2 (2013), pp. 417-418, <https://pmc.ncbi.nlm.nih.gov/articles/PMC3912308>.

25. Chie Morimoto *et al.*, «Anti-Obese Action of Raspberry Ketone», *Life Sciences*, vol. 77, n.º 2 (2005), <https://pubmed.ncbi.nlm.nih.gov/15862604>; y Kyoung Sik Park, «Raspberry Ketone Increases Both Lipolysis and Fatty Acid Oxidation in 3T3-L1 Adipocytes», *Planta Med*, vol. 76, n.º 15 (2010), pp. 1654-1658, <https://pubmed.ncbi.nlm.nih.gov/20425690>.

26. Kris Gunnars, «Do Raspberry Ketones Really Work? A Detailed Review», Healthline, 31 de julio de 2023, <https://www.healthline.com/nutrition/do-raspberry-ketones-work>.

27. Fiitto Singapore HQ, «Here's what Dr. Oz Featured About Raspberry Ketones (Pure Focus) Supplements and How It Benefits Consumers», Facebook, 12 de junio de 2022, <https://www.facebook.com/watch/?v=1107735589803913>.

28. «Raspberry Ketones Frenzy Follows Dr. Oz Show», ABC News, 5 de abril de 2012, <https://abcnews.go.com/Health/Diet/raspberry-ketones-frenzy/story?id=16074044>.

29. Nicole Bootsman, David F. Blackburn y Jeff Taylor, «The Oz Craze», *Canadian Pharmacists Journal*, vol. 147, n.º 2 (2014), pp. 80-82, <https://pmc.ncbi.nlm.nih.gov/articles/PMC3962061>.

30. Philip Seo, «Neti Pots, Nurse Ambassadors and American Healthcare», *Rheumatologist*, 15 de marzo de 2021, <https://www.the-rheumatologist.org/article/neti-pots-nurse-ambassadors-american-healthcare>; y Alice G. Walton, «The Oz Effect: Medicine or Marketing?»,

Forbes, 6 de junio de 2011, <https://www.forbes.com/sites/alicegwal ton/2011/06/06/the-oz-effect-medicine-or-marketing>.

31. Mehmet Oz, «Written Testimony of Dr. Mehmet Oz, M.D. Hearing on 'Protecting Consumers from False and Deceptive Advertising of Weight-Loss Products'», Comité de Comercio del Senado de Estados Unidos, 17 de junio de 2014, <https://www.commerce.senate.gov/ser vices/files/EB6D07FF-1307-4220-9BAE-381EC3220B30>.

32. Joe A. Vinson, Bryan R. Burnham y Mysore V. Nagendran, «Randomized, Double-Blind, Placebo-Controlled, Linear Dose, Crossover Study to Evaluate the Efficacy and Safety of a Green Coffee Bean Extract in Overweight Subjects», *Diabetes, Metabolic Syndrome and Obesity: Targets and Therapy*, vol. 5 (2012), pp. 21-27, https://pubmed.ncbi.nlm.nih.gov/22291473. Artículo retirado.

33. «Dr. Oz-Endorsed Diet Pill Study Was Bogus, Researchers Admit», CBS News, 21 de octubre de 2014, <https://www.cbsnews.com/news/dr-oz-endorsed-green-coffee-bean-diet-study-retracted>.

34. Derek Lowe, «A New Low for Dr. Oz», *Science*, 7 de junio de 2018, <https://www.science.org/content/blog-post/new-low-dr-oz>.

35. DoctorOz, «The Mysterious Ways Our Loved Ones Communicate from Beyond | Dr. Oz», YouTube,13 de septiembre de 2023, <ht tps://www.youtube.com/watch?v=iPDleQmEZSI>.

36. Christina Korownyk, «Televised Medical Talk Shows—What They Recommend and the Evidence to Support Their Recommendations: A Prospective Observational Study», *British Medical Journal*, vol. 349 (2014), <https://www.bmj.com/content/349/bmj.g7346>.

37. Bootsman, Blackburn y Taylor, «The Oz Craze».

38. Robert F. Worth, «The Billionaire Yogi Behind Modi's Rise», *The New York Times*, 26 de julio de 2018, <https://www.nytimes.com/2018/07/26/magazine/the-billionaire-yogi-behind-modis-rise.html>.

39. Priyanka Pathak-Narain, «The Yogi and His Epic Story», *The Hindu*, 28 de julio de 2017, <https://www.thehindu.com/books/the-yogi-and-his-epic-story/article19377742.ece>.

40. «How a Penniless Yoga Guru Built a Consumer Goods Empire by Tapping Into Indian Nationalism», *Bloomberg*, 30 de enero de 2020, <https://www.bloomberg.com/news/videos/2020-01-30/how-a-pen niless-yoga-guru-built-a-consumer-goods-empire-by-tapping-into-indian-nationalism-video>.

41. Rahul Bhatia, «The Origins of Ramdev», *Open Magazine*, 30 de junio de 2011, <https://openthemagazine.com/features/india/the-origins-of-ramdev>.

42. Vinay Patil, «Kapalbhati Pranayam with English Subtitles», YouTube, 4 de febrero de 2011, <https://www.youtube.com/watch?v=6Zw-gFiQuZME&t=342s>.

43. «Homosexuality Is a Disease, Yoga Can Cure It: Ramdev», *Deccan Chronicle*, 11 de diciembre de 2013, <https://www.deccanchronicle.com/131211/news-current-affairs/article/homosexuality-disease-yoga-can-cure-it-ramdev>.

44. «Patanjali Shilajit Capsule 11 G», Patanjali Ayurved, <https://www.patanjaliayurved.net/product/natural-health-care/health-and-wellness/patanjali-shilajeet-capsule/786>.

45. Ami Patel, «9 Benefits of Shilajit», Healthline, 19 de febrero de 2024, <https://www.healthline.com/health/shilajit>; y Vikas Kumar *et al.*, «Amalaki Rasayana, a Traditional Indian Drug Enhances Cardiac Mitochondrial and Contractile Functions and Improves Cardiac Function in Rats with Hypertrophy», *Scientific Reports*, vol. 7, n.º 1 (2017), p. 8588, <https://doi.org/10.1038/s41598-017-09225-x>.

46. Una Galani, «Indian Yogi Shows Power of Local Consumer Kings», Reuters, 24 de mayo de 2017, <https://www.reuters.com/article/us-india-modi-ramdev-breakingviews-idUSKBN18K0JP>.

47. «India's Richest: Acharya Balkrishna», *Forbes*, visitada el 10 de septiembre de 2024, <https://www.forbes.com/profile/acharya-balkrishna>.

48. Bharat Swabhiman, «'The Science of Ayurveda' Book by Acharya Balkrishna, Publised *[sic]* in 80 Countries», YouTube, 13 de julio de 2017, <http://www.youtube.com/watch?v=fAcu5nydzmo>. El libro tiene una edición española: *La ciencia del ayurveda*, Barcelona, Gaia, 2017.

49. Shambhavi Anand y Ratna Bhushan, «Baba Ramdev Alleges Adulteration of Patanjali Products by FMCG Companies», *Economic Times*, 2 de febrero de 2016, <https://economictimes.indiatimes.com/news/politics-and-nation/baba-ramdev-alleges-adulteration-of-patanjali-products-by-fmcg-companies/articleshow/50811763.cms>.

50. Anand y Bhushan, «Baba Ramdev Alleges Adulteration».

51. «Revenue for Colgate-Palmolive India», Companies Market Cap, <https://companiesmarketcap.com/colgate-palmolive-india/revenue>.

52. «Inside Patanjali: Here's What Life Is Like in Baba Ramdev's Company», *The Economic Times*, 30 de julio de 2017, <https://economictimes.indiatimes.com/industry/cons-products/fmcg/inside-patanjali-heres-what-life-is-like-in-baba-ramdevs-company/articleshow/59824892.cms>; véase también «Baba Ramdev Wants Employees to Work for Free: A Former CEO Reveals the Patanjali Story», *New Indian Express*, 4 de agosto de 2017, <https://web.archive.org/web/20210418135632/https:/www.newindianexpress.com/business/2017/aug/04/baba-ramdev-wants-employees-to-work-for-free-a-former-ceo-reveals-the-patanjali-story-1638376.html>.

53. «How a Penniless Yoga Guru Built a Consumer Goods Empire».

54. Sukirti Dwivedi, «Ramdev Draws Doctors' Fury, Legal Trouble Over 'Allopathy Is Stupid' Video», NDTV, 23 de mayo de 2021, <https://www.ndtv.com/india-news/ramdev-draws-doctors-fury-legal-trouble-over-allopathy-is-stupid-video-2447485>.

55. Sneha Mordani, «IMA Appeals PM Modi to Stop Baba Ramdev's 'Misinformation Campaign' Against Vaccination», *IndiaToday*, 26 de mayo de 2021, <http://www.indiatoday.in/coronavirus-outbreak/story/ima-letter-pm-narendra-modi-ramdev-misinformation-campaign-vaccination-1807248-2021-05-26>.

56. «Indian Medical Association Writes to PM Modi, Demands Action Against Baba Ramdev», *Hindu*, 26 de mayo de 2021, <https://www.thehindu.com/news/national/other-states/indian-medical-association-serves-defamation-notice-on-ramdev/article34647942.ece>.

57. «Patanjali Ayurved vs Supreme Court: A Timeline of the Misleading Ads Case», *Storyboard18*, 25 de abril de 2024, <www.storyboard18.com/quantum-brief/patanjali-ayurved-vs-supreme-court-a-timeline-of-the-misleading-ads-case-29896.htm>.

58. «Arrest Warrant Issued Against Baba Ramdev and Acharya Balakirshna over Misleading Ads», *Mathrubhumi*, 20 de enero de 2025, <https://english.mathrubhumi.com/news/kerala/baba-ramdev-patanjali-arrest-warrant-1.10269695>.

59. PTI, «Don't Talk of Money When Mics Are on: Ramdev to BJP Candidate», *Deccan Herald*, 18 de abril de 2014, <https://www.deccanherald.com/archives/dont-talk-money-mics-ramdev-2187714>.

7. Alquimia digital: la estafa de las criptomonedas

1. Natalie Angier, «Moonlighting as a Conjurer of Chemicals», *The New York Times*, 11 de octubre de 2010, <https://www.nytimes.com/2010/10/12/science/12newton.html>.

2. «Alchemy», *New Advent Catholic Encyclopedia*, <https://www.newadvent.org/cathen/01272b.htm>.

3. Angus Berwick y Tom Wilson, «Crypto Exchanges Enabled Online Child Sex-Abuse Profiteer», Reuters, 23 de noviembre de 2022, <https://www.reuters.com/legal/government/crypto-exchanges-enabled-online-child-sex-abuse-profiteer-2022-11-23>; Sankul Kabra y Saira Gori, «Drug Trafficking on Cryptomarkets and the Role of Organized Crime Groups», *Journal of Economic Criminology*, vol. 2 (diciembre de 2023), <https://www.sciencedirect.com/science/article/pii/S294979142300026X>; Joe Tidy, «74% of Ransomware Revenue Goes to Russia-Linked Hackers», BBC, 14 de febrero de 2022, <https://www.bbc.com/news/technology-60378009>; y Government Accountability Office (Oficina de Cuentas del Gobierno), «As Virtual Currency Use in Human and Drug Trafficking Increases, So Do the Challenges for Federal Law Enforcement», *WatchBlog: Following the Federal Dollar*, 24 de febrero de 2022, <https://www.gao.gov/blog/virtual-currency-use-human-and-drug-trafficking-increases-so-do-challenges-federal-law-enforcement>.

4. «Crypto Funds at Fidelity», Fidelity Investments, <https:www.fidelity.com/etfs/crypto-funds>.

5. *Cointelegraph*, «PayPal Enables Business Accounts to Buy, Sell, and Trade Crypto», Trading View, 25 de septiembre de 2024, <https://www.tradingview.com/news/cointelegraph:4613da862094b:0-paypal-enables-business-accounts-to-buy-sell-and-trade-crypto>; y Visa, «'Digital Gold': Spending on Visa Crypto-Linked Cards Tops $1 Billion in the First Half of the Year», 7 de agosto de 2020, <https://www.visasoutheasteurope.com/about-visa/newsroom/press-releases/prl-08072020.html>.

6. Kyle Torpey, «Where Does Jamie Dimon Stand on Crypto?», Investopedia, 8 de diciembre de 2023, <https://www.investopedia.com/first-he-hates-it-then-he-s-ok-with-it-now-he-hates-it-again-where-does-jamie-dimon-stand-on-crypto-8411584>.

7. «Smart Contracts Launch on Stellar with $100M Allocated to Soroban Adoption Fund», Stellar, 19 de marzo de 2024, <https://stellar.org/press/smart-contracts-launch-on-stellar>.

8. James Chen, Charles Potters y Yarilet Perez, «Chicago Mercantile Exchange: Definition, History, and Regulation», Investopedia, 11 de julio de 2022, <https://www.investopedia.com/terms/c/cme.asp>; y «Digital Assets», Intercontinental Exchange, <https://www.ice.com/digital-assets>.

9. Andrew Beattie y JeFreda R. Brown, «The SEC: A Brief History of Regulation», Investopedia, 23 de septiembre de 2021, <https://www.investopedia.com/articles/07/secbeginning.asp>.

10. Barbara H. Fried, «Beyond Blame», *Boston Review*, 28 de junio de 2013, <https://www.bostonreview.net/forum/barbara-fried-beyond-blame-moral-responsibility-philosophy-law>.

11. Nikou Asgari y Joshua Oliver, «'It Just Kinda Went Crazy': FTX's Lavish Spending Highlights Lack of Controls», *Financial Times*, 29 de noviembre de 2022, <https://www.ft.com/content/7cfbb894-a332-4629-a417-4bcda27eb6e7>.

12. Derek Andersen, «SEC Charges Crypto Investment Manager Titan with Misleading Advertising Claims», *Cointelegraph*, 21 de agosto de 2023.

13. Emma Newbery, «What We Can Learn from OneCoin, Crypto's Biggest Scam», *The Motley Fool*, 23 de octubre de 2021, <https://www.fool.com/the-ascent/cryptocurrency/articles/what-we-can-learn-from-onecoin-cryptos-biggest-scam>.

14. Rob Byrne, «Fugitive 'Cryptoqueen' Hit by Asset Freeze», BBC, 7 de agosto de 2024, <www.bbc.com/news/articles/c9d1y0z4z9n0>.

15. Rich Stanton, «Crypto CEO Behind $2.5B 'Rug Pull' Arrested, Faces 40,564 Years in Prison», *PC Gamer*, 26 de septiembre de 2022, <https://www.pcgamer.com/crypto-ceo-behind-dollar25b-rug-pull-arrested-faces-40564-years-in-prison>; Arijit Sarkar, «AnubisDAO's Rug-Pulled 13.5K ETH Washes Away on Tornado Cash», *Cointelegraph*, 17 de julio de 2023, <https://cointelegraph.com/news/anubis-dao-rug-pull-money-washes-away-on-tornado-cash>; Rob Behnke, «Explained: The StableMagnet Rugpull (June 2021)», *Halborn*, 3 de julio de 2021, <https://www.halborn.com/blog/post/explained-the-stablemagnet-rugpull-june-2021>; y Sebastian Sinclair, «Solana's Luna Yield Goes Dark with Some Fearing a 'Rug Pull' Involving $6.7M», CoinDesk, 20 de agosto de 2021, <https://www.coindesk.com/markets/2021/08/20/solanas-luna-yield-goes-dark-with-some-fearing-a-rug-pull-involving-67m>.

16. James Dator, «Did De'Aaron Fox Really Defraud People for $1.5M in an NFT 'Rug Pull' Scheme?», SBNation, 25 de febrero de 2022, <https://www.sbnation.com/nba/2022/2/25/22950186/deaaron-fox-defraud-nft-swipathefox-nba-kings>.

17. Kevin Hurler, «What's Happening with Logan Paul, Coffeezilla, and CryptoZoo?», *Gizmodo*, 9 de enero de 2023, <https://gizmodo.com/youtube-logan-paul-coffeezilla-cryptozoo-scam-1849965572>.

18. Kevin Reynolds, «People Behind Crypto Protocol DeFi100 May Have Absconded with $32M in Investor Funds», CoinDesk, 22 de mayo de 2021, <https://www.coindesk.com/markets/2021/05/22/people-behind-crypto-protocol-defi100-may-have-absconded-with-32m-in-investor-funds>.

19. Mark Hunter, «DEFI100 Claims Website Hack Was Behind Exit Scam Message», *FullyCrypto*, 24 de mayo de 2021, <https://fullycrypto.com/defi100-claims-website-hack-was-behind-exit-scam-message>.

20. Emma Fletcher, «Reports Show Scammers Cashing in on Crypto Craze», Federal Trade Commission, 3 de junio de 2022, <https://www.ftc.gov/news-events/data-visualizations/data-spotlight/2022/06/reports-show-scammers-cashing-crypto-craze>.

21. MacKenzie Sigalos, «Crypto Scammers Took a Record $14 Billion in 2021», CNBC, 6 de enero de 2022, <https://www.cnbc.com/2022/01/06/crypto-scammers-took-a-record-14-billion-in-2021-chainalysis.html>.

22. Kim Komando, «Crooks Up Their Game in Pig Butchering Scams to Steal Money», *USA Today*, 24 de octubre de 2024, <https://www.msn.com/en-us/news/technology/crooks-up-their-game-in-pig-butchering-scams-to-steal-money/ar-AA1sQ1cY>.

23. Lauren Leffer, «Bankruptcy Judge Says Celsius Crypto Investors Don't Own Their Accounts», *Gizmodo*, 6 de enero de 2023, <https://gizmodo.com/crypto-celsius-earn-accounts-alex-mashinsky-1849957843>.

24. Steven Zeitchik, «Bad News for Thousands of Crypto Investors: They Don't Own Their Accounts», *The Washington Post*, 5 de enero de 2023, <https://www.washingtonpost.com/technology/2023/01/05/celsius-crypto-bankruptcy-ruling>.

25. Nikhilesh De, «Celsius 'Earn' Assets Belong to Bankrupt Crypto Lender, Judge Rules», CoinDesk, 4 de enero de 2023, <https://finance.yahoo.com/news/celsius-earn-assets-belong-bankrupt-065147013.html>.

26. Kate Selig, «Stanford-Connected Fundraising Group Wants to Raise $140 Million for Democrats in 2020», *Stanford Daily*, 16 de enero de 2020, <https://stanforddaily.com/2020/01/16/stanford-connected-fundraising-group-wants-to-raise-140-million-for-democrats-in-2020>.

27. Samuel Bankman-Fried, «Crypto CEOs Testify Before House Financial Services Hearing», Rev, 8 de diciembre de 2021, <https://www.rev.com/blog/transcripts/crypto-ceos-testify-before-house-financial-services-hearing-transcript#>.

28. «The Entirely Predictable Collapse of FTX Exposes the Failures of Regulators and Journalists», *Current Affairs*, 14 de noviembre de 2022, <https://www.currentaffairs.org/news/2022/11/the-entirely-predictable-collapse-of-ftx-exposes-the-failures-of-regulators-and-journalists>.

29. Steven Ehlrich y Chase Peterson-Withorn, «Meet the World's Richest 29-Year-Old: How Sam Bankman-Fried Made a Record Fortune in the Crypto Frenzy», *Forbes*, 2021, <https://www.forbes.com/sites/stevenehrlich/2021/10/06/the-richest-under-30-in-the-world-all-thanks-to-crypto>.

30. Randall Lane, «Operation Wealth Speed», *Forbes*, 6 de abril de 2021, <https://www.forbes.com/sites/randalllane/2021/04/06/operation-wealth-speed-what-a-record-number-of-new-self-made-billionaires-says-about-capitalism>.

31. «The Cointelegraph Top 100: Sam Bankman-Fried #3», *Cointelegraph*, 2021, <https://cointelegraph.com/top-people-in-crypto-and-blockchain-2021/sam-bankman-fried>.

32. Michelle Chan, «Hong Kong's 29-Year-Old Crypto Billionaire: FTX's Sam Bankman-Fried», *Nikkei Asia*, 25 de junio de 2021, <https://asia.nikkei.com/Business/Business-Spotlight/Hong-Kong-s-29-year-old-crypto-billionaire-FTX-s-Sam-Bankman-Fried>.

33. Leo Schwartz, «Inside Sam Bankman-Fried's Extravagant Penthouse Lifestyle in the Bahamas, Where the T-Shirt-Clad FTX Founder Lived Like Royalty», *Fortune*, 22 de noviembre de 2022, <https://fortune.com/crypto/2022/11/22/sbf-ftx-bahamas-house-lifestyle>.

34. Samantha Delouya, «Sam Bankman-Fried Disputed Reports that FTX and Alameda Employees Were Fueled by Drugs: 'This Has Been Totally On-Label Use of Medication'», *Business Insider*, 30 de noviembre de 2022, <https://www.businessinsider.com/sam-bankman-fried-drug-use-ftx-alameda-caroline-ellison-amphetamines-2022-11>; Tracy Wang, «Bankman-Fried's Cabal of Roommates in the Bahamas Ran His

Crypto Empire—and Dated: Other Employees Have Lots of Questions», CoinDesk, 10 de noviembre de 2022, <https://www.coindesk.com/business/2022/11/10/bankman-frieds-cabal-of-roommates-in-the-bahamas-ran-his-crypto-empire-and-dated-other-employees-have-lots-of-questions>; y Alex Hern, «Polyamory, Penthouses and Plenty of Loans: Inside the Crazy World of FTX», *The Guardian*, 19 de noviembre de 2022, <https://www.theguardian.com/technology/2022/nov/19/polyamory-penthouses-and-plenty-of-loans-inside-the-crazy-world-of-ftx>.

35. Zeke Faux, «A 30-Year-Old Crypto Billionaire Wants to Give His Fortune Away», Bloomberg, 3 de abril de 2022, <https://www.bloomberg.com/news/features/2022-04-03/sam-bankman-fried-ftx-s-crypto-billionaire-who-wants-to-give-his-fortune-away>.

36. The World's Best Ads, «FTX Super Bowl Don't Miss Out with Larry David», YouTube, 14 de febrero de 2022, <https://www.youtube.com/watch?v=hWMnbJJpeZc>.

37. Jamie Crawley, «Crypto Exchange FTX Secures Naming Rights for Miami Heat Arena for $135M», CoinDesk, 24 de marzo de 2021, <https://www.coindesk.com/markets/2021/03/24/crypto-exchange-ftx-secures-naming-rights-for-miami-heat-arena-for-135m>.

38. Mustafa Khalifa, «All 3 Tom Brady FTX Commercial | FTX Tom Brady and Gisele Bundchen», YouTube, 20 de noviembre de 2022, <https://www.youtube.com/watch?v=_aCGMyrFn-8>; y Rohan Goswami, «FTX's Venture Backers Included Patriots Owner Robert Kraft and Billionaire Paul Tudor Jones, New Filings Show», CNBC, 10 de enero de 2023, <https://www.cnbc.com/2023/01/10/ftx-investors-included-robert-kraft-paul-tudor-jones-new-filings.html>.

39. Nina Bambysheva, «Royal Flush: Inside Crypto's Most Exclusive Gathering», *Forbes*, 3 de mayo de 2022, <https://www.forbes.com/sites/ninabambysheva/2022/05/03/royal-flush-inside-cryptos-most-exclusive-gathering>.

40. «Ontario Teachers' Statement on FTX», Ontario Teachers' Pension Plan, 17 de noviembre de 2022, <https://www.otpp.com/en-ca/about-us/news-and-insights/2022/ontario-teachers--statement-on-ftx>.

41. Temur Durrani, «FTX FOMO: How Big-Name Investors, Including Canadian Pension Funds, Bought into a Crypto Craze that Ended Up with Criminal Charges», *The Globe and Mail*, 24 de diciembre de 2022, <https://www.theglobeandmail.com/business/article-ftx-crypto-canadian-investors-oleary-teachers>.

42. Steven Ehrlich y Chase Peterson-Withorn, «The Croesus of Crypto: How Sam Bankman-Fried Built a $22.5 Billion Fortune Without Really Believing in Cryptocurrency», *Forbes India*, 20 de noviembre de 2021, <https://www.forbesindia.com/article/cross-border/the-croesus-of-crypto-how-sam-bankmanfried-built-a-225-billion-fortune-without-really-believing-in-cryptocurrency/71659/1>.

43. Lakshmi Varanasi *et al.*, «Who Is Caroline Ellison? The Mind Behind FTX's Collapse», *Business Insider*, 25 de septiembre de 2024, <https://www.businessinsider.com/who-is-caroline-ellison-the-mind-behind-ftx-collapse#ive-been-into-math-since-i-was-probably-a-little-kid-she-said-on-an-episode-of-ftxs-podcast-in-2020-adding-that-shes-been-thinking-about-it-a-lot-from-an-early-age-4>.

44. Juicio United States of America v. Samuel Bankman-Fried, 22 Cr. 0673 (LAK) (S.D.N.Y. 2023), <https://www.justice.gov/usao-sdny/press-release/file/1557571/dl>.

45. Yong Li Khoo *et al.*, «Blockchain Analysis: The Collapse of Alameda and FTX», Nansen, 17 de noviembre de 2022, <https://www.nansen.ai/research/blockchain-analysis-the-collapse-of-alameda-and-ftx>.

46. Antoine Gara *et al.*, «FTX Held Less Than $1bn in Liquid Assets Against $9bn in Liabilities», *Financial Times*, 13 de noviembre de 2022, <https://www.ft.com/content/f05fe9f8-ca0a-48d5-8ef2-7a4d813af558>.

47. Kelsey Piper, «Sam Bankman-Fried Tries to Explain Himself», *Vox*, 16 de noviembre de 2022, <https://www.vox.com/future-perfect/23462333/sam-bankman-fried-ftx-cryptocurrency-effective-altruism-crypto-bahamas-philanthropy>.

48. Luke Barr, «New FTX CEO Says He's Never Seen 'Complete Failure' of Corporate Controls in His Career, Including at Enron», ABC News, 17 de noviembre de 2022, <https://abcnews.go.com/Business/ftx-ceo-complete-failure-corporate-controls-career-including/story?id=93488990>.

49. Eric Wallerstein, «New FTX CEO Says Firm Approved Payments Using Emojis», *The Wall Street Journal*, 17 de noviembre de 2022, <https://www.wsj.com/livecoverage/stock-market-news-today-11-17-2022/card/new-ftx-ceo-says-firm-approved-payments-using-emojis-AZ1zJYUZED6xk2sp58cd>.

50. Forbes, «New FTX CEO Reveals the Company Had No Board of Directors or Accounting Department», YouTube, 26 de diciembre de 2022, <https://www.youtube.com/watch?v=f31FzhMdhFY>.

51. Ava Benny-Morrison, Hannah Miller y Chris Dolmetsch, «Alameda's Former CEO Ellison Said She, Bankman-Fried Misled FTX Lenders», Bloomberg, 23 de diciembre de 2022, <https://www.bloomberg.com/news/articles/2022-12-23/ellison-said-she-bankman-fried-agreed-to-mislead-ftx-lenders>.

52. Allison Morrow, «Sam Bankman-Fried Found Guilty of Seven Counts of Fraud in Stunning Fall for Former Crypto Billionaire», CNN, 3 de noviembre de 2023, <https://www.cnn.com/2023/11/02/business/ftx-sbf-fraud-trial-verdict/index.html>.

53. «Exhibit B: Victim Impact Statements», United States of America v. Samuel Bankman-Fried, 22 Cr. 0673 (LAK) (S.D.N.Y. 2023), documento 411-2, <https://storage.courtlistener.com/recap/gov.uscourts.nysd.590940/gov.uscourts.nysd.590940.411.2.pdf>.

54. «Sam Bankman-Fried Sentenced to 25 Years in Prison», CNN, 28 de marzo de 2024, <https://edition.cnn.com/business/live-news/sam-bankman-fried-sentencing-03-28-24/index.html>.

55. Allison Morrow y Kara Scannell, «Caroline Ellison, Whose Testimony Helped Convict Sam Bankman-Fried, Sentenced to Two Years in Prison», CNN, 24 de septiembre de 2024, <https://edition.cnn.com/2024/09/24/business/caroline-ellison-sentencing-nightcap/index.html>.

56. Fried, «Beyond Blame».

8. Charlatanes en altos puestos

1. Alexander Hamilton, «The Federalist Papers: No. 1», 27 de octubre de 1787, The Avalon Project, Lillian Goldman Law Library-Yale Law School, <https://avalon.law.yale.edu/18th_century/fed01.asp>.

2. A. Little, Keith E. Schnakenberg e Ian R. Turner, «Motivated Reasoning and Democratic Accountability», *American Political Science Review*, vol. 116, n.º 2 (2020), pp. 751-767, <https://www.semanticscholar.org/paper/Motivated-Reasoning-and-Democratic-Accountability-Little-Schnakenberg/215ad8bd0da4f789549da1ef90cb460c4eb96e45>.

3. Ronald Schnackenberg, «Declaration of Ronald Schnackenberg in Support of Plaintiffs' Motion for Class Certification», United States District Court for the Southern District of California, 16 de septiembre de 2012, <https://s3.documentcloud.org/documents/2850043/Schnackenberg.pdf>.

4. Schnackenberg, «Declaration of Ronald Schnackenberg».

5. «Learn Trump's Secret to Success, Only $1,495», *Columbus Dispatch*, 29 de junio de 2008, <www.dispatch.com/story/business/2008/06/29/learn-trump-s-secret-to/23465908007>.

6. Ryan Lotman, «Trump University 2010 Playbook: One Company. One Culture. One Goal; Achieving Sustained Profitability in 2010», *Politico*, 7 de diciembre de 2009, <https://static.politico.com/25/88/783a0dca43a0a898f3973da0086f/trump-university-playbook.pdf>.

7. Lotman, «Trump University 2010 Playbook».

8. Libby Nelson, «Trump University, Explained», *Vox*, 26 de febrero de 2016, <https://www.vox.com/2015/7/29/9067429/trump-university>.

9. Schnackenberg, «Declaration of Ronald Schnackenberg».

10. John Cassidy, «The Enduring Scandal of Trump University», *The New Yorker*, 20 de noviembre de 2016, <https://www.newyorker.com/news/john-cassidy/the-enduring-scandal-of-trump-university>.

11. Camila Domonoske, «Judge Approves $25 Million Settlement of Trump University Lawsuit», NPR, 31 de marzo de 2017, <https://www.npr.org/sections/thetwo-way/2017/03/31/522199535/judge-approves-25-million-settlement-of-trump-university-lawsuit>.

12. Shane Goldmacher, «How Trump Moved Money to Pay $100 Million in Legal Bills», *The New York Times*, 27 de marzo de 2024, <https://www.nytimes.com/interactive/2024/03/27/us/politics/trump-cases-legal-fund.html>.

13. Lazaro Gamio, «Election 2020: The Two Americas Financing the Trump and Biden Campaigns», *The New York Times*, 25 de octubre de 2020, <https://www.nytimes.com/interactive/2020/10/25/us/politics/trump-biden-campaign-donations.html>.

14. Zach Everson, «Trump's D.C. Hotel Hosted Officials from These 33 Countries After He Won the 2016 Election», *Forbes*, 21 de abril de 2022, <https://www.forbes.com/sites/zacheverson/2021/10/10/trumps-dc-hotel-hosted-foreign-officials-from-these-33-countries-while-he-was-in-office>.

15. Anna Schecter, «Trump D.C. Hotel Receipts Reveal $10,500-a-Night Rooms for Foreign Officials Seeking to Influence U.S. Policy», NBC News, 14 de noviembre de 2022, <https://www.nbcnews.com/politics/donald-trump/trump-dc-hotel-10500-night-rooms-foreign-officials-rcna57027>.

16. Mark Landler y Eric Lichtblau, «Jeff Sessions Recuses Himself from Russia Inquiry», *The New York Times*, 2 de marzo de 2017, <https://www.nytimes.com/2017/03/02/us/politics/jeff-sessions-russia-trump-investigation-democrats.html>; Pamela Brown, «Comey Documented 'Everything He Could Remember' After Trump Conversations», CNN, 16 de mayo de 2017, <https://edition.cnn.com/2017/05/16/politics/james-comey-trump-memo-documents/index.html>; y Chris Cillizza, «Here's the Real Reason Why Donald Trump Fired James Comey», CNN, 19 de mayo de 2017, <https://edition.cnn.com/2017/05/19/politics/trump-comey-fired/index.html>.

17. Alexander Stille, *The Sack of Rome: Media + Money + Celebrity = Power = Silvio Berlusconi*, Nueva York, Penguin, 2007. [Hay trad. cast.: *El saqueo de Roma: de cómo un bonito país con un pasado glorioso y una cultura deslumbrante se sometió a un individuo llamado Silvio Berlusconi*, Barcelona, Papel de Liar, 2010].

18. Alexander Stille, «How Silvio Berlusconi Wrecked Italy—and, Sort of, America», *The New Republic*, 13 de junio de 2023, <https://newrepublic.com/article/173537/silvio-berlusconi-wrecked-italy-america>.

19. Stille, «How Silvio Berlusconi Wrecked Italy».

20. Paolo Mancini y Matteo Gerli, «Media Legislation—Italy», Media Landscapes, <https://medialandscapes.org/country/italy/policies/media-legislation>.

21. Cory Doctorow, «Italy Proposes Mandatory Licenses for People Who Upload Video», *BoingBoing*, 16 de enero de 2010, <https://boingboing.net/2010/01/16/italy-proposes-manda.html>.

22. Roberto di Quirico, «Italy and the Global Economic Crisis», *Bulletin of Italian Politics*, vol. 2, n.º 2 (2010), pp. 3-19, <https://www.gla.ac.uk/media/Media_191024_smxx.pdf>.

23. Joe Sommerlad, «What Happened in Silvio Berlusconi's Notorious 'Bunga Bunga' Sex Party Scandal?», *The Independent*, 13 de junio de 2023, <https://www.independent.co.uk/news/world/europe/silvio-berlusconi-bunga-bunga-party-b2356544.html>.

24. Agence France Presse, «Italy's Berlusconi Acquitted in 'Bunga Bunga' Bribe Case», *Le Monde*, 15 de febrero de 2023, <https://www.lemonde.fr/en/international/article/2023/02/15/italy-s-berlusconi-acquitted-in-bunga-bunga-bribe-case_6015908_4.html>.

25. «Italy: Ex-PM Silvio Berlusconi Laid to Rest at State Funeral»,

DW, 14 de junio de 2023, <https://www.dw.com/en/former-italian-pm-silvio-berlusconi-laid-to-rest-at-state-funeral/a-65910988>.

26. «Brexit Polls 2024», Statista, 26 de octubre de 2024, <https://www.statista.com/statistics/987347/brexit-opinion-poll>.

27. Moisés Naím, *The Revenge of Power: How Autocrats Are Reinventing Politics for the 21st Century*, Nueva York, St. Martin's, 2022. [Hay trad. cast.: *La revancha de los poderosos: cómo los autócratas están reinventando la política en el siglo* XXI, Barcelona, Debate, 2022].

28. Naím, *The Revenge of Power*.

29. Mark D'Arcy, «Nigel Farage: The Story of 'Mr Brexit'», BBC, 28 de noviembre de 2019, <https://www.bbc.com/news/election-2019-50565543>.

30. Henry Mance, «Britain Has Had Enough of Experts, Says Gove», *Financial Times*, 3 de junio de 2016, <https:www.ft.com/content/3be49734-29cb-11e6-83e4-abc22d5d108c>.

31. «The Misinformation that Was Told About Brexit During and After the Referendum», *The Independent*, 28 de julio de 2018, <https://www.independent.co.uk/news/uk/politics/final-say-brexit-referendum-lies-boris-johnson-leave-campaign-remain-a8466751.html>.

32. Liam Fox, «EU Trade Deal 'Easiest in Human History'», BBC, 20 de julio de 2017, <https://www.bbc.com/news/av/uk-40667879>.

33. Katrin Forster-van Aerssen y Tajda Spital, «The Impact of Brexit on UK Trade and Labour Markets», *ECB Economic Bulletin*, marzo de 2023, <https://www.ecb.europa.eu/press/economic-bulletin/articles/2023/html/ecb.ebart202303_01~3af23c5f5a.en.html>.

34. Dharshini David, «What Impact Has Brexit Had on the UK Economy?», BBC, 31 de enero de 2023, <https://www.bbc.com/news/business-64450882>.

35. Toby Helm, «Brexit Has Completely Failed for UK, Say Clear Majority of Britons—Poll», *The Guardian*, 30 de diciembre de 2023, <https://www.theguardian.com/politics/2023/dec/30/britons-brexit-bad-uk-poll-eu-finances-nhs>.

9. Donde va uno, nos volvemos todos locos

1. Ryan Bort, «A Ridiculous QAnon Conspiracy Forced a Small Charter School to Cancel a Fundraiser», *Rolling Stone*, 10 de mayo de

2019, <https://www.rollingstone.com/politics/politics-news/qanon-conspiracy-comey-forced-charter-school-cancel-fundraiser-834050>.

2. Mike Rothschild, «The Inside Story of How QAnon Derailed a Charter School's Annual Fundraiser», *Daily Dot*, 20 de mayo de 2021, <https://www.dailydot.com/debug/qanon-grass-valley-charter-chool-foundation>.

3. Mike Rothschild, *The Storm Is Upon Us: How QAnon Became a Movement, Cult, and Conspiracy Theory of Everything*, Nueva York, Melville House, 2021.

4. Rothschild, *The Storm Is Upon Us*.

5. Emily Rauhala y Loveday Morris, «QAnon Conspiracy Theories Spread Around the World», *The Washington Post*, 13 de noviembre de 2020, <https://www.washingtonpost.com/world/qanon-conspiracy-global-reach/2020/11/12/ca312138-13a5-11eb-a258-614acf2b906d_story.html>.

6. Rothschild, *The Storm Is Upon Us*.

7. Rothschild, *The Storm Is Upon Us*.

8. Nicky Woolf, *Finding Q: My Journey into QAnon*, *Audible*, 2021, <https://www.audible.com/podcast/Finding-Q-My-Journey-into-QAnon/B09BVZRLCN?msockid=2aeb06ab76316ce81cbd15f677246d3c>.

9. Dan Evon, «Qurious About QAnon? Get the Facts About This Dangerous Conspiracy Theory», Snopes, 21 de agosto de 2020, <https://www.snopes.com/news/2020/08/21/qanon-2020-election>.

10. Woolf, *Finding Q*.

11. Drew Harwell y Timothy McLaughlin, «From Helicopter Repairman to Leader of the Internet's 'Darkest Reaches': The Life and Times of 8chan Owner Jim Watkins», *The Washington Post*, 12 de septiembre de 2019, <www.washingtonpost.com/technology/2019/09/12/helicopter-repairman-leader-internets-darkest-reaches-life-times-chan-owner-jim-watkins>.

12. Craig Silverman y Jane Lytvynenko, «The Owner of 8chan Has Created a News Source for Internet Trolls», BuzzFeed News, 22 de febrero de 2017, <https://archive.ph/KSIM0>.

13. Woolf, *Finding Q*.

14. Tom Sykes, «Ron Watkins Slips Up, Suggests He Is Q, in HBO QAnon Documentary Series», *The Daily Beast*, 5 de abril de 2021, <https://www.thedailybeast.com/ron-watkins-slips-up-suggests-he-is-q-in-hbo-qanon-documentary-series>.

15. Sykes, «Ron Watkins Slips Up».

16. Patrick Malone, «Seattle Man Wonders If His Childhood Friend Is the Leader of Q-Anon», *Seattle Times*, 13 de abril de 2021, <https://www.seattletimes.com/seattle-news/seattle-man-wonders-is-his-childhood-friend-the-leader-of-q-anon>.

17. Davey Alba, «'Q' Has Been Quiet, but QAnon Lives On», *The New York Times*, 20 de diciembre de 2021, <https://www.nytimes.com/2021/12/20/technology/qanon-conspiracy-movement.html>.

18. *Matrix*, dirigida por Lana Wachowski y Lilly Wachowski, Warner Bros., 1999.

19. Hunter S. Thompson, *Fear and Loathing in Las Vegas*, Nueva York, Knopf Doubleday, 1998. [Hay trad. cast.: *Miedo y asco en Las Vegas*, Barcelona, Anagrama, 2006].

20. «Understanding QAnon's Connection to American Politics, Religion, and Media Consumption», Public Religion Research Institute, 27 de mayo de 2021, <https://www.prri.org/research/qanon-conspiracy-american-politics-report>.

21. «Understanding QAnon's Connection to American Politics».

22. Grete de Francesco, *The Power of the Charlatan*, New Haven (Connecticut), Yale University Press, 1939. [Ed. orig. alemana: *Die Macht des Charlatans*, Basilea, Benno Schwabe, 1937].

23. Richard Ruelas, «QAnon Interpreter, Praying Medic, off Facebook After Q Crackdown», *Arizona Republic*, 8 de octubre de 2020, <https://www.azcentral.com/story/news/local/arizona-investigations/2020/10/08/qanon-interpreter-praying-medic-off-facebook-after-q-crackdown/5917183002>.

24. «Q! Intelligence Drops», Q Alerts, 26 de octubre de 2024, <https://qalerts.app>.

25. Hawthornemoon22, «I'm so angry. . . and I don't know how to let it go», r/QanonCasualties, Reddit, 3 de noviembre de 2022, <https://www.reddit.com/r/QAnonCasualties/comments/ylkgrm/im_so_angryand_i_dont_know_how_to_let_it_go>.

26. NeverQ4Me, «Is There Any Hope?», r/QAnonCasualties, Reddit, 3 de noviembre de 2022, <https://www.reddit.com/r/QAnonCasualties/comments/yl263i/is_there_any_hope>.

10. Cómo los charlatanes se han apoderado de las guerras culturales

1. Claudia Koerner y Brianna Sacks, «The Veteran Who Has Raised Over $12 Million to Fund Trump's Wall Made Money Off Peddling Conspiracy Theories and Fake News», BuzzFeed News, 21 de diciembre de 2018, <https://www.buzzfeednews.com/article/briannasacks/veteran-gofundme-border-wall-fake-news>.

2. «Breaking: Muslim Teen Refugee Charged with Murder for Beating 97-Yr-Old WWII Veteran to Death», *Freedom Daily*, 7 de enero de 2016, <https://freerepublic.com/focus/news/3381786/posts>.

3. «Bad News for Barack After What Malia's Caught Doing in Chicago—No Hiding Her NASTY Secret Now», *Freedom Daily*, 6 de agosto de 2017, <https://www.youtube.com/watch?v=wYl898f6CQE>.

4. Bree Burkitt, «Meet the Veteran Who Has Raised $16 Million for Trump's Border Wall», *USA Today*, 13 de diciembre de 2018, <https://www.usatoday.com/story/news/politics/2018/12/24/brian-kolfage-veteran-started-border-wall-gofundme/2405770002>.

5. Ben Feuerherd y Lia Eustachewich, «Inside the 'Lavish' Life of Alleged 'We Build the Wall' Scammer Brian Kolfage», *The New York Post*, 20 de agosto de 2020, <https://nypost.com/2020/08/20/the-lavish-life-of-alleged-border-wall-scammer-brian-kolfage>.

6. «Steve Bannon Pleads Not Guilty in Scheme to Defraud Donors to Campaign Pledging to Build Border Wall», CBS News, 21 de agosto de 2020, <https://www.cbsnews.com/news/steve-bannon-arrested-fraud-charges-border-wall-scheme-brian-kolfage-we-build-the-wall>.

7. United States Attorney's Office, Southern District of New York (Oficina del Fiscal de Estados Unidos, Distrito Sur de Nueva York), «Two Sentenced to Prison for 'We Build the Wall' Online Fundraising Fraud Scheme», Departamento de Justicia de Estados Unidos, 26 de abril de 2023, <https://www.justice.gov/usao-sdny/pr/two-sentenced-prison-we-build-wall-online-fundraising-fraud-scheme>.

8. Chloe Atkins y Tom Winter, «Steve Bannon's Border Wall Fraud Trial Set for December», NBC News, 24 de julio de 2024, <https://www.nbcnews.com/politics/politics-news/steve-bannons-border-wall-fraud-trial-set-december-rcna163558>.

9. Tucker Higgins, «Alex Jones: 5 Most Disturbing and Ridiculous

Conspiracy Theories», CNBC, 14 de septiembre de 2018, <https://www.cnbc.com/2018/09/14/alex-jones-5-most-disturbing-ridiculous-conspiracy-theories.html>.

10. Tyrone B. Hayes *et al.*, «Atrazine Induces Complete Feminization and Chemical Castration in Male African Clawed Frogs *(Xenopus laevis)*», *Biological Sciences*, vol. 107, n.º 10 (2010), pp. 4612-4617, <https://doi.org/10.1073/pnas.0909519107>; y Higgins, «Alex Jones».

11. «Preparedness—Ready For Any Fight», Infowars Store, <https://www.infowarsstore.com/preparedness>.

12. Sebastian Murdock, «Alex Jones' Infowars Store Made $165 Million over 3 Years, Records Show», *The Huffington Post*, 7 de enero de 2022, <https://www.huffpost.com/entry/infowars-store-alex-jones_n_61d71d8fe4b0bcd2195c6562>.

13. The Associated Press, «More Sandy Hook Families Tell Stories of Harassment by Deniers», NBC Connecticut, 28 de septiembre de 2022, <https://www.nbcconnecticut.com/news/local/testimony-to-continue-in-alex-jones-defamation-trial/2880997>.

14. Lauren del Valle, «Sandy Hook Parent Recounts Years of Harassment After Alex Jones Called Him a Crisis Actor», CNN, 29 de septiembre de 2022, <https://edition.cnn.com/2022/09/29/tech/sandy-hook-parent-harassment/index.html>.

15. Dave Collins y Pat Eaton, «Sandy Hook Families Testify About Threats, Fear of Deniers», AP News, 21 de septiembre de 2022, <https://apnews.com/article/shootings-school-connecticut-alex-jones-waterbury-782e495a3ece4753d857a9b47d444385>.

16. Patrick Skahill, «Father of Sandy Hook Victim Found Dead in Newtown», Connecticut Public Radio, <www.ctpublic.org/news/2019-03-25/father-of-sandy-hook-victim-found-dead-in-newtown>.

17. «Alex Jones Ordered to Pay Nearly $1 Billion to Sandy Hook Families in Connecticut Trial», CBS News, 12 de octubre de 2022, <https://www.cbsnews.com/news/alex-jones-verdict-sandy-hook-trial-damages-2022-10-12>.

18. The Associated Press, «Alex Jones Ordered to Pay Another $473M to Sandy Hook Families on Top of the Billion Ordered Last Month», CBC, 10 de noviembre de 2022, <https://www.cbc.ca/news/world/alex-jones-verdict-damages-hoax-1.6647707>.

19. Jesse Singal y Katie Herzog, «Kevin Kruse and Rebekah Jones Are the Heroes and/or Villains a Divided America Needs», *Blocked and*

Reported, 2 de julio de 2022, 32:00, <https://www.blockedandreported.org/p/episode-121-kevin-kruse-and-rebekah>.

20. Lawrence Mower y Mary Ellen Klas, «Rebekah Jones Jailed, Accused of Illegally Accessing Emergency Message System», *Tampa Bay Times*, 18 de enero de 2021, <https://www.tampabay.com/news/florida-politics/2021/01/18/rebekah-jones-jailed-accused-of-illegally-accessing-emergency-message-system>.

21. Rachel Martin, «Florida Scientist Says She Was Fired for Not Manipulating COVID-19 Data», NPR, 29 de junio de 2020, <https://www.npr.org/2020/06/29/884551391/florida-scientist-says-she-was-fired-for-not-manipulating-covid-19-data>.

22. Emily Bloch, «Rebekah Jones Tried to Warn Us About COVID-19: Now Her Freedom Is on the Line», *Cosmopolitan*, 11 de marzo de 2021, <https://www.cosmopolitan.com/politics/a35714647/rebekah-jones-florida-covid-19-data-whistleblower-arrest>.

23. «40 Under 40: Rebekah Jones», *Fortune*, 2020, <https://fortune.com/ranking/40-under-40/2020/rebekah-jones>; Tiffany Razzano, «Rebekah Jones Honored as Forbes 'Technology Person of the Year'», Yahoo! News, 30 de diciembre de 2020, <https://www.yahoo.com/news/rebekah-jones-honored-forbes-technology-190714541.html>; y Helen A. S. Popkin, «Forbes Technology Awards 2020: Geeks Step Up When Governments Fail», *Forbes*, 26 de diciembre de 2020, <https://www.forbes.com/sites/helenpopkin/2020/12/26/forbes-technology-awards-2020-geeks-step-up-when-governments-fail>.

24. Stephany Matat, «Stalking Case Against Fired Health Data Scientist Delayed», *Gainesville Sun*, 22 de julio de 2020, <https://www.gainesville.com/story/news/state/2020/07/22/stalking-case-against-fired-health-data-scientist-delayed/112691612>.

25. Charles C. W. Cooke y Noah Rothman, «Rebekah Jones, the COVID Whistleblower Who Wasn't», *National Review*, 13 de mayo de 2021, <https://www.nationalreview.com/2021/05/rebekah-jones-the-covid-whistleblower-who-wasnt>.

26. Jemima Kelly, «Now You Too Can "Dismantle White Supremacy," for Just $48», *Financial Times*, 3 de septiembre de 2021, <https://www.ft.com/content/7980fc65-1ebf-4519-b741-74d35af53ca7>.

27. Naomi Schaefer Riley, «Dinner Party from Hell», American Enterprise Institute, 20 de noviembre de 2022, <https://www.aei.org/op-eds/dinner-party-from-hell>.

28. Isabel Vincent, «Exclusive | Anti-Racism Dinner Club Race2Dinner Appears like Charity—But Rakes in Profits for Its Two Leaders», *The New York Post*, 10 de noviembre de 2022, <https://nypost.com/2022/11/10/anti-racism-dinner-club-race2dinner-appears-like-charitybut-rakes-in-profits-for-its-two-leaders>.

11. Diez millones de psicópatas

1. «DSM-IV-TR Diagnostic Criteria for Antisocial Personality Disorder (301.7)», *Psychiatry Online*, 2 de enero de 2004, <https://psychiatryonline.org/doi/full/10.1176/pn.39.1.0025a>.

2. «Machiavellianism», *APA Dictionary of Psychology*, American Psychiatric Association, 11 de noviembre de 2023, <https://dictionary.apa.org/machiavellianism>; y «Narcissism», *APA Dictionary of Psychology*, American Psychiatric Association, 15 de noviembre de 2023, <https://dictionary.apa.org/narcissism>.

3. David J. Cooke, «Psychopathy Across Cultures», en *Psychopathy: Theory, Research and Implications for Society*, David J. Cooke, Adelle E. Forth y Robert D. Hare, eds., Princeton, Springer, 1991, p. 249, <https://link.springer.com/chapter/10.1007/978-94-011-3965-6_2>.

4. Andrea L. Glenn, Robert Kurzban y Adrian Raine, «Evolutionary Theory and Psychopathy», *Aggression and Violent Behavior*, vol. 16, n.º 5 (2011), pp. 371-380, <https://ir-api.ua.edu/api/core/bitstreams/3e732a96-df34-4cf3-9e25-6e6f2ab27d6d/content>.

5. Kepios, «Global Social Media Statistics», DataReportal, <https://datareportal.com/social-media-users>.

6. Tori DeAngelis, «A Broader View of Psychopathy», *Monitor on Psychology*, vol. 53, n.º 2 (2022), <https://www.apa.org/monitor/2022/03/ce-corner-psychopathy>.

7. Daniel Kahneman, *Thinking, Fast and Slow*, Nueva York, Farrar, Straus and Giroux, 2013. [Hay trad. cast.: *Pensar rápido, pensar despacio*, Barcelona, Debate, 2013].

8. David Ingram, «Google Is Trying Out 'Pre-Bunking' to Counter Misinformation», NBC News, 24 de agosto de 2022, <https://www.nbcnews.com/tech/misinformation/google-trying-pre-bunking-effort-counter-misinformation-rcna43818>.

Índice alfabético